编委会

陈薇 周永 何晓波 主编

基于"学习维度论"的幼儿教师专业发展策略

Jiyu Xuexi Weidu Lun de Youer Jiaoshi Zhuanye Fazhan Celüe

四川大学出版社

责任编辑:梁　平
责任校对:陆扬平
封面设计:米迦设计工作室
责任印制:王　炜

图书在版编目(CIP)数据

基于"学习维度论"的幼儿教师专业发展策略 / 陈
薇，周永，何晓波主编. —成都：四川大学出版社，
2016.12
　　ISBN 978－7－5690－0237－9

Ⅰ.①基…　Ⅱ.①陈…　②周…　③何…　Ⅲ.①幼教人
员－师资培养　Ⅳ.①G615

中国版本图书馆 CIP 数据核字（2017）第 003504 号

书名　基于"学习维度论"的幼儿教师专业发展策略

主　　编	陈　薇　周　永　何晓波
出　　版	四川大学出版社
地　　址	成都市一环路南一段 24 号 (610065)
发　　行	四川大学出版社
书　　号	ISBN 978－7－5690－0237－9
印　　刷	郫县犀浦印刷厂
成品尺寸	170 mm×240 mm
印　　张	20.5
字　　数	388 千字
版　　次	2017 年 2 月第 1 版
印　　次	2017 年 2 月第 1 次印刷
定　　价	56.00 元

◆读者邮购本书,请与本社发行科联系。
　电话:(028)85408408/(028)85401670/
　(028)85408023　邮政编码:610065
◆本社图书如有印装质量问题,请
　寄回出版社调换。
◆网址:http://www.scupress.net

序

何晓波

  幼儿教师专业素养是幼儿教育事业发展的重要前提。如何提高幼儿教师专业素养和实践操作能力，尤其是整体提升幼儿教师核心素养，成为幼儿教育事业发展的题中之义。但从实践层面来看，我们面临诸多问题，情况并不是那么乐观：一是教师的专业性向问题。目前的教师职后培训对此似乎并不重视，或者说不很得力，幼儿教师的流动性和不稳定性令人忧虑。二是幼教基本素养问题。如何在较短时间之内，大幅度提升幼儿教师的保教能力，提高实践操作能力，是培训必须面临的问题。专家讲座式培训，很难将高深的理论和浪漫的教育思想落到实践层面，形成了"理论空转"现象。三是动力问题。政府主管部门、研修机构都是满怀雄心，而老师们是在"外促式"大框架下学习，动力不足。如何提高教师学习积极性，成为一个不得不面对的问题。四是工学矛盾问题。不可否认，对任何人而言，时间都是一个常量，可支配时间与有效支配时间有限。如何解决这个问题，既可以提高教师的专业素养，又不至于让教师过于劳累，充分体现教师专业发展的合伦理合目的性，是一大学问。针对上述诸多问题，教育行政官员、学者以及研修机构和幼教单位，都在做着自己的思考，并采取相应措施。至于效果如何，我们自然以良好的愿望期待之。

  新桥医院幼儿园经过 10 余年的探索，在教师职后培训道路上走出了一条属于自己的路子：以政策为依据，以理论为支撑，以教师动力释放为突破口，以问题为聚焦点，以小课题为抓手，以教研为基础，以活动为载体，以幼儿发展为落脚点的"七以模式"，构建了具有园本特色的教师职后培训制度、模式、策略和评价体系，引导教师在互动学习中主动感受，在交流研讨中积累、提升，教师们的专业思想、专业情感、研究能力、保教实作能力等都有了明显改善、提高，教师群体的成长大幅度提升了幼儿园办学水平。

  新桥医院幼儿园的实践印证了这样的观点："教育作为人的社会实践，与

1

自然界作为实体的自然事质不同。教育实践是人的观念、价值、行动所给予的，是意义行动。"反过来，意义行动又促进幼儿园的健康、深度、特色发展。

其经验对于目前幼儿园不同专业、不同群体、不同水平的教师进行园本式职后培训都具有可操作性和适切性，具有一定的实践推广价值。

本书作为幼儿教师专业素养培养的园本策略创新之作，具有以下几个特点：

一是理论性。本书以学习维度论为基本的理论支撑，并作出方法论的描述。学习维度论是由美国课程改革专家罗伯特·马扎诺（Robert J. Marzano）博士提出的应用性教学原理，在这个框架中隐含五种假设：最好的促进学习的方式，应该能够反映我们所了解的学习过程；学习是一个由多种因素交互作用构成的复杂系统，这个系统涉及五种思考类型，可以通过五个维度来表现；基础教育课程应该包含明确的教学观念、教育态度和思维习惯，这些对于促进学习具有重要意义；这个过程离不开教育者和受教育者的积极参与；学习评价应该关注学习者应用知识和解决问题的推理过程，而非死记硬背书本知识。具体来说，学习维度论包括五个分类指标：维度一"态度与感受"，维度二"获取与整合知识"，维度三"扩展与精炼知识"，维度四"有意义地运用知识"，维度五"良好的思维习惯"。任何学习都发生于这五个维度的相互作用之中，认知、情感与思维共同决定了学习的成效。学习维度论成为本书的一个理论视角。

方法论是对方法的总称。本书将"一致性"作为方法论，应该是有见地的。提升教师专业素养既是国家、地区、社会、家庭的需要，也是从业人员的个体需要，要将其从国家层面的发展目标、政策导向落实到教育单位、教师个体身上，需要有一个具有一致性的思考与行走路线。这就是一致性作为方法论的重要意义。

二是逻辑性。全书从幼儿园背景介绍入手，从理论视角、方法论到实践策略，建立专业发展规划、异步分层、多元化研修、成长科研、教育写作五个具体策略，形成系统的内在逻辑，具有一定的阐释力。

三是实践性。书中总结提炼的五种教师园本研修发展策略，都具有可操作性和实践价值取向，学习者可以选择其中一种或几种策略，认真、扎实地做下去，自然会有收获。书中所列举的众多案例，也会给读者以启示。

四是创新性。由于这些经验都是来自实践，经过实践的检验，并得到理论的观照，具有一定的科学性、发展性与合理性，创新色彩浓郁，对幼儿教师专业素养提升的实践策略与理性认知都有贡献。如，"教师专业发展规划"就有鲜活的时代感和针对性，具有补短板的效应。

五是学术性。一本书稿的价值主要是看其有无经验可以借鉴，尤其是有无学术性。所谓学术性，也就是创新与创新的规范。本书在很好地发挥实践经验、实践智慧对实践的引领作用的同时，高度关注了学术性。全书主要章节的主要引文都加注标记，体现了对学者研究成果的尊重、对研究活动的尊重，是良好的职业道德修养的外溢。

当然，就像"有一千个读者，就有一千个哈姆雷特"一样，不同的读者对同一个事实由于经历、学养、态度等的不同，会做出全然不同的解释。但我们相信，一本凝聚了众多人实践智慧的书稿，一定会启迪读者的思想，引发改善行为的冲动。

我们需要做到的是，"从事情本身出发，回归事情本身，按照事情本身来思考、判断、分析、评价事物，而不是用我们的偏好或利益把事情扭曲"。

是为序！

2016 年 12 月 31 日于重庆江北大石坝东原 D7 区
（作者为重庆市沙坪坝区教师进修学院科研中心主任，中学正高级教师）

目　　录

导　言

一、幼儿园的发展历程

新桥医院始建于 1944 年 3 月，前身是国民党军政部陆军医院，原址位于重庆江北区香国，1949 年 12 月由我军接管收编，改为西南军区总医院。后又几经更名。1969 年调防到上海，1975 年才调防回重庆，更名为中国人民解放军第三军医大学第二附属医院。

20 世纪 50 年代初，时任西南军区司令员的贺龙元帅、邓小平政委、后勤部余秋里部长等老一辈革命家，对医院的发展都给予了高度重视和亲切关怀，经常来医院视察工作，广泛听取医院领导和工作人员的意见，亲自为医院选址规划，谋划学科建设。医院的一草一木、点滴发展都凝聚着他们的心血。

特别是贺龙元帅，稍有空闲就要到医院看一看，了解医院工作中有无困难，指示协调各方帮助解决。调到中央后，他每次回重庆检查工作，都要抽空到"新桥"转一转。医院的老同志还记得，有一次他曾对陪同来院的重庆市委书记任白戈同志说："我每次到重庆如果不来'新桥'，总好像心里缺点儿什么，这是什么问题？"任书记说："这是感情问题。"贺老总高兴且满意地点头说："对，对！是个感情问题。"这充分表现了他老人家与"新桥"有着特殊的情结。"垂钓"这一珍贵瞬间，就是 1953 年深秋的一天，贺老总来院检查工作之后，到医院鱼塘（现为九曲桥）垂钓的情景。他一边钓鱼一边向身边的工作人员问长问短、问这问那，了解医院情况，并语重心长地勉励大家要艰苦奋斗，努力工作，一定要把医院建设好，为部队官兵服好务，为驻地百姓服好务。此情此景，让医院的人们倍感泪晤，记忆犹新，至今难以忘怀。

在老一辈革命家的亲切关怀下，新桥医院幼儿园于 1953 年创建起来。经过几代人的艰苦奋斗，历经 7 任园长，几经搬迁，走过了 60 多年的风雨历程，如今已发展成为一所占地面积 3160 m²，建筑面积 2780 m²，管理优化、保教优质、环境优美、服务优良的花园式幼儿园。从最初的 10 多名老师到今天的 30 多名老师，从当年的 3 个班到今天的 8 个班，从 50 多个孩子到现在的 290 个孩子，从一级园到示范园，饱含着几代教职员工的心血和梦想。

60 年春华秋实，60 年奋斗不息。新桥医院幼儿园培养了一代又一代的优秀儿女，也跨上了一个又一个的崭新高度。特别是在 1997 年新园落成以后，幼儿园更是取得了一个又一个的辉煌成就。

二、幼儿园的发展定位

（一）办园宗旨："健康、快乐的花园式幼儿园"

新桥医院是一所环境像公园一样的、技术一流的、适应社会发展的现代化医院，是全国三甲示范医院，是人们通向健康的桥梁。幼儿园根据医院母体的建院理念，充分释放依托母体环境和资源的先天优势，提出了"健康、快乐的花园式幼儿园"的办园宗旨，将幼儿园的发展融入医院这个母体。

四季常青的植物，宽敞平坦的操场，为孩子们进行日光浴、空气浴提供了绝好条件；刺激好玩的儿童攀岩墙，丰富多样的大型户外玩具，多姿多彩的班级活动区给孩子提供了嬉戏、交往、体验、成长的天地；温馨愉快的亲子活动，独具匠心的家长开放日，为家园共育搭建了幸福的彩虹桥；生机盎然的种植园，生动有趣的动物之家，还有好玩的戏水池、沙池、小桥流水、林间小径等，更是让孩子们置身于大自然中。

（二）办园目标："让孩子时时面对阳光，收获健康；为儿童处处营造和谐，分享快乐"

幼儿园的办园目标可以用四个词来归纳表述：阳光、健康、和谐、快乐。其着力点在蒙童的成长，它超越了对"物"的发展要求。身心健康是孩子一切发展的前提。幼儿园要做到高度关注幼儿生长发育、健康饮食、体能、体质、心理健康以及特殊儿童的健康教育等。关注每一个孩子的健康，包容引导调皮孩子健康发展，接纳帮助特殊孩子走向健康。

（三）办园理念："幸福童年像花儿一样"

还孩子一个快乐的童年，是我们的责任和义务。时光不会逆流，孩子的童年注定是一个短暂的时期。让短暂永驻，成为我们的不懈追求。去"小大人化"，去"小学化"，还孩子的天真、烂漫，成为我们的理念与行动。

（四）服务观念："军民一家亲"

将军队、社区、家庭、幼儿园资源互动融合、加强联系，互帮互助、开放创新，积极参与公益活动，充分发挥幼儿园的示范性、科学性及模范带头作用，优化早期教育。

（五）园风：团结、敬业、奋进、创新

团结是指同事之间各项工作要互相配合、互相帮助，共同营造和谐的大家庭；敬业是指要热爱幼儿教育事业，将全身心放在工作上，工作脚踏实地、乐于奉献；奋进是指要积极反思总结，在原有的基础上不断地向前发展，取得较大的进步；创新是指在工作中要学会思考、勇于探索、敢于改进提高。

（六）园貌：青春、活泼、优美、开放

青春、活泼是指我园教职工平均年龄27岁，教师们青春靓丽，活力四射，有较高的文化修养和综合素质，是一支不可多得的生力军；经过部队的熏陶训练，更显外柔内刚、美丽执着、更具爱岗敬业、乐于奉献的精神。

优美、开放是指美丽的新桥医院幼儿园在各级领导的关心引领下，努力营造优美、宽松、和谐的育人环境，不断完善现代教育设施与技术，科学办园，健康育人；请进来、走出去，加强与各兄弟园所的联系，学习创新，不断改进提高；不保守，不骄躁，积极投入实施有意义的公益活动，充分体现和发挥示范幼儿园的模范带头作用。

三、幼儿园的教学特色

（一）亲子中心

1. 婴儿教养

幼儿"入园焦虑"是家长、老师最担心、头疼的问题，为此，幼儿园参与了重庆市教委组织的中国学前教育研究会"十五"课题"婴儿教养课程"的研究。幼儿园开展了"亲子陪读、亲子操、亲子活动、家长助教"等活动，积极在早教领域、早教舞台上展示交流、引领示范、资源贡献，受到市、区幼教同行的好评。相关论文在总后勤部以及市、区获奖，并在《学前教育研究》《幼儿教育》《早期教育》上发表,可谓硕果累累,成为重庆市最早、最具影响力的婴儿教养基地之一。

2. 家园共育

新桥医院幼儿园是重庆市第一批拥有国家级园本科研课题的幼儿园之一。中国学前教育研究会"十五"课题"幼儿园、社区教育资源互动与早期教育优化的实验研究",于 2005 年 7 月圆满结题。其中关于"家长助教工作的尝试""幼儿成长档案的设计与编写"等均走在重庆市幼教相关研究的前列,幼儿园还在重庆市幼教科研年会上进行了经验交流。

在经历了"家长讲座、幼儿成长档案、亲子陪读、家长开放日、家长助教、家长园地、家园 QQ 群、主题式家长会、家长论坛"之后,幼儿园又以"家长学校"的方式,提升家长的科学育儿能力,邀请专家来园讲学。高水平的培训学习,让家长们明白:在培养孩子的道路上,我们是朋友,是伙伴,我们共同肩负着培养国家未来的重任。该培训不仅提升了教师、家长的幼教专业素养,更增进了友谊和家园共育的意识。

(二)游戏基地

美国教育家杜威提出:在儿童阶段,生活即游戏,游戏即生活。苏联心理学家维果茨基也提出:游戏是学前儿童的主导活动;心理活动的随意机能,思维摆脱具体实物的束缚,心理发展的重要变化,这一切都出现在游戏中,游戏是发展的源泉;游戏创造了儿童的最近发展区。游戏作为幼儿的一项基本活动,有助于增强幼儿身体素质,有助于幼儿身心健康、和谐发展。幼儿天生爱好游戏,在游戏中,身心也可以完全放松,可以主动获取很多东西。根据各个年龄阶段孩子的学习和发展特点,幼儿园各教研组剖析儿童的内心世界,寻找儿童的发展规律,将幼儿园户外环境进行改造加工,使原来无人问津的死角、脏角变成了生动、有趣、好玩的户外区域。创造性地开辟户外游戏环境,将传统的五大游戏和原生态的玩水、玩沙、玩石、玩绳等有机结合,拓展孩子的游戏天地,大大提升了幼儿参与户外活动的兴趣,受到了家长好评。

1. 活动区活动与游戏的融合

在大力开展"幼儿活动区活动"基础上,开展"活动区活动"与"角色游戏、表演游戏、结构游戏"的融合研究。逐步建立"游戏题库",开展丰富多彩的游戏活动,真正让游戏成为孩子的主要活动,成为启迪孩子智慧,发挥孩子创造性的重要途径。

2. 特殊领域的游戏研究

设计"主题游戏",开展对留守儿童、单亲家庭儿童等弱势家庭儿童心理问题的矫正。用积极的心理暗示,让他们敞开心扉,走出灰暗的生活;用合作的集体游戏,让他们感受到被爱,增强对美好生活的信心。

3. 特殊儿童的游戏研究

针对存在视力障碍、听力障碍、言语障碍、肢体障碍、运动障碍、智力障碍、精神障碍、多重障碍和其他障碍的儿童,开发"专长训练游戏",让他们在游戏中训练,在训练中游戏,在快乐中成长,成为有一门专长,能自食其力的大写的人。

4. 游戏评价体系

推进"游戏质量形成过程管理评价体系"研究,建立科学的"游戏评价体系"。将一学期 1 次的幼儿园保教质量分析、一年 1 次的年度考核评价真正地和过程评价相结合,使评价成为教师了解孩子成长的一种手段,切实发挥评价的功能作用,科学评价幼儿发展。

(三)健康训练营

"有了健康的体魄,生活才会充满阳光;有了健康的生活,人生才会更加的完美!"幼儿园长期以来对幼儿的健康高度重视,2006 年 11 月,独立申报了总后"十一五"课题——"幼儿体质发展状况及其保教对策的研究",科学、系统地了解儿童体质发展状况,从卫生保健、营养摄取、情感激励、运动训练等多渠道、多角度对儿童体质发展实施干预,促进幼儿体质健康发展。在科学测查和分析幼儿体质发展的基础上,对幼儿实施"运动处方",坚持开展"三浴锻炼、五分钟素质训练、区域体育大活动、体育活动一课多研、提高幼儿体能"等研究,并将其贯穿于幼儿一日活动中,让"三浴锻炼、五分钟素质训练、区域体育大活动"等成为常态。该项课题研究成果荣获 2012 年重庆市沙坪坝区科研成果二等奖。

(四)阳光救助站

1. 保育特色研究

在重庆市教育科学院十五课题"保育员职业形象行动研究"引领下,推动幼儿园保育员素质的全面提升。幼儿园多次接待市、区级的观摩活动;在市、区课题组、培训班中交流发言;保育组教研活动计划也被推广发表;保育员积极参与幼儿园教学科研活动，并承担负责"体育活动器械的科学投放与管理、在体育活动中幼儿的生活护理"等子课题研究；各班开辟了"保育天地、保育与家长"等栏目。幼儿园保育员队伍无论在文化、专业、气质形象各方面都达到了重庆市保育队伍的一流水平。在幼儿园教科研氛围的带动下，2015年两位保育员的"保育专栏在家园互动中的实践研究"和"保育员在幼儿园生活活动中的保教结合策略研究"同时成功申报了沙坪坝区教师成长课题，其中一位保育员撰写的"提高保育员专业素质的实践研究"也成功申报重庆市教育科学"十二五"规划课题，这也为课题研究起到了推动作用。

2. "健康宝宝"直通车

幼儿园充分利用新桥医院这个大平台，积极同小儿科、检验科、营养科等科室加强科研协作，联合开通了"健康宝宝"绿色通道，及时调控各种流行疾病的预防措施、应对孩子活动中的突发事件和意外伤害，为每个孩子的成长保驾护航。每学期幼儿园都会对全园孩子进行一次免费查血和健康体检，检验科和小儿科的主任都会组织优秀医务人员来园指导工作，及时对幼儿先天性心脏病、白血病、男孩包皮过长、营养缺乏或营养过剩等进行筛查；营养科针对我园幼儿的健康状况和进食情况，进行营养分析，制定科学的营养配餐，保证幼儿健康成长。幼儿园还和医院协同开展了脑瘫患儿康复治疗、重庆市育婴师培训及亲子教育研究等，共同担负起"重庆市育婴师培训"课程的研究、教学和教材编写工作等，成为重庆市唯一一所由专业卫生机构和专业教育机构联合举办的特教和早教培训基地。

四、幼儿园科研发展历程

对于幼儿园教师来说，课题研究一直是一件高深莫测的事。幼儿园教师在经过"十五""十一五"的艰难磨砺后，到"十二五"课题研究时，已经能够自觉、主动地参与其中，并能独立申报课题，真正地成为课题的负责人。

（一）奠基——"十五"课题（2001—2005年），以旁观者的心态看待科研

"十五"课题"幼儿园、社区资源互动与早期教育优化的实验研究"是幼儿园第一次独立申报的中国学前教育研究会课题，实现了课题零突破。因为是第一次自主研发课题，教师们缺乏经验、无从下手，因此只有园长、业务园长、教研组长等少数人参与。教师们只是领导说什么就做什么，领导说怎么做

就怎么做，偶尔还会有一些怨言。那时候老师的科研意识淡薄，缺少研究方法，科研成果也寥寥无几。

（二）突破——"十一五"课题（2006—2010 年），以参与者的身份走进科研

1. 园本课题带全园，第一次将教师成长与课题挂钩

"十一五"期间，在周永园长的带领下，幼儿园独立申报了总后课题"3～6 岁幼儿体质发展状况及其保教对策的研究"，开展了"难易不同的大带小区域体育大活动、丰富多样的三浴锻炼、短小有趣的五分钟身体素质训练、简单刺激的赤足活动"等。因研究内容着眼于幼儿，教师操作起来比较容易。同时开展的还有"沙坪坝区以园为本教研制度建设"子课题——"同课异构促教师专业成长"的课题研究，这是幼儿园第一次将教师专业成长与课题直接挂钩。教师们将这两个课题融合，开展了"同课异构之健康活动""同课异构之游戏活动""同课异构之活动区活动"等研究。幼儿园从研究内容的选择、实施措施的制订、研讨活动的筹备、资料的收集整理、经验文章的撰写等，都让全园教师参与。教师们开始用研究者的眼光看待幼儿的一日生活、教育教学和科研工作。

2. 班本研究促发展，第一次让教师独立进行研究活动

在园本科研的带动下，幼儿园又决定在班级推行"三人一组的班本研究"，（两教一保）。这是幼儿园第一次让教师独立进行研究活动。它是根据本班教育教学、一日管理、家长工作、幼儿能力发展等方面存在的问题进行有针对性的研究，例如"探讨中班幼儿行动迟缓的现状及其对策""亲子式交谈"等。其中"关注特殊儿童，接纳特殊儿童"的班本研究现场活动，还在"沙区园本教研总结会"上展示，受到广泛好评。"三人一组的班本研究"为"班长负责制"教研活动以及班长独立申报成长课题打下了基础。教师们科研的意识和习惯形成了，科研的方法和手段增多了，科研的热情和成果提升了。

（三）飞跃——"十二五"课题（2011—2015 年），以主研者的角色引领科研

1. 园本课题引方向，第一次独立申报全军课题

"运用'学习维度论'构建教师职后培训有效模式的实践研究"是陈薇副园长独立申报的全军"十二五"规划课题，也是重庆市"十二五"继续教育规

划专项课题。课题注重教师的职后培训，拟运用"学习维度论"从"态度与感受、获取与整合知识、扩展与精炼知识、有意义地运用知识、良好的思维习惯"等五个维度对教师进行全方位的培训。借助这一平台，幼儿园将理论法规学习、团队纪律要求、操作技能培训、教学科研改革等进行点、线、面的划分，统筹规划、层层分解、全面到位，使教师从思想、态度、行为上发生了根本性的改变。课题组较系统地对幼儿园不同专业、不同群体、不同水平的教师进行职后培训，有目的、分层次地进行职业规划和专业引领，使教师在职后培训中有一定的创新意识，因此具有一定的实践推广价值。

2. 成长课题显人才，第一次由各班班长独立申报教师成长课题

教师成长课题是重庆市沙坪坝区教师进修学院为教师们的专业成长搭建的研究平台。该课题研究是以班级为单位，由班长负责，由保教配合，将工作、研究、学习统整起来，达到学以致用、以用促学、以用促研、以研养学的目的。通过这个新平台，以问题为聚焦点，以教研为基础，以活动为载体，以幼儿发展为落脚点，构成了一个具有内在动力系统的研修网络，拉动了教师的自主发展，让教师成为教科研活动的真正主人。在团队建设和研究锻炼有了很大成效的 2013 年，幼儿园成功申报了 7 个沙坪坝区教师成长课题（幼儿园只有7 个班），如"提高大班幼儿自主绘画能力的研究""婴班幼儿饮水习惯的培养和管理研究""大带小活动提高小班幼儿交往能力的研究"等。这是幼儿园第一次由各班班长独立申报的沙坪坝区教师成长课题。这些课题已于 2014 年 7 月顺利结题，并获得沙区科研课题成果二等奖 2 个、三等奖 2 个。2015 年教师们再接再厉，又有 10 个课题成功申报。这在幼儿园科研发展史上是一个从教育教学研究到教育科学研究的转变，实现了教育教学质的飞跃。

（四）渗透——"十三五"课题（2016—2020 年），以主人翁的意识管理科研

在五个年头、两个轮次的课题研究过程中，有不少教师已经成长为骨干教师，不光是在教育思想、观念方面有了改变，在日常教学中也提升了教育教学技巧和方法，能独自承担课题并开展相关的教育教学研究，学会了以主人翁的心态正确地看待科研，科学有效地管理科研。2015 年 10 月，由保教干事霍宇负责的"幼儿园一日生活中幼儿文学素养培养的实践研究"成功申报重庆市第八届教育学会基础教育科研课题；由保育组长卢江涛负责的"保育员专业素养的提升"也成功申报重庆市教育科学"十二五"规划课题。这再次证明了幼儿园不仅体现了一线教师的能力价值，同时，也体现了保育员的专业水平。这一

转变为幼儿园营造了一种和谐、科学的研究氛围，打造了一个积极上进的研究团队。

教师们的科研之路已经从走出幼儿园到沙坪坝，再从走出沙坪坝到重庆市，这在幼儿园科研史上是一个新的突破，具有划时代的意义和价值！这也标志着教师们的科研素养和能力已经达到了前所未有的高度。

五、成果与影响

（一）教师队伍

截至 2016 年 6 月，幼儿园教师队伍本科达标率提升到 94.44%，保育员队伍本科达标率提升到 62.5%。5 名小教高级，10 名小教一级。在 22 名教师中，原只有 11 名幼教专业的教师，现提升到 18 名。保教人员均有教师资格证。

五年内，有 2 名教师被评为总后勤部骨干教师，1 名教师被评为重庆市骨干教师，2 名教师、1 名保育员分别被评为新桥医院幼儿园骨干教师、骨干保育员，1 名教师评被为总后勤部优秀教师，1 名教师被评为重庆市优秀园丁，1 名教师被评为沙坪坝区优秀教师，2 名教师被评为新桥医院幼儿园优秀教师。此外还有多名教师受到新桥医院嘉奖。

2013 年，7 个教师成长课题被沙坪坝区教育科学研究所批准立项，其中，2 个课题获 2014 年沙坪坝区教育科学规划中小学"教师成长课题"二等奖，2 个课题获三等奖，新桥医院幼儿园荣获课题先进单位。2015 年，10 个教师成长课题被沙坪坝区教育科学研究所批准立项。五年内，有 50 多篇文章获奖，40 多篇文章发表，10 多项比赛获奖，有 6 名教师参编教材共 5 本。

（二）幼儿园荣誉与影响

- 1999 年被评为重庆市"一级幼儿园"
- 2005 年被评为重庆市"食品卫生 A 级单位"
- 2007 年被评为重庆市"示范幼儿园"
- 2010 年被评为重庆市"巾帼文明岗"
- 2011 年被评为重庆市"平安校园"
- 2014 年被评为沙区教师成长课题管理先进单位

幼儿园还被评为沙坪坝区"师德建设先进集体""幼儿教育安全稳定工作先进集体"、沙区妇幼保健院"托幼园所卫生保健工作先进集体"、卫生监督协会"优秀会员单位"、价格协会"价格诚信单位"等，以及获得新桥医院"巾帼建功先进集体""五四红旗团支部""三八妇女先进集体""文明服务窗口""文体活动先进集体"等荣誉和称号。

幼儿园一直以良好的状态，走在重庆市幼儿教育的前列，充分利用《幼儿园教师职业标准》树立教师良好形象。幼儿园多次承担全国性研讨会；多次在全军、总后、市、区专业会议上交流发言；走进贫困山区，开展农村幼儿教师培训、支教等活动，履行社会责任。这些活动无疑扩大了幼儿园的影响力和知名度。

第一章　学习维度论：
幼儿教师专业发展的理论新视角

无论你是否意识到，学习已经成为一种基本的社会行为和生活方式，已不再局限于学校教育的形式。在"互联网＋"时代，"学习"的内涵和外延都有了全新的内容。"学习"已经不仅仅是学生在学校中的特定行为，任何人在任何时候、任何地点都能进行学习。习总书记在 2015 年国际教育信息化大会上指出，要构建终身化的教育体系，培养创新人才，建设"人人皆学、处处能学、时时可学"的学习型社会。因此，教师的继续教育和专业发展成为备受关注的问题。学习维度论将脑科学研究中关于人是如何学习的成果运用到教育上，为进行教师职后培训带来了全新的灵感。

第一节　学习维度论释义

一、学习维度论的基本内涵

毫无疑问，在教育领域和群体中，教育性最强的要素是教师，教师贯穿了整个教育的不同情景，他们是教育行为的主导者。以外部推动到内部需求的转变，以规模发展到质量提升的转变，对教师队伍和个人素质都提出了更高的要求。教师的专业化发展成为当今社会备受关注的问题。早在 20 世纪 70 年代，联合国教科文组织就在《学会生存》中指出：加快教师专业化的进程是提高教师质量的成功策略，而教师的专业化发展将越来越有赖于终身教育体系的强大支撑。因而，为教师的职后发展提供高质量的、持续的、强有个性化的专业支持，是时代发展的必然要求。

教师的职后培训是特定的学习群体进行的学习过程，但其本质仍是学习行为。关于学习,不同学科和流派有着不同的视角和解释。学习维度论将脑科学研究中关于人是如何学习的成果运用到教育上,对优化学习过程、提升学习质量具有重要的借鉴意义。学习维度论(Dimensions of Learning,DOL)是由美国课程改革专家罗伯特·马扎诺(Robert J. Marzano)博士提出的一种应用性教学原理,他多年来一直致力于将教学理论与研究转化为有效课堂实践,已经出版了 20 多本著作。在学习维度论的框架或模式中隐含着五种假设:第一,最好的促进学习的方式,应该能够反映我们所了解的学习过程;第二,学习是一个由多种因素交互作用构成的复杂系统,这个系统涉及五种思考类型,可以通过五个维度来表现;第三,基础教育课程应该包含明确的教学观念、教育态度和思维习惯,这些对于促进学习具有重要意义;第四,这个过程离不开教育者和受教育者的积极参与;第五,学习评价应该关注学习者应用知识和解决问题的推理过程,而非死记硬背书本知识。①

已有关于学习维度论的研究,通过设计大量的实验和案例,帮助受教育者充分明白这五种假设怎样影响教学过程和学习结果,以及学习维度论的框架体系如何运用于课程设置、学习过程和结果评价中。具体来说,学习维度论包括五个分类指标:维度一"态度与感受",维度二"获取与整合知识",维度三"扩展与精炼知识",维度四"有意义地运用知识",维度五"良好的思维习惯"。任何学习都发生于这五个维度的相互作用之中,认知、情感与思维共同决定了学习的成效。

(一)维度一:态度与感受(Attitude and Perceptions)

态度与感受会影响学习者的学习能力和效果。如果学习者感受到学习环境和学习秩序是安全和稳定的,他们可能会更投入地学习,产生较好的学习效果;相反的,如果学生对于学习环境、学习任务和学习活动都是消极态度,他们可能不会付出很多努力,结果自然收效甚微。因而,帮助学习者建立积极的学习态度和观念,将有助于有效学习的进行。

积极的态度和感受不仅包括对学习任务的彻底理解和实施,还包括对整个学习活动过程保持持续的兴趣和热情。对于学习任务,首先,要构建先行组织者,即任务的构建要与学习者已有的知识体系建立关联,使其产生学习兴趣并相信自己能够通过查阅资料、合作探索完成任务;其次,引导学习者搜集必要

---

① Robert J. Marzano, Debra J. Pickering. Dimensions of Learning Teacher's Manual [M]. Hawker Brownlow, 1991:1—2.

的资源，对任务进行分解以便于在任务执行过程中保持耐心；最后，为学习者提供清晰的任务业绩水平期望。而对于学习过程，首先，应营造和谐的学习氛围，监控与调节教育者的行为和态度；其次，要尊重个别差异，因材施教，帮助学习者发挥并运用自身的优势；最后，要建立和完善学习者交流机制，提供各种积极强化手段鼓励学习者。

（二）维度二：获取与整合知识（Acquire and Integrate Knowledge）

帮助学习者获得和整合新知识是促进其学习的另一个重要方面。建构主义认为，学习不是知识由教师向学生传递，而是学生自己建构的过程，学生不是被动的信息接受者，而是信息的主动建构者。每个学习者都是以自己原有的知识经验系统为基础，对新信息进行编码，通过新旧知识的调整和改变，将新知识纳入到原有认知结构体系中。在学生学习新知识时，教师要指导和帮助其建构起与已有知识之间的联系，进而保存到长时记忆中。当学生获得一种新的技能或程序时，他们必须通过整合和练习形成一种模型或结构，使其运用起来更为有效，并最终内化为他们可以运用自如的技能。

（三）维度三：扩展与精炼知识（Extend and Refine Knowledge）

获取与整合知识并不是学习的结束。只有通过扩展与精炼知识，学习者才会有更深入的理解。比如对一堆混乱的内容进行合理分类、查阅并矫正已有的错误认识、能够对所学习的知识进行总结与概括。以严肃的态度分析、思考、批判，将会帮助学生扩展知识体系，抽取出最核心的知识。

最常用的推理过程包括以下几种：①比较（Comparing），其目的是区分异同点，例如两组数据的元素有哪些差别？这些差别导致了什么不同的结果？②分类（Classifying），根据不同的属性对已有内容进行归类划分。明确分类依据是什么，每一个类别中的特有属性是什么。③抽象（Abstracting），阐明一般和本质的内容是什么。区别一般原理或本质内容与案例之间的差别。④归纳推理（Inductive reasoning），根据一类事物的部分对象具有某种性质，推出这类事物的所有对象都具有这种性质的推理。归纳是从特殊到一般的过程，它属于合情推理。⑤演绎推理（Deductive reasoning），从一般性的前提出发，通过推导即"演绎"，得出具体陈述或个别结论的过程。演绎推理是从一般到特殊的推理。⑥提供支持（Constructing support），提供某一观点的证据。通过提供数据或案例，证明某种观点的正确性。⑦分析错误（Analyzing errors），通过分析发现精炼知识过程中出现的错误。要善于思考，杜绝人云亦云，当某些信息影响你时，要进行查证。如果发现问题，要及时澄清并进行更正。⑧分析观点（Analyzing perspectives），对某种观点进行阐释。对于某种观点，要通过分析形成自己的认识，并能对其进行解释和说明。

（四）维度四：有意义地运用知识（Use Knowledge Meaningful）

最有效的学习发生在运用知识的过程中。比如，我们学习游泳可能是从杂志或者电视上了解的，但是，只有当我们穿好泳衣走进游泳池的时候，学习游泳的行为才真正开始。在这个过程中，最重要的部分是指导并确保学生能够有意义地运用知识。

在学习维度论的框架体系中，以下六个元素能够帮助和激励学生有意义地运用知识来完成任务。①决策（Decision making），依据某种标准，在不同的方案中做出选择。明确自己选择的前提、原则和期望达到的目的，制定不同方面的权重等级，通过计算分析，选出最优方案。选择必要的替代方案。②解决问题（Problem solving），解决完成任务过程中遇到的障碍。③创新（Invention），形成原创性的产品或程序解决已有问题。④实验探究（Experimental inquiry），对所形成的假设进行实验和探究。⑤调查研究（Investigation），到实地进行调研和积累素材，进而形成结论或证明假设。⑥系统分析（Systems analysis），对搜集到的资料、数据、案例进行整体分析，以便形成完整全面的认识。

（五）维度五：良好的思维习惯（Productive Habits of Mind）

有效的学习能够帮助学习者形成优秀的思维习惯，使其具备批判、创新精神，并进一步规范其学习行为，形成良性的互动循环。在学习维度论中，优秀的思维习惯包括批判性思维、创造性思维和自我调节思维。

批判性思维立足于理性反思某个问题及其相关证据得出判断，即为决定相信什么或做什么而进行合理的反思性的思维。其包括澄清意义、分析论证、评估证据、判断论断的合适性和推导有根据的结论等技能。[①] 批判性思维要求精确、清晰的探索，保持开放性思维，避免主观感受和冲动，面对问题和变化能够坚持自己的立场，能够针对不同人的感受和认知水平给予合理恰当的回应。结合生理研究成果，创造性思维就是大脑皮层区域不断地恢复联系和形成联系

① 戴维·希契柯克，张亦凡，周文慧. 批判性思维教育理念 ［J］. 高等教育研究，2012（11）：54-63.

的过程，它是以感知、记忆、思考、联想、理解等能力为基础，以综合性、探索性和求新性为特点的心智活动。[①] 创造性思维要求学习者能够突破自身知识和能力的限制，以坚持不懈的态度，信赖并保持自身的评判标准，产生一种打破常规的解决问题的新途径。

二、五个维度的关系阐述

学习维度论的五个维度并不是孤立的，而是在实践过程中相互影响、相互作用的。罗伯特·马扎诺（Robert J. Marzano）阐述了学习维度论的相互作用关系，如图1-1。学习态度和感受，以及思维习惯是所有学习发生的基础环境，贯穿于整个学习过程中。当学生具备积极的学习态度，运用富有成效的思维习惯进行学习时，往往能够更高效地学习，能够充分地体会到学习的乐趣，同时学习变得有趣和容易；反之，则效果不佳。积极的学习态度和有效的思维有助于中间的其他三项，即获取与整合知识、扩展与精炼知识、有意义地运用知识的进行。由图1-1不难发现，三者是相互嵌套包含的关系，获取与整合知识包含于扩展与精炼知识当中，这二者又共同包含于有意义地运用知识当中。当学生扩展与精炼知识时，他们仍然在获取与整合知识，当学生有意义地运用知识时，也是获取知识、整合知识、扩展与精炼知识的过程。这五个维度既不是零散的，也不是连续的。在学习的过程中，它们可能是相互作用的，也可能同时发生着其中的好几项。

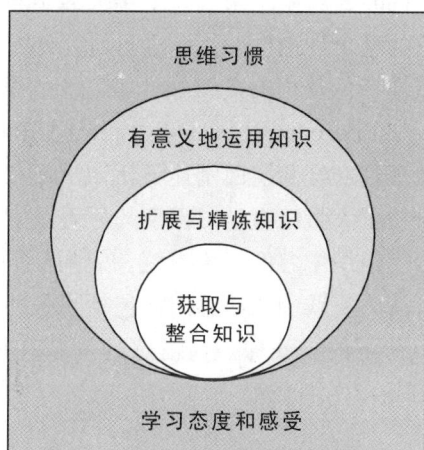

图1-1　学习维度论相互作用图示

---

① 张丽华，白学军. 创造性思维研究概述［J］. 教育科学，2006，22（5）：86－89.

第二节 已有研究基础

一、学习维度论相关研究

学习维度论由美国课程改革专家罗伯特·马扎诺（Robert J. Marzano）博士提出。作为一种综合性的教学改革模式，学习维度论在美国基于课程标准的教学改革中起到了很好的作用，对中小学影响较大。

早在 1988 年，罗伯特就对"思维维度"进行了研究，探讨了课程和教学法的框架，成果刊登在 ASCD（*Association for Supervision and Curriculum Development*）上。在此基础上，他于 1991 年出版《学习维度论教师手册》。该手册对认知和学习的综合性实验框架进行了扩展和延伸，成为罗伯特最重要的研究成果之一。学习维度论的提出使得教育者的关注点从学习任务转向了对学生学习过程和方式的关注，包括课程制定、教学方式、教学指导和教学评价。为了进一步满足区域性需求，2006 年，罗伯特等对《学习维度论教师手册》进行了修订和升级，出版新版《学习维度论训练者手册》。新的手册对训练脚本和训练经费进行了相应的删除、修正和完善，并且补充了新的训练活动。比如，除了每个维度的最后部分添加了评估表格外，还要对传统的评估测试题目运用进行讨论，同时还收录了来自每个年级的实验样本。

除了对学习维度论的整个理论框架体系进行研究外，一些学者以部分学习维度为视角，融入地域性特色及相关案例，对其实践过程和效果进行了阐述和探讨。Freâdeâric Leroy 和 Bernard Ramanantsoa 从认知和行为维度对组织合并进行了研究。作者从理论和经验层面阐述了认知学习和行为学习的联系，通过一个综合性的模型分析了大量已有学习模型的显著区别，合并了其中相同的因素，在此基础上提出了组织学习的相应策略。[①] 情感维度是健康和社会实践的重要部分。一些学者认为实践中的情感因素包括紧张环境中的情感关怀、缺乏帮助和支持以及超负荷下的自我保护，情感的调节和训练能够提升工作效

[①] Freâdeâric Leroy, Bernard Ramanantsoa. The Cognitive and behavioural dimensions oforganizational learning in a merger: an empiricalstudy [J]. Journal of Management Studies, 1997 (34): 6.

率、态度坚定、缓解压力。①

国内对学习维度论的研究相对较少，主要有两个层面：一是对学习维度论的理论框架和体系进行介绍；二是对将学习维度论运用于实践的尝试和实验，包括学科教学和教师培训方面。马兰、盛群力对学习维度论的分类指标体系，以及每个学习维度的促进策略进行了详尽的论述。② 吴守宇、段柳会探讨了学习维度论在小学数学教学中的实践运用。作者抽取出了我国目前已有的教学模式，如江苏洋思中学的"先学后教，当堂训练"的教学模式、重庆的"綦江模式"、濮阳四中的"三段式开放性教学法""西峡经验"等，总结出已有教学模式表现出的共同特征，即注重自学、交流、练习、质疑等。结合山区小学数学教学的特征和方式，以学习维度论的视角，将学习的五个维度转化为教学中的三个步骤：第一，情景激趣导入（态度与感受）；第二，学生自学—课堂练习—实践运用（知识的获取与整合、拓展与精炼、有意义的运用）；第三，学习评价与反思（良好的思维习惯）。③

基于学习维度论进行教师专业培训也是相关研究的重要方面。吕耀坚、赵亚飞针对当前教师培训在内容上重知识、轻能力、培训方式混乱等问题，从学习维度论的视角出发，建构幼儿教师职后培训的系列策略。具体策略主要包括：从情感维度引导幼儿教师对培训及其学习活动建立积极的态度和感受；从认知维度帮助幼儿教师理解并掌握。④ 此外，也有一些研究者依托项目，基于学习维度论探讨了教师专业发展培训的实践形式。孙永珍依托浙江省于2008年推出的针对农村骨干教师的"领雁工程"培训项目，即集中脱产两个月，对各学科的农村骨干教师进行重点培训，以学习维度论为理论支持，指出教师培训应该注重提高教师在教学实践中整合与运用知识的能力，要在充分激发教师积极主动汲取理论知识的同时，促进其知识向技能的转化。文章对"专家理论引领—名师现场示范—导师制实践教学—同伴研讨交流—自我反思成长—点评诊断运用"和"专家理论引领—参训教师自主练习—典型案例剖析—专家个别指导—答辩深度改进"两种系列培训方式及其成效进行了阐述。⑤

---

① Anonymous，Practice/academic career pathways in the health and social care professions [J]. Blackwell Science Ltd. Learning in Health and Social Care，2002，1（1）：59－62.

② 马兰，盛群力. "学习维度论"要览 [J]. 上海教育科研，2004（09）：35－38.

③ 吴守宇，段柳会. 议学习维度论在小学数学教学中的实践运用 [J]. 科技信息，2012（20）：343－343.

④ 焦艳凤. 建构有效的幼儿教师职后培训策略 [J]. 赤子：上中旬，2015（17）：297－297.

⑤ 孙永珍. 基于学习维度论的农村骨干教师专业成长有效培训方式的实践探索——以浙江省"领雁工程"农村初中历史与社会骨干教师的培训为例 [J]. 教育理论与实践，2012（32）：32－34.

二、教师职后培训相关研究

关于教师职后培训的已有研究，是我们运用学习维度论优化教师职后培训，促进教师专业发展的重要基石。因而，我们有必要对教师职后培训的相关研究进行全面的梳理。所谓职后培训就是"对在职教师进行的职后教育"（《教育大辞典》，顾明远主编）。根据文献检索，国内外在职后培训方面做了大量的理论研究和实践探索。这里我们着重关注幼儿园教师职后培训。

根据有关研究，国外幼儿教师教育呈现职前职后一体化趋势，如美国的"教师专业发展学校"就是典型。易红对英国的研究也指出，英国教师职前培训、入职培养和职后培训构成一个完整的体系。从技术上讲，国外教师职后培训主要有四种模式：新教师在职培训模式、以课程为基础的在职培训模式、以学校为中心的在职培训模式和短期进修在职培训模式。美国、日本等西方国家也创设了具有自身特色的培训模式，如美国的校本培训，英国中小学与大学合作"六阶段模式"，德国的"连级培训网络模式"，日本的"远距离模式"，等等。

近年来，国内对幼儿教师职前职后培训一体化趋势的呼声也越来越高。秦金亮研究了"全实践"课程理念指导下的"反思型"幼儿教师培训模式，庞丽娟等学者也认为应该打通职前职后培训的各个关节，形成一体化格局。我国幼儿教师职后培训在培训方式上也呈现出多样化的态势，如园本培训、参与式培训、行动研究、案例教学等模式已在各地积极尝试。朱家雄指出："基于行动的幼儿园园本教研应当在课程改革的师资培训中承担更大的责任。"叶平枝通过对某市 35 个幼儿园的调查指出："约 88％ 的幼儿园认为理想的幼儿教师培训是'园本培训'或与之有关的培训。"卢筱红的研究也证明了上述结论。可见，基于教师成长的培训以幼儿园为主体，以保教活动为载体，更为有效。

国内外的幼儿教师培训除在一体化倾向上趋同外，还有一个比较大的相似点，那就是对群体成长方式的关注多，而研究个体成长方式的少。本研究将在充分解析学习维度论内涵和外延的基础上，选择个性化的样本进行长期跟踪调查研究，在注重群体培训的同时，更加关注个体教师的发展。

第三节 幼儿教师专业发展与学习维度论

一、幼儿教师专业发展面临挑战

幼儿教师的专业水平是幼儿教育质量的基础和关键，强化幼儿教师队伍的专业化水平是促进我国学前教育事业的重中之重。幼儿教师专业化水平提升的过程正是教师们自身成长的过程。成长，泛指事物走向成熟、摆脱稚嫩的过程。简而言之，成长就是自身不断变得更好、更强、更成熟的过程。它既是一种不断变化着的过程，也是变化以后产生的结果。一个有机体的成长，既离不开内部的驱动力，也离不开外界的推动力，其成长是内、外因素共同交互作用下的结果。幼儿教师的成长也是如此，既需要他们自身的成长需求和欲望，也需要外界营造良好的环境和提供支持。

新课程改革为基础教育带来了新的理念、新的文化和新的行动方式，课程的综合性、多样化、时代性、实用性对幼儿教师提出了更高的要求。虽然国家在政策和资金上都给予了极大支持，但是培训效果却并没有显著的改善，主要表现在：第一，对培训对象及内容缺乏整体的设计和规划。目前各地的幼儿教师培训主要是由政府部门组织，对于培训的层次性和持续性缺乏宏观规划。第二，培训形式单一。各地所采取的培训形式还是以专家报告、集中讲座为主，难以调动幼儿教师的主动性。第三，培训的针对性不强。各地区、各学校的层级、教学情况、学生、教师等各不相同，需要结合其特点进行有针对性的培训，而实践中这种意识很薄弱。即便是观摩学习，也应该具有批判性意识，能够结合自身实际情况进行学习。幼儿教师职后培训与教师专业发展需求之间已经出现了一些断层。如何结合选取典型案例，构建有效的幼儿教师职后培训体系，对于推动幼儿教师专业发展具有重要价值。

职后培训的主要目的是解决教师现有水平与幼儿教育之间需求不平衡的问题，促进幼儿教师专业发展，整体上提升学前教育质量。以重庆市新桥医院幼儿园为例，新桥医院幼儿园是重庆市示范幼儿园，在历经了"十五""十一五""十二五"课题的研究后，教师群体综合素质较好，特别是科研素养较强。但是，随着经验丰富的老教师退休和中年骨干教师进入管理团队，幼儿园一线教师基本以"80后""90后"为主，平均年龄27岁。以2011年的统计数据来看，教师在学历上：本科33％、专科67％；在学前教育专业和非学前教育专业上：学前教育专业44％、非学前教育专业56％；在从教时间上，大都为1～5年，年轻化的教师群体综合素质令人担忧。

虽然新桥医院幼儿园一贯重视文化传承，也一直坚持运用理论学习、学术讲座、技能技巧、素质拓展等方式进行培训，取得了一些成绩，但教师成长的速度还是相对缓慢。对此，幼儿园通过问卷调查分析，认为存在以下问题：一是教师个体培训目标不明确，对个体教师专业成长的近期目标、长远目标定位不清晰；二是培训针对性不强，培训内容重理论、轻操作，忽略了教育教学实际操作指导；三是培训形式单一，没有考虑到不同专业、不同学历、不同工作年限教师的需求，弱化了培训效果；四是培训重技术、轻情感，重外在形式、轻内在动力的培育。

面对这样的新教师群体，如何利用教师职后培训有效模式，传承好新桥医院幼儿园60年的光荣历史；如何通过培训理念的转变、培训方式的变革和培训内容的丰富，提高园本培训效果；如何根据师资结构情况分层次地培训，促进各层次教师的专业成长；如何将幼儿园对教师专业成长的希望，转化成教师自身对专业成长的渴求。在这样的背景下，学习维度论为我们提供了全新的思考点和研究视角。

二、学习维度论为幼儿教师专业发展提供新思路

学习维度论将脑科学研究中关于人如何学习的成果运用到教育上，它强调："思维的过程和思维的技能并不是相互割裂和线性作用的，而是一个互动循环、彼此影响的过程。同样，学习的五个维度，从总体上实现了认知与情感的相互作用，共同决定着学生学习的成效。"[①] 尽管学习维度并不是学习的模型，但它却是帮助受教育者聚焦于学习的强有力的工具。将学习维度论的理念运用于幼儿教师培训，我们所关注的不仅仅是教师培训的外在形式，而是关注教师个体能力的提升和思维的养成。将学习心理过程渗透到培训体系中，将个体知识内化与群体技能提升结合起来，嵌套学习维度论与幼儿教师职后培训，能够更有效地促进其专业化发展。学习维度论中，第一维度讲的就是对教师职业自尊、自我发展需求的满足，充分尊重他们的感受。第二、三、四维度讲的是如何获得、整理、输出知识的认知规律，描述了知识获得的完整过程，强调知识的客观性与主观性的统一。第五维度指向思维方法。

---

① 马兰，盛群力. "学习维度论"要览［J］. 上海教育科研，2004（9）：35-38.

因此，将其运用到教师职后培训中，对培育教师职业精神、促进教师职业能力建设、建构教师积极的人生态度有一定的重要价值和意义。

首先，从关注"外部推动"转向"内在发展"。学习维度论认为态度和感受影响着人的学习能力，学习的过程应该帮助学习者对课堂及教学活动建立积极的态度与感受。一般的幼儿教师培训比较注重外部环境的营造和外力的推动，以促进教师专业发展，比如请知名专家进行讲座，大规模人数的"批量式"培训，忽视了幼儿教师真正的需求，难以调动教师们的积极性。基于学习维度论的幼儿教师培训，能够帮助学习者充分地了解学习任务，将新知识与已有知识建立有效的联结，激发学习者持续保持内在的积极性和学习兴趣。

其次，多维度剖析人的认知学习，提升知识获取的效率。学习维度论从五个维度剖析人的认知学习，既有贯穿整个过程的"态度与感受"，也有相互关联、互动循环的"获取与整合知识""扩展与精炼知识""有意义地运用知识"的多种方式，还有不断提升与形成的"良好的思维习惯"。学习的过程与思维的过程一样，都不是相互割裂的，也不是线性前进的，幼儿教师培训也应当遵循有效认知学习的规律，既能够有效地掌握所学习的新知识，又具有批判和创新思维，能够将理论知识内化为教育理念和自觉的教学实践。

第三，提升幼儿教师的教学反思能力，培养优秀的思维习惯，促进幼儿教师专业发展的良性循环。教学反思是教师专业发展的重要组成部分，也是促进其成长的内在源泉。教学反思指教师为了实现有效的教育教学，在教师教学反思倾向的支持下，对已经发生或正在发生的教育教学活动以及这些活动背后的理论、假设，进行积极、持续、周密、自我调节性的思考，而且在思考过程中，能够发现、清晰表征所遇到的教育教学问题，并积极寻求多种方法来解决问题的过程。[①] 学习维度论强调要形成良好的思维习惯，在幼儿教师培训过程中将关注良好的思维习惯与反思能力的提升。通过良好的思维习惯，探究并解决教学过程中存在的问题，不断优化教学过程，形成专业发展的良性循环。

---

① 申继亮，刘加霞. 论教师的教学反思 [J]. 华东师范大学学报：教育科学版，2004，22（3）：44—49.

第二章　一致性：园本研修的方法论

幼儿教师是学校教育的启蒙导师，是幼儿园教师队伍中的重要力量，在儿童早期发展中具有非常关键的作用。幼儿教师的质量在一定程度上决定了学前教育的质量。随着对学前教育事业发展的重视，特别是对教师价值和重要性认识的日益深化，国家和各地区将幼儿园教师队伍建设作为学前教育改革和发展的核心内容，并制定了一系列的政策法规，从整体的宏观规划到中观、微观层面的地方性实践加以保障和促进。新桥医院幼儿园结合自身特征，对教师专业发展提出适宜的目标，制定了一系列的培训措施，从专业能力提升的角度不断激发教师的专业成长，从而促进幼儿园整体快速发展。政策、目标、规划的一致性应该成为园本研修的方法论。

第一节　教育政策与幼儿教师专业发展

一、什么是幼儿教师专业发展？

教师专业发展是当今教育领域中一个备受关注的问题。理论层面，教师专业发展是共性与个性的统一，是多种专业技能交融的体系；在实践层面，既涉及教育管理部门对教师的规划与管理，也涉及区域、学校教师队伍的建设，同时也包含着教师个体专业成长的意蕴，是外部推力与内生力的集合效应。

目前，学术界对于教师专业发展并没有形成统一的概念，对教师专业发展的认识也在不断地更新。从个体角度来看，教师专业发展指通过系统的理论学习与实践积累，使其在专业信念、专业知识、专业技能和专业思想方面不断提升和完善，即从新手型教师成长为专家型教师的过程。^① 从群体的角度看，教师专业发展是指教师这个职业群体符合专业标准的程度，即职业化的过程。^② 随着教育的发展和新课标的改革，人们对教师专业发展的理解也越来越宽泛，从关注教师专业发展的内容结构，到逐渐重视教师专业发展的过程，包括对教师个体获取知识的心理学、脑科学等的解构，再到教师专业发展的社会功能和价值，即充分激发教师的自主和创新意识，积极参与教育改革和社会事业发展。如批判理论者指出：教师专业发展是对知识更新、批判性接收并内化的过程，同时也是将知识、技能与情感融合输出的重要关口。^③

　　就教师专业发展所包含的内容来说，其一，教师精神是教师专业的灵魂。教师精神包括理性、道德和审美情感的融合，是在教学理论和实践中逐渐形成并体现出来的。^④ 教师精神的初级阶段是对其职业的认同，包括对自我和组织及其关系的认同。其次是在教学实践中表现出的种种美德，如教学设计、教学风格和师生关系等具体形式中都能体现出教师精神。最高层次乃是教师能够对教学行为和实践不断地反思，增强其自我认同，逐渐发展优质的教师美德。其二，教师知识和技能是教师专业发展的必备基础。毋庸置疑，教师的天职和本质是教书育人。知识和技能是教书育人最基本的前提，也是教师专业发展的核心内容。知识和技能不仅包括书本上的内容和教学方法，教学经验、实践取向、教学智慧等也是知识和技能的应有之义。其三，教师思维是教师专业发展的有力支持。它既贯穿于教学实践过程的始终，也随之而不断深化。教师思维是通过不断学习和实践而逐渐形成的一种稳定的教师人格特征，是一种可以主导自身的精神力量。不难发现，教师专业发展的内容结构是相互关联、不断深化的。

　　幼儿教师是教育队伍必不可少的组成部分，他们具有教师的一般性特征，又是一个特殊的群体，具有自身的特点和要求。幼儿教师发展的内涵首先应当包含教师专业发展的基本内容框架，如上所述的教师精神、教师知识和技能、教师思维。众所周知，教学对象分析是教学设计中最重要的要素，一切教学过程都是以学生为起点、围绕学生而展开的。对于幼儿教师而言，职业精神一方

---

　　① 世界全民教育宣言：满足基本学习需要 [DB/OL]. [2006-09-30]. http://www.cnfirst.net//et/flwj/005221489.html.

　　② 朱旭东，周钧. 教师专业发展研究述评 [J]. 中国教育学刊，2007 (1)：68-73.

　　③ DAYC. Developing Teachers: The Challenge of Lifelong Learning [M]. London: Falmer Press，1999：9.

　　④ 张华军，朱旭东. 论教师专业精神的内涵 [J]. 教师教育研究，2012 (3)：1-10.

面包括热爱儿童、理解儿童，致力于培养幼儿形成良好品德，引导和对所有孩子负责等内容；另一方面也包括具有教师职业的认同感和使命感、遵守职业规范、奉行教师的道德准则、追求自我价值的实现和负起专业责任等内容。认识并了解幼儿是进行幼儿教育的起点和基础，只有在此基础上才能使其教学方法、教学过程更加流畅有效。通过不断的学习、实践总结、反思提升，有意识地调节、改善，逐渐形成自己的教学风格、独特的教学方式。幼儿教师专业发展的过程正是外推与内生共同作用的互动提升的过程。

二、幼儿教师专业发展政策综述

我国政府为幼儿教师的专业发展提供了极大的支持，一系列的政策条文为幼儿教师专业发展做了宏观规划上的实施引导。在政策的指导下，国家和各地区及学校的各个层面，开展了各种形式的专业发展活动以促进幼儿教师的专业发展。

就我国而言，1904年清末颁布的《奏定蒙养院章程及家庭教育法章程》是第一个学前教育法规，涉及的内容主要有：蒙养院的对象为3岁至7岁之间的儿童，蒙养院的位置设定在"各省府厅州县以及极大市镇"的育婴堂和敬节堂内，蒙养院的课程包括游戏、歌谣、谈话、手技等。师资为乳媪、节妇。

1952年，《幼儿园暂行规程（草案）》由教育部正式颁发，成为新中国第一个规范幼儿园教育办理的重要法规，同年7月，关于幼儿园教学的基本要求和规定的政策——《幼儿园暂行教学纲要（草案）》颁布。这两个文件的颁布在中国学前教育史上具有重要价值。文件的制定和试行，明确了幼儿园的双重任务、教养原则、活动项目和幼儿园体制等，为改革旧制学前教育，建立社会主义学前教育体系奠定了良好基础。其中并没有对幼儿教师做过多描述。

1987年，国家教委组织召开了全国幼儿教育工作会议，这是中国近现代第一次有关幼教的专门会议。这标志着中国幼儿教育政策的制定与发展进入新的阶段。1990年《幼儿园暂行规程（草案）》开始试行，经过六年的试行，国家于1996年3月以"中华人民共和国国家教育委员会令（第25号）"的形式，正式颁发了《幼儿园工作规程》（以下简称《规程》）。《规程》于1996年6月1日起正式实施，成为学前教育工作的正式法规。《规程》明确了学前教育是学校教育制度的基础阶段，强调在保育和教育相结合的原则下，通过对幼儿实施德、智、体、美等方面发展的教育，促进其身体正常发育和机能的协调发展，培养其感受美和表现美的情趣和能力，保障其身心得到全面和谐的发展。在此基础上，《规程》对幼儿园的地位、任务、目标、学制、入园和编班、课程选择、活动安排、卫生保健、园舍设备、工作人员以及职责、经费管理、与家庭社区的关系等进行了详尽的规定和阐述。关于幼儿教师方面，《规程》提出："幼儿园工作人员应热爱幼儿教育事业，爱护幼儿，努力学习专业知识和技能，提高文化和专业水平，品德良好、为人师表，忠于职责、身体健康。"此外，《规程》还强调"要与家长保持经常性联系，了解幼儿家庭环境，商讨符合幼儿特点的教育措施，共同配合完成教育任务"。

1995年，国务院为了提高教师素质，加强教师队伍建设，依据《中华人民共和国教师法》制定了《教师资格条例》，对在各级各类学校和其他教育机构中专门从事教育教学工作的教师要求，进行了明确规定。该条例使得教师准入机制更为规范，其中有关幼儿教师资格获取条件的阐述包括"幼儿教师资格考试由县级以上人民政府教育行政部门组织实施，每年举办一次""幼儿教师资格由申请人户籍所在地，或者申请人任教学校所在地的县级人民政府教育行政部门认定"。

2011年，《幼儿园教育指导纲要（试行）》（简称《纲要》）颁布，明确规定了对幼儿一生发展具有深远影响的教育内容类型，同时充分肯定了教师的作用，并对每个部分教学过程中的方法和注意事项进行了规定。《纲要》指出，幼儿园的教育内容是全面的、启蒙性的，可以相对划分为健康、语言、社会、科学、艺术等五个领域。各领域的内容相互渗透，从不同的角度促进幼儿情感、态度、能力、知识、技能等方面的发展。此外，《纲要》对幼儿教育的实施范围进行了扩展，由单一的幼儿园教育转向学校、家庭、社区的合作，通过教学场域的相互衔接，综合利用教育信息和资源，为幼儿成长和发展提供连续、丰富、和谐的外部环境。同时，开始关注人本身的发展，尊重幼儿身心发展的规律与个性化差异，融入了心理学、教育学、伦理学的研究成果。针对不同的教学学科，对幼儿教师提出了具体要求，如：在"健康"课程中要求"幼儿教师要把保护幼儿的生命和促进幼儿健康放在工作首位，要尊重和满足幼儿不断增长的独立要求和生长发育规律，避免过度保护和包办代替"。

2012年，为了构建教师专业标准体系，建设高素质专业化教师队伍，教育部研究制定了幼儿园教师、小学教师、中学教师的专业标准。针对不同层次的教师专业发展进行了专门性的规定。《幼儿园教师专业标准》成为引领幼儿园教师专业发展的基本准则，是幼儿园教师培养、准入、培训、考核等工作的重要依据。《幼儿园教师专业标准》提出幼儿教师专业发展的基本理念是师德为先、幼儿为本、能力为重、终身学习。在此理念引导之下，从专业理念与师德、专业知识、专业能力三个角度对幼儿教师专业标准做了详尽的阐述。如专业理念与师德包括职业理解与认识、对幼儿的态度与行为、幼儿保育和教育的态度与行为、个人修养与行为；专业知识包括幼儿发展知识、幼儿保育和教育知识、通识性知识；专业能力包括环境的创设与利用，一日生活的组织与保育，游戏活动的支持与引导、教育活动的计划与实施、激励与评价、沟通与合作、反思与发展。

2012 年，教育部制定《3～6 岁儿童学习与发展指南》，指导幼儿园和家庭实施科学的保育和教育。《指南》从健康、语言、社会、科学、艺术五个领域描述幼儿的学习与发展，通过提出 3～6 岁各年龄段儿童学习与发展目标和相应的教育建议，帮助幼儿园教师和家长了解 3～6 岁幼儿学习与发展的基本规律和特点，建立对幼儿发展的合理期望，实施科学的保育和教育。这既是幼儿教师更好地开展教学工作要学习的内容，也是提升其专业技能的重要指标和参考。

由表 2－1 所示政策条例不难发现，幼儿教师专业发展的内涵是随着学前教育政策规章的发展而充实起来的。

表 2－1　幼儿教育相关政策条例梳理

时间	名称	主要模块	关键词	发文单位
1904 年	《奏定蒙养院章程及家庭教育法章程》	蒙养院的对象、位置设定、课程安排、师资	课程：游戏、歌谣、谈话、手技 师资：乳媪、节妇	清政府
1952 年	《幼儿园暂行教学纲要（草案）》	幼儿园双重任务、培养目标、教养原则、活动项目	双重任务：在入小学前得到全面发展、减轻母亲负担，使其参与更多社会活动 原则：教养内容与实际生活相结合，参与集体生活、实践活动 师资：极少涉及	教育部
1996 年	《幼儿园工和规程》	幼儿园的地位、任务、目标、学制、入园和编班、课程选择、活动安排、卫生保健、园舍设备、工作人员及其职责、经费管理、与家庭社区的关系等	任务：保育与教育相结合，德、智、体、美等结合 目标：身体机能协调发展，良好的生活、卫生习惯，智力全面发展，感受美、表现美 幼儿教师要求：爱护幼儿，努力学习专业知识和技能，提高文化和专业水平；家庭、幼儿园保持联系	教育部

时间	名称	主要模块	关键词	发文单位
1995 年	《教师资格条例》	教师资格分类与运用、教师资格条件、教师资格考试、教师资格认定、罚则	幼儿教师资格条件：幼儿教师资格考试由县级以上人民政府教育行政部门组织实施，每年举办一次，由申请人户籍所在地，或者申请人任教学校所在地的县级人民政府教育行政部门认定	国务院
2011 年	《幼儿园教育指导纲要（试行）》	目的与原则、内容与要求	要求：幼儿园应与家庭、社区相衔接；尊重幼儿人格权利、身心发展和学习特点 内容：教育内容分为健康、语言、社会、科学、艺术等五个领域 教师：对健康、语言、社会、科学、艺术方面提出具体要求	教育部
2012 年	《幼儿园教师专业标准（试行）》	基本理念、基本内容、实施内容	专业理念与师德：职业理解与认识、对幼儿的态度与行为、幼儿保育和教育的态度与行为、个人修养与行为 专业知识：幼儿发展知识、幼儿保育和教育知识、通识性知识 专业能力：环境的创设与利用，一日生活的组织与保育，游戏活动的支持与引导，教育活动的计划与实施、激励与评价、沟通与合作、反思与发展	教育部
2012 年	《3～6 岁儿童学习与发展指南》	健康、语言、社会、科学、艺术	关注幼儿学习与发展的整体性，注重个体差异，理解幼儿的学习方式和特点	教育部

从横向来看，学前教育政策规章包含的维度和内容逐渐完善，比如最先的《奏定蒙养院章程及家庭教育法章程》，只是对从事幼儿教师的身份进行描述，到《幼儿园工作规程》则对幼儿教师提出了整体性的要求，再到《幼儿园教师专业标准（试行）》则更为细致，将幼儿教师专业发展分为专业理念与师德、专业知识和专业能力三个维度，并进行了详尽的阐述。这是一个不断累积、逐渐扩充的过程。在其外延上，从单一的幼儿园规定和发展，逐渐转变为与家庭、社会教育相联系，以便于综合利用各种知识，为幼儿发展营造一个全面和

谐的环境。

从纵向来看，幼儿教师专业发展的内涵逐渐深化。20世纪以前着重强调幼儿教师要提高自己的专业知识和技能，爱护儿童，提升师德，是一种整体性的描述。随着社会各学科的交叉、融合，学前教育中融入了心理学、教育学、伦理学的研究成果，针对不同的教学学科，对幼儿教师提出了具体要求。同时，从关注幼儿教师能力的内容架构转向"人"本身的发展，一方面是针对教师的发展，促进幼儿教师在教学过程中身心得到全面的成长，优化知识结构，提升文化素养，具有终身学习的意识和能力，能够体会到职业幸福感；另一方面是针对幼儿，结合幼儿身心发展基本规律和特点，尊重幼儿成长的个体性差异，激发并保持幼儿的好奇心和学习兴趣，帮助其养成积极主动、勇于探究的创新思维，促进其身心得到和谐发展。

第二节　目标与路径

一、幼儿教师专业发展目标

幼儿教师专业发展是从事幼儿教育活动必须具备的专业综合品质，对于保障幼年儿童健康发展，提升学前教育质量具有重要价值。依据《幼儿园教师专业标准（试行）》，幼儿教师专业发展包括专业理念与师德、专业知识、专业能力三个方面。幼儿教师专业发展的目标就是促进这些方面的共同发展，使之内化为幼儿教师的教学综合素养。

幼儿教师的专业理念与师德，是幼儿教师所具有的关于幼儿教育的理想信念及所拥有的师德的统称，是幼儿教师专业发展的一个关键维度。专业理念包含着对自身专业及职业的深入理解、判断及认同，它是在不断的教学实践中逐渐形成的观念和理性认识，对于幼儿教师的教学行为和效果具有支持作用。理念是幼儿教师对其工作、职业、对象的专业性认识，师德则更侧重于教师对幼儿教育的工作态度和个人修养。幼儿教师师德是经过长期的教学实践，稳定地体现在个人特质中的道德观念、行为规范和道德品质的综合。而在实践中，幼儿教师将其专业理念与师德逐渐融为一体，共同引导和支持其行为和发展。

幼儿教师专业知识包括关于儿童的知识、关于教育内容的知识①，以及通识性知识。认识和了解幼儿身心发展的基本特点和规律，是做好幼儿教育工作的基本知识前提。因而，关于幼儿生理、心理教育及某个阶段幼儿的特定需求，是幼儿教师必备的专业基础知识。教育内容是教学设计中的重要环节，也是幼儿教育过程的基本工具。教师不仅要熟练、深入地掌握相关的教学内容，还应掌握教学法、教学设计的知识，以便于将理论与实践更好地结合起来。学前教育是幼儿接受学校教育、开始接触社会的起点，在其人生发展中具有奠基性作用，此时幼儿的发展和对世界的探索是全新的，也是全面综合的。幼儿教育内容涉及科学、自然、社会、文学、天文、地理、化学、艺术等多个学科领域，因而，幼儿教师只有具备广博的通识性科学文化知识，才能满足幼儿的学习需求，有效地促进幼儿的智力、心理、人格的全面发展。

心理学认为，儿童发展具有顺序性、阶段性、不平衡性和个体差异性，每个阶段的儿童具有不同的生理、心理特点，这就要求每个阶段的教师要具备相应教学技能，帮助孩子更好地学习和成长。幼儿教师专业技能，首先是能够将知识传授给幼儿，使其有效地接受并内化知识，身体和心理得到全面的发展；其次，幼儿教师还应具有自我专业成长的能力，形成终身学习的意识和能力。相较于其他年龄阶段的孩子，学前期的教师需要投入更多的爱心、耐心和童心，比如：教师要用语言和非语言的方式表示关注、接受和鼓励幼儿的谈话；充分调动各种感官，以启发诱导的方式和发散式的提问形式，激发幼儿学习知识的兴趣和积极性。

二、幼儿教师专业发展的一般路径

幼儿教师的专业素养对于学前教育质量具有决定性的作用。因而，各个国家和地区纷纷投入了大量的时间、精力、经费，来提升幼儿教师专业素养和能力，幼儿教师的专业发展已经成为国际趋势。我国《国家中长期教育改革和发展规划纲要（2010—2020年）》也强调，"严格执行幼儿教师资格标准，切实加强幼儿教师培养培训，提高幼儿教师队伍整体素质"。然而，教师的专业发展不是凭空实现的，必须借助一定的途径、采取一定的方法才能实现。

为了满足幼儿教师专业发展和个人需要，必须坚持完善教师培训体系，而教师职后培训是促进教师专业发展的重要途径。② 顾名思义，职后培训就是

---

① 肖杰. 幼儿教师专业发展研究［J］. 教育探索，2011（6）：112-113.

② 但菲，等. 高素质幼儿教师的培养与教师的专业化发展［J］. 学前教育研究，2006（4）.

"对在职教师进行的职后教育",是为了提高各类幼儿教师的专业思想、专业知识和技能而开展的继续教育活动。① 随着社会对幼儿教育的重视和信息化的不断发展,我国幼教机构开始积极尝试幼儿教师职后培训,逐步开展案例教学、校际合作、园本培训等多种类型的培训方式。虽然幼儿教师职后培训取得了一定的成绩,但是从效果来看,还不尽如人意,如重理论轻实践、内容针对性不强、忽视内在动力等问题仍然凸显。

因而,有效的职后培训对于幼儿教师专业发展具有重要价值。首先,职后培训是联系理论与实践的纽带。《幼儿园教师专业标准(试行)》规定,幼儿教师专业发展包括专业理念与师德、专业知识、专业能力。这些都不是一个新老师一开始就能全部具备的,教师职前会学习了一些专业知识和技能,但主要还是通过教材进行的理论学习,并没有实践经验,对于哪些是最重要的知识,如何有效传授给儿童,如何安排教学活动,教学过程会遇到何种突发问题和情况都无从知晓。幼儿教师入职以后则进入实践环节,但是缺乏理性的思考,职后培训通过多种手段帮助教师发现实践中的理论知识,将理论知识有效地运用于实践中,同时在实践中养成不断思考的习惯,促进理论与实践的联结。其次,职后培训是幼儿教师专业发展的推动器。当幼儿教师入职以后,会遇到种种问题,对很多问题感到疑惑和无所适从,只有通过有经验教师的引导解答、同伴互助合作交流,才能更快地发现问题的症结所在,进而不断推动其专业发展。第三,职后培训是幼儿教师终身学习的需求。终身学习是指社会每个成员为适应社会发展和实现个体发展的需要,贯穿于人的一生的、持续的学习过程。② 从终身学习的理念来看,幼儿教师参与职后培训能够促进其不断地反思实践,深化自我导向的学习意识与行为,满足幼教事业日益发展对教师提出的要求。

北京师范大学董奇教授认为,教师培训的内容必须重视帮助教师把现代教育观念转变为现代教育行为。③ 也就是说,教师职后培训不仅仅是将知识传授给幼儿教师的过程,而且是通过多种培训模式,帮助、引导教师扎根于教育岗位,并进行不断地自我反思和研究,培养具有探索职业未知问题的热情和具有发展职业实践的知识技术体系的态度和能力(即具有可持续发展的"职业自律性"或"职业主体性")的反思型专家教师。④ 进而提高幼儿教师队伍的整体

① 杜少玉,吴荔红. 幼儿教师的继续教育 [J]. 学前教育研究,1994 (3).

② http://baike. baidu. com/link? url = 2HKIL91LH266w9XLXUGCiOGP60BRxJw7 _ Gm04Y _ kZZHss0GJQRMCkXtusgBKOZf-kRh0Jgl4HVY0AJ9cSxzj- _ .

③ 董奇. 关注教师发展,改进教师培训 [N]. 光明日报,2000-09-20 (B2).

④ 许卓娅. 幼儿教师在岗自我培训模式初探 [N]. 学前教育研究,2002 (2).

素质水平。也就是说，对幼儿教师进行职后培训，是一个多维度的系统过程，教师专业发展是其内容架构与目的归属，理论与实践的互动转化贯穿职后培训的始终，从幼儿教师个体的专业型成长到幼儿教师队伍素质的整体提升，逐步形成融合自我反思、终身学习、互助合作的成长环境。

第三节 规划与成效

《国家中长期教育改革和发展规划纲要（2010—2020 年）》的颁布，对基础教育学校提供优质教育提出新的办学要求，同时对教师的专业能力提升也有了更高的要求。幼儿园要持续发展，师资队伍建设是关键。无论是现代儿童观、教育观的确立，或幼儿教育内容、教育方法和手段的改革，还是幼儿课程改革综合化、研究化、人文化、多样化的价值取向，最终都会转化为对教师的要求，所以幼儿教师专业发展显得尤为重要。① 因此，幼儿园应对园所发展制订 3~5 年有效的发展规划，提出适宜的发展目标，制订一系列的培训措施，从专业能力提升的角度不断激发教师的专业成长，从而促使幼儿园整体快速发展。

一、幼儿园"十五"期间对教师的专业发展计划及成效

作为一所部队幼儿园，在办园条件、经费来源等方面有军队医院作保障的情况下，如何办出自己的特色，完善内部管理，提高人员素质，是幼儿园面临的问题。然而，长期的计划经济模式使教职员工缺乏竞争意识和危机感，教职员工的教育思想和教育观念有待转变；幼儿园市场意识薄弱，打造特色幼儿园、创建品牌幼儿园的意识不够鲜明。应按照幼儿园"着眼长远，立足现实，整体规划，分步实施"的发展思路，进一步深化教育科研意识，健全教育科研管理体制，完善管理制度。探索在市场经济条件下与家庭、社区全面联合的幼儿园管理运行方式，巧用社区资源，优化幼儿教育。建立"科学、快捷、高效"的现代化内部管理体制，充分调动人、财、物的最大综合效能。调整、完善规章制度，实现科学化、规范化管理，动员各方力量，建立积极、健康的校园文化，"以人为本"完善人文管理。建立民主、和谐的集体，打造团队精神。

---

① 宋生涛. 幼儿教师专业发展的途径与方法研究，[J]. 甘肃高师学报，2009，14（1）.

以"园兴我荣，园衰我耻"的主人翁精神，参与到幼儿园的民主管理中来。

（一）教师专业发展目标及要求

建立人才竞争机制，调动各个岗位人员的积极性，提供机会，培养人才。鼓励进修学习，提高学历素质，能上能下，平等竞争。针对每个人的特点、需要与追求及知识技术背景，结合幼儿园的发展要求，为每位教师设计发展规划，帮助她们不断创新，实现自我价值。完善各级培训措施，练就高超的专业技术素质，建立一支高学历、高素质的保教队伍。

（1）集中教职员工的智慧，理清办园思路；提炼办园理念；寻求共同的奋斗目标。引导大家树立正确的人生观、价值观。

（2）从以"事"为中心转向以"人"为中心。学会尊重、信任、包容、谅解。真正把"管理"当成"服务"。以制度为标尺，以情感为基础，突出弹性管理的人文关怀，发掘人性的美，调动"人"的潜能。

（3）分层管理，责任到人。以班组为单位，建立班长责任制。每两周召开1次班长会。增强管理的透明度、参与度，实现民主管理。

（4）每年1月为"能力展示月"，幼儿园将根据每位员工的能力进步情况，调整岗位，实行"末位淘汰"制。

（5）培养市级骨干教师1~2名，区级骨干教师2~3名。

（6）挖掘教师自身"特长"，打造"特色"教师。

（7）教师大专学历达80%，本科学历达30%。保育员高中学历达100%，大专学历达60%。

（8）增聘3~4名大专或本科毕业学生。

（9）完善保育员竞争教师岗位、新教师保育岗位锻炼机制。

（10）量化考评，综合评价。完善优秀班级评价体系，建立健全幼儿园管理体制。

（二）发展成效

"十五"期间，幼儿园在医院领导、沙坪坝区教委及街道的关怀指导下，在"党员先进性教育""十六大四中全会"精神的指导下，坚持贯彻《纲要》《规程》精神，坚持"面向全体、关注个别、坚持正面教育"的教育观，以"争当科研型教师，创建学习型幼儿园"为契机，加大工作力度，充分发挥教师的主动参与意识，推动了幼儿园的改革与发展。经过全体教职工的共同努力，幼儿园在管理、保教队伍、教育教学、家园合作、办园条件、社会效益等方面有了进一步提高，取得了明显的成效。

1. 在凝聚人心中，增强领导能力

为了体现人人参与、人人平等的原则，2002 年 8 月和 2004 年 8 月，幼儿园试行"两年一届竞争上岗"。在经过多次演讲、述职之后产生出一批年轻有为的新园长。新的园长结构合理，作风正派，并取得园长岗位培训合格证。为了使幼儿园的管理工作进一步运行良好，幼儿园根据教育法规和教育行政部门的有关规定，结合幼儿园实际，园长带头学习法律、法规等理论知识，和老师们共同建立起一整套严格而科学的管理制度：规章制度、岗位责任制度、安全制度、奖惩制度、膳食管理制度、卫生保健制度、财务管理制度等。为了激发教职工工作积极性、创造性，增强工作的责任感，提高工作效率和质量，幼儿园制定了"早操、环境、优秀班级、优质课、年终考核"等各类评价标准，并根据教学实际逐年进行修订，不断完善。园领导班子能够精诚协作，身先士卒，为老师们创造了一种健康、和谐的人际环境，共同创设一种良好的园风、园貌氛围。

2. 在人才培养上，狠抓保教队伍

幼儿园根据统配数额，配齐各类人员，保教队伍配备合理，相对稳定。为了提高保教人员素质，幼儿园对教师定期开展政治思想学习、专业理论学习，在教师中提倡"爱岗、敬业"的思想，发扬"爱学习"的优良传统，积极创造条件鼓励教师在职进修。幼儿园现有 29 人，园长 2 名，教师 14 名，专业达标100％，大专以上学历达标70％；保育员 6 名，专业达标100％；保健医生、财务人员专业达标100％。其他人员初中以上学历5 名，达标率85％。

幼儿园特别重视教师的继续教育和终身学习，努力为教师创造和提供外出学习机会。几年来，幼儿园共派出 22 人次分别到北京、上海、湖北、青岛、永川等地参观学习；向市、区级骨干培训班输送青年骨干教师 5 名；组织教师参加各级培训、观摩学习 20 多次，共计 200 多人次。让教师们走出去和别的幼儿园相互交流、学习，汲取优秀的经验，从而提升自己的业务能力。

教师们自尊自强，爱岗敬业，先后涌现出 1 名"全军优秀教师"、2 名"总后先进教师"、3 名"三医大优秀教师"、2 名"沙区优秀教师"、3 名医院"优秀教员"、11 名先进个人；受嘉奖 36 人次；幼儿园也获得"素质杯""双龙杯""星星河杯"绘画等集体奖共 19 项，有 135 人次教师获得"优秀美术指导教师"称号，同时幼儿园还被评为"巾帼文明示范岗先进集体""师德建设先进集体""沙区 A 级厨房"等。

2003 年自创建"巾帼文明示范岗"活动以来，积极动员教师参加"优质服务月"活动，使她们能够正确树立"立足岗位、勤奋工作、文明服务、建功立业"的思想。充分调动和发挥教师们的积极性、创造性，营造了尊重知识、尊重人才的良好氛围，使教师们的教育教学水平得到全面提高。2005 年 3 月被沙区评为"巾帼文明示范岗先进集体""师德建设先进集体"，并获挂牌。

3. 在教育教学中，创新科研成果

幼儿园把素质教育落实到教育教学实践中去，全体保教人员认真学习《规程》并贯彻执行，做到保教结合，面向全体幼儿，在教育活动中实施全面发展的素质教育。幼儿园以"健康教育、婴儿教养"为园本课程，开设了双语、电脑、美术、形体艺术等多种形式的特色教育教学活动，在不懈的追求和耕耘中，取得了累累硕果：教师们的竞争意识在不断增强，参与幼儿园发展、建设的主人翁意识也在不断提高。教师们参加全国、省、市区各级业务比赛活动共 7 项，46 人次获奖；曾先后指导幼儿 300 多人次参加"素质杯""双龙杯""星星河杯"等绘画比赛，年年获得金、银、铜的好成绩；有 13 幅幼儿作品发表在《新桥医院院报》上；有 10 名幼儿参加"总后少儿科技绘画比赛"，作品获一、二、三等奖；为总后、市、区级幼儿园提供了公开活动课 35 节，提供教研活动现场 5 次；为家长提供开放日活动 200 多个，指导家长来园参与"助教"活动 80 多个。

幼儿园开辟"科研兴园"的路子，重视科研、教研活动的开展。教研组有各项职责和制度，有教研计划、安排、活动记录和活动总结，并组织保教人员定期参加，教研工作有成效。教师注重环境创设的最优化，做到周周小变化、月月大变化，而且创设集艺术性、教育性、师生共同参与性为一体，能随季节、时令更改的动态空间，环境中呈现出课程特点，课程中突显出生活理念。以互相观摩、评价教学活动的形式，调动教师主观能动性，使每位教师组织活动的能力、评价活动的能力不断提高。几年来，幼儿园教师积极参加国家级、重庆市、沙坪坝区科研课题 10 多项："九五"国家教委重点课题"学校美育系统与美育心理发展实验研究"，沙区主体性教育研究、说好普通话和语言交往能力同步发展的研究、幼儿园启蒙英语教育实验研究、面向 21 世纪幼儿园教研管理改革与发展研究、幼儿园教育与家庭教育一致性研究、重庆市婴幼儿教养研究、园本课题"幼儿园社区资源互动与早期教育优化研究"、重庆市多元智能创意课程研究、脑瘫儿引导式教育模式……教师们在进行教科研研究的同时，积极撰写教育笔记和科研论文，共有 36 篇文章获奖，有 42 篇文章发表于《学前教育研究》《学前教育》《幼儿教育》《当代幼教》《看图说话》《健康人报》《新桥医院院报》等各类刊物。在搞好教育教学的同时，有 5 名教师参与书刊、教材的编写。

二、幼儿园"十一五"期间对教师的专业发展计划及成效

"十一五"期间，由于部队编制改革，造成目前幼儿园出现"两多"现象：聘用人员居多，占教职员工总人数的 85.7%，安全感、归属感摇摆，主人翁意识模糊；年轻教师居多，基本以"80 后"为主，敬业精神、专业水平等有待进一步提高。如何向管理要效益，推举出各类型人才和明星教师，让她们的关爱像阳光一样照亮孩子成为幼儿园工作的重心之一。

幼儿园以邓小平理论和《规程》《纲要》精神为指导，坚持"科研开路、科研促教、科研促巡"的战略，制定了"十一五"发展规划，引领全园发展。三年内，发挥教科研优势，向周边地区的一级园、二级园、私立园及社区居民提供教育教学、卫生保健、科学育儿等学习交流和指导；拟在五年内，把幼儿园办成一所立足社区、面向全市，适合幼儿全面发展的儿童健康乐园，使幼儿园成为知名度高、影响面广、辐射力强、具有明显社会价值的新型幼教研究基地，并努力创建重庆市示范性幼儿园。

（一）教师专业发展目标及要求

人才培养必须坚持"德育"先行。道德情操是立身做人的根本，这是通观古今的历史结论。只有坚持做人与做事相统一，道德与文章相统一，才能称得上德才兼备，才能获得更广阔的发展空间，才能跃上更高的发展平台。加强实践锻炼，练就专业技术。把岗位练兵作为培养人才、增长才干的重要途径。每个人的岗位就是每个人的战场，在自己的战场上实战演练，是练就一身硬功夫的最好办法。坚持独立的教学改革和科研方向。在全面发展的基础上，抓"独特"、造"特色"是发展之道。

（1）按照"加固塔基、保护塔身、提升塔尖"的工作思路，以"骨干教师行动计划"为抓手，建立"教师成长档案"，激发教师专业成长和教师群体共同发展的积极性。

（2）打造幼儿园名、优、特教师。5 年内，力争培养 1~2 名市、区级学术带头人，3~5 名幼儿园青年优秀骨干教师。

（3）建立"1212 计划"，形成幼儿园 1 个园本课题、2 个教学课题，每个班 1 个班本课题、每个人参与 2 个研究课题的新格局，深化教改科研。

（4）利用一学期 1 次专家讲座、2 次观摩现场、4 次课题研讨的方式，提

高教师对课题的理解、思考、研究能力，并辐射到各个学科和领域。帮助教师在教研带科研、科研促教研的一体化训练中成长，不断提升幼儿园保教质量。

（二）发展成效

"十一五"期间，新桥医院幼儿园根据《规程》和《纲要》的精神，在挖掘幼儿园发展历史的基础上，分析幼儿教育发展的需要，以及幼儿身心发展的规律，确立了幼儿园办园理念和宗旨：

办园宗旨：打造健康、快乐的花园式幼儿园。

办园目标：让孩子时时面对阳光，收获健康；为儿童处处营造和谐，分享快乐！

办园理念：幸福童年像花儿一样。

服务观念：军民一家亲。

把"幸福童年像花儿一样"的办园理念贯穿幼儿园生活、游戏、教学、科研的各个环节，让幸福像花儿一样艳丽、芬芳；童年像花儿一样灿烂、美丽，使每个孩子个性发展、茁壮成长；让"军民一家亲"的服务观念走进幼儿园每个班级、家庭，将军队、社区、家庭、幼儿园资源互动融合，优化早期教育。因此，幼儿园在自然环境和人文环境的创建上，生活活动和游戏活动的设置上，智力因素和非智力因素的培养上，时时以儿童为中心，努力创建健康、快乐的幼儿园，让每一个孩子都能时时面对阳光，收获健康，为全体师生营造一个和谐的育人环境，共同分享童年的快乐！

1. 强化部门责任，科学管理

根据幼儿园编制体制的有关规定，结合自身实际，建立起一整套严格而科学的管理制度。增加2名保教干事，分大中、婴小班年龄段进行业务管理；增加管理人员在园、在岗时间，专人值班巡查；实行班长责任制，竞争上岗，独立、自主、创造性地开展班级管理工作。各职能部门层层管理，分工明确，按幼儿园的目标和要求制定各级工作计划和各类评价标准，定期检查、交流、总结，努力提高工作效率和质量，增强工作责任感，促使幼儿园健康、平稳发展。

2. 培养教师队伍，科学育人

幼儿园共有教职员工35名，其中，正式工5人，聘用人员30人。从年龄结构看，30岁以下有18人，30~45岁有12人，45岁以上有5人。教师平均年龄约27岁。老、中、青合理搭配。从知识结构看，教师和保育员中：本科学历 12 名，大专学历 18 名。从职称结构看，教师中有：高级教师 4 名，一级教师 5 人，二级教师 7 名。从自身建设看，幼儿园分别在 2008 年 11 月组织了 15 位教师参加"在路上"野外拓展训练营，在 2009 年 7 月对全园教师进行了为期 5 天的专业化军训这些活动。这些活动很好地磨练了年青教师们积极进取的意志，培养了吃苦耐劳的精神，训练了团结合作的意识。从人才培养看，一是通过竞岗选贤，改变岗位终身制；二是明确教师职责，组织赛课活动；三是承办各类活动，提升综合能力。

在新的教育改革浪潮的冲击下，幼儿园打破岗位终身制，通过竞岗选贤，明确教师职责，举办各类活动，提升综合能力，让新教师快速成长起来，逐渐形成一支多技能、强素质、善研究的教师队伍。幼儿园倡导"多读书，读经典"的终身学习理念，每月组织一次青年教师、新教师赛课，两周组织一次骨干教师、老教师献课，进行集体教研、课例评析、教学反思。开展丰富多彩的政治思想学习和形式多样的专业理论培训，在"半小时主持人"活动中，锻炼了教师的策划、组织、交流、协调能力；在各类型联欢活动中，采取"试镜主持"的方式选拔主持人，让教师感受到了组织、协调活动的艰辛，也体验了主持活动带来的快乐。五年来，共派出 40 多人次到市外培训、学习，让教师在活动中学会思考、善于思考，促使教师从经验型教师向研究型教师转变。

3. 狠抓卫生保健，科学保育

经过多年培养和调整，保育队伍越显稳定。学历水平均达到大专以上，本科学历已有 2 名。保健医生具有专业的医学知识，保育组长从教十多年，具有丰富的保育经验，她们根据幼儿园实际存在的问题进行保育教研活动研讨，并且结合每个保育员自身的特长两周开展 1 次研究活动。每一次活动都具有实效性、可操作性，教研经验多次在市、区课题组、培训班中交流、推广，多篇保育方面的文章在报刊上发表。目前，幼儿园保育员无论在文化程度上，还是在专业成长上都走到了重庆市保育队伍的前列。

4. 树立模范形象，做好行业示范

幼儿园注重对教师的师德师风、行为仪表的培养，和良好教师品格的打造，先后获得"重庆市巾帼文明示范岗""沙坪坝区师德先进集体""新桥医院三八妇女先进集体"等称号，还涌现出多名总后、市、区"优秀教师""先进个人"等。幼儿园在同行业中成为示范为先的典范，树立了良好的社会形象。

自 2007 年创建示范园以来，幼儿园牢记示范性，一直以良好的状态，走在全市幼儿园的前列。积极参加各项活动，先后接待来自红岩幼儿园、潼南实验幼儿园、育翔幼儿园、谢家湾小学幼儿园、石柱县幼儿园等幼儿园的 200 多位教师来园参观,受到了来访者的一致好评。与重庆师范大学学前教育学院建立教育实习基地,指导本科、专科学生见习、实习等;和沙区青木关镇、覃家岗等结成手拉手共建对子,进行支教帮扶;到曾家镇、梁平镇幼儿园进行帮扶指导,捐赠旧玩具、棕垫、凉席等物品,起到了支援帮困的作用。

5. 成绩突出,效果显著

2007 年 12 月,幼儿园被评为重庆市示范幼儿园,获重庆市学前教研优秀教研组、沙区"幼儿教育安全稳定工作"先进集体、2007 年度"卫生保健先进集体""优秀会员单位",新桥医院"2007 年度新闻报道"先进集体、优秀团支部、"三八妇女"先进集体、文明服务窗口、五四红旗团支部等称号。此外,还获得"汶川地震应对政策专家行动组流动幼儿园"称号。

教师通过各种比赛和展示活动,获得了显著成效。在第三军医大学协作片区组织的"业务园长、教研组长风采赛"中获一等奖 2 名;在新桥医院"感动新桥"十佳评选中获第一名、诗歌朗诵比赛一等奖 1 名;在重庆市骨干教师才艺比赛获一等奖 1 名、二等奖 2 名、三等奖 2 名;在沙坪坝区教师优质课赛课活动中获一等奖 1 名、二等奖 2 名;在"读经典·润童心"诗歌大赛中获一等奖 11 名、二等奖 33 名、三等奖 65 名;在新桥片区教师技能比赛中获美术组特等奖 3 名、一等奖 7 名、二等奖 5 名,获弹唱组一等奖 3 名、二等奖 4 名、三等奖 8 名;在新桥片区"保育员技能技巧"比赛、"讲故事"比赛中获一等奖 4 名、二等奖 2 名、三等奖 1 名;在"叠被子"比赛中获一等奖 3 名、二等奖 3 名、三等奖 1 名。

同时,还有 3 名教师获总后优秀教师;荣立新桥医院三等功 2 名,获 2007 年度新闻报道先进个人 1 名、优秀党员 1 名、"十五"期间爱国卫生工作先进个人 1 名、"三八妇女" 2 名、十佳优秀职工 3 名、十佳优秀聘用人员 19 名、学雷锋积极分子 1 名、优秀团员 2 名等。共有 70 多篇文章参加全国、市、区等各类征文比赛获奖。40 多篇文章分别发表在《学前教育研究》《早期教育》《幼教园地》《儿童与健康》《当代幼教》《家庭教育》《健康人报》等刊物上发表新闻报道 10 多篇,参与重庆市教委主编的《宝宝·幼儿园·教育》宣传册的编写,编制"沙区奥运知识问卷" 1 份。20 多幅美术作品在《早期教育》《当代幼教》《娃娃画报》《新桥医院报》上发表。

三、幼儿园"十二五"期间对教师的专业发展计划及成效

胡锦涛总书记在全国教育工作会上指出:"必须重视教育质量,树立以提

高教育质量为核心的教育发展观，建立以提高教育质量为导向的管理制度和工作机制，坚持规模和质量的统一，注重教育的内涵发展，鼓励学校办出特色、办出水平和出名师、育英才。"幼儿园教职员工倍感振奋，决心在"十二五"期间，提升形象，再创佳绩。

《国家中长期教育改革和发展规划纲要》的出台，明确了教育改革发展新的方向，确立了"内涵发展，办出特色"的方针，为特色办园、特色发展提供了政策支撑。新桥医院幼儿园在"新桥医院坚持'以人为本'的理念，不断深化'以质量取胜、以特色取胜'的办学思想，大力加强思想政治建设、学科人才建设、特色品牌建设、创新体系建设和创业精神建设，开拓创新，二次创业，科学发展，为把医院建设成为军内前列、国内一流、国际有影响的创新型特色名院而努力奋斗"的大背景下，为幼儿园的发展提供了良好的环境。

幼儿园目前有 7 个班，35 名教职员工，其中：正式职工 5 人，聘用人员 30 人。从年龄结构看，30 岁以下 17 人，30~45 岁 11 人，45 岁以上 7 人。教师平均年龄约 27 岁，比全园平均年龄小 5 岁。从知识结构看，有本科学历 13 名，大专学历 17 名。从职称结构看，高级教师 4 名，一级教师 5 人。教师年轻，基本以"80 后"为主，爱心、童心不够，耐心、细心缺乏，不能很好地传承幼儿园的优良传统和文化。用工制度的改革，使得超过 85% 的幼儿园员工成为聘用人员，出现了安全感、归属感动摇，主人翁意识淡化等问题。一方面有相对安全、便于管理的优势，一方面又有规模局限、人力不足的弊端。在珍惜幼儿童年生活的独特价值，尊重幼儿的发展规律的基础上，切实解决教育质量上理解不深、行动不够的问题。如何科学筹划、稳步发展，也考验全园教职员工的智慧。

（一）教师专业发展目标及要求

"十二五"期间，围绕教育改革发展战略目标，着眼于提高教育质量，增强可持续发展能力，以加强薄弱环节和关键领域为重点，完善机制，不断创新。着力提高领导班子推进科学发展观、促进教育和谐的能力。积极推进学习型领导班子建设，大力倡导读书学习、调查研究的风气，提高运用科学发展观进行战略思维、驾驭复杂局面的能力。以科学完善的管理制度规范人、教育人。防止打着培养孩子"能力"的旗号，伤害孩子的身心健康。防止"学科化、小学化"的倾向。以积极向上的校园文化激励人、带动人。根据幼儿园办园目标，制定《健康计划》《快乐计划》，让孩子感受到健康、快乐的同时，也让教师感受健康、快乐。努力通过精神文化、制度文化、活动文化、物质文化的建设，打造阳光校园、和谐校园、幸福校园。

（1）师德工程垂范项目。实行以人为本培训向唤醒教师职业意识转换，强力推进教师师德建设。利用幼儿园和社会的各种文化资源，组织教师开展人文素养提升的实践活动，学习优秀文化艺术，陶冶情操，增强人文底蕴、塑造人格魅力，不断增强教师的责任感、使命感和事业心。

（2）尊重幼儿身心健康发展的规律。兴趣是打开智慧之门的金钥匙，良好的习惯是走进理想殿堂的最佳途径，教师就是手持金钥匙、为理想引路的人。教师一定要伏下身子，走进孩子的内心、走进孩子的世界。

（3）名、优、特教师打造项目。加强名师、名园建设。按照"加固塔基、保护塔身、提升塔尖"的工作思路，以骨干教师行动计划为抓手，建立教师成长档案，打造幼儿园标杆人物，提升骨干教师水平。5年内，力争培养1~2名市、区级学术带头人，1~2名市、区级青年骨干教师，4~6名幼儿园青年骨干教师。

（4）研训一体化项目。狠抓教研组建设，以"幼儿文学启蒙教育研究"和"奥尔夫音乐教育研究"课题为载体，开展丰富多彩的语言活动和音乐活动研究，训练教师们的基本功和专业素养，提升教师们的鉴赏能力、表现能力、组织能力、创造能力等，使其成为幼儿园继健康教育、婴儿教养、保育教育后的又一亮点。

（5）目标激励，创造科研成果。针对每个人的特点、需要与追求，以及知识技术背景，结合幼儿园的发展要求，为每位教师设计个人成长规划，帮助她们不断创新，实现自我价值。

（6）优化幼儿园保教质量评价体系。深入推进《教与学质量形成过程管理评价体系》的研究，增强教育教学的有效性，遵循教育规律，使评价成为教师了解孩子成长的一种手段，而非管理者考核教师的目的。

（二）发展成效

在新的教育改革浪潮的冲击下，幼儿园打破岗位终身制，通过竞岗选贤，明确教师职责；通过举办各类活动，提升综合能力。鼓励老师参加学历培训，运用网络视频等先进的培训手段，观看名师的优秀教学活动，聆听名师的优秀教育案例。新教师快速成长，逐渐形成一支多技能、强素质、善研究的教师队伍，涌现出多名全军、总后优秀教师和重庆市、沙坪坝区骨干教师。大多数教师还善于利用自己在美术、器乐、舞蹈等方面的一技之长，给予孩子艺术的熏陶和培养，先后指导上百名孩子在全国、全军、总后、市、区级比赛中获奖。

教师逐渐从经验型教师向研究型教师转变。

1. 强化体制机制，科学管理

幼儿园不断强化和调整科学的管理机制，逐渐增加管理人员在园、在岗时间，并由专人值班巡查；配置 2 名保教干事，加大对教育、教学、科研的管理力度；实行班长责任制和班级负责制，独立、自主、创造性地开展班级管理工作。各职能部门层层管理，分工明确，定期检查交流，科学高效地提升工作效率和教育质量。建立积极、健康的校园文化，增强工作责任感，寻找成长幸福感，学会尊重、信任、包容、谅解，突出人文关怀，创造互助、和谐、健康、快乐的工作环境，促使幼儿园健康、平稳发展。

2. 培养教师队伍，科学建队

在 22 名教师中，原只有 11 名幼教专业教师，现提升到 18 名。有 4 名教师晋升为班长，1 名教师晋升为教研组长，1 名教师晋升为科研组长，2 名教师晋升为副班探究组组长。有 2 名教师被评为总后勤部骨干教师，1 名教师被评为重庆市骨干教师，2 名教师、1 名保育员分别被评为新桥医院幼儿园骨干教师、骨干保育员；1 名教师被评为总后勤部优秀教师，1 名教师被评为重庆市优秀园丁，2 名教师被评为沙坪坝区优秀教师，此外还有多名教师受到新桥医院嘉奖。

幼儿园两月组织一次青年教师、新教师赛课；两月组织一次骨干教师、老教师献课，交错进行集体教研、课例评析、教学反思。还开展野外拓展训练和专业化军训，磨炼教师们吃苦耐劳的精神、积极进取的意志、团队合作的品质。开展重庆市幼儿教师"空中课堂"通识培训、上海明师科技网络的教学观摩培训。近五年，共派出 30 多人次分别到北京、上海、青岛、南京、海口、广州、成都等地参观学习，组织教师参加各级培训、观摩、学习达 100 多场次。运用网络视频等先进的培训手段，组织教师观看名师的优秀教学活动，让老师们观摩名师——→模仿名师——→我做名师。向市、区级骨干培训班输送青年骨干教师 5 名、总后二级骨干教师 2 名，促进了教师的专业成长。新教师快速成长，逐渐形成一支多技能、强素质、善研究的教师队伍。

3. 创新教研科研，科学保教

2013 年，7 个教师撰写的课题在沙坪坝区教育科学规划中小学"教师成长课题"项目中立项，并在 2014 年顺利结题。2015 年 6 月，又有 10 项课题申报成功；11 月，"幼儿一日活动中文学素养启蒙教育研究"在重庆市教育学会立项；12 月，"提高保育员专业素质的实践研究"作为重庆市教育科学规划重点课题立项。同年 12 月，全军及重庆市"十二五"园本课题"运用'学习维度论'构建教师职后培训有效模式的实践研究"以"优等"结题，受到领导和评审专家的高度褒奖。课题研究五年来，取得了 80 多篇文章获奖，60 多篇文章发表，200 多幅儿童作品获奖等好成绩。在专家的引领下，教师们的研究意识得以加强，研究能力得以提高，研究水平也得以提升。

4. 读懂孩子需求，科学育人

游戏是孩子基本的活动，正如陈鹤琴所说："游戏是儿童的心理特点，游戏是儿童的生命，从某种意义上说，幼儿的各种能力是在游戏中获得的。"根据各个年龄阶段孩子的学习和发展特点，教师们剖析儿童的内心世界，掌握儿童的发展规律，创设多种区域活动空间，配置丰富的玩具材料，开展了多彩的游戏活动。还将"活动区活动"与"角色游戏""表演游戏""结构游戏"等进行融合性研究，以及开展"活动区与主题活动的融合研究"等。逐步建立起幼儿园自己的"游戏题库"，让儿童在游戏中学习，在学习中游戏。

第三章　专业发展规划：
提振教师精神的园本策略

学习维度论告诉我们，态度与感受会影响学习者的学习能力和效果。帮助学习者了解自己的学习目标、学习环境和学习秩序，不但能使教师对整个学习活动过程保持持续的兴趣和热情，还能够使其更投入地学习，产生事半功倍的效果。"规划"正是教师专业发展的起点，是教师专业发展过程的导航仪。教师专业发展规划是教师本人为自己的职业发展设计的一张蓝图，它既能为教师的专业发展过程提供引导和监控，也能为教师专业发展所进行的反思、改进策略提供参考。因而，了解教师专业发展规划的内涵及组织架构，并在此基础上帮助教师制订发展规划，对于促进教师专业成长具有重要意义。

第一节　专业发展规划为教师成长导航

一、幼儿教师专业发展规划的内涵

从 20 世纪 80 年代开始，教师专业发展就备受关注，毋庸置疑，教师专业发展对于教育事业具有重要意义。随着教育的发展和新课程的改革，"教师"被冠以更多的内涵和要求。教师这个职业必须按照社会的期待、知识服务者的要求，不断地提高自身素质，才能适应时代发展的要求，而教师潜能的提升在很大程度上取决于教师个体职业生涯规划的合理程度与自我执行的力度。[1] 也就是说，教师专业发展的过程并不是随机的、杂乱的，而是需要一定的规划。

---

① 贾涛. 职业院校教师专业成长计划与生涯规划实践研究 [J]. 职业，2012 (33)：44—45.

　　有研究表明，专业发展较好的老师，大多能够尽早制订合理的个人专业发展规划，而那些专业发展较缓慢的老师，则缺乏详细的个人发展规划，在自己的教学生涯中缺乏自身定位、认识和发展目标。而专业发展规划的缺失又会进一步拉大教师专业水平，造成教师专业发展、学校教学水平的马太效应。现在，很多教育机构逐渐重视教师专业发展规划，为教师的自主发展和自主学习营造了良好的大环境。在这一背景下，教师必须具备自主发展和自我反思意识，在教学过程和教育改革中探索适宜自身发展的方式和路径，结合学校、学生、教学、自我发展的需求，积极对教学过程中遇到的问题进行反思，不断修正并完善自我专业发展，成为一个自我导向、自我驱动、自我调控的发展者。① 因而，教师必须学会制订专业发展规划，进而有效地提升专业水平。

　　教师专业发展规划（Professional Development Plans，简称 PDPs）源于职业生涯规划，职业生涯规划是管理学领域的一个概念，指员工通过对客观环境和主观因素进行全面分析，确定自己的职业生涯发展目标，选择实现目标所指定的工作培训和教育计划，并按照一定的时间安排采取必要的行动实施职业生涯目标。② 与笼统的专业生涯规划不同，教师作为一种具体的、具有独特特点和意义的职业，其专业发展规划具有特别的内涵。随着教师专业发展的热潮与国际教师教育改革趋势，我国对于教师专业发展规划的研究也应运而生。

　　从意义和目的上来说，教师专业发展规划是教师本人为自己的职业发展设计的一张蓝图，它既能为教师的专业发展过程提供引导和监控，也能为教师专业发展所进行的反思、改进策略提供参考。③ 就其包含的内容来说，教师的专业发展规划，是对教师专业发展的各个方面和各个阶段进行的设想和规划，具体包括：教师对职业目标与预期成就的设想，对工作单位和岗位的选择，对各专业素养的具体目标的设计，对成长阶段的设计，以及所采取的措施等方面的专业特性逐渐提升的过程。④ 也有一些学者从专业发展规划制订与设计方面进行界定，认为教师专业发展规划要进行三方面的先行分析，即明确目前自身所处的位置，所要达到的目的或水平是什么，以及如何到达目的或实现专业提升。⑤

　　综上来看，教师专业发展规划的内涵包括三个层面。第一个层面是对现状

---

① 王少非. 教师专业发展规划：意义内容策略［J］. 中国教育学刊，2006（2）：59－62.
② 李健. 教师发展规划先行［J］. 人民教育，2011（8）.
③ 王少非. 教师专业发展规划：意义内容策略［J］. 中国教育学刊，2006（2）：59－62.
④ 钟祖荣. 教师专业化发展的重要一环：制定教师专业发展规划［J］. 中小学管理，2014（4）.
⑤ 华中师范大学教育科学院. 新课程研究·教师教育［M］. 武汉：华中师范大学出版社，2007.

的分析，包括对外界环境、自身潜能的客观认知、自我定位等。第二个层面是教师专业发展的目标指向，既包括总目标、对目标的定位及合理性思考，也包括为达到总目标所解析的各个层级的小目标及其层级分析。第三层面是在客观分析现状基础上，为实现所制订的目标而需要达到的条件、需求，以及为此而制订的各种行动计划和措施。当然，这三个层面的内容并不是一成不变的，相反，随着现实情况的变化，教师的经验积累、反思成长，教师职业发展规划的每一个层次也应该是随之变化的，这就需要教师在初步的专业发展规划基础上不断地调整和改进。很明显的，教师是教师专业发展和规划的主体，在设计制订教师专业发展规划的过程，其实是教师自我导向、自我驱动、自我成长的过程，这就决定了教师专业发展规划不仅仅是教师职业专业发展的一个环节和基础，引导、监督和管理教师专业的提升，其本身也是促进教师专业发展的一种重要活动和方式。

二、教师专业发展规划的组织架构

教师专业发展规划的内涵包括多个层面，各个层面相对独立又相互关联，每个层面又包括诸多元素，它们共同构成了一个立体的、全面的解析。教师专业发展规划是教师分析思考的结果，包括众多内容，这些内容的组织便构成教师专业发展规划的框架。[①] 通过这个框架，我们能够对规划的整体结构和内容有一个宏观的理解，也能依据框架进行规划设计和策略思考，因而，了解教师职业发展规划的框架对于制订规划具有重要的意义。华东师范大学的王少非为我们提供了教师专业发展的一般性框架，如表3-1、表3-2。

表2 教师职业发展规划总体规划框架

总体规划框架	
姓名：	部门：
自我分析	所处发展阶段、优势与缺陷、能力、兴趣、需求
环境分析	教育背景、教师专业发展趋势、学校要求、学生需求、社区环境
专业发展目标	总体目标、阶段目标；不同维度：教学、科研、班级
专业发展路径	教学、学术、行政或其他路径

---

① 王少非. 教师专业发展规划：意义内容策略 [J]. 中国教育学刊，2006 (2)：59—62.

续表

行动方案	步骤、策略或措施；实践；条件与资源
学校教师专业发展委员会建议对各步骤活动的记录、评价分析与反思	学术委员会、校领导、教研组、个人反思

表3-2　教师职业发展规划年度规划框架

年度规划框架	
姓名：	年度：
具体目标、策略或行动、所需的支持、完成期限、达成的结果、反思与评价	

注：表3-1、表3-2来自《教师专业发展规划：意义、内容、策略》

总体规划框架中包含了教师专业发展规划的六个维度（自我分析、环境分析、专业发展目标、专业发展路径、行动方案、学校教师专业发展委员会建议对各个步骤活动的记录、评估分析与反思），并对每个维度所涉及的内容进行了罗列。这既体现了教师专业发展规划所包含的主要模块，也隐含了制订规划的一般性步骤。而年度规划框架则是针对一年期的专业发展规划进行的记录表格，将专业发展规划的整体性目标分为年度层级性目标，有助于专业发展的不断提升。

尽管目前的研究已经对教师专业发展规划的内涵及框架体系做了较为深入的研究，但是由于教师自身观念薄弱、思维方式局限、外部环境欠缺、没有恰当的指导等原因，教师在进行专业发展规划时仍然面临诸多问题。

实践告诉我们，影响幼儿园教师专业规划的因素包括自我需求、团队发展与制度管理等诸多因素。国内外很多学者对相关因素进行了分析，其中外部因素主要是学校机构，包括学校是否支持使用和设计教师专业发展规划、学校目标和观念、是否提供专业性指导等；内部因素为教师本身，这也是最为根本的原因，涉及教师的年龄、教育经历、设计并使用教师专业发展规划的频次、个人动机、对专业发展规划效率的信念等。

图3-1是Professor K K 教授关于教师对专业发展规划使用的态度和信念的研究，描述了影响教师进行专业发展规划的边缘性因素，通过对中心因素的作用，进而对教师使用专业发展规划产生相应的影响。边缘性因素包括教师的年龄、教育经验、使用教师专业发展规划经验等特征和学校因素，中心因素包括教师使用专业发展规划产生的结果、使用的动机及成效等。也就是说，教师

的意识和态度对其是否有效进行教师专业发展规划具有很大的影响。研究还发现，对专业发展规划的态度、动机与使用效果之间具有直接关联。当教师理解和认识到专业发展规划是一种有效的工具，能够尝试学习并使用，他们将会更积极和更成功地进行教师专业发展规划。[①] 国内也有研究表明，教师的动机与意愿是其进行专业发展规划的基本前提，意志则是保证使用有效开展的必要条件。[②] 可见，教师专业发展规划只有成为教师真正的内在需求才能更好地发挥其效用。

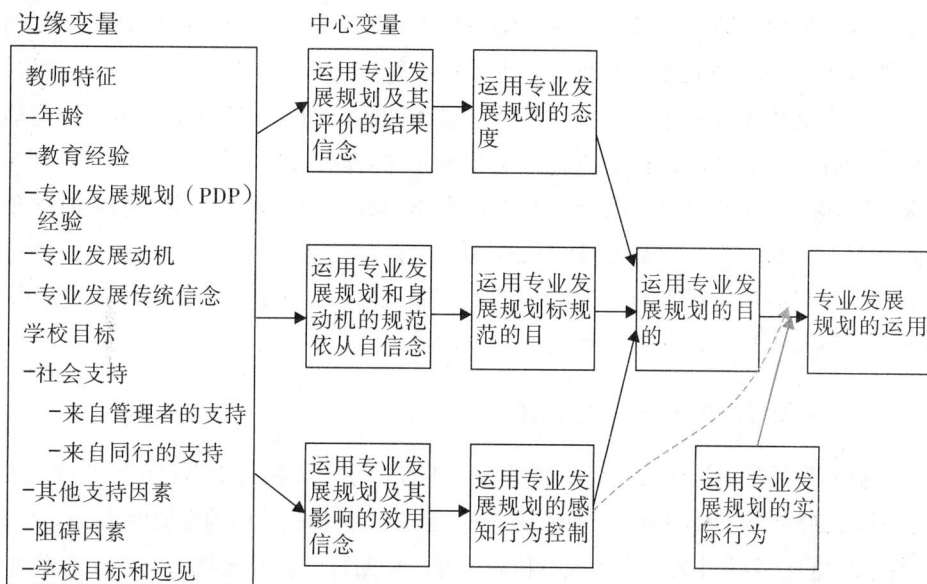

边缘变量　　　　　　中心变量

图 3-1　使用教师专业发展规划行为的理论图示

"学习维度论"中第一个维度便强调要重视学习者的态度与感受。帮助学习者建立积极的学习态度和观念，将有助于有效学习的进行。基于学习维度论，促进教师专业发展，首先应当关注教师的态度与感受。相关研究也表明，教师作为专业发展规划的主体，其态度、动机与发展规划能够产生的效用具有直接关联。要想帮助教师进行有效的专业发展规划，就必须让教师充分认识到发展规划的价值和意义，调动教师使用专业发展规划的积极性。

[①]　Professor K K. Teachers' beliefs about using a professional development plan [J]. International Journal of Training & Development，2013，17（4）：260-278.

[②]　宗锦莲. 教师专业发展规划：价值与前提 [J]. 当代教育科学，2013（12）：7-10.

第二节　幼儿教师专业发展规划制订与实施

一、制订教师专业发展规划步骤

依据教师专业发展规划的内涵和组织框架，规划步骤可分为自我评估、目标确立、策略实施、反馈修正。[①] 本研究以幼儿园教师专业发展规划为例，结合新桥医院幼儿园的实际情况对规划步骤进行阐述。

一个优秀团队的组织人员应是具有层级性的，幼儿园教师群体也同样应该是一个有层级关系的团队。因此，幼儿园在师资队伍的培养中，应建立一种层次式的成长阶梯和群体，既能顾及教师个体的成长需求，又能促进幼儿园的整体发展。因而，教师制订专业成长规划必须符合幼儿园的发展现状、自己的专业特点、自我成长的目标、规划的可行性措施等，并在一段时间之后进行检查、评估和反思，以此检核规划的实效性，以及自我专业成长的效果。

（一）分析幼儿园的发展现状

园所发展是制订成长规划的前提。教师的专业发展规划要建立在幼儿园的发展现状基础之上。教师制订专业成长规划，首先要分析幼儿园的发展现状，以此来寻找出对自己的专业发展有利或不利的地方，帮助自己更好地制订专业成长规划。如，要了解幼儿园目前的发展现状，具有哪些教学特点、教师群体的特点、有哪些在研课题、近期远期的规划目标、园所周边情况等，只有对这些诸多环境因素充分了解后，才能结合自身的特点，制订切实可行的专业发展规划。

（二）剖析自己的优缺点

自我解剖是制订成长规划的基础。首先应从自己的性格特征、专业特点、兴趣爱好等方面分析，找出自己目前已有的优点或优势继续发扬，同时还要找出自己的缺点或弱势进行具体分析，找出问题的原因所在，并愿意为之努力，以改善目前状况。只有充分、全面地剖析自己，才能找到最适合自己的发展方向。因此，教师要全面充分地认识自己，既要对自身的能力、兴趣、需要等个

---

① 贾涛. 职业院校教师专业成长计划与生涯规划实践研究［J］. 职业，2012（33）：44-45.

性因素进行分析，又要对自己在教学、科研、知识、技能等方面进行全面评估，选择自己最擅长的教学领域进行深入研究，并结合幼儿园的发展现状，找到切实可行又具有挑战性的自我成长目标。

（三）确定自我成长的目标

确定目标是制订成长规划的重点。目标的确立是自我成长的关键，也是制订成长规划的难点，一定要适合自己，并具有一定的可行性。因此，目标应该定位在靠近自己的"最近发展区"，通过自己的努力就能实现。此外，教师还需要对目标进行长期规划和具体策划。如，年轻教师制订长期规划的目标是3年后竞争上岗当上班长，而具体的实施措施是每周撰写教学反思、一学期1次公开课、每学期有1篇文章获奖或发表等，通过这些具体的教学计划来指导自己的工作，让教师的能力在实际工作中不断增强，从而促进教师的快速成长。

（四）制订切实可行的措施

制订措施是实现成长规划的关键。一旦确定了自己的专业成长目标，就要采取具体的措施与策略来帮助其顺利完成。因此，制订相应的可行性措施来不断优化自己的优点，修正自己的缺点，解决问题，从而让自己在不断发现、不断修正的基础上，不断成长。比如，自己是大专学历，想要提升自己的学历水平或理论素养，就可以参加本科学历进修，通过学习一些专业理论知识、聆听专家的教学讲座等，来完善自己专业知识的不足；如果想要提升自己的教学水平和教育技巧等，可以通过看课、上课、评课等一课多研的磨课形式帮助自己在具体的教学活动中提升。此外，还可以给自己拟订一些业余的学习计划，如每天写一节教学活动的感悟、每周写1~2个观察记录、每月读一本专业书籍等。越细致、具体的措施，越能帮助和督促自己完成。

（五）反思定期核查的成效

定期核查是完成成长规划的保障。教师的专业成长规划是否按时完成、是否达到预期效果，其实会受到诸多因素的影响，有外界的因素，如幼儿园的发展、时间的影响、机会的错失等，也有内在的原因，如自我思想的懈怠、教育行为的过失、内心需求的纠结等。有些因素能预测，有些因素却难以预料。因此，要使教师的成长规划行之有效，需要以发展的眼光，时时审视外界环境的变化，结合自己的当前状况，恰当地对成长规划进行及时修正与补充。这样，既能及时纠正发展目标与实际行动中的偏差，又能避免自己在发展道路上走弯路。此外，教师通过一段时期的检核、评估与反思，更有助于增强教师努力向上的信心，帮助她们较早实现自己的成长规划。

教师的专业成长规划是一个不断循环上升的螺旋式反思过程。当一个阶段的专业成长目标达成后，教师往往会有一种成功的兴奋感和职业的满足感，她们会在这个基础上接着谋划下一个成长阶段的新规划。

二、制度保障与发展措施

教师个人专业成长规划是教师自我反思、自我实现的"成长规划图"。不管是个人的成长需求，还是园所的团队成长需求，最终还是需要一定的制度，才能充分保障这些需求的实现。因此，幼儿园应该根据教师的成长需求，建立并完善科学的成长需求制度，尊重教师的个性化发展需求，提供多样化的发展机会，搭建多层次的展示平台，采用多元化的评价方法，及时检查指导，多方督促落实，让教师的规划得以具体实施，从而达成教师的预期目标，获得认可和成就感。

（一）制定适宜性原则，调动教师参与激情

1. 教师主体的原则

教师是参与培训的主体，也是实施教育的主体。在整个教师职后培训体系中，始终坚持以教师为主体原则，包括业务管理群、班长群、教师群、保育员群等多个不同层次的教师群体，以保障职后培训覆盖全园各个层面发展的教师，以此带动幼儿园的整体发展。

2. 资源共享的原则

收集并分析幼儿园教师职业生涯规划的典型案例，采取专业互补培训、资源共享的形式，给各类专业教师提供展示平台，最大限度地实现教师的自我价值。

3. 多方对话的原则

采用与专家对话、领导对话、同伴对话、自我对话等形式，引领教师专业成长规划的制定。

（二）实行多样化管理、评价，激励教师主动发展

1. 经常性地关注教师，注重过程性管理

建立长效的过程性管理机制，采取跟踪、指导、评价、激励、反馈等机

制，通过自评、展示、交流、考核等方式，定期评估每个教师对专业成长规划的具体执行情况；引导教师多维度地开展自我认识、自我反思、自我调整、自我总结、自我更新，切实加强过程性管理。同时，幼儿园还组建教师专业成长规划的"参谋团"，该参谋团由园长、副园长、保教干事、教研组长等组成，定期考核教师的个人成长规划的实施情况，帮助她们查找问题的根源，分析问题出现的原因，制定相应的改进办法，及时实施，最后总结改进后的效果。

2. 多样化评价体系，体现教师自我价值

设立各种各样的评价体系。针对班级建立了活动区、早操、手工制作、教学观摩等优秀班级评价体系，针对教师制定了骨干教师（保育员）评选管理办法、新班长评选标准等评价体系，以此体现教师的自我价值。此外，还有学科带头人、优秀教师、优秀教研组长等，让每个教师都能真正找到属于自己的规划目标。但是，这些荣誉称号的名额毕竟有限，它不是教师发展水平的唯一标准。所以，要积极引导教师正确地理解"荣誉称号"的真正内涵，淡化荣誉称号的"光环效应"，把教师的专业发展引向核心处，即引导教师把关注的目光投向孩子和教育教学实践，把教学水平、科研能力、班级管理能力等作为专业发展的重要目标，从而帮助教师实现真正意义上的专业发展。

第三节　五种园本规划模式举例

幼儿园的发展是基于教师的发展，良好的师资队伍会推动园所的发展。因此，幼儿园应高度重视教师的发展。根据马斯洛的需求理论，教师的专业成长同样具有不同的阶段性，具有不同的需求性。比如，从院校毕业到新的工作岗位开始，就会寻求最基本的生存需求；当工作达到一定的年限或者具备一定的能力和地位时，就会寻求新的更高的需求，以此来不断激励自己，不断完善自己。因此，在教师的专业发展过程中，为达到自身不同的需求，或者说不同阶段的不同需求，往往会产生相应的成长需求规划。而了解员工的需要是应用需要层次论对员工进行激励的一个重要前提。在不同组织、不同时期的员工以及组织中不同的员工的需要充满差异性，而且经常变化。因此，管理者应该经常性地用各种方式进行调研，弄清员工未得到满足的需要是什么，然后有针对性地进行激励。

幼儿园教师专业成长规划是针对教师自己的专业特点和发展方向制定的具有个性化的成长方案，然而，教师群体的多样性和层次性又决定了教师的个体性，因此，每个教师应制定出属于自己的独特性的专业成长规划。然而，怎么制定一份适合自己成长需求的规划呢？新桥医院幼儿园根据马斯洛的五个需求层次，针对教师划分出五个阶段性的需求规划。

一、职初型教师成长模式

这种规划主要针对入职初期的年青教师群体，为了完成基本的心理需求，往往需要制度的支持才能完成。为了满足新教师的心理需求，积极引导教师在1年内熟悉幼儿园一日工作流程，2年后能够独立承担教育教学、班级管理、家园工作等，3年能够在日常教育教学工作中大胆实施并能有一定的创新发展。因此，新教师的专业规划，也应从日常教育教学出发，脚踏实地、切合实际地完成每天、每周、每月的工作计划和学习计划，不挑肥拣瘦、厚此薄彼、好高骛远……只有让规划结合自己的实际，一步一个脚印，积极审视自己的教育思想、工作经验以及不断学习前进的动力，在紧密结合这些的基础上，制定属于自己本阶段的专业入职规划。

自2012年，幼儿园陆续来了6个新教师，有幼教专业的，有音乐专业的，有本科学历的，有大专学历的。对于她们的入职待遇和工作要求，幼儿园是一致的，目的是让她们在同一起点线共同起步。因此，幼儿园专门针对她们组建了新教师研究小组，统一部署，统一实施。而她们则可以根据自己的特长、爱好和专业能力，制定适合自己的成长规划，并通过一定的努力可以完成并达到预期的目标。在6人当中，徐亚玲和杨雨蕉两个人是比较积极的，她们除了完成自己的班级工作之外，还主动地参与到幼儿园的教学研究中，协助教研组长撰写、组织教研活动，并积极地、保质保量地完成相应的任务和要求。因此，她们的专业成长速度相比其他几个人而言，略显快速，在新教师群体中脱颖而出。

案例：个人成长规划

新教师个人成长规划

徐亚玲

时间转瞬即逝，我从一名大学毕业生到这个岗位已经一学期了。付出了不少，收获了不少，同时也成长了不少，我明白了工作的艰辛和新老师的压力。正因为我不是幼教专业出身，也深深知道自己的天赋不够，所以我要比别人更加努力才能成为一名让众人刮目相看的好教师。"态度决定一切"，这一直是我的座右铭，希望它能鞭策初出茅庐的我一步一个脚印踏踏实实地走下去！

一、自我剖析

（一）优点

1. 性格开朗，特别是在孩子面前保持一颗童心。

2. 责任心强，态度端正，自己才走出校园，还没有经历磨炼，我希望永远都能保持这样一种热情向上的心态。

3. 乐于接受别人的意见，改正自己的不足，不管是领导、同事、家长，还是孩子提出的意见，我都会第一时间进行反思，并改进。

4. 严格遵守园内的各项规章制度。

5. 团结同事，乐于助人。

6. 做事不敷衍、不拖拉，有不懂的、不会的直接请教有经验的老教师。

（二）缺点

1. 不够大胆，在教研会或者一些讨论中自己不好意思发言，作为一名新老师，可能是羞涩，以后我会逐步改正，尽量多地发表自己的观点和建议。

2. 创新意识薄弱，尤其是在教育教学方面有些墨守成规，还不能灵活处理。

3. 忘性大，做事有些"三分钟热度"。

4. 在理论学习上耐心不够。

二、改进措施

1. 静下心来深入学习《幼儿园教育指导纲要》《3～6儿童发展与行动指南》、《幼儿园一日生活细则》等幼教法规，把理论知识和课堂教学相结合，逐步形成自己的教育教学特色。

2. 利用业余时间阅读幼教各方面的书籍，每月读1～2本，不断丰富自己的理论知识。

3. 对每天的教学活动进行书面反思，学会总结，每月写一篇教育笔记。

4. 掌握组织幼儿一日活动及各种教学活动的技能，争取做一个技能扎实的青年教师。

5. 提高自己的绘画、舞蹈各方面的技能技巧，不放弃自己的专长，勤练钢琴，多弹奏幼儿歌曲。

6. 作为美文组的一员，要不断提高自己的美文欣赏能力和普通话水平，坚持每天朗读一篇美文、新诗、童谣，或讲述一个故事。

7. 虚心向有经验的老师学习，去听他们的课，大胆请教教育教学上的问题，把别人的经验转化成自己的方法。

三、预期目标

1. 通过听课、评课等活动，上课的教学质量达到了一定的水平，在教学领域上有自己的风格。

2. 在基本功方面不间断地练习，尤其是美文方面，能在每月一诵中独自登台表演。

3. 争取在副班教研组中担任一些职务。

4. 争取有1篇文章发表或获奖。

6. 指导幼儿美术作品参赛获奖。

以上是我制定的个人计划，有一些不成熟的想法，希望各位老师多提意见，同时也督促我顺利地完成。在幼教学习的这条路上，只要是对的，我就不怕路远。

案例：个人成长规划总结

在爱的海洋中乘风破浪

徐亚玲

有一位教育学家曾经说过："教育没有爱，就像池塘没有水。没有水，就不能称之为池塘。没有爱则不能称之为教育。"我渴望用自己的双手为孩子构筑一个爱的池塘。作为一名年轻的幼儿教师，通过两年的努力，在我的成长之路上，每个孩子都是一则动人的故事，为我的幼教事业扬帆起航。

自从加入了幼儿园美文组，每次外出学习回来之后都会把当天学到的美文知识传递给班里的孩子们，让他们在第一时间享受美文的乐趣。在平时的课间空隙，给孩子们讲童话故事，午睡前倾听散文诗歌，不仅提升了自己讲故事的技巧，更赢得孩子们纯真的赞美和喜爱！除此之外，我利用空余时间多看幼教读物，坚持每周撰写教学反思，其中《拥抱星星的太阳》获得全国幼儿园教育随笔二等奖。

一、注重一日生活活动，提高教育教学质量

作为一名年轻老师，在教学中我深知要提高教学质量，关键就是要上好课。课前我与配班老师沟通活动内容，合理安排每日活动，认真书写活动中的计划，及时填写活动效果，进行自我反思。根据班上幼儿的特点，我将孩子们喜欢的动画人物、动画词汇如"米奇妙妙屋""熊出没"等用到教学中从而激发幼儿学习的兴趣。在中班上期尤其注重户外活动的开展，不再拘泥于园内的活动。坚持每周把孩子带出幼儿园，利用新桥医院的优美环境，让幼儿在花草树木中体验大自然的快乐，并且在"拜访大树"活动中，得到班里家长的支持和孩子的喜爱。

二、在教研活动里收获专业成长

在教研活动中，我主动参与，积极讨论，认真负责地记录笔记。每位老师的发言，都对我有一定的帮助，让我剖析自己、正视自己，让我开拓思路、转变观念，从而不断提升自己的认识水平。副班会是年轻老师进修的象牙塔，在每次的会议中我积极表达自己的观点，汲取他人的长处。每学期积极主动承担副班组观摩课音乐活动，如"好朋友们敬个礼"、音乐游戏"蝴蝶花和花蝴蝶"、移位语言教学"大树"，获得了老师们的肯定。正因为在现场活动中不断地得到锻炼，让我探索到教学中的技巧和方法，获得宝贵的经验，从而形成自己的教学风格。第二学期我被推选为副班组秘书长，在认真撰写副班教研计划和心得感悟的同时，督促整理每学期副班资料。

三、在教师成长课题中提升专业素养

经过不断的磨砺，我掌握了基本的教育教学技巧，树立了初步的教科研意识，并有幸参与了沙区教师成长课题"探索小班幼儿饮水习惯的培养"的研究，结合课题需要创设班级环境，根据课题目标组织幼儿进行饮水活动。2014年开学初，在班级老师的配合下，精心打造的特色活动区"饮水吧"，得到幼儿的喜爱。与此同时，经过反复打磨，制定了一份饮水观察记录表，在家园共育的努力下，让我班幼儿养成了主动饮水的好习惯。在此期间认真记录课题研究过程，帮助主班老师完成小课题的结题报告，并顺利结题。

四、在文体活动中施展兴趣特长

音乐学院出身的我，爱好钢琴，获得钢琴业余八级证书，大学时期获得校园十佳歌手。与此同时，我兼修手风琴与合唱指挥。在这个德艺双馨的集体中，我把自己的特长与工作有机地结合在了一起。在2013年的"六一"园庆活动中，配合本班幼儿扮演"毛毛虫姐姐"，带领孩子们在舞台上进行了一次别开生面的表演。在2014年的"小故事、大剧场""六一"活动里，参与"小书虫爱看书"的节目，得到幼儿和家长的喜爱。此外，在2013年12月还担任"新桥社区群众文艺演出"主持，在2014年6月参与三医大组织的"强军战歌主题歌咏大赛"获第一名。

二、经验型教师成长模式

这种规划主要针对3年以上有一定工作经验的教师群体，为了自身的发展，寻求一定的安全。这种规划在团队需求中具有一定的影响效果。当教师在适应入职初期工作之后，对幼儿教育有了一定的认识，基本上了解了各年龄段幼儿的年龄特点和发展要求，具备了最基本的教育教学能力，有了初步的教育经验，工作开始有了初步的稳定性。

然而，这个阶段的教师只是对这份工作的性质和流程有了初浅的认识，而对幼儿教育事业的真正意义和内涵还没有深入了解。因此，这个阶段既要注重教师工作的稳定性，又要为他们提供相应的机会和平台，帮助他们消除这种职业倦怠情绪，让他们在各种各样的展示活动中逐渐提高认识，获得认可，从而更加深入地理解幼儿教育的真谛，在思想和情感上产生一定的归属感。

教师可以根据自身安全指数制订合适的发展规划，从第4年开始可以参加竞选班长等职务。一方面，让他们对新的岗位职责有一个新的认识和体会，另一方面，帮助他们更多地关注领导、同伴、幼儿、家长等，在多维人际关系的交往过程中，得到一定的认同，产生对幼儿教育的职业认同感，同时还能进一步提升他们的决策能力、管理能力、执行能力等。

在这个群体中，周丹老师能充分发挥自身的优势，积极主动、热心帮助，具有一定的组织和协调能力，因此，大家一致推举她为副班组的组长。在她的积极带动下，研讨活动丰富、活泼，根据每个教师的教学特点开展富有个性的教学研讨，让每个教师既能轻松完成教学任务，又能在实践教学观摩活动中找出存在的问题，浅显而生动，让大家觉得教学研讨原来就是这么简单、明了。经过两年的锻炼和不断进步，她终于竞选上了班长岗位。这也为新教师们树立了一个较好的榜样。

案例：个人成长规划

个人成长规划

周丹

一、自我情况分析

（一）优点

1. 为人诚恳随和，性格开朗，有良好的亲和力，有耐性。工作上有较强的组织管理和实践能力，集体观念强，具有团队协作精神和创新意识。

2. 工作上能熟练地引导幼儿开展各项活动，活动有计划、有条理。能承担公开活动。

3. 有丰富的创造力和想象力，经常想出机智巧妙的办法解决问题，有很好的见解和较系统的计划，不依赖领导、同事，能自己寻找解决困难的办法。

（二）不足

1. 在教育教学过程中还不能做个有心人，较少将随时发生的案例记录下来。

2. 在撰写文章方面的能力有待提高。

3. 工作效率还不够高，有些拖延，这是我现阶段最为致命的弱点。

二、个人成长目标及措施

1. 严格要求自己，克服惰性，认真学习新《纲要》，转变教育思想，提高自己的教育教学理论知识，以新观念引领自己的工作。

2. 积极地面对工作，调整好自己的心态，尊重热爱每一位孩子，对孩子做到细心、耐心。

3. 做个反思型教师。做到活动前反思、活动中反思、活动后反思。通过反思、研究，不断更新教育教学观念，改善教育教学行为，提升教育教学水平，努力钻研，逐渐形成自己的教学风格和特色。

4. 发挥自己的长处，工作上得到领导和同事的认同，有能力承担班长的工作。

5. 结合自己教育教学工作配合班长开展好"大带小"的课题研究，努力成为该领域的骨干教师。

6. 针对自己的薄弱环节——音乐活动，还要继续加强钢琴练习，能自弹自唱。

7. 多看理论方面的书，提高自己的理论水平，多向有经验的教师请教，丰富自己的教学经验。撰写1~2篇论文、案例等，并能发表或获奖。

三、成功标志

1. 每学年承担1次以上的公开活动，并得到肯定。

2. 撰写的论文、案例等文章能在各级刊物上发表、获奖。

3. 争取当上班长。

案例：个人成长规划总结

在历练中成长

周丹

作为一名在幼儿园工作多年的教师，我有较丰富的保教实践经验，在教育教学活动中比较得心应手。但是我的工作成绩却到了一个瓶颈期，而且由于我刚走上管理岗位不久，管理知识和管理能力都有待进一步丰富和提高，需要有意识地通过理论充实与经验积累来尽快提高自己管理工作的有效性。正在我忐忑不安时，骨干教师的帮带活动如同久旱后的一场及时春雨帮助了我。我有幸与陈园长结为师徒，陈园长是一位在幼教领域中特别优秀的教师，无论是教育教学、教科研还是为人处世方面都非常优秀。她是我学习的榜样，我为能有这么优秀的老师而感到荣幸，为能参与到师徒帮带活动中而感到庆幸。在师徒帮带活动中，通过历练和学习，我受益匪浅。

一、在教育教学中不断进步

陈园长经常在百忙之中抽时间听我上课，课后不厌其烦地和我一起讨论教材以及课堂上碰到的疑难问题，对我教学上的一些不足之处给予适当的意见和建议。当我遇到问题时，她总能不厌其烦地回答我，使我在教育教学中收获了与往常不一样的方法和经验。

二、在课题研究中快速成长

要成长为一名优秀的幼儿教师，必须朝着科研化方向发展，在专业精神、专业知识、专业能力及自我专业意识等方面不断完善，才能有所发展。在陈园长的指导和引领下，2014年我参与杨琴琴老师申报的"大带小促进小班幼儿交往能力发展"的课题研究时，刚开始觉得心有余而力不足，觉得每天忙于投入教学活动、照顾幼儿的生活，根本没有精力搞科研，课题研究的那些资料也不知道怎么撰写。多亏陈园长手把手地教我如何撰写资料，怎样做好学习笔记，怎么填写会议记录的格式等，并教我把"大带小"活动融入幼儿的一日生活活动中，让幼儿在多种形式的"大带小"活动交往过程中收获快乐。在课题的研究中，班上幼儿的交往能力得到了真正的提高。我们的小课题成效显著、成绩突出，于2014年7月顺利结题，并获沙区教师成长课题优秀成果二等奖。在陈园长的指导下，这次实战演练式的课题研究，让我真真正正地走进了科研。2015年，作为新上任的班长，我将开始试着自己申报教师成长课题，以此帮助我取得更大的进步。

三、担任副班研究组长，提高研究水平

2014年上学期，我有幸担任幼儿园副班教研组组长，这对于年轻的我来说是一个新的挑战。学期初我向陈园长提议把幼儿一日生活中最常接触到的游戏领域提出来作为教研活动内容进行分别培训，这一提议得到了陈园长的大力支持。但是有效的教研活动只有活动是不够的，还要有内涵，教研活动中的理念与内涵才是有效教研的根基。因此陈园长耐心指导我细细地咀嚼教研活动中所要传达给教师的教育理念，为我指点教育行为背后的教育观念和教育方法……在担任副班教研组长期间，我在陈园长的指导下逐渐提高了自己作为教研组长应具备的良好素养。

为了让教研活动的开展目的明确、实效提高，每次教研活动前陈园长都提醒我要静心思考、精心准备，把每一次活动的目标、准备与过程进行较详细的安排和设计。活动主题、活动目标、活动准备、活动过程以及活动后的效果讨论等，都要交给她过目，由她帮我调整。另一方面，陈园长还提点我，每次的教研活动都要收集整理所有的资料，并附上学习的文章内容、教师收集的信息资料、学习记录、教研效果反思等，使其成为完整的教研活动资料。这样详尽的资料既能反映这一学期我们副班的教研活动过程与效果，又便于总结与分析，为今后的教研活动提供参考。学期末我们的副班活动已结束，每个副班老师在教研活动中都有所成长。

四、担任婴班班长，提升管理能力

在担任副班教研组长期间，在陈园长的指导帮助下，这学期的副班组教研活动非常成功，得到了领导的信任和认可。在2014年下学期，在陈园长的推荐下，我担任了婴班班长一职。这一年的师徒帮带让我收获了很多。在今后的工作中，我会继续努力、虚心请教，和其他教师们携手并进、再创佳绩。

三、骨干型教师成长模式

这种规划主要针对5年以上骨干教师群体。当教师从入职初期——骨干教师——班长，已经非常自然地融入了幼儿园的集体之中，对幼儿特点、教育教学、班级管理、家园工作等都有了一定的认识和经验之后，就逐渐形成了自己独有的教学模式和教学风格，这时，她们就会有更高层次的需求。因此，在第5年之后，教师就可以积极参加各类专业交流、观摩、比赛等，在各种不同的展示平台中努力提升自己的专业形象，展现自己的专业能力，享受自己的专业成就。

在这个群体中，胡春艳老师就能时时关注自己的成长需求，把握住自己的成长机会，在日常教学中主动承担观摩活动，在教育科研中主动探索研究，在园所管理中积极参与组织和协调，在形成自己的教学特色和管理风格之后，就开始追求更高的专业成长目标，从而努力使自己成长为一名优秀的幼儿教师。

案例：个人成长规划

个人成长规划

胡春艳

要想成为一名优秀的幼儿园教师，就需要对自己高标准、严要求，对自己提出明确的发展目标和指明前进的工作方向。在幼儿园工作八年来，我一直真诚、热情、认真、踏实地对待自己的工作，让自己从一个不懂孩子的幼儿园老师成了一名合格的幼儿园老师。为了自己的成长和发展，我特制订以下个人发展计划：

一、现状分析

（1）热情、精神饱满地对待家长和孩子是我工作的原则。

（2）在工作中我不计较个人得失，勇于承担各项任务，认真、踏实、努力地将班级工作完成好。

（3）独立申报小课题，拟出方案和计划，并带领班级老师一起实施，有一定的教科研能力。

（4）阅读书籍较少，写作水平有待提高，自我学习还需加强。

二、成长目标

（1）做一名有思想、有创新意识的幼儿老师；

（2）做一名爱学习、有科研能力的幼儿教师；

（3）做一名孩子喜爱、家长放心的幼儿教师。

三、落实措施

1. 思想政治

加强政治学习，提高自己的思想政治素质，学习领会教师的道德行为规范，以饱满的热情对待工作，以优秀教师的标准要求自己，认真做到热爱幼儿，勤奋工作，不迟到、不早退，树立良好的教师形象。严格自觉遵守幼儿园的规章制度，积极参加幼儿园组织的各项活动。

2．理论学习

更新观念，认真学习《指南》，掌握学科特点，了解不同阶段幼儿的年龄特点，做好本职工作，以科学的理念引领自己的教育行为，真诚对待每一位幼儿和家长，利用业余时间积极认真阅读和学习幼教专业杂志及书刊。

3．教育教学

（1）加强一日活动组织能力，在组织活动中，注意动静搭配，科学地评价每一个幼儿，从关心爱护幼儿出发，坚持正面教育，耐心引导，肯定他们的成果，爱护他们的自尊心，尽量满足他们的合理要求；

（2）结合本班幼儿实际情况制订教学计划和常规计划；认真准备幼儿活动材料，写好每一次教案，认真对待每一次教学活动，及时填写教育效果、反思。

（3）在活动中，及时记录幼儿个案和观察记录，注重幼儿富有个性的发展。

（4）主动积极地接待公开活动，以不断提高自身的教育教学水平。

（5）利用工作之余的点滴时间，认真撰写文章，阅读书籍，以提高自身写作水平。

（6）利用自身音乐专业的特长，将自身的能力转化为孩子的能力。

（7）认真开展班级小课题，争取在今年结题，并在今后能再次申报新的课题，在实践中不断磨炼自己，提高教科研水平。

4．班级管理

（1）在一日生活中，以"三轻"要求培养幼儿常规习惯，班级老师做到要求一致。

（2）作为班长，要以身作则，带动班级老师的积极性。加强自身带班能力，关心班级老师，协调好班级老师的关系，共同与班上老师管理好班级工作。

5．家长工作

（1）充分利用入园和离园的时间，积极主动地与家长沟通，在家长配合下实现家园共育。

（2）利用QQ群、电话、家园联系栏和短信等途径，及时向家长反馈幼儿在园情况，并在交流中有一定的技巧和专业性，与家长建立良好的合作关系，以真诚的态度和踏实的工作得到家长信任。

（3）每学期召开两次家长会，为家长宣传科学的幼教理念和经验，为家长提供相互交流的机会和平台。

（4）热情邀请家长参与幼儿园各项活动，主动帮助家长解决问题。

幼儿园的工作是细致而琐碎的，要保持一颗童心走进幼儿的心灵，具有一双会观察和发现的眼睛，在尊重、理解幼儿的同时，关注幼儿富有个性的发展，以优秀幼儿教师的标准严格要求自己，鞭策自己。我一定努力去完成自己的目标，也希望能得到各位老师和领导的帮助和指导。

四、预期成绩

（1）至少三篇文章发表或获奖。

（2）积极参加市区级各项专业技能比赛活动，争取获奖。

（3）指导幼儿绘画比赛获奖。

（4）争取每年参加一次市、区级公开活动。

案例：个人成长规划总结

静心研究，快乐成长

胡春艳

在幼儿园领导的关怀指导下，在幼儿园同事关心帮助下，我一步步走来，一点点进步，留下了一串难忘的成长足迹。回顾三年的工作，对照自己的职责，我将总结汇报如下：

一、注重自身修养，提高思想素质

"名为师、行为范"，作为一名幼儿园教师，我一直以《幼儿教师专业标准》（简称《标准》）来要求自己，注重自我修养，努力提高自己的思想素质。爱岗敬业，热情真诚，关心爱护每一个孩子；严于律己，宽以待人，积极参加幼儿园、医院的各项集体活动；团结友爱、协调一致，努力做到与同事和家长们友好相处；服从安排、乐观向上，尽力做好幼儿园的各项工作；广泛阅读各类书籍，努力提高科学知识水平，有较强的事业心和责任感。

二、坚持学习思考，丰富专业知识

为了履行好幼儿教师的职责，三年来，我反复认真地学习了《3～6岁幼儿学习与发展指南》（简称《指南》），并坚持以指南为引领，指导自己的工作。2012年6月，我参加了总后交叉代职的培训，到西安第四军医大学校直幼儿园学习一个月。通过观摩学习、跟班代职，每天记录学习经过、书写反思，总结交流、汇报展示，我受益匪浅。学习的经历改变了我的教育观、儿童观，时时警醒我将所看、所学运用在工作中、生活中。

为了充实自己的专业知识，提升自身专业素养，我在2012—2014年期间，进修学前教育本科专业，现已修完所有科目，并在2014年6月成功通过论文及答辩，顺利毕业。同时，我考取了普通话二级甲等，还评上了小教一级职称。

此外，我还有幸参与了重庆市出版社组织的《新智能多元快乐成长课程》教材和《社会活动》幼儿活动用书的编写。在编写教材过程中，我不断学习，反复修改，并得到了专业老师的指导。这种一对一的细致研讨、指导，不仅让我进一步熟悉了儿童的年龄特点，也提高了我对主题活动的设计和分析能力。

三、立足本职岗位，尽心尽责付出

1. 对待孩子细心负责

每一个孩子就是一个天使，每一个天使就是一个希望。因此，我把自己对待生活积极乐观的态度带到了幼儿园的教学工作中，努力为孩子们创设一个宽松、温馨、充满爱的环境。从幼儿早晨入园晨检的那一刻起，不管是生活还是学习，我都将自己的精力倾注在孩子的身上。我知道"习惯影响人生""性格决定人生"的道理，所以在幼儿园的工作中，我注重培养幼儿的倾听能力、表达能力，锻炼幼儿的动手动脑能力，帮助每一位孩子学会相互尊重、礼貌待人、分享合作、互助互爱等良好品质。

2. 对待教学细致严谨

我深入了解把握教材内容，认真备课，坚持说普通话，尽力开展好每一次活动。为了避免幼儿隐形浪费时间，我科学合理地安排幼儿一日活动，与班级老师提前商量制订教育教学计划，注重动静搭配，保教配合，严格按照计划进行教学，开展丰富有趣的游戏，激发孩子主动参与活动的兴趣。在每次活动中，我非常注重教玩具的合理运用，收集生活中的废旧材料，制作教玩具，便于幼儿形象直观地认识和操作。

3. 班级管理有条不紊

我担任班长已经7年，已积累了一定的班级管理经验，合理制订班务计划，坚持保教并重的原则，每月组织班级老师召开班会，总结每月工作，查找不足，带领班级教师团结协作、默契配合，所带班级多次获优秀班集体。在做好班长工作的同时，我还先后帮带了多名新教师。我经常利用午休时间认真、仔细地引导新教师学习《指南》《标准》、如何书写教案等，提出自己的想法和建议，以便达到更好的教学效果，促进新教师的成长，使教学活动有效开展。

4. 教研工作深入开展

在担任教研组长期间，组织全体教师制订学期教研内容，实行班级轮值主持教研活动，一起学习《标准》和《指南》，探索角色游戏、结构游戏的开展，对幼儿园科研课题进行赛课、交流研讨，以多种形式促进教师们教育教学能力的提高，同时也提升了自己的专业能力。

5. 课题研究，专业提升

在幼儿园领导的引领下，我多次参与幼儿园的课题研究，一路走来，我一步一个脚印地学习怎样做课题，怎样写反思，从跟别人学到自己学习做课题。在2013年我独立申报沙区教师成长小课题"婴班动手能力培养的策略研究"，利用暑假到沙坪坝区进修校进行课题方案的培训，认真撰写了课题方案，通过对婴班幼儿动手能力进行问卷调查，拟定出研究的措施，并在婴班幼儿一日生活、各类教育活动及游戏活动中开展丰富的操作活动，促进了幼儿小肌肉的发展，提高了动手能力，孩子们显得更加独立、自信，同时，老师的观察力和沟通力得到提高。课题于2014年6月顺利结题。通过课题的开展，我深深地体会到做课题需要集体的智慧，要脚踏实地研究，实践与理论相结合，在不断的实践—反思—再实践—再反思中摸索出促进幼儿发展的有效措施，并有所创新和提升。

6. 对待家长，以诚相待

让孩子健康快乐地成长，是每一位家长和老师的共同心愿和责任。我利用接送孩子的时间主动与每位家长沟通，通过彼此充分交流，建立良好的家园关系。尤其是婴班的家长工作，对于新生入园，面对新生家长有许多这样那样的疑问和不解，我通过多次家长专题讲座如"新生入园焦虑""包办代替不是爱，善于放手才是爱"等对家长进行引导，定期为家长提供开放日活动，对孩子细致照顾，以一切为孩子着想的真诚态度，取得了家长们的信任和认可。

7. 展示特长，学以致用

我利用自己的音乐特长，通过音乐游戏、律动、歌唱、乐器演奏等多种形式培养幼儿的音乐兴趣，并多次编排幼儿舞蹈参与"六一"活动和新桥医院春节晚会的演出，多次参与医院的文艺演出。

四、积极努力工作，继续向前

三年来，我在领导和老师们的帮助下，通过努力取得了一些小小的成绩，这一切都离不开幼儿园的领导和老师们。感谢幼儿园给予我学习和成长的机会，感谢帮助和关心我的领导和老师们。

在今后的工作中，我将一如既往地热爱本职工作、踏实认真、积极进取，不断提高自己的思想素质和自身的业务能力，谦虚谨慎，克服自己存在的不足，只有不断地学习和进步，才能走得更好、更远，让我带着一颗童心和孩子们一起成长。

四、研究型教师成长模式

这种规划主要针对 7 年以上骨干教师群体，为了实现自己的人生价值，而不懈努力奋斗，逐渐成长为研究型的骨干教师。

当教师通过自身的努力，达成了自己的成长愿望，在教育教学中有一定的带头作用和引领作用，在班级管理中有一定的经验和方法，在教科研研究中有一定的成果和影响力时，她在幼儿园就具有了相应的地位，在教师们心中就有一定的感染力和号召力。因而她们更需要拥有一定的成就感、被认可的名声和地位及更多的晋升机会等。这个时候，就可以参加教研组长或科研组长的竞选，让她们在教研组的管理中，逐步形成自己的管理模式和风格，在实现自我价值的同时，带动整个教师队伍的发展和成长。

在这个教师群体中，杨琴琴就特别具有这样的成长需求和愿景。她是一名音乐专业的本科生，初到幼儿园时，适应能力相对于幼教专业的老师来说，还显得稍稍慢一些，但是，认真好学、不愿服输的上进心，使她任何时候都比别人付出多一倍的时间和努力。在她的不懈努力和积极进取中，3 年后，她就能独立承担公开现场活动；5 年后，就竞选上了班长岗位；7 年后，又竞选上了教研组长，成了幼儿园的中坚力量。在她的热情带动和积极影响下，幼儿园的教师群体更显活泼、灵动，大家都能正确地审视自己的优缺点，互帮互助，良性竞争，逐渐形成了宽松、和谐、愉快的教学研究氛围，也带动了教师群体的健康成长。在这样一个积极、融洽的教师群体中，她的成长价值得到了充分体现。

案例：个人成长规划

个人成长规划

杨琴琴

时光飞逝，又迎来了新的一年，作为一名幼儿教师，在享受职业快乐的同时，也应该清楚地认识自己的目标。目标是人生规划中最重要的过程，它能够帮助我们认清奋斗方向。只有明确了自己在人生中到底要追求什么，才会知道应该朝着哪个方向去努力，才会知道应该更好地集中精力，避免徘徊不前。为促进自身专业成长，特制订自我成长计划如下：

一、自我情况分析

（一）优点剖析

1. 本人活泼、开朗，与同事相处和睦，能较好地与人沟通、交流与合作；热爱幼教事业，对工作有满腔的热情和爱心，关心、爱护每一个孩子。

2. 有近七年的教育教学实践经验，能够胜任幼儿日常教育教学工作，能够独立申报科研小课题，带领课题组成员一起制定及实施小课题，已具备一定的科研能力。

3. 善于接受别人的意见、建议，并能灵活运用于工作中以弥补自己的不足。

（二）不足剖析

1. 缺乏教育教学反思，多数时候只是想想了之，不能落实于笔头，文案工作较差。

2. 性格急躁，缺乏耐心，做事虎头蛇尾，无论是在教育教学方面还是教研活动组织方面虎头蛇尾的事常有发生。

3. 逻辑思维能力不强，说话、做事条理性不强。

二、成长目标及措施

（一）理论学习

1. 认真学习领会《指南》，掌握学科的专业特点，多思考，养成多思、多想、多写的习惯。

2. 勤于反思，勤于实践，在总结经验中不断完善自我。

3. 学习身边老师的宝贵经验，向有特长的老师努力请教，提高教学水平，使自己的课堂变得生动有趣，让自己成为幼儿喜欢的老师，在今后的工作中，我将利用教学实践、培训学习的机会，让学习成为一种习惯，努力使自己发展成为具有多种教学技能的老师。

（二）教育教学

认真做好幼儿园各项日常教学常规工作，培养孩子各方面良好习惯。让孩子学会有计划地做事，改"冲动"为"灵动"，改"热情"为"恒情"。

1. 学习不断反思。每周坚持将课堂中灵光一闪的精彩记录下来。每周至少听其他老师两节随堂课，并邀请有经验的老师来听课并给出意见，以提高自己的课堂教学质量。坚持同伴互助，发挥同级优势，提高自己的教学质量。每学期至少上一节公开课，争取区级公开课。通过不断地反思，不断更新教育观念，让自己的教学水平得到进一步的提高。

2. 积极撰写案例、反思等。多阅读幼儿教育相关书籍，保证每天至少有

15分钟读书时间，并要学以致用。多总结自己的教学工作，不断反思自己的教学行为，及时记录自己的反思，每学期完成4篇以上教育笔记，勤练笔，以提高自己最欠缺的写作能力。

3. 努力争取公开活动的机会，请老师们提出宝贵意见，以审视自己的教育不足，提高教学水平，力争每学期能有一次公开现场活动。

4. 加强学习计算机应用技术，认真学习制作课件，并加以运用，进一步提高自身的信息素养，加强自己的教学水平。

（三）班级管理

其一，作为班长，我将继续本着理解、关心、支持的态度与班级各位老师合作，统一思想、教育一致，发挥教育的合力。其二，作为班长对幼儿的发展充满信心，更要以此来感染班组每一位老师，并以巨大的热情投身于幼教事业，运用内在的激励方式凝聚人心，以成就感、事业感去激励班组成员在岗位上展示自己的才能，让他们都有自尊与自信。其三，善于接受每个人提供的最好方法，并在工作中不断修正自己的计划、行为，以适应新的需要与发展。其四，及时与班组成员商讨、交流班级工作中的问题及解决方法，寻求集体智慧的最大化。其五，深入学习开展家长工作。有针对性地做好家长工作，积极主动地争取家长配合，根据不同类型的家长的需要，指导家庭教育和家庭亲子游戏活动。

（四）家长工作

1. 开通各种家园沟通平台，通过家长会、家园联系栏、QQ群、电话、短信等途径，做好家园沟通工作。

2. 通过每学期一次的家长专题讲座与家长交流育儿心得，指导帮助家长，让家长进一步了解幼儿园，调动家长关心、支持、参与幼儿园教育和管理的积极性，促使家园共同进步。

3. 积极与家长沟通，及时向家长反馈幼儿在园情况，经常了解家长的需求，努力使自己做得更好。

（五）教科研工作

1. 全力支持园领导在幼儿园建设、教学管理、幼儿园规章制度完善等方面的新思路、新举措，同时团结一致，扎扎实实地把工作做好，为幼儿园再上新台阶做出一份贡献。

2. 多观摩优秀案例活动，多学习现代教育理论，改进自己的教学方式，提高自己的教研能力。

3. 带领教研小组努力学习，在提高青年教师专业成长的同时，同时也带动有经验的老师不断反思，做好"带、传、帮"，努力提高、完善自己。

案例：个人成长规划总结

梦想从这里起航

杨琴琴

一、思想坚定、政治合格

在多年的幼教生涯中，我始终本着"以幼儿为主体"的教育思想，牢记自己是一名党员，始终坚持党的教育方针，面向全体幼儿，教书育人，工作责任心强，重视幼儿的个性发展与幼儿的全面发展相协调，尊重幼儿，做到爱与严格要求相结合。有奉献精神、热爱幼儿，尽忠职守，关心爱护每一位幼儿，对幼儿有一颗火热的爱心。把每一个幼儿都当作是自己的孩子，不溺爱，不偏爱，用科学的方法来教育和爱护他们。在单位，关心热爱集体，积极团结同事，虚心向身边的老师们学习。

二、确立目标，找准方法

我是一名非学前教育专业的幼儿园教师，在幼教岗位工作的几年中，我经历着从刚出校门的自信，到面对幼教工作难题时的迷惘，再到现在深刻体会到幼儿园教师的职责和角色定位，这段历程也让我逐渐认识到：教师要实现专业成长除了要有自信和干劲，更重要的是要以专业知识作支撑，规范地、科学地引领孩子们的成长。

因此，我在工作的同时积极参加各项学习和培训，特别是 2012 年参加的为期三个月的国培学习，我白天听课、做笔记，晚上讨论、做反思，连夜里做梦都在按老师的方法操作、上实践课。回到幼儿园后，我马上把所学的游戏、活动等运用于教研活动中，让每位教师都能体验到专家的引领。

周丹老师根据我带回的资料改编的音乐游戏"小司机"，在本年度沙坪坝区幼儿园"音乐游戏和舞蹈创编"比赛中取得了一等奖的好成绩。我特别高兴，因为我和我的伙伴们已经找到了正确的方向，正朝着这个目标迈进。

三、成长路上，快马加鞭

通过不断的学习、努力，我收获了从"老师—班长—团支部书记—教研组长"这一成长之路的喜悦。

1. 规范班级管理，注重家园互动

担任班长五年以来，规范和榜样让我不断地进步。首先是规范，孩子有

"一日生活细则"，教师有"教师行为规范"，别看我们都知道，但做起来并不容易。俗话说的"3岁看大、8岁看老"，看的就是规范和习惯。每到开学初，我就和我的配班老师、保育员一起定老师的"规矩"、孩子们的"规矩"，慢慢地孩子们在老师们的带动下有了变化。在行为习惯上：说话小声了做事认真了喜欢动脑筋了；在生活上：能自己穿脱衣服、鞋袜了，餐桌变得干净了，甚至能自己动手擦屁股了。看到孩子们的点滴进步，我们好高兴，而且近三年来，我所在的班级三次被评为优秀班级。

家长是孩子的第一任老师，我们这第二任老师怎样在第一任老师那里借力，可是非常重要的事情。这不仅可以让家长放心，还能起到事半功倍的效果。我利用电话、短信、QQ群、微信，以及放学时面对面的机会，听取家长的意见和建议。还有在家长开放日、家长助教日，我们一起交谈、探讨好的育儿方法，组织户外亲子活动等。

2014年11月14日，第三军医大学和沈阳军区组成的160人中国人民解放军援助利比里亚医疗队出发了。对于很多人来说这是一个普通得不能再普通的日子但对于我们班的肖羽宸、枉哲锐两位宝贝来说，却是面临着与爸爸、妈妈分离整整100多天甚至更长时间的开始。如何才能让远在异乡的爸爸妈妈安心工作，让宝宝们没有缺憾？我与班里的两位老师一商量，决定每天把宝宝们在园的情况以照片和小视频的方式传送给远在非洲的勇士爸妈们。说干就干，就在他们远赴非洲的第二天，热线就联通了。孩子们天真活泼的笑脸、丰富多彩的活动，爸爸、妈妈们勇敢的言行、感人的事迹，还有感谢的话语，都让我们相互感动着。

2. 发挥文艺特长，提升团组织作用

蒙领导的厚爱和同事们的信任，自2009年被推选为团支部书记以来，我努力地工作着。团员是青年教师的突击队，代表着整个幼儿园的形象。作为团支部书记的我，更是她们的排头兵。幼儿园有业务竞赛，团员们积极报名，教学能力、组织能力明显提高；幼儿园有大型活动，我们团员们更是勇挑重担，舞台经验、应变能力不断加强。一次次的锻炼让团员青年们有了新的成长，同时也提高了幼儿园教师的整体水平。2013年"幼儿园60周年园庆活动"、2014年"小故事·大剧场"庆"六一"活动，以及游园会、运动会，还有新桥医院、三医大的大舞台，无时无刻不活跃着团员青年们的身影，我们作为幼儿园和医院的生力军感到无比的自豪和骄傲。

3. 初任教研组长，和教师们共同成长

从教研活动的参与者到教研活动的组织者，我还是"大姑娘上轿——头一回"。当我接到这一任务时，心理充满压力：作为一名教研组长，要做到事事想到前做到前。开学初各类计划都要及时制订并发到老师手中，让他们对一学期的教学目标和活动安排有所了解。可是如何制订教研计划？如何提高老师们参加教研活动的积极性呢？为此我翻阅了以前的教研记录，向老一辈的教研组长虚心求教。从实际出发，努力去寻找老师们的需求，把他们的需求作为教研活动研究的对象，以解决教师工作中的难点为重点，激发教师的内驱力，使他们成为研究的主人。

分班轮值制教研活动，让每个教师都能成为教研活动的主角，教师的主人翁意识增强。每次教研活动都有一个主题，从计划的制订、研究的形式，还有场地的选择，都由班级自主安排。演讲比赛、户外拓展活动、同课异构赛课活动、优秀活动区创评等多样化的形式，让老师们也如鱼得水，把教研活动搞得有声有色。教研活动再也不是枯燥乏味的形式上的教研，而是老师们自己真正需要的教研。

在工作中我能时时为教师着想，常常倾听他们的呼声，捕捉他们的意愿，从而使得各项决策和工作措施符合实际和大家的要求。一年来，我认真履行组长的职责，利用每月两次的教研活动时间，带领大家解决各种在教学工作中遇到的难题。在大家的共同努力下，教师们认真执行分班轮值教研计划，扎扎实实地做好各项工作。对教研组里的各项活动，大家都能积极主动地参加，主人翁意识逐渐增强。

4. 独立申报沙区教师成长课题，圆满结题并获奖

我以前总是认为科研是专家教授们独有的专利，离我们一线教师很遥远。一次培训活动中，一位专家告诉我们：教师在专业化发展的进程中追寻的职业幸福感是来自于课题的研究。进入幼儿园以来，通过多次的参研机会，我认识到，一线教师在教学过程中不断反思，通过发现问题、自我解决问题的这一过程其实就是一种行动研究，是理论与实践相结合的真正的研究。

2013年独立申报的沙区教师成长课题"大带小活动提高小班幼儿交往能力的研究"，是我从课题参研人到课题负责人最大的突破。我们通过多元化的"大带小"活动途径、多样化的"大带小"形式，在游戏活动中让小班幼儿的交往技能得到发展和提高。通过这次成功地申报小课题到顺利结题，得到了专家的一致好评，并获沙区教师成长课题优秀成果二等奖，我感慨颇多。在以后的职业生涯中我将继续将科研精神进行到底，向着成为一名研究型的教师而努力。

四、努力方向

1. 做个好班长

作为班长，在指导班级工作时，善于从实践中发现问题、研究问题、解决问题，发挥自己的业务引领作用，发掘团队的团结互助作用，营造积极向上、友爱团结、创先争优的良好氛围。将课题"大带小活动提高小班幼儿交往能力的研究"继续深入下去，带领班级成员一道做出自己的特色和风格，让课题更具实用性和实效性。

2. 做个好教研组长

作为教研组长，将在未来两年内努力协助业务副园长、保教干事，完成幼儿园各项教育教研工作，推动幼儿园教师的日常教育教学工作，促进教师队伍的整体成长。每周听 1 次半日活动，及时发现教育教学中的问题；每半月召开 1 次教研活动，对教育教学中的问题进行及时沟通、研究；每学期上 1 次示范教学课，引领带动教师队伍快速成长。

3. 做个好宣传委员

作为一名党员、一名党小组宣传委员，不但要在思想上严格要求自己，还要积极带动身边的青年教师努力向党组织靠拢，加入这个有理想、有活力的集体。帮助团支书策划、组织好每一次团活动，在党、团活动中，提高青年教师的政治思想觉悟，帮助他们确立正确的人生观、价值观。

在过去的工作中，我虽然取得了一定的成绩，但还存在很多不足和需要学习的地方，在以后的工作中，我会更加努力，更关心和爱护每一位幼儿，让每一个幼儿都能健康地成长。努力使自己成为一名让领导放心，让家长安心，让幼儿开心的幼儿园优秀教师！

五、完美型教师成长模式

这种规划主要针对 7 年以上骨干教师群体。按照马斯洛的需要层次理论，当教师的生理需求、安全需求、社交需求、价值需求等都得到了相应的实现和满足时，自我成长的需求就会更加主动和积极，他们往往会根据自己的生存方式去规划设计自己的专业方向和成长道路，在成长过程中逐渐形成自己的专业形象，在团队的成长需求中具有一定的方向性和影响力，因此，她们就会更加自觉地向更高层次的需求提出自己的成长愿景和发展目标。

在这个教师群体中，陈婷婷就很好地规划了自己的成长路径，并完美地实现了自我需求。她是一个美术专业的本科生，性格温和、细腻，做事认真、细致，平时注重对幼儿的细心观察和耐心教育，善于打造班级环境和丰富多彩的活动区，让环境在呈现生活美的同时，体现出儿童的艺术美，让幼儿在活动中自然地接受美的熏陶。她工作负责、积极主动，能在保质保量完成工作的基础上，创造性地开展教学工作。对班级管理工作有一定的经验，善于与家长沟通、与家园配合好。在自己认真负责、严谨教学的努力下，她不但担任了科研组长，还顺利地被评为总后勤部高级教师。作为一个聘用教师，这在整个总后系统幼儿园中，她是第一人，刷新了聘用人员的聘用记录，同时，也让幼儿园其他教师看到了成长晋升的希望。

案例：个人成长规划

个人成长规划

陈婷婷

到幼儿园工作多年，我不仅在工作中收获了快乐和进步，在个人生活中我又多了一个角色——母亲。在幼儿园工作，总说要像妈妈一样爱每一位孩子，自己从前还没有办法真正地去扮演好妈妈这个角色，现在有了真实的角色体会以后，确实在工作上有了不同的感受。我想下一阶段，我更需要的是提高自己的教学研究能力。为此，我制订了以下个人成长计划。

一、教育教学方面

认真深入学习《3~6岁儿童学习与发展指南》，根据指南建议，结合本班幼儿的年龄特点进行教学，并在教学的同时开展教学实践研究。努力申报沙区教师成长课题，根据班级特点开展研究，并有相关文章获奖或发表。

二、班级管理与建设

重返班长岗位以后，对班级的管理有了新的认识。我想作为班长我应该随时发挥带头作用，将班级的老师团结在一起，这样班上的工作才能高效率地完成。对于班级的管理要有先进的"幼儿观"，学会有效地管理班级。班级的家长工作也是很重要的一部分，目前我觉得自己在家长工作的开展上有很大的不足，如何让家长更好地配合我们进行家园共育是我急需思考和学习的。我也会毫无保留地将自己班级管理和教育教学的经验供副班年轻教师和保育员学习参考，帮助其尽快成长。对每一次帮带的实习生都严格要求，同时也严格要求自己。争取让她们能够学有所获，用自己对幼教事业的那份热爱去感染她们。

三、创新意识

在创新意识方面自己仍然很欠缺。今后，利用业余时间多阅读一些幼儿教育类书籍。现在网络资源也很丰富，像美国高瞻课程的微信平台在网上都能搜索到，一些教育专家的微博、教育类视频等也很多。在外出学习的时候，多留心借鉴别人做得好的地方。在园内多向有经验的老师学习。希望在教育教学方面能够体现自己的创新，珍惜每次外出观摩学习的机会，学习别人的长处。相信通过自己的实践和学习的积累，能够探索出一个有自己风格的教学模式。

四、教育科研与撰写文章

在幼儿园业务园长的指导下，根据班级幼儿的实际情况，开展沙区教师成长课题研究。力争每周两次研讨活动，半月一次研讨会议，每月一次展示活动，每学期一次公开活动，每年一至两篇文章获奖或发表。

案例：个人成长规划总结

成长阶梯伴我成长

陈婷婷

一年一台阶，一年一变化，三年的成长就像三级台阶一步一步往上走着。此刻心情和感受就是有满足、有感激、有快乐。满足于自己这三年活得有价值，感激于这三年一直在身边帮助我前进的人，快乐于自己这三年有丰硕的成果。

一、2012年，人生的转折点

2012年是我生完小孩返岗的第一年。因为多了一个角色，家庭和工作的矛盾让我一时不知所措。总想把工作做好，也想把自己的小孩照顾好，可是总不如人意。这时领导向我伸出了援手，让我参加了2012年的国培。在三个月的脱产培训中，我不仅学到了更专业的理论知识，也调整好了自己工作的状态，平衡了家庭与工作之间的关系。在学习和实践中，我认真的态度得到了大家的认可，设计的教案"美丽的羌族图案"在"2012年幼儿教师国培计划——重庆市幼儿园骨干教师脱产置换项目培训"教案评比中获"优秀教案奖"。

二、2013年，在工作中收获快乐

这一年我重新走上班长岗位，将自己国培学到的知识运用到工作中去。除了班级的管理工作外，我还多次接待公开现场活动，如国家级课题"幼儿文学启蒙"课题组公开课现场——"白帆"、大学城康居西城幼儿园"移位教学"观摩课。我在工作中逐渐进入状态，找到了工作的目标、前进的方向，体会到了付出后总会有收获的快乐。在教育教学中我不断地尝试创新。这一年，第一次开始迈入教学研究之路，申报沙区教师成长课题"提高大班幼儿自主绘画能力的研究"，于2013年6月批准立项，在课题中我和参研老师一起做了很多实践研究活动，不仅孩子们收获了成长，我们也收获了课题研究的经验。

三、2014年，收获丰硕的成果

1. 被评为总后勤部高级教师

前几年由于自己工作的不断努力、经验的逐渐积淀、成果的日渐增多，为自己奠定了很好的基础。这一年，我第一次参加了各种各样的评选活动，先是总后的高级职称评选，接着是总后骨干教师评选、总后优秀教师评选等。在每一次的评选过程中，不管是从资料的准备还是到模拟现场的练习，陈园长对我的帮助都很大，还有老师们对我的支持和鼓励。让我即使在三次评选活动中失败了也没有因此而难过，因为我收获了团队的关心和关爱。这些获得是比任何成绩都还要有价值的。当然，失败并不代表永远的失败。经历了磨炼，就会在下一次更加从容。因此，在2014年年底，我又一次站在了总后高级教师的评选台上，又一次参加了幼儿园骨干教师评选，又获得成功。

2. 科研课题结题获奖

幼儿的成长和收获才是研究的价值所在，因此，我们在课题研究过程中，开展了很多类型的活动，尝试了很多种方法，孩子们都很有兴趣。其中还有一些家长也参与到了活动中来。在教学科研中，陈园长从我申报教师成长课题的选题到资料的收集，最后成果书的制作每一步都仔细地给我指导和帮助。她随时提醒我收集资料、文字、图片等，让我从不喜欢收集整理资料到现在逐渐有了收集资料的意识。在陈园长的耐心帮带下，在我们班级三位老师的齐心努力下，课题获2014年沙区教师成长课题优秀成果二等奖，课题结题报告发表在《进修与教研》2014年第二期上。我在做课题研究的过程中，学会了思考，懂得了研究的严谨，也体会到了成果带来的满足和快乐。

3. 教学严谨，反复思考

在一次家长开放日活动后，陈园长对我的活动进行了指导。在指导中，我认识到自己在准备教案时，思考得不够充分，一些细节的处理还不成熟。之后在陈园长的示范活动中，我看到脱离一线岗位这么久的她，在活动中依然能够如此沉稳，语言精练准确。我想这应该和她平时对待工作的态度是分不开的。这也是我要向她学习的地方。再大或再小的一件事，都应该认真地思考，一遍一遍地推敲，才能在最后呈现出好的结果。

四、成绩

撰写文章其实是我的弱项，我作为一线教师有很多的教育写作素材，但是写作的一些技能技巧掌握得不好。陈园长给我指出：文章的条理逻辑不够，语言的组织、内容的深入都有些问题。我的文章从初稿写出来，再交给陈园长修改，一般都要经过三次以上。最后，文章印刷出来再对比之前的初稿，确实发现思路清晰多了，中心思想也更突出了。有了这个手把手的帮带，我的文章撰写水平有了很大的提高，从中也了解了文章撰写的基本形式和框架思路。我相信只有多多地练笔，才能有书写的感觉，才能越写越好。

教师的专业成长，是一个漫长的过程，也是一个由简单需求向复杂需求慢慢转变的过程，更是一个由外在需求到内在动力的主动过程。幼儿园的发展，离不开教师的发展，而教师的发展，是需要不断规划、总结、再规划、再总结的循环向上的过程。只有通过这种不断调整、不断追求、不断改善的过程，才能使教师逐渐成长为优秀的幼儿园教师，具有自己的教学特色和风格，在完善自己、影响他人成长的同时，推动整个幼儿园更加积极、健康地发展。

第四章　异步分层：因材施教的园本策略

学习维度论强调，学习者获取新知识和技能时，只有与原有经验相结合，基于已有知识经验的有效连接，才能更有效地内化为他们可以运用自如的技能。这强调了教师原有认知技能的重要性，不同年龄、不同工作年限、学习风格不同、性格差异的教师，在获取与整合知识、扩展与精炼知识等方面也会体现出差异性，因此，在职后培训中对教师采取异步分层的培训方式是非常必要的。一般来说，首先按照教师专业发展的程度开展不同层次的培训，即新手阶段、胜任阶段、熟练阶段和专家阶段。即便是每个阶段的教师，他们的学科、年级属性等也存在很大差异，在具体操作的过程中就出现更为细致的分类，如分领域组、分岗位组、分层次组、分帮带组等不同的方式。

第一节　异步分层内涵解读

一、异步分层的目的与价值

《关于深化教育改革全面推进素质教育的决定》指出，要"开展以培训全体教师为目标、骨干教师为重点的继续教育，使中小学教师的素质明显提高"。各地教育部门和学校积极探索新的教育培训模式和方法，呈现出培训方式多元化的发展态势，这无疑对教师专业发展具有积极意义。但我们也看到，这些培训模式往往呈现出模式化、统一化的问题，削弱了教师培训应有的效果。[1]

"因材施教"是我国春秋时期教育家孔子提出的一项重要的教学方法和原

---

① 申卫. 教师教育分层培训模式初探 [J]. 长江师范学院学报，2007，23（3）：164-167.

则，北宋理学家程颐说："孔子教人，各因其材。"朱熹对此的注释是："圣贤施教，各因其材。小以小成，大以大成，无弃人也。"也就是说，每个人有每个人的个性特征和专长，教学过程并不是整齐划一进行讲授的过程，教师要根据不同学生的认知水平、学习能力、兴趣特长等，选择适合每个学生的教学方式进行个性化教学，帮助学生扬长避短，进而增进学习的兴趣和积极性，树立学习的自信心。这是促进教育公平的重要途径，也是提升教学质量，培养具有创新能力和高素质人才的方式。

　　教师培训针对群体，即教师，亦是具有个性特征和差异的群体，毋庸置疑，教师培训也应当注重因材施教。新课标强调"以人为本"，教师培训要注重校本培训，也就是要因材施教，避免"一刀切"的现象。这正符合教师专业成长的阶段理论，教师专业发展有其内在规定性，每一个阶段的专业发展水平及其专业发展需求是不同的，因而，为每个阶段的教师提供适切的支持和培训具有重要的价值。①

　　采用"异步分层"培训的模式，对于教师培训的理论研究和实践操作都具有重要作用。首先，充分调动教师的积极性，增强其学习的主动性和自信心。对教师群体进行分层之后，相同组的教师具有很多共性，或者是教学经验、教龄相似，或者是教学能力水平相当，这都使得他们之间产生更多话题和兴趣，能够调动教师积极性。因为是同一起跑线，教师之间的差距不会非常明显，以共同进步为目的，"异步"的方式能够增强其学习的自信心。其次，能够满足不同阶段教师的需求，提升教师培训的有效性。不同的教师群体对教师培训报以不同的需求，分层能够满足不同阶段教师的需求，更有利于教师专业发展。第三，帮助教师群体优势互补，发挥各自的优势。异步分层并不是绝对的分层，而是为了满足不同教师群体之间的差异需求。不同组别之间的教师交流、合作学习、探究学习是必不可少的，这能够进一步促进教师之间的互动和反思，提升教师的反思性和创造性能力。第四，践行"以人为本"的思想，促进教育公平。异步分层本质上是为了满足不同教师的需求，注重每个教师个体的特征和差异，是基于"以人为本"的思想而实施的，是促进教师专业充分发展，保障教育公平的重要体现。

二、异步分层的概念探讨

　　长期以来，幼儿园对教师的培训一般采取集体培训的形式进行，没有考虑

到不同专业特点、不同文化程度、不同专业类型的教师群体特点。有的是正规的幼儿师范院校的学生，有的是高等学校的艺术类学生，有的只是普通高中生或初中生，有的只是其他单位的转岗人员等。在培训内容上也没有顾及教师的自身情况，因而无法满足教师的个体成长需求，使得培训流于形式，而失去了其本来的意义。此外，不同年限的教师，也存在着经验不同、能力不同的差异，在获取与整合知识、扩展与精炼知识等方面也会体现出差异性，从而造成部分教师因无法达到培训要求，而显现出来培训压力的现象。

有学者将教师专业发展分为四个阶段，分别为新手阶段、形成和发展阶段、成就阶段、专业型教师阶段。其发展过程是一个动态、持续、终身的过程，不同的发展阶段会体现出不同的特征，也会表现出个体差异。[①] 如果忽略其差异性，不管教师年龄、教龄、能力、性格等方面的差异，进行统一的集中培训，不但无法满足不同的培训需求，教师对培训内容的汲收或获取也会大打折扣。

学习维度论关于获取与整合知识的维度强调，学生学习新知识时，要指导和帮助学生建构起与已有知识之间的联系，当学习者获得一种新的技能或程序时，他们必须结合自身已有的经验，通过整合和练习形成一种模型或结构，才能最终内化为他们可以运用自如的技能。也就是说，要对具有不同经验、不同能力的教师进行分类，结合其目前最迫切的学习需求，进而有针对性地进行培训。因此，在职后培训中对教师采取异步分层的培训方式是非常必要的。

"分层"，顾名思义，就是根据学习者现有的学习水平和学习能力，分成几个不同的梯级层次，为不同层次的学习群体选择恰当的教学内容，制订与之相适应的教学目标，采用相应的教学方法和教学模式，进行阶段性考核和发展性评价。"异步"则是指允许学习者以不同的速度掌握所学习的内容，针对不同梯级层次的学习群体，安排相应的教学进度，以便于不同层次的学习者能够更好地掌握知识。异步分层的目的并不是要达到整齐划一的教学目标，不同的层级有各自的教学目标，我们更关注的是每个学习者自身是否充分地调动了学习的积极性，最大限度地激发了其潜能，取得了明显的进步。

异步分层是为了提升教学的质量和效率，培养具有自学能力、反思能力和创新思维能力的高素质人才。表面上来看，这是一种差异化教学，但分层并不是在不同的学习群体之间建立了"铜墙铁壁"，禁止其互相流动，相反地，不同的层次之间是动态互动的，不同的学习者之间也是可以相互流动的。正如华

---

① 支爱玲. 谈校本培训中分层培养教师教学反思能力 [J]. 小学教学参考·管理，2004（1）.

国栋所说："差异教学不仅强调学生的个别性、独立性，强调教学的个别指导，而且强调学生间的合作与交往，让他们在互相帮助中共同提高。"[①] 所以，采用异步分层模式，仍然需要合作学习、探究性学习等方式，让学习者优势互补，发挥各自的特长，在互动交流中促进每个个体的成长。

第二节　异步分层培训

一、异步分层一般方式

教师在一定年龄阶段和专业发展阶段会反映出一些典型的心理、认识与能力等方面的特点，这些典型特点的出现，标志着教师专业发展质的变化，体现出其中的阶段性。[②] 从不同阶段教师的特征、问题和需求入手分析，构建与之相适应的培训内容、目标和方式，是异步分层培训的一般方式。

国内外学者对教师专业发展阶段有不同的分类方式，比如美国学者卡茨（Katz，1972）通过对幼儿园教师的长期跟踪调查和研究，提出教师专业发展的四个阶段，分别为"求生存阶段（survival）、巩固阶段（consolidation）、更新阶段（renewal）和成熟阶段（maturity）。"[③] 我国学者钟祖荣根据教师工作业绩和成果，对应信任教师、合格教师、骨干教师和专家教师，将教师专业发展的阶段划分为"准备期、适应期、发展期和创造期"四个阶段。[④] 结合已有研究成果和我国教师实际情况，我们一般将教师专业发展分为：新手阶段、胜任阶段、熟练阶段和专家阶段。每个阶段的教师具有诸多共性和阶段性特征，因而要结合不同特征开展相适应的教师培训。

处于新手阶段的教师注重自身能力的构建和提升。刚入职的教师大多是刚从学校毕业走上工作岗位，思维活跃、精力旺盛，他们迫切地想将学校中习得的知识运用于工作中，教授给学生，为教育事业做出自己的贡献。然而，教师与学生之间在思想认识、言行举止、工作方式上具有很大差异，从学生角色向

①　华国栋. 差异教学论［M］. 北京：教育科学出版社，2001：10.

②　傅树京. 构建与教师专业发展阶段相适应的培训模式［J］. 教育理论与实践，2003（6）：39—43.

③　肖丽萍. 国内外教师专业发展的研究评述［J］. 中国教育学刊，2002（5）.

④　邵宝祥，王金保. 中小学教师继续教育基本模式的理论与实践（上）［M］. 北京：北京教育出版社，1999.

教师角色转换需要经过长期的经验积累和摸索。此时，就需要教师培训来帮助新手教师快速实现角色的转换，了解教师职业的特征、规范和需求，明确教师与学生之间的差异，尽快地掌握教师的基本行为规范和教学方法，能够对实践中常见的问题有所准备，以便走上工作岗位后能胜任本职工作。

胜任阶段的教师基本能够胜任自己的岗位要求，提高自身的实践能力成为该阶段教师的主要目标。这个阶段的教师一般工作了3~5年，对教学环境比较熟悉，具备了一定的教学理论知识和基本技能，能顺利地完成自己的本职工作。该阶段的教师还在不断地探索教学方式，教学、工作风格仍在形成期，在教学过程中还是会受到很多实际问题的困扰。此时，他们仍然具有极大的热情，希望能够找到一个适合自己的发展方向，在工作中崭露头角，然而在自我评估上难以对自身潜能做客观的评价，"高估""低估"自己的情况时有出现，在行为表现上也缺乏持久的动力机制，容易受失败的影响。① 这一阶段的教师培训，一方面要强化教师之间的交流，设置心理学等课程对该阶段教师进行积极的心理疏导；另一方面要进一步加强专业知识和技能的训练，沟通理论与实践，帮助教师学会研究教材、学生、教法等，解决他们在教学过程中遇到的种种疑惑。

熟练阶段的教师一般具有8~10年的教学经验，大多是学校的中青年骨干教师。随着知识的积累和教学经验的增加，这个阶段的教师具有了比较丰富的教学经验，形成了比较稳定的教学风格，能够较好地完成教学任务。熟练阶段的教师，一方面将自己的知识和经验转化为实践方式，提升其教学技能；另一方面将实践中的认识、经验、问题凝练成知识和理论，并纳入自己的知识体系中；此外，该阶段的教师开始着重关注学生。因而，针对这个阶段的教师，除了要进一步拓宽他们的知识面和教学视野，促进他们去积极主动地接触新知识、新技能、新方法外，还应当帮助教师了解学生的阶段性特征、心理，通过主题研修、集中培训、合作探究、小组讨论等多种形式，促进熟练型教师进一步完善。

专家阶段的教师一般具有15年以上的教学经验。此时的教师已经积累了丰富的教学经验，对教学活动和学生都有了深入的认识和理解，能够运用教育理论的观点分析问题。但是，这个阶段也可能成为很多教师"止步"的阶段，一些教师具备了优秀的教学能力，取得一定成绩的时候，可能会产生懈怠心理

① 傅树京. 构建与教师专业发展阶段相适应的培训模式 [J]. 教育理论与实践，2003（6）：39—43.

和情绪。此外，当教师积累了丰富的经验，形成自己的风格和思维以后，可能会受思维定式的影响，对问题带有主观偏见和看法，欠缺与时俱进的创造性思维、批判性思维和反思性能力。因而，针对这一阶段的教师培训，要鼓励专家型教师主动接触、学习和应用先进的科学技术来优化教学、提升教学效率，注重向这些教师介绍国内外先进和最新的研究动态和成果。此外，应增强系统的理论性知识体系的构建，强化对教师专业发展各个阶段知识转型的范式进行研究，以便帮助教师获取知识的同时，还能促使专家型教师积极地生产和创造知识。[①]

二、特色异步分层方式

新桥幼儿园依据教师专业发展阶段，结合幼儿教育特征、教师类型等，制定了全面、立体的分层形式。培训从系统论的观点来看，包括教师个体和教师群体，采取异步分层的形式组建不同的团队，让每一个教师在个体独立和群体互动中产生相互联系、相互依赖的作用，以此来保障教师的同步发展。因此，根据教师岗位划分为教师组、保育组，根据教学领域划分为健康、语言、科学、社会、艺术等研讨小组，根据教师成长层次划分为班长组、副班组；根据骨干教师帮助的特点分为同伴互助帮带、骨干教师帮带、骨干保育员帮带。

划分出这些研究团队，目的是让他们能在各自的研究团队里有效利用资源开展相关的研究活动，在完善自身的专业技能的同时，提升研究水平，促进专业成长。各组间的成员可以相互独立，也可以交叉交流，以此保证对自己小组间的具体问题进行商量、探讨，能够更有针对性地解决教育教学中的问题，从而促进相互合作、相互渗透、相互影响。

（一）分领域组

幼儿园教师的教育教学工作除了班级常规管理外，重点是对各个领域进行教学研究。然而，每个教师都各有所长，对每个领域的教学研究并不一定全面、系统，因此，按领域分为健康、语言、科学、社会、艺术五个教学组。教师可以根据自身的特点和专业，选择适合自己的、自己喜欢的领域进行深入系统的研究，这样既能增强教师的专业性，又能提升教师的自觉性，使教师群体形成一个多样化的、有突出特点的学科型骨干教师群体，个体突出，群体发展。

---

① 郑彩国. 教师专业发展的阶段划分及其知识转型 [J]. 教育探索，2007（11）：74-75.

（二）分岗位组

幼儿园的班级工作岗位分为教师、保育员，鉴于各自工作岗位的要求，他们的工作要求和目标虽然都围绕《幼儿园工作规程》和《幼儿园教育指导纲要》的精神和要求，但是具体的操作要求却不相同。因此，为了更好地让教师和保育员能对自己的工作内容和要求有更进一步地研究和探索，特按工作岗位分为教师组和保育组。两组以教育教学和幼儿保育分别开展研究，提出并解决日常保教工作中的问题，以此达到共同培育的作用和效果。

（三）分层次组

幼儿园的教师群体是有差异性的，不同层次教师的经验和成长需求不同，这就需要幼儿园根据不同的教师群体采取不同的培训方式分别进行培训。因此，幼儿园将教师分为班长管理组和副班成长组。

（四）分帮带组

一个群体中，总有部分优秀的教师走在了队伍的前列，引领着整个教师队伍不断前行。因此，幼儿园应充分发挥骨干教师的示范、帮带作用，在不断促进骨干教师自身成长的同时，影响带动他人共同成长。因而，幼儿园按帮带形式将教师分为同伴互助帮带、骨干教师帮带、骨干保育员帮带。

第二节　园本异步分层实践

一、分领域组

分领域的教学组，研究专业性更强。

幼儿园在原有的奥尔夫音乐艺术组、阅读树语言研究组的基础上，为了更好地发挥非幼教专业教师的自身特长，拓展更多领域的教学研究，陆续开展了"健康、科学、社会"等领域的研究，给老师们提供更广阔的研究空间和平台。相同领域的教师在一起，就自己感兴趣的问题进行专业性的探究，问题将更具体、更深入、更专业。

（一）健康领域研究组

幼儿园在"十一五"总后勤部课题"3～6岁幼儿体质现状与保教策略研究"的基础上，继续对幼儿的体能进行训练，保持了5分钟身体素质训练、三浴锻炼、赤足走、混龄户外体育活动、亲子运动会等项目，还采取同课异构的形式，分别对走、跑、跳、平衡等各个体育运动项目进行了一课多研的深入研究。充分考虑了幼儿年龄的发展特点，避免了成人化、小学化的训练方式，始终强调以游戏为主的活动方式，以各种身体素质的综合培养为主要指导思想，注重幼儿运动能力的协调发展，设计出丰富多彩的、均衡的、具有一定针对性的身体素质锻炼游戏活动和测查游戏活动，弥补了当前幼儿运动教育效果、教学内容的不足。

1. "同课异构"式的教学研究

所谓"同课异构"，是针对同一主题内容、活动，选择不同的形式、方法、手段，进行不同的设计、处理，以体现不同的教学策略所产生的不同教学效果。目的是激发教师对教育教学活动从多角度、全方位去思考，"同中求异、异中求精"，比较不同的教学策略所产生的不同教学效果，并由此打开思路，体现个性，丰富内涵，使全体教师在互助中进行专业化学习，在交流中彰显个性化成长。

因此，幼儿园针对"跑"和"平衡"两个主题活动，以"同课异构"的形式开展了求真务实的听课、说课、评课活动。2012年4月，第一次组织了7名老师根据本班孩子的年龄特点，设计不同的教学形式。第二次，从7名教师中挑选出了3名教师在第一次活动研讨的基础上，进行调整、修改。两次活动之后，都及时地对每一个活动采取有针对性的讲评、分析，以头脑风暴的形式进行研讨，收到了良好的效果。通过一年的观摩、演练、分析、探索等实作式的研讨培训，引导青年教师进一步深入理解健康领域的各年龄段幼儿特点，获得先进的教育教学理念，并把理念内化为教学行为。帮助教师们在教研活动中学会思考、学会研究，教师们在活动之后都写出了真实而又深刻的教学反思，不断地完善了自我，更好地促进了自身的专业成长和发展。

附：**活动感悟**

我与课程共成长
——记园内体育课"一课多研"活动过程
陈玲

前言：我们幼儿园年轻教师较多，幼儿园一直也很重视对年轻教师的培养。幼儿园开展"同课异构"的课题研究，结合幼儿体质的研究，促进年轻教师对课程的理解和准确把握，开展了这次体育活动"一课多研"活动。通过教师自己编写活动方案、反复观摩、多次研讨和反思等形式，各班老师根据幼儿的年龄特征，查找资料，自己编写教案、组织活动，然后教师们一起讨论、点评并修改，再组织活动。

我作为入园不久的新教师，对体育活动和体育游戏界定得不是很清楚，常常把它们等同理解，对不同年龄班体育活动的要求、目标也只知道个大概。在准备这个活动的时候，为了了解体育活动的基本环节和所在班级幼儿的年龄特点，我查询了相关资料，结合幼儿平常喜欢玩的猫捉老鼠游戏，初步设计了这个婴班的体育活动——"捉鼠小能手"。第一次观摩后，老师们给我提出了宝贵的意见，然后我根据她们提出的意见和我自身的体会修改了教案，又进行了第二次观摩。整个体育活动环节清楚，幼儿参与度提高，不论是跑的练习还是放松运动，幼儿都积极参与，效果很好，我信心倍增。在这不断观摩、反思的过程中，我收获了很多，对不同年龄班幼儿的身体发展特点有了一定了解，也认识了自己的不足，在同事身上看到了不一样的活动形式。以下是整个活动的过程。

一、"捉鼠小能手"活动方案的初次设计

在准备这个活动之前，我查找了相关资料，初步了解到不同年龄班幼儿对于"跑"的特点和要求。我所在的婴班，孩子年龄小，身体发育、动作发展不成熟，如手脚配合不自然、身体不协调等。联系幼儿的实际情况，考虑活动的游戏性，我设计了"捉鼠小能手"这个活动，以训练幼儿手脚协调、大步地向前跑，并体验体育活动的乐趣。活动过程：准备活动——→学习跑的动作——→游戏：小猫捉老鼠——→放松活动，结束。

1. 第一次观摩课"出现混乱"

活动一开始就出现了问题，我带幼儿进入活动场地时，有个别小朋友在场地外跑来跑去，没有被我的语言所吸引，我当时就想这节课肯定完啦，跟我所预料的不一样，幼儿东跑西跑的，怎么能听清楚我的要求呢？后面的环节又要怎么进行呢？正当我着急的时候，我们班的另外一位有经验的老师在一旁忙说道："小猫，快快到猫妈妈身边去，猫妈妈最喜欢听话的小猫了……"听她这么一说，我也忙"喵喵"叫着，召唤我的小猫。幼儿终于还是都回到了我的身边，我也顺利地进行了下一步活动。好在进行小猫捉老鼠的游戏时，幼儿很感兴趣，参与的兴致很高，顺利完成了活动安排。

2. 初次研讨，理清思路

活动后，老师们一起讨论并给我提出了改进的意见：

（1）环节不明确：体育活动的三大环节体现不明确，整个活动更像是体育游戏活动。事先只考虑了活动的游戏性，在练习跑的动作和放松环节上设计还不够。

（2）游戏时间短：幼儿对小猫捉老鼠的游戏很感兴趣，老鼠卡片也做得很好，可整个活动中只用了一次，当幼儿捉老鼠的兴趣正浓时活动又结束了，事先对活动预想不够。

（3）趣味性不足：开始环节，游戏趣味性不足。我们班的幼儿大多都是刚入园的幼儿，入园情绪刚稳定，注意力不集中，规则意识还很薄弱，开始环节对幼儿的吸引不够，导致一部分幼儿在大厅里乱走，不能集中。

（4）放松活动单调：放松活动有点单调，可加点音乐，让幼儿更充分地活动起来。

3. 修改方案

在总结了上一次活动的不足后，我将教案做了以下调整：

（1）调整目标，明确环节后：在目标上做了修改，目标比原来的更准确，强调了幼儿手脚协调、大步向前跑。

（2）丰富活动材料：每人一个小猫头饰，在活动开始能够更好地吸引幼儿的注意力，激发幼儿参与活动的积极性。猫妈妈的卡片丰富了后面猫捉老鼠的过程。

（3）准确、规范：增加了老师示范讲解跑的要领的时间，引导幼儿进行跑的练习，更符合体育活动的形式。在游戏中也随机提示幼儿大步跑。

（4）放松活动：结束活动准备了舒缓的音乐，使幼儿更有兴趣做放松动作，同时也让幼儿的身心得到放松。

二、第二次观摩课

按照修改过的教案来组织活动使我信心倍增。活动开始，我出示头饰，扮演猫妈妈，幼儿扮演小猫，以猫妈妈带小猫出去玩的游戏情景引入。幼儿一开始就被小猫头饰所吸引，愉快地扮演着小猫的角色，跟猫妈妈做热身运动，跟猫妈妈学本领，练习跑的动作，玩“猫捉老鼠”游戏，到最后愉快地进行放松运动、结束活动，一个环节接一个环节，过渡很自然。不论是跑的练习，还是放松运动，幼儿都积极参与，效果很好。

对比第一次活动，第二次活动进步了很多，如幼儿的参与度提高了很多；体育活动的三个基本环节也很清晰，过渡很自然；老师在活动中也体现了很好的引领和示范作用。不过也还存在不足，比如游戏中小猫将抓回的老鼠又送给猫姐姐这个环节设计得不很完善，因为活动中幼儿的关注点并不在那里，他们只对捉老鼠的这个过程感兴趣。

三、我的感悟

通过这次活动，我了解了不同年龄班幼儿跑和平衡的特点和要求，对体育活动的设计和开展有了深刻的认识，对活动后从哪些方面来反思自己的活动有了较清晰的思路。我也明白了：简单的一次活动却能体现出很多的东西，比如老师对幼儿的了解、对课程的了解、老师的教育理念。要当好一个老师就要从这日常每一节课开始，做好每一节课的积累，加深自己对课程的理解，积累教学经验。

“同课异构”形式也让我看到了老师们身上的不同优点，有些老师语言简洁明了，示范动作也很准确，没有一句多余的话，或是一个多余的动作；有些老师组织活动很稳重，似乎幼儿完全能在她的“掌控”下自然地进行活动，课堂的调控能力很强；有些老师在课堂上能关注到每个幼儿，特别是那些特殊的儿童，能够很灵活地运用自己的语言和动作去影响他们。这些优点，都是值得我去学习的，需要我在以后的教学中不断尝试，不断将这些优点变成自己的东西，与课程共成长。

我，作为幼儿园的新老师，在工作中不断成长，一路走来经历的点点滴滴都将成为自己永久的财富。

——沙区园本教研成果荟萃集《倾听花开的声音》（2011）

2. 全园混龄式的区域体育活动

幼儿园区域体育游戏是指幼儿在一定的体育活动区域内自主自愿的游戏活动。它是教师根据参与游戏幼儿的生理特点、心理特点及基本动作、运动能力发展的特点，为幼儿创设多个体育游戏区域环境，并在每个区域中有针对性地投放丰富多样的游戏器械、玩具和材料，幼儿可以根据自己的兴趣爱好选择区域，自由结伴，自由游戏。区域体育活动具有开放性、交互性、创造性的特点，同时又具有递进性、层次性的特征。有关研究结果表明：幼儿每天进行30～40分钟左右的区域体育游戏，只要能科学地设置区域的环境，投放种类丰富、数量充足、搭配合理的玩具材料，教师就能有针对性地组织与指导幼儿的游戏活动，幼儿的体能就会得到全面、协调的发展。

幼儿园在"0～3岁幼儿体质现状与保教对策"课题研究的基础上，就"如何科学合理的设置与指导幼儿进行区域体育活动"展开了初步的探索。根据各班教学时间的统筹性，幼儿园定于每周四下午15：30—16：30为全园性区域体育活动时间，每班每次活动时间为40分钟。各班根据幼儿的年龄特点和发展水平、体育活动的阶段性目标，为幼儿创设了投掷区、球类区、绳类区、攀登区、钻爬区、轮胎多功能平衡区等多个体育活动区域。如：在综合平衡区内放置了长短梯、大小轮胎、高低障碍架、凳子、感统训练器材等，在球类区提供了大小不一、色彩不同、质地不同的球（羊角球、报纸球、皮球）等，在跳跃区投放各类长短绳、橡皮筋、自制布带等，以及教师自制的纵跳触物挂件等。

此外，在活动中采用混班、混龄的形式进行"大带小"活动，尝试着以"1大带1小，2大带1小，多带1、多带多"等"混龄式的大带小"形式开展活动，使幼儿在区域体育活动中的主动性、能动性、创造性等得到很好的发挥。一来满足了大班幼儿当哥哥姐姐的愿望，培养了大班幼儿照顾弟弟妹妹的责任感。二来也激发了小班幼儿乐意上幼儿园的愿望，同时培养了他们的交往能力和适应环境的能力。同时，教师在"大带小"活动中也积累了幼儿相互交往的教育策略和措施。

经过这样坚持不断的实践研究，老师们反复在活动中观察、指导，就活动中出现的问题进行改进、实践、研究，使得幼儿园的区域体育活动开展得更加丰富多彩，幼儿在区域体育活动中的主动性、能动性、创造性得到了最大限度的发挥，从而增强了幼儿体质，促进了幼儿的整体性发展。

2015年，根据沙坪坝区户外体育活动区展评活动的相关要求，幼儿园再次对户外活动区域进行了重新改造和综合利用。在霍宇老师的策划和组织下，在全体健康领域研究小组教师的参与下，幼儿园四周的废弃场所得到了改善和利用，原来无人问津的死角、脏角变成了生动、有趣、好玩的户外区域，大大提升了幼儿参与户外活动的兴趣，同时也受到了家长和小朋友们的欢迎。周永园长为进一步完善监管制度，让户外活动真正变为常态活动，提出了相应的管理策略：①每天晚上下班的老师去查看区域，保育员负责整理本班教室卫生；

②早上晚班的教师负责场地布置、晾晒物品；③注意突发天气，如暴雨、暴日，由保育员灵活处理；④教师组开展评比活动"区域管理最优班"。希望通过这样的管理措施让该活动能够持续、长久地开展下去，真正实现为幼儿打造活动场所、促进身心健康发展的目的。同年10月份幼儿园参加沙区户外体育活动区比赛获一等奖，霍宇老师也代表幼儿园在颁奖大会上做了经验交流。

3. 互动式的亲子运动会

教师除了对健康领域教学、区域体育活动进行研究外，还要负责幼儿园的全园性亲子运动会，让孩子在幼儿园感受丰富多样的体育运动形式。教师们相继邀请家长一起举办了"迎奥运"新年运动会、"森林动物大联欢"运动会、"全家乐翻天""奔跑吧，宝贝儿"等全园性的亲子运动会。这种亲子运动会不仅让幼儿达到了锻炼的目的，也能让家长亲身感受幼儿运动的特点，体验亲子活动带来的愉悦心情，让参与者的激情和亲情在运动中迸发，从而增强家园共育意识，促进孩子健康成长。

附：新闻报道

陈薇报道：

2013年12月25日上午，幼儿园的家长和孩子们一起穿着漂亮的亲子装举行了盛大的"全家乐翻天"迎新亲子运动会。运动会由杨雨蕉和体育老师主持。运动会入场式开始，运动场上陆续向大家走来了五颜六色的亲子方阵：大一班的黄色方阵、大二班的黑白方阵、中一班的灰色方阵、中二班的橙色方阵、小一班的绿色方阵、小二班的豹纹方阵、婴班的红色方阵。升旗仪式后，全体幼儿在幼儿代表的带动下集体宣誓"我愿遵守游戏规则，与爸爸妈妈一起游戏……"全园家长和小朋友在体育老师的带领下全场舞动起来，然后幼儿园教师的"胜利摇滚"热舞拉开了亲子运动会序幕。运动比赛项目非常精彩，有婴儿班的"乌龟爬爬和打怪兽"、小二班的"揪尾巴和保护伞"、小一班的"接果果和小青蛙过河"、中二班的"推车车和抢圈圈"、中一班的"坦克向前冲和跳跳羊角球"、大二班的"推箱子和轮胎乐"、大一班的"障碍接力赛和手推车"。最后全园7个班的家长们亲自上阵对决接力赛，全力奔跑，运动会在一阵阵的喝彩声中愉快结束。

——《新桥医院报》2013.12.27 第177期

此外，健康领域组的教师还要时刻关注幼儿的膳食情况，组织厨房师傅举办"新菜"比赛，协助保健医生进行营养统计与分析，配合保育员进行疾病的防控和应急事件的处理等。教师们在这一系列活动中提升的不仅是对健康领域教学的技巧和方法，还学会了更加全面、科学地关注幼儿的生长发育和身心健康，让每一个幼儿都快乐成长。

（二）语言领域研究组

自古以来，优秀的文化和传统多以书籍的方式传承。在信息技术高度发达的今天，我们也不能缺少对读书的热爱。幼儿园借助重庆师范大学瞿亚红教授的"幼儿文学素养研究"课题研究的平台，以"美文阅读"系列幼儿读物为重点，进行了长期的分析、诵读、试教、评课等研究。教师们在一次次的园内研讨活动中掌握了基本的语言教学技巧和方法，在与其他教师现场对话中重新审视了自己的教学策略和风格，在与瞿亚红教授一起诵读中进一步理解了读本的深刻内涵。此外，还邀请家长一起参与到幼儿园的阅读环境中来，共同分享读书的快乐。

1. 每期一次现场研讨活动

对语言领域教学的研讨，是教师提升教学技能、丰富教学经验的最后途径。因此，幼儿园每个月都会开展一次园内的教学研讨活动，从中筛选出较好的文学作品、教学活动设计等进行多次研讨、反复试教，为每学期的重庆市公开研讨现场做好充分的准备。教师们通过对文学作品的理解、文学活动的设计、现场活动的感受、课后的研讨等系列活动的亲身参与，逐渐丰富了自己的文学知识，提升了文学品味。此外，教师在每次现场研讨活动之后，及时撰写活动现场记录和活动反思等并积极投稿。到目前为止，已经有 10 多篇文学活动方案设计发表在《当代幼教》上。

2. 周末开展"故事姐姐"活动

幼儿园在日常打造书香园所、培养幼儿阅读兴趣的同时，联合重庆师范大学开展了"周末故事姐姐"活动，开展讲故事、看图说故事、故事表演、故事对话等活动，虽然只有少数幼儿参与，但是多数幼儿都每周坚持参与，并积极互动。每次活动，都由一名行政人员和两个语言组的教师负责，家长也全程参与活动，在让幼儿感受故事的同时，也让家长学会了如何讲述故事、融入角色表演故事。

3. 晨间进行"小喇叭讲故事"活动

为了给教师提供锻炼的平台，也给孩子提供一个展示的舞台，更给家长推荐一个参与的机会，幼儿园利用每天的晨间活动时间，提供了 10 分钟的"小喇叭讲故事"活动。刚开始，由教师主持参与亲自讲述故事，接着，以幼儿为主教师引领着讲述故事，最后，邀请家长一起参与进行"亲子共读"。此活动自开展以来，越来越受到幼儿和家长的喜爱，他们每天提前到园，安静聆听，并且还展开了短时间的评价和讨论。这不仅让教师在活动中得到了锻炼，也让幼儿在展示中增强了信心，还帮助家长学会了如何与幼儿一起共读，享受亲子阅读的快乐。

4. 举办全园性的"品诗、诵读"活动

为了让幼儿、教师和家长都能把日常对文学活动的感受、对诗歌童谣的理解、对故事人物的情感变化等通过一定的方式表达出来，语言组的教师相继策划了"小故事，大剧场""每月一诵""品诗会"等文学活动。让孩子、老师、家长看图书、讲图书、演图书，共同走进书的海洋里，闻书香、品书香、染书香，共同感受书的魅力。

附：新闻报道

钱丽婵报道：

2015年12月30日上午，幼儿园举行了别开生面的迎新"品诗会"活动。孩子们用充满激情的声音，抒发着对诗歌的美妙感受。本次活动由钱丽婵老师、大一班王舸远和胡佳媛小朋友三人同台主持。活动主要以诗歌为主，如小三班的《如果我是一片雪花》、中二班的《摇篮与梦》、大一班的《青蛙写诗》、大二班的唐诗，既有孩子们饱含情感的朗诵，又有富有节律的吟唱。孩子们用稚嫩、甜美的声音，童真、清纯的笑容，声情并茂地演绎了一首首诗情画意的诗歌，感动了台上表演的孩子们，也感染了台下观看的家长们。家长们也非常配合支持迎新活动，为孩子们准备了精彩的诗朗诵《给孩子的生日礼物》，为孩子们树立了好的榜样。幼儿园的老师们也朗诵了《未来的你》，送给天真、可爱的孩子们，表达了老师对孩子们浓浓的爱意和深深的祝愿。幼儿园为孩子、老师和家长们营造了一种诗一般的文学氛围，让幼儿在这种品读、交流、表演中健康、快乐地成长。

——《新桥医院新闻网》2015.12.30

5. 送教下乡

为了打磨教师队伍、展现教师的专业水平，幼儿园除了园内观摩、研讨之外，还在此基础上选拔一些优秀的骨干教师，多次和康居新城幼儿园开展了"送教下乡"的支教活动。幼儿文学组的教师采用一课多研的形式分别展现了大、中、小班教师对同一个文学作品的理解和表达形式，这不仅提升了教师的教育教学能力，也彰显了幼儿园的教学水平和特色。

附：文学活动设计方案

小雨点

王小兰

一、活动目标

（1）感受小雨点的淘气，能大胆说出自己在下雨时看到的景色，体会美丽的雨景。

（2）体验散文的意境，在理解散文的基础上有感情地朗诵。

二、活动准备

小喷瓶1个，跟散文内容相结合的PPT，背景音乐，角色扮演的道具（小雨点指偶、太阳图片、乌云图片、小汽车图片、大树胸饰、小鸟胸饰）。

三、活动过程

（一）谈话引入

师：你喜欢下雨吗？为什么？感受美丽的雨景。

老师请小朋友闭上眼睛，然后用喷瓶在小朋友上方洒上少量水，让小朋友感觉小雨点。

师：你们刚才感觉到了什么？（水，像下雨了。）

师：小朋友们喜欢下雨吗？为什么？（幼儿自由发言，喜欢和不喜欢都请大胆说出理由。）

师：我有一个朋友叫"小雨点"，今天，我给大家介绍我的这位朋友，请你们仔细听听，小雨点究竟是什么样的呢？

（二）体会意境，理解欣赏散文，学习朗诵散文

（1）完整欣赏散文第一遍。（配乐，教师完整朗诵）

师：你刚才听到的小雨点是怎么样的呢？为什么？（调皮、淘气）

淘气调皮的小雨点究竟去了哪些地方呢？（马路上、玻璃窗上、绿叶上）

（2）结合PPT完整欣赏散文第二遍，帮助幼儿体会意境，理解散文内容。

师：小雨点都到了哪些地方？这些地方发生了什么变化呢？（幼儿自由发言）

（3）结合PPT分段欣赏，学习有感情地朗诵散文。师幼一起进行"我说

你做"的游戏：教师朗诵，幼儿用肢体动作表现变化；教师动作表现变化，幼儿朗诵。

①小雨点来到马路上，马路变得怎样了？

②小雨点来到玻璃窗上，玻璃窗有什么不一样了？

③小雨点来到了树叶上，树叶变得怎么样了？

④在音乐伴奏下，结合PPT，师幼一起完整朗诵散文。

（三）角色扮演，大胆表现散文内容

幼儿分别扮演小雨点、太阳、乌云、汽车、大树、小鸟等角色，大胆表现散文内容。（交换角色再次表演）

（1）各角色根据散文内容依次出场，鼓励幼儿大胆用肢体动作，声音、表情表现散文内容。（请出场的幼儿朗诵并表演自己扮演角色的散文内容。）

（2）交换角色再次表演。（根据第一次扮演情况提出新要求。）

（四）结束，请小雨点到大自然中最喜欢的地方尽情玩耍

师：小雨点，小雨点，我们到大自然中，找一个你最喜欢的地方尽情玩耍吧！

——2013.6 支教康居西城幼儿园；《当代幼教》2013.9

经过不断实践和反复探索，教师对幼儿文学课程的理解更加广泛，对幼儿语言教育特点的运用更加具有个性化，在故事语言、人物情感、角色对话的把握上形成了自己的教学风格。此外，2012年，幼儿园组织老师参加了课题组举办的"阅读树环境创设创新活动大赛"，胡春艳承担了录像教学，罗遥、张欢承担了"阅读树环境创设"的任务。为了给幼儿营造一个舒适、温馨的阅读环境，她们根据小班和婴儿班的年龄特点，专门购买木材，请木工师傅来园定做书架、演示架、屏风等，并根据班级特点重新设计、布置活动区、墙饰、窗帘等，使整个活动环境显得淡雅、温馨、恬静。同年，应重庆市电大远程教学"幼儿文学"课题组的邀请，幼儿园推荐霍宇、沈光兰参加了多媒体讲座的视频摄制活动。这一系列活动的开展为骨干教师提供了展示的平台，让她们的教育价值得到了充分的展现，在自身获得成功的同时，推动着幼儿园整体发展。

（三）科学领域研究组

幼儿园开展科学领域研究，其目的是通过对科学领域的教学研究，帮助老师掌握正确的科研知识，树立科学的态度，通过实践教学，培养幼儿善观察、会分析的科学态度和情感。

1. 邀请专家入园讲座

对于科学领域的教学活动，教师通常都是以图片、动画等观看、说教式的方法让幼儿初步了解、认识，并不能让幼儿在亲自动手操作、亲身参与实验的过程中去理解、发现和感受。因此，2013 年，幼儿园借重庆师范大学瞿亚红教授主持的科研课题"幼儿科学素养及幼儿教师科学实践能力培养策略研究"契机，邀请了郑丽霞老师做科学专题讲座，让教师们进一步对科学知识、科学方法、科学能力等有了新的认识，同时也解开了有些教师对科学的偏见和疑问，开阔了教师的科学视野。在郑老师的指导下，有多名教师终于敢接待现场观摩，相继接待了总后协作片区、新桥片区的现场观摩活动。虽是初次进行尝试性公开教学，但教学思想和科学的探索方法得到了与会教师的一致肯定。

附：小班现场研讨活动方案

会跳舞的小纸片

周丹

一、活动目标

（1）探索改变纸片的形状，知道形状不同，坠落的速度不同，初步感受空气阻力对物体的作用。

（2）能积极动手动脑，仔细观察，感受纸片坠落的快慢。

（3）能大胆猜测，在活动中体验探索的快乐。

二、活动准备

幼儿每人若干长方形报纸小纸片、树叶、羽毛、积木、雪花片等。

三、活动过程

（一）介绍小客人"跳伞"引入，激发幼儿活动兴趣

师"宝贝们，今天幼儿园来了位小客人，我们用掌声把它请出来。"

师："跟小纸片打打招呼吧，你好！"

（二）探索物体坠落

（1）演示纸片坠落，请幼儿观察纸片坠落的速度。

师："这个小纸片有一个厉害的本领，就是跳伞。我们来看看它是怎么在空中跳伞的。先把小纸片送到天上，然后数 1、2、3，数到 3，手指张开，我们的小纸片就跳下来了。"

边示范边问："这个小纸片在空中跳伞的速度是什么样的啊？是慢慢的还

是快快的?"

(2) 幼儿自主探索小纸片坠落,感受纸片在空中的坠落速度。

师:"我们一起把跳伞运动员送到天上去跳伞吧。看看它们跳伞的速度是不是也是慢慢的?"

①幼儿取出1张小纸片,看看纸片形状,比比纸片大小。

②师幼一起玩小纸片"跳伞",教师引导幼儿观察,感受纸片在空中降落的速度:用手、身体表现小纸片坠落的速度。

师:"你们的小纸片在空中跳伞速度是什么样的啊?"

师:"我们用身体来学一学它们从空中跳下来的样子。"

师:"小运动员们已经累了,我们请它们回去休息一下吧。"

(三) 探索改变报纸的形状,纸片坠落的速度会不会有变化

(1) 探索改变纸片形状的多种方法。

①感受小纸片原来的形状。

师:"刚才跳伞的小纸片是什么形状的?"

②探索改变小纸片的形状。

师:小纸片想变个样子再去跳伞。

师:"你们想怎么改变它的样子啊?"(折叠,揉团,撕条,撮条……)

(2) 感受小纸片改变形状后坠落的速度不同。

师:"小纸片们变好了么? 举得高高的,看看你们的小纸片变成了什么样子?"

师:"我们再来试试看,变了样的小纸片与原来的小纸片在空中跳伞的速度是一样的吗? 没变样子的小纸片在空中是慢慢地飘下来的,变了样子的小纸片比原来的小纸片跳伞的速度是快还是慢?"

(四) 比一比,感知不同形状的小纸片坠落的速度是否不同

(1) 老师和个别幼儿比,并观察不同形状的小纸片在空中坠落的速度。

师:"为什么它们跳伞的速度不一样了?"

师小结:"原来它的样子不一样,它坠落的速度也就不一样。"

(2) 幼儿用改变了形状的纸片相互比,并观察哪种形状的小纸片在空中坠落的速度最快。

师:"请你们用自己变形后的小纸片与别人变形后的小纸片比一比在空中跳伞,看谁的小纸片坠落的速度是最快的。"

师引导幼儿发现小纸片形状变得越小,在空中坠落速度就越快。

师小结:"在我们周围有好多看不见的空气宝宝,它们在小纸片的下面托

着小纸片。我们最开始的小纸片是一张长方形的纸片，比较大，在它下面的空气宝宝就多，力气就大，可以托着小纸片。所以小纸片就是慢慢地掉下来的。纸片形状变小了，它下面的空气宝宝也少了，力气就不大，托不住了，所以掉下来的速度就快。"

（五）结束，玩一玩：充分感受生活中其他物体在空气中的坠落

师："我这里还有很多的小客人，它们都是跳伞高手，我们和它们一起玩跳伞的游戏吧。"

提供树叶、羽毛、积木、雪花片等物品，请幼儿自由玩耍，感受各种物体在空中的坠落，游戏自然结束。

四、活动反思

在这次科学活动中，我充分发挥了材料的教育价值，虽然只是几张小小的纸片，但唤起的却是孩子积极的探索、发现，把较为复杂的科学原理用游戏的形式告诉给孩子，真正做到了玩中学、做中学。

在活动后，各位老师与专家给我提出了一些建议，总结归纳如下：

（1）从生活中来，到生活中去，让幼儿充分感知生活中物体的坠落。

专家郑丽霞老师提出我在活动中没有让幼儿充分感受生活中物体的坠落，活动还没有更好地贴切融入生活。为此，我做了以下调整，课前充分让幼儿感知大自然中、生活中各种物体的坠落，比如：带领幼儿观察树叶的飘落，用视频让幼儿观察果子从树上落下来等。在感知的基础上让幼儿重点探索小纸片的坠落，最后又回归生活，感知生活中多种物体的坠落。

（2）老师对小纸片的坠落现象没有提升总结。

活动中，我对小纸片改变形状前后的坠落现象总结得不够深入。对此我做了一些调整。在活动的结尾我运用儿童的语言，生动形象地总结了空气阻力与不同形状小纸片的关系。让幼儿明白了小纸片形状越小，空气对它的阻力越小，小纸片坠落得越快；小纸片形状越大，空气对它的阻力越大，小纸片坠落得越慢的科学道理。

在本次科学活动之前，我认为这些高深的科学原理要教给只有3岁左右的小孩，是一件非常困难的事情。但通过本次活动，我了解到，幼儿科学教育其实并不是我想象中那么难。科学活动的学习核心是激发幼儿的探究兴趣，让幼儿体验探究过程，发展初步的探究能力，注重引导幼儿通过直接感知、亲身体验和实际操作进行科学学习，做到在玩中学、做中学。

——《当代幼教》2014.1

2. 开展园内教学研讨

当教师们对科学活动和教学方法有了一定的认识和理解之后，就敢于大胆地开展科学领域的教学研讨，并进行批评和自我批评了。每学期，由科学研究组的教师提供一次研讨活动，针对如会飞的气球、有趣的泡泡、生活中的声音、科学运水、魔术水娃娃、糖到哪里去了等活动，让教师们相互观摩、互相探讨、彼此学习、共同进步。她们在这种实战式的教学研讨活动中，敢于创新，大胆表现，不断改进，在努力提升自己的科学素养的同时，也培养了幼儿的科学品质。

附：活动反思

"生活中的声音"活动反思

张欢

科学活动对我来说是一个"望而生畏"的领域，因为科学素养不足、活动准备的材料繁杂、过程实施较困难等因素而不敢涉足。本学期幼儿园开始进行科学活动的研讨，从普及对科学活动的认识到专家入园指导，让我们体会到身边处处是科学，科学活动也可以是非常有趣而且孩子特别感兴趣的活动。

这次设计的中班科学活动从"收集声音""不一样的声音"到"有趣的声音"再到"生活中的声音"，活动教案进行了六次修改和四次试讲。从活动目标、活动过程、活动效果来看都有了很大的变化。

第一次设计，我主要将目标放在"探索两样相同的东西可以发出不同的声音"上，材料有大小不一的塑料瓶若干，大白豆、黄豆、米粒若干。活动后我发现，孩子们感兴趣的并不是如何让两样相同的东西发出不同的声音，而是将各种豆子装进瓶子里的过程。孩子们探索的方式单一，也没有认真倾听两样东西所发出来的声音。大家讨论之后认为是投放的材料太多，分散了幼儿注意力。

在第二次活动中，目标变为"用找到的发出声音的方法，探索发出不一样的声音"。材料换成了塑料瓶和大白豆，材料单一了，而且加入了记录，我想孩子们应该会更好地去探索发出不同声音的方法。但是目标似乎更混淆了，因为不仅要找方法，还要发出不同的声音。相当于将两个知识点掺杂在一起，孩子们的探索目的性不强，效果还是不太好。还有记录也出现了问题，记录表的设计有些不周全，孩子们之前也没有记录的经验，没有达到记录的目的。在经过两次试讲后，老师们给我提了很多意见，我自己也将思路梳理了一下，在和老师们商量、讨论之后决定将知识点缩小，趣味性扩大。

第三次调整为新的目标："探索用各种物品制造声音的方法，了解声音是多种多样的，不同的物品、不同的方法能发出不同的声音。"材料方面也变得多样化，提供了木质、纸质、塑料、铁质等物品，让孩子们能充分地探索各类物品可以发出不同的声音。这一次的思路更加清晰，目的性也比较强，孩子们的探索欲望也被调动起来了。但在指导过程中我太着急，没有给孩子思考的空间，而是直接进行了引导，忽视了对幼儿整体的观察，导致孩子们在探索过程中略显被动。

在最后一次的活动中，我汲取前几次活动的经验和老师们的建议，做了一些调整：

（1）探索用身体发出声音。通过玩"木头人"的游戏，提出主题——声音。进而让孩子们用身体的各个部位制造声音，在幼儿尝试中边提问，边引导，边小结。让幼儿知道声音是可以制造出来的，而且可以制造出很多不同的声音。

（2）探索用物品发出声音。这一环节中提供了贴近生活，幼儿也十分熟悉的材料，给了充分的时间和空间让幼儿自主探索。这一环节在活动中掀起了幼儿兴趣的高潮，幼儿探究、活泼、好动的天性被大大地激发。在过程中我一边观察孩子们的发现，一边有意识地引导幼儿思考没有发现的方法。并让幼儿将自己发现的方法表达出来和其他同伴分享。

（3）交流分享探索结果。这次采用了幼儿讲述、演示老师记录的方式，用"请你说说用了什么材料？什么方法？制造出了什么声音？"的提问引导幼儿完整地讲述自己的发现，再记录、小结，然后让幼儿再次玩刚才没有试过的方法。如何使声音变得好听呢？既然噪音大家都不爱听，于是我就顺势引导幼儿在我的手势指挥下，听着生动的乐曲，有节奏地发出好听的声音。

在整个活动过程中，孩子们积极主动探索，始终保持活泼、愉快的积极情绪，在轻松、自由的游戏中寓教于乐。活动中调动了多种感官，在看看、听听、玩玩中增长经验，在"玩""听"中，感受着不同的声音，并体验与同伴一起分享快乐。所以他们真正做到了在玩中乐，玩中学。在评价活动环节中我适时地给予幼儿鼓励，让每一个孩子都能感受到成功的喜悦。

活动中还有很多不足，例如自由操作时的引导，忽略了幼儿间的交流和合作；自主探究时的安全问题；还有记录表的归纳、梳理和充分利用等。我还会将这个活动延伸下去，使其形成一个主题或系列，在活动区中继续开展。

3. 国旗下的科学活动

除了在全园开展科学活动的研讨之外，教师们还把这种科学小知识和日常生活中的科学现象融入幼儿的一日活动当中。结合幼儿园每周星期一早上的升旗活动，开展了国旗下的科学活动。利用短暂的 10 分钟时间，向全园的小朋友介绍一些日常生活中的自然现象、奇特景观等，如会飞的飞弹、水培植物、魔术解绳、不会湿的纸、静电反应、好玩的传声筒等。通过简单的操作和演示，让幼儿更直观、更直接地认识和了解，从而解开了幼儿对日常生活中的科学现象的疑虑，也激发了幼儿对科学活动的探索欲望。

4. 送教下班活动

除了上述教学探讨和现场感受外，科学组的教师还尝试了送教下班的趣味性科学小活动。由沈光兰主要负责设计，每个班级的科学老师在沈老师的指导下，每周开展一次趣味性的科学小活动，如可乐加曼妥思糖、方糖画、泡沫瀑布、有趣的沉浮、会跳伞的小纸片等。并把所有开展过的活动分类罗列，收集整理成册，以供老师们在日常生活中随时随地开展科学活动的教育和引导工作。

5. 送教下乡活动

同样，科学研究组的教师也跟语言研究组的教师一样，经过一学期的观摩、研讨和试教之后，筛选出比较优秀的课例，送到大学城康居西城幼儿园，跟该幼儿园的孩子和教师一起再次来现场操作，发现、感受科学活动的秘密。

附：大班科学活动方案

水宝宝的力量大

杨雨蕉

一、活动背景

喜欢玩水是孩子的天性，每次洗手后孩子们都恋恋不舍地离开，都想趁机再玩一会儿。一个偶然的机会，我带他们在池塘边玩耍时，几个孩子聚成一堆，小声地嘀咕着什么，我走过去一看：有很多小虫趴在水面上，一动不动却没有掉下去。看着他们惊奇的神情、探索的渴望，事后我翻阅了部分资料，原来"水的表面张力"是这么的神奇……

二、活动目标

（1）通过观察、猜测及动手实验，探索了解水的表面张力。

（2）学会细致观察、大胆预测，喜欢科学实验。

三、活动准备

透明塑料杯17个，小铁钉200个，水4瓶，毛巾4张，托盘4个，实验记录表大表2张，小表16张，笔17支。

四、活动过程

（一）猜谜语，复习认识水的特点

老师以实验员的口吻和幼儿打招呼，引起幼儿参与活动的兴趣：小朋友们好，我是来自新桥医院幼儿园的科学实验员，今天我到这儿来找一群最棒的小朋友当我的实验助手。

（1）师：首先我们比一比谁最会开动脑筋。猜一个谜语：用手拿不起，用刀劈不开，煮饭和洗衣，都得请它来。（打一自然物）

（2）（出示水杯）揭晓谜底：现在我就来看看谁的观察能力最强。引导幼儿回顾说出水的特点：无色无味，一种透明的液体。

（二）幼儿首次实验，探索实验中应该注意的问题

（1）师：今天我们来了解水的另外一个特点，你们看，这杯水满了吗？（请一名幼儿靠近杯口检验是否装满，说出眼睛和杯口要在一个高度这种方法）

师：水面是什么样子？

师：还能装东西吗？如果装了东西会怎样？

师：那我得再加一点东西试试你们说的是不是正确（师轻轻加入一钉子），水没有溢出来。

请幼儿加入一颗钉子，水依然没溢出来。

师：哇！好神奇。水还是没有溢出来。请一个小朋友来看看，水面的样子。（向上凸起的弧度）

师：究竟放多少颗水才会溢出来呢？（幼儿猜想）

师：在一会儿的实验中，我们要注意，钉子一颗一颗加入，每加入一颗，请你仔细观察水面的样子，如果水溢出来了，实验结束，记住此时杯中的钉子颗数，好了，现在开始实验吧！

（2）幼儿实验，教师巡回指导，引导幼儿发现实验中应该注意的问题。

师：你放了多少颗钉子，水溢出来了？

师：为什么相同的实验，你们的答案有那么大的差别呢？回想一下，在实验中，你们出现了什么问题？

（碰到桌子，水荡出来了；放钉子的时候，手指沾到水了；放钉子时太用力了；老师提供的水，不是完全一样多；钉子大小有细微差别……）

师：这些都是让我们的实验结果不一样的原因，真正的科学家，尽量做精准仔细的实验，你们想不想当一个大科学家？

（三）幼儿第二次试验，学会用实验记录表记录相关现象，分享实验记录表

（1）出示大实验记录表两张（钉子和硬币）。

师：首先大科学家会用实验记录表准确地记录实验的现象。

（师幼共同探讨记录表的记录方法）

师：这次我们要像大科学家那样实验、记录。杨老师找到了（钉子和硬币）这两种做实验的材料，放硬币的桌在这边，放钉子的桌在另一边，觉得刚才钉子实验没做好的小朋友可以选择继续做钉子实验，觉得自己钉子实验做好了的小朋友可以选择做硬币实验。

（2）幼儿二次实验，教师巡回指导。

（3）分享实验记录表。

师：谁愿意上来和大家分享你的实验记录表？加入一颗一颗钉子后，水面有什么变化？加入多少颗以后，水溢出来了？

（四）解释水的表面张力现象

师：小朋友们，你们知道为什么加入钉子后水面会有一个向上凸起的弧度，钉子越加越多，凸起得越厉害，最后水又溢出来了吗？

师：这是水的表面张力，水是由很多眼睛看不到的水分子形成的，水分子很团结，手拉手紧靠在一起，钉子一颗一颗进入水中，水分子依然手拉手不让小伙伴被挤出去，形成了水面向上凸起的弧度，当钉子越来越多，水分子承受不了只能放手，水就溢出了杯子。

（五）延伸部分

师：还有很多关于水的有趣的实验，下一次我们再一起来做实验，好吗？

——2015.4康居西城幼儿园移位教学示范课；2015.10获《学前教育研究》杂志社优秀活动案例征文比赛二等奖

（四）社会领域研究组

幼儿社会领域的学习与发展过程是其社会性不断完善并奠定健全人格基础的过程。人际交往和社会适应是幼儿社会学习的主要内容，也是其社会性发展的基本途径。幼儿在与成人和同伴交往的过程中，不仅学习如何与人友好相

处，也在学习如何看待自己、对待他人，不断发展适应社会生活的能力。良好的社会性发展对幼儿身心健康和其他各方面的发展都具有重要影响。

因此，幼儿园和家庭共同努力，为幼儿创设温暖、关爱、平等的家庭和集体生活氛围，建立良好的亲子关系、师生关系和同伴关系，让幼儿在积极健康的人际关系中获得安全感和信任感，发展自信和自尊，在良好的社会环境及文化的熏陶中学会遵守规则，形成基本的认同感和归属感。

1. 清理幼儿园环境卫生，争当环保小卫士

培养幼儿的爱国情感，应从培养幼儿对幼儿园、对家庭的关爱开始。因此，2012年，为了响应重庆市"创建环保模范城市，争当环保小卫士"的号召，教师们带领各班小朋友分别对园所周边的死角、脏角进行了彻底地清查和清洗之后，通过绘画、种植绿色植物等布置了新的活动场所。这次全园教师和幼儿共同参与劳动，激发了幼儿的爱园热情，加强了教师的护园激情，也为幼儿和教师创设了一个干净、整洁、卫生的活动场所。

同时，幼儿园在围墙一角开垦了种植地并分割成七块，每个班负责一块种植地，教师们带领孩子们分别种上了玉米、茄子、四季豆、花生、向日葵等，不但给幼儿提供了劳动的机会，为幼儿观察植物的自然生长创设了良好的条件，也为幼儿园的自然环境增添了一份新绿。此外，幼儿园还移栽了"苹果、梨子、柑橘、枇杷等果树，让教师、幼儿、家长都能在生机盎然的绿色环境下享受自然，品尝瓜果清香。

此外，教师们还组织幼儿创作了一些环保主题的绘画，还定期到新桥医院家属院内向陌生人进行"文明同行"的宣传活动。同时，准备了"禁止吸烟"和"请勿乱扔垃圾"等宣传标识，将关于"吸烟有害健康"及"垃圾分类"的宣传资料，派发到居民的手中，让大家在阅读资料的同时，重新唤起对大自然的保护意识。

2. 征集"笑脸"照片，营造幸福生活环境

幼儿园为了营造"幸福童年像花儿一样"的成长环境，决定向全园幼儿征集"笑脸"照片，于2013年"六一"前布置各楼层墙面。本次活动得到家长的大力支持，先后共征集了2次，收到200多张照片，有100多张照片入选上墙。一张张天真、可爱的笑脸照片既美化了幼儿园的环境，也营造了快乐的氛围。

3. 开展全园性的交往活动，培养幼儿交往能力

社会研究组的教师为了给幼儿营造并提供相互交往的机会和平台，更好地

发挥幼儿的主动性和动手操作的能力，先后在"六一"和元旦设计了"美食美客、宝贝当大厨"等全园性的大型庆祝活动。各班教师根据幼儿的年龄特点和发展水平设立了相应的美食主题店，如"幸福串串、爱心三明治、圆溜溜汤圆站、甜蜜蜜糖果屋"等美食馆，幼儿则根据自己的兴趣和爱好去选择相应的角色，如"迎宾、厨师、服务员"等角色。活动旨在让每一个孩子都能在各个活动区里展示自己的能力，体验生活的乐趣，从而让幼儿在为他人服务的游戏中既体验了劳动的愉悦，感受到了交往的快乐，也品味了各种各样的美食，体验到了生活的幸福。

4. 在爱心捐献中培养幼儿的社会情感

为了更好地培养幼儿的社会情感，幼儿园都会对每年因地震、水灾、旱灾等自然灾害引起巨大损失的地区开展献爱心活动。如，2013 年 5 月 13 日早上 8：45，幼儿园在举行了每周一次的升旗仪式之后，主持人心情沉重地就雅安"4·20"地震事件和全园小朋友进行简短的对话交流，并让小朋友们掌握了简单的逃生方法和技巧，最后小朋友们和老师纷纷掏出自己的零花钱捐献给灾区的小朋友们，希望他们坚强、勇敢地面对困难，迎接更加美好的明天。2016 年"六一"，幼儿园再次组织全园小朋友和家长们举办了"小手拉大手，跟爱一起走"的大型义卖活动。鼓励幼儿将自己的心爱之物捐献出来进行拍卖，所卖款项全部捐给了新桥医院小儿科的脑瘫中心购买大型游乐玩具。

附：新闻报道

"小手拉大手，跟爱一起走"
——新桥医院幼儿园"六一"爱心义卖活动

王小兰、陈薇报道：

2016 年 5 月 27 日上午，新桥医院幼儿园的全体师生和家长朋友们举行了一场别开生面的以"小手拉大手，跟爱一起走"为主题的爱心义卖活动，以此来庆祝小朋友们的"六一"儿童节。活动当天，区委副书记赖明才、区委办副主任高丽娇、区教委副主任袁宇及新桥医院政委杨斌、政治部主任钱文艺、干部科科长杨洋等领导也莅临幼儿园，参加了孩子们的爱心义卖活动，副书记赖明才代表沙区四大班子、新桥医院杨斌政委代表医院为小朋友们送上了儿童节礼物。

本次活动是源于新桥医院儿科脑瘫康复中心的孩子们需要大量玩具进行康复训练而特意策划的"爱心义卖"活动。目的是为了培养幼儿关爱他人、乐于助人的良好品质。在家长们的全力配合下，孩子们将自己八九成新的玩具、书籍、衣服等清洗、整理后，带到幼儿园进行义卖，将筹集到的爱心款全部用于购买儿科脑瘫中心需要的玩具。

"小手拉大手，跟爱一起走；无论多与少，爱心在新桥。"在孩子们整齐响亮的口号声中，义卖活动渐渐拉开帷幕。为了让家长也能奉献一份爱心，还特意安排了"精品拍卖"环节，家长们积极配合、踊跃竞价，现场洋溢着一阵阵暖流，他们买到的不是闲置物品，而是孩子们的浓浓爱意。义卖活动开始后，小朋友们有的买、有的卖，大家都积极地抢购。卖东西的小朋友们为了招揽到更多的"生意"，十分卖力地吆喝着推荐自己的货品，俨然是一个个优秀的小售货员。

本次活动得到了全园家长的支持，活动中孩子们感受到了买卖的过程及乐趣，并认识了货币，提高了语言表达能力和交往能力，同时也体验到了通过自身的努力给别人帮助的成功感，让孩子们从小学会关爱他人，将他们满满的爱心和同情心播撒出去，传递给周围的每一个人，让全世界都充满爱。

（五）艺术领域研究组

艺术是人类感受美、表现美和创造美的重要形式，也是表达自己对周围世界的认识和情绪态度的独特方式。每个幼儿心里都有一颗美的种子，每个教师的心里都有一幅美丽的图画。由美术、音乐专业毕业以及爱好美术和音乐的教师组成了幼儿园的艺术领域研究小组。她们以艺术的眼光欣赏事物，以艺术的手法表现事物，以艺术的情怀感染身边的每一个人。因为幼儿对事物的感受和理解不同于成人，他们表达自己认识和情感的方式也有别于成人。在艺术创造活动中，教师引导幼儿用自己独特的笔触、动作和语言去丰富对事物的认知想象和情感体念，并及时对幼儿的艺术表现给予充分的理解和尊重，能以儿童的眼光和审美标准去欣赏、肯定幼儿，以此来保护幼儿的想象力与创造力。

1. 美术探究组

教师们在学习了《3～6岁儿童学习与发展指南》之后，更加清楚地知道了幼儿在艺术领域中学习的关键在于，成人应充分创造条件和机会，让幼儿在大自然和社会文化生活中萌发对美的感受和体验，丰富其想象力和创造力，引导幼儿学会用心灵去感受和发现美，用自己的方式去表现和创造美。因此，教师们以"大班幼儿写生画初探"课题为平台，开展了美术领域的教学研究。

（1）以课题为载体开展研究。

以陈婷婷为负责人的美术研究小组，通过问卷调查方式了解幼儿及家长对写生画的认识，利用社区资源与上桥科能技校的师生互动，在画室亲身体验、与技校老师的助教交流等，让幼儿现场感受到了自主绘画的乐趣，更愿意主动去进行美术活动，更加独立地去完成自己的创作。同时，开展了以"指纹画"为主题的系列活动研究，在自然角设置了"蝌蚪、大蒜"的自然生长写生观察记录，让幼儿在观察生活中的一草一木中，逐渐学会关注周围的事物，关注自己，从而培养热爱大自然、热爱生活、热爱身边的人和事的情感。此外，还邀请父母同幼儿一起合作完成"送给妈妈的礼物、亲子 T 恤"等亲子绘画活动。这种亲子共同绘画创作充满了亲情，让他们从一件件作品中真切感受到了幸福和快乐。

（2）与幼儿文学融合感受诗画之美。

小班幼儿的绘画活动通常以涂鸦为主，他们只能根据自己的粗浅意识画出或长或短的线条来表达对物体的认识，根据自己对颜色的喜好随心所欲地画出五彩斑斓的色彩来表达对物体的情感，伴有自己特有的语言对画面进行解说，偶尔还会流露出丰富的喜怒哀乐的面部表情，并附带一些情境性的动作来表现出画面的完美和绘画创作活动的完整。这是儿童绘画独有的形式，是儿童的另一种语言。冯艳宏在《幼儿诗画教学》中曾提出："将儿歌与美术活动相结合，符合小班幼儿的年龄特点和思维特点，儿歌既帮助小班幼儿掌握绘画技能，同时在美术活动中贯穿儿歌，可以激发幼儿对美术活动的兴趣，并帮助幼儿进行经验的梳理。"

所以，美术研究组的教师根据小班幼儿"边做边说"的年龄特点，采用"诗歌与美术"相结合的教学方法，将儿歌主题明确、内容简练、富有韵律和童趣的特点渗透在美术活动中，易于幼儿朗读和表达情感，从而激发幼儿的创作兴趣，让他们在提高绘画技能的同时，用不同的美术形式表现出自己眼中的独特世界。

诗与画是两种不同的艺术，前者属于语言艺术，后者属于造型艺术或空间艺术。诗画教学结合正是巧妙地融合了两者的特点，让幼儿通过诗的语言来表达对作品的感受，用线条和颜色来表现对诗的理解。在"见的艺术"中感受诗的美，在"感的艺术"中表现画的美。

附：

小班诗画教学的融合之美

陈薇　陈婷婷　王小兰

　　小班幼儿的绘画活动通常以涂鸦为主，他们只能根据自己的粗浅意识画出或长或短的线条来表达对物体的认识，根据自己对颜色的喜好随心所欲地画出五彩斑斓的色彩来表达对物体的情感，伴有自己特有的语言对画面进行解说，偶尔还会流露出丰富的喜怒哀乐的面部表情，并附带一些情境性的动作来表现出画面的完美和绘画创作活动的完整。这是儿童绘画独有的形式，是儿童的另一种语言。冯艳宏在《幼儿诗画教学》中曾提出："将儿歌与美术活动相结合，符合小班幼儿的年龄特点和思维特点，儿歌既帮助小班幼儿掌握绘画技能，同时在美术活动中贯穿儿歌，可以激发幼儿对美术活动的兴趣，并帮助幼儿进行经验的梳理。"根据小班幼儿"边做边说"的年龄特点，采用"诗歌与美术"相结合的教学方法，将儿歌主题明确、内容简练、富有韵律和童趣的特点渗透在美术活动中，易于幼儿朗读和表达情感，从而激发幼儿的创作兴趣，让他们在提高绘画技能的同时，用不同的美术形式表现出自己眼中的独特世界。

　　一、在欣赏作品中感受诗歌的美

　　古希腊时代的西蒙尼底斯曾说过"画是静默的诗，诗是语言的画"。诗与画是两种不同的艺术，前者属于语言艺术，后者属于造型艺术或空间艺术。诗画教学结合正是巧妙地融合了两者的特点，让幼儿通过诗的语言来表达对作品的感受，用线条和颜色来表现对诗的理解。在"见的艺术"中感受诗的美，在"感的艺术"中表现画的美。要让幼儿在看得见的作品中去感受画面的美，并能用语言来表达，对小班幼儿来说是很困难的。因此，选择什么样的美术作品进行欣赏，怎样欣赏，将是教师在诗画教学中的第一个难点。

　　例：欣赏塞尚的作品《静物》，老师将画家塞尚形容成一个果园里的老爷爷，喜欢各种果实并将它们画下来，并创编成一首短小的韵律小诗，让幼儿在欣赏作品的过程中倾听诗歌的美，并在理解诗歌的意境中欣赏作品的美，在诗画互动的情境中带领幼儿走进了塞尚的绘画世界，用他们的表现方式完成自己眼中的静物作品。从作品的色彩和构图来看，有些呈现出塞尚的画风和绚丽的色彩，但更多地则透露出了幼儿自己的内心世界和童真童趣。

　　二、在诗歌情境中创作美术作品

　　小班幼儿的认知和理解能力还处于浅显和初步的认识水平阶段。因此，直接、形象、生动是幼儿接触和认识外界事物的特点。在活动中，善于运用日常生活中的事物对幼儿进行形象、生动的比喻，会起到事半功倍的作用。

例，午睡后小朋友都起床了，果果问："老师，现在是下午还是晚上？"小班幼儿对于时间的认知还处于懵懂、混乱的阶段，因此，可根据幼儿熟悉的太阳和月亮入手来认识时间。选择金波的《月牙》："你的颜色是那样金黄，像一颗鸭梨又甜又香，是哪个馋嘴娃娃咬了一口，把剩下的一半挂在天上。"设计关于"月亮"的美术创作活动。这首诗歌给予了幼儿想象的空间，让幼儿初步感知了月亮的形状和颜色。把诗歌中"是哪个馋嘴娃娃咬了一口"作为活动的重难点，让幼儿在圆月的基础上动手撕出月牙，感知到"月亮的阴晴圆缺"。最后作品中撕出来的弯月亮真真切切地就像是馋嘴娃娃咬了一口一样，孩子们将撕好的月牙粘贴在深蓝色的空中，在诗歌的烘托下，画面即刻立体生动起来。选择这种富有一定情境的儿歌容易让幼儿进入生活化的情境，使作品欣赏更加深入，并更有诗意，能让幼儿在这种情境中愉快地创作，在创作的过程中再次感受诗歌的美。

三、在美术作品中创作诗歌童谣

儿歌和美术创作相结合，营造幼儿喜欢的游戏氛围，既发展了幼儿的想象力、理解力及对美的感受力，又陶冶了幼儿的艺术情操，从而激发幼儿强烈的创作兴趣。让他们通过丰富的想象去完成美术作品的创作，并在创作美术作品的过程中结合自己的生活经验再现自己的想象。

例如，在手工活动"小胖鱼"活动开始时老师出示纸盘，并和小朋友打招呼问好，小朋友们也回答说："圆圆的大纸盘，你好。"接着，老师通过提问"请小朋友猜猜这个大纸盘在水里会变成什么"，扩散幼儿的想象力。最后，以多数小朋友的认为的答案"鱼"作为手工的主题，因为在孩子的世界里水里一定是有鱼的。接着，教师拿出剪刀引导幼儿想象怎样才能变成鱼，瑶瑶眨眨眼说："剪刀要咔嚓，咔嚓。"小朋友特别喜欢这种拟声词，一个小朋友这样说，其他小朋友马上跟着说："咔嚓咔嚓，咔嚓咔嚓……"在这独特的加油声中教师将纸盘剪下一小部分，接着举起被剪了的纸盘问小朋友："小鱼变好了吗？"二宝着急地说："没有没有，还没有尾巴呢。"在小朋友的建议下教师贴好了尾巴，一条可爱的小鱼就变出来了。接着，教师帮助幼儿回忆制作过程，并用小朋友的话将过程创编成一首儿歌："圆圆的纸盘，剪刀剪一剪，咔嚓、咔嚓，剪个大嘴巴，啪啦、啪啦，贴条大尾巴。"幼儿在自己创编的儿歌情境中快乐地创作出自己的作品，既丰富了幼儿的想象力，又让幼儿在创作中获得了想象的满足。这种以幼儿的生活经验为基础跟老师一起来创编儿歌的游戏，一方面让他们通过丰富的想象体验到创编儿歌的快乐感，另一方面又让幼儿在创作的过程中感受到"小胖鱼"作品的独一无二性，享受成功。

四、在创作过程中提升语言能力

诗画教学中的诗歌、童谣的形象生动有趣，内容和形式贴近幼儿的生活经验。诗歌、童谣的节奏比较明快，易于幼儿朗读，并且情节性极强，在幼儿理解的基础上再采用线条简洁、生动形象的简笔画形式，通过"手口脑并用、教学玩合一"的方式进行美术作品的创作，既能提升幼儿的美术创作能力，又能发展幼儿的语言表达能力。

例："白手绢四方方，我用手指来装扮。画个圈，点一点，变成一张花手绢。"在手指画"花手绢"活动中，幼儿边说儿歌边用手指在白手绢上画圈、点上点，通过各种各样的颜色和形态表达出自己的内心世界。在掌握了基本的绘画技巧之后，幼儿能在此基础上用自己的语言表达对作品的认识，如"我画两个圈、点三点；我画三个圈、点四点"。看着形态各异的圈、五颜六色的点组成一张张漂亮的花手绢，幼儿惊喜不已。幼儿在这样的活动中不仅能自由地想象、创作美术作品，还能在创作的过程中发展语言表达能力，从而增强自信心、成功感，更好地促进自身的发展。

在诗画教学中，每一个孩子的美术作品都是独一无二的，虽然作品看上去似乎有些乱七八糟，并不那么美，但是这些作品表现的是孩子们看到的、听到的、想象的世界，他们在这种边画边说的过程中享受了绘画乐趣，创作了童真作品，感受了语言魅力，陶冶了艺术情操。

——《当代幼教》2016.9

（3）在亲子活动中提升美术创作能力。

除了在日常教学活动中，采用欣赏、写生、诗画融合等形式熏陶幼儿的艺术情怀外，教师们还利用家长开放日的时机，设计亲子互动式的绘画活动，如"动物狂欢化妆舞会、吹画、树叶粘贴画、剪贴画、怪汽车接力画"等活动，让幼儿和家长在一起共同创作。有了亲情的安慰和陪伴，幼儿可以更轻松、自然地参与创作，同时，家长也可以走进幼儿的童心世界，和幼儿一起在美术创作活动中重新感受童年的快乐。

附：亲子活动方案设计

动物狂欢化妆舞会

张欢

一、活动目标

（1）能大胆地用油彩进行脸部绘画，能用点、线在脸部勾画出动物形象，体验亲子绘画装扮的乐趣。

（2）能随音乐大胆欢快地表演，感受和家人在一起狂欢的快乐！

二、活动准备

（1）各色油彩笔、口红、湿巾等。

（2）动物脸谱图片、动感的音乐。

（3）幼儿对化妆舞会已有一定的了解。

三、活动过程

（一）创设情景，激发兴趣

（1）师："今天老师带大家到"大森林"里参加化妆舞会，你们高兴吗?"（随着音乐来到"大森林"里）

走呀走，走到中途时说："但去森林里有一个要求，大家都必须化妆成动物的样子"。

（2）出示动物脸谱图片，请幼儿观察。

老师为你们准备了很多的动物脸谱图片，请小朋友仔细观察，你最喜欢哪个动物脸谱，你就可以学着画一画。

（3）出示操作材料：油彩笔等。

出示油彩笔等材料，请幼儿仔细观察有什么不同，教师示范并讲解如何操作。

（二）充分想象，尝试创作（播放轻音乐）

（1）让幼儿充分想象。

师：小朋友先想想，今天你准备把爸爸妈妈化妆成哪种动物呢?

幼：我想把爸爸妈妈化妆成孙悟空、狮子……

师：家长们再想想，今天你准备把自己的孩子化妆成哪种动物呢?

幼：我想把宝贝化妆成蝴蝶、老虎……

（2）提出操作要求。

师：画的时候，不要画在眼睛上，如果不小心就赶快用湿巾擦一下，然后和爸爸妈妈交换化妆。

（三）幼儿操作

鼓励幼儿多换一些颜色，大胆用各种点和线。（播放背景音乐）

师指导：对没有想好的幼儿帮助其建构主题；对不太敢表现的幼儿，鼓励其大胆表现；通过表扬，提示幼儿大胆使用色彩、线条。

（四）化妆舞会开始啦

师：时间不早了，你们都画好了吗？先画好的小朋友把油彩笔、口红等收拾好，围到老师身边来。

（引导幼儿、家长相互欣赏，并等待未化好妆的幼儿）

师：你们听！音乐响起来了，化妆舞会开始了。大家快跳起来！走起来吧！

——《中国幼教》2016.4

教师们通过这样的探究和实践，转变了美术的教学方法，学会了基本的教学技能，不再用范画去禁锢孩子的绘画自由，限制他们的想象空间，注重给孩子提供宽松、愉悦的环境，学会了用欣赏的眼光去对待每一幅充满童心、童趣的作品。

2. 音乐探究组

对于音乐专业毕业的教师来说，唱歌、跳舞、弹琴等是她们最喜欢的活动。她们也经常在教学活动当中融入一些音乐元素等，以调节现场气氛，增加活动的趣味性和愉悦性。

（1）在音乐游戏中感受音乐的魅力

在沈光兰老师的指导和管理下，采用培训、献课、设计案例、摄制录像课、撰写经验文章等方式，让大家在各种各样的音乐游戏研讨活动中感受音乐的魅力，掌握音乐教学中的技巧，体会音乐活动的快乐。

附：活动反思

在音乐游戏中快乐成长

徐亚玲

如果你问我孩子们什么时候是最开心的，作为一名幼儿教师，我会告诉你孩子们在玩游戏时最开心。每当看到孩子们玩游戏时脸上露出的笑容，那一瞬间，我会被他们的快乐所感染。是的，"爱玩游戏"是孩子们的天性，孩子们就是在玩游戏的过程中一天天长大的，而我也是在孩子们的游戏中再次体验到成长的快乐。

本学期，副班组教师们对"如何有效地开展各领域游戏活动"进行了探索，陈园长特别强调了游戏在幼儿教育中的重要性。在理论与实践相结合的研讨中，每位老师负责一个领域的游戏活动：年轻老师选择一个领域，开展一次相对应的游戏；经验丰富的老师则把专业知识传递分享给大家。而我作为年轻老师中的一员，选择了音乐游戏。在活动前，我虚心请教有经验的老师怎样设计活动、查找相关的音乐素材、制作游戏道具等。经过两周精心的准备，孩子们和我在碰铃的美妙吟唱中，变成了美丽的蝴蝶花和可爱的花蝴蝶，孩子们更是在游戏中发自内心地唱出了对春天的喜爱。

一、寻找音乐游戏的乐趣

年轻老师对于音乐活动和音乐游戏的把握不是很清楚，经常会不知不觉地就把音乐游戏变成了音乐活动。造成这点的主要原因是老师们不知道音乐游戏的概念究竟是什么。那什么是音乐游戏呢？音乐游戏是以发展幼儿的音乐能力为主要目的的游戏活动，在听听、唱唱、跳跳、玩玩等自由愉快的活动中，培养幼儿的音乐感受力、表现力和创造力，从而使其获得最大的快乐。

如何找寻音乐游戏中的乐趣？我认为"游戏性"就是贯穿整个音乐游戏的中心轴。有时候我们觉得一些简单的小游戏，不足以调动孩子们的积极性，但其实是老师没有寻找到当的游戏中。比如在"花蝴蝶和蝴蝶花"的游戏性中，就是孩子扮演的花蝴蝶去寻找到一朵自己喜欢的蝴蝶花，并且做出采蜜的可爱动作。孩子们对模仿小动物、小昆虫有浓厚的兴趣，可以抓住这个兴趣点并把它运用到游戏中去：让一部分孩子带上蝴蝶的头饰，让另一部分孩子头戴绿纱巾躲在花丛里，当音乐响起的时候，"花蝴蝶"在"蝴蝶花"的花丛里自由地穿梭、自由地采蜜，孩子们一下子就喜欢上了这个音乐游戏。

二、建立音乐游戏的规则

皮亚杰指出，在幼儿时期要发展智慧，关键是让幼儿做各种各样的游戏，从娱乐中学，从玩耍中学。游戏要靠规则支撑下去，那么规则就是游戏的灵魂。比如说，在这次音乐游戏中，有一部分孩子在第一次扮演蝴蝶花的时候喜欢在一旁打闹，于是我说："快点做出漂亮的动作，不然花蝴蝶就不会来和你玩游戏哟！"这时，这几个孩子左看看右看看，立马跑入蝴蝶花的队伍中。这样一来，幼儿在游戏的情境中就自然而然地做到了遵守规则。

三、寻找孩子喜欢的乐曲

正因为音乐游戏是在歌曲或乐曲伴奏下进行的游戏，这就要求老师要采用幼儿感兴趣的音乐作为游戏的背景音乐。背景音乐也是音乐游戏的灵魂，对此我深有体会。课余时间我根据班上幼儿的特点，将孩子们喜欢的动画片如"海绵宝宝、小美人鱼、米奇妙妙屋"等耳熟能详的音乐运用到游戏中去，在游戏前，一边唱"米奇歌"，一边提出要求，这不仅激发了孩子们玩耍的兴趣，还给游戏增添了不少神秘感。

四、选择孩子喜欢的乐器

孩子们都是好奇宝宝，对乐器的兴趣可是有增无减。不管是在音乐活动还是在音乐游戏中，使用乐器能直观并且直接地抓住孩子们的眼球，加快培养幼儿对音乐的兴趣。在现场音乐游戏"蝴蝶花和花蝴蝶"中，我在游戏最后部分为幼儿提供了碰铃。因为小班幼儿年龄较小，所以老师们都在音乐区选择如酸奶瓶（玻璃制的）等让幼儿进行简单的拍打，而我也是第一次在音乐游戏中尝试给小班幼儿提供碰铃。在活动中，我先为幼儿示范，孩子们都仔细认真地听，当我示范完后，孩子们并没有一拥而上，而是很惊奇地看看我，再看看碰铃。我知道碰铃已经完全激发了孩子们的兴趣，所以，我大胆地让所有的孩子用碰铃为音乐伴奏。活动后，老师们都觉得这个点子不错，这也让我更加肯定我的想法：除了自制的奶粉罐、匙、碗、塑料瓶等乐器，小班孩子还可以尝试玩玩小鼓、碰铃、沙锤、手铃等。

总而言之，音乐游戏是最容易被孩子接受、喜爱的！而音乐游戏的魅力不仅如此！让我们一起探索音乐游戏的奥秘，让我们新教师也像孩子们一样在音乐中玩得尽兴、玩得开怀，在音乐游戏中快乐成长。

（2）在奥尔夫音乐教育研究中提升音乐素养。

自2011年参加"奥尔夫音乐教育研究"以来，课题组的教师们通过系统的培训，开展每月一次的园内研讨活动，每学期一次的专题讲座活动，每学期一次移位教学观摩活动，将音乐、节奏、美术、表演、语言等元素运用到音乐教育中。采用"一人多研"和"多人同研"等同课异构的研究形式对教育教学活动进行反复设计、观摩、研讨，总结出了新授歌曲的几个方法：讲述法、语言节奏法、动作法、绘画法、提问法。教师们认识并学会了操作多种打击乐器，还自制了打击乐器。通过音乐欣赏、身体节奏、音乐游戏、绘本教学等多种形式，教师提升了对音乐的感受力，开阔了眼界，愉悦了情绪，增强了执教能力。同时，活动也激发了幼儿对奥尔夫音乐活动的兴趣。在歌唱、律动、打击乐、娱乐表演活动、制作打击乐器、亲子活动等一系列音乐活动中，幼儿感受了音乐的节奏美、旋律美、歌词美和意境美，丰富了音乐知识，陶冶了音乐情操。

附：奥尔夫创新活动设计与反思

大班音乐游戏：拾豆豆

胡春艳

一、活动背景

《拾豆豆》是一首由山西民歌改编的儿童歌曲，十分适合大班幼儿歌唱和游戏。"炒豆子"是大班的体育游戏，为了增强体育游戏"炒豆子"的游戏性、趣味性，我将音乐《拾豆豆》和"炒豆子"相结合，设计了音乐游戏"拾豆豆"。在游戏情境、音乐的提示下，引导幼儿创编拾豆子、炒豆子、翻豆子动作，随着音乐的变化，引导同伴间相互合作进行游戏，让幼儿能够在活动中充分体验音乐游戏的乐趣。

二、活动目标

（1）在音乐伴奏下，让幼儿感受拾豆子、炒豆子和翻豆子的乐趣，体验与同伴游戏的快乐，增进同伴间的友情。

（2）在欢快的音乐中，让幼儿能跟随乐曲的变化与同伴一起拾豆子、炒豆子和翻豆子，并在游戏中交换同伴进行音乐游戏。

（3）让幼儿在游戏中认真听辨音乐，能按游戏规则进行游戏。

三、活动准备

入场音乐、音乐《拾豆豆》、安全场地、图谱4张。

四、活动过程

（一）倾听、熟悉歌曲，感受歌曲欢快的节奏

（1）播放入场音乐，幼儿随音乐进入活动室并坐成弧形。

师：孩子们，今天天气真好，老师带你们去拾豆豆。

（2）引导幼儿倾听歌曲，感受歌曲的节奏。

师：我们一起来听一首好听的歌曲，歌名叫《拾豆豆》。

问：这首歌听起来感觉怎么样？你的心情怎么样？（高兴、快乐）

师：拾豆豆是什么意思？（捡豆豆）

（二）在音乐伴奏下，引导幼儿结伴进行游戏动作的创编

（1）引导幼儿创编拾豆子的动作，让幼儿体验两两结伴拾豆子的乐趣，并

随音乐节奏与同伴面对面拾豆豆。

师：拾豆豆是怎样做的呢？请小朋友自己尝试做一做。

师：歌曲里有两个小朋友要去拾豆豆，一个是胖丫丫，一个是俊妞妞，请你也找个好伙伴一起去拾豆豆。请幼儿尝试两两合作随着音乐有节奏地捡豆豆。

（2）引导幼儿创编炒豆子的动作，体验与同伴炒豆子、翻豆子的乐趣。

①幼儿创编炒豆子、翻豆子的动作，并随音乐节奏与同伴炒豆子。

问：豆子拾回家后，你们想不想吃啊？要怎么做才能吃呢？（煮、煎、炸、炒）

炒豆子是怎样做的呢？请小朋友尝试做一做。再请幼儿尝试两两合作炒豆豆。

豆子在锅里炒，会怎么样？（跳、翻）请幼儿尝试两两合作翻豆子。

②引导幼儿听辨音乐，在"咿呀得儿哟"时炒、翻豆子。

幼儿两两结伴，面对面手拉手，左右摇摆，当歌曲唱到"咿呀得儿哟"时，双手同时举过头顶翻一转。（动作源于体育游戏：炒黄豆）

（3）在音乐伴奏下，幼儿两两尝试玩游戏，合作练习拾豆子、炒豆子和翻豆子。

师：请你和同伴跟着音乐的节奏一起来拾豆豆、炒豆豆、翻豆豆。

玩法：第一小节至第八小节是幼儿两两结伴拾豆子；

第九小节至第十九小节是幼儿两两结伴炒豆子，当歌曲唱到"咿呀得儿哟"时翻豆子。

过渡：孩子们，你们太棒了，不但学会了拾豆豆，还学会了炒豆豆。

我们一起玩拾豆豆的游戏吧。

（三）在音乐伴奏下，引导幼儿体验集体合作玩游戏的快乐并遵守游戏规则

（1）出示示意图1，让幼儿根据图示站队形，并进行游戏。

师：示意图是什么意思呢？幼儿站成两个同心圆，并与同伴面对面站好进行游戏。

（2）出示示意图2，让幼儿根据图示了解游戏规则，并进行游戏。

玩法同上，游戏规则是在间奏时，内圈的幼儿向右手边移动一个小朋友的位置，交换一名同伴。

（3）出示示意图3，让幼儿根据图示了解游戏规则，并进行游戏。

玩法同上，游戏规则是在间奏时，外圈的幼儿也向右手边移动一个小朋友

的位置，交换一名同伴。

（4）出示示意图4，让幼儿根据图示了解游戏规则，并进行游戏。

玩法同上，游戏规则是在间奏时，内圈的幼儿向右手边移动一个小朋友的位置，同时，外圈的幼儿也向右手边移动一个小朋友的位置。

（四）游戏结束，放入场时的音乐，幼儿拍手离开活动室

师：孩子们，我们去和其他的小伙伴一起拾豆豆吧。

附：

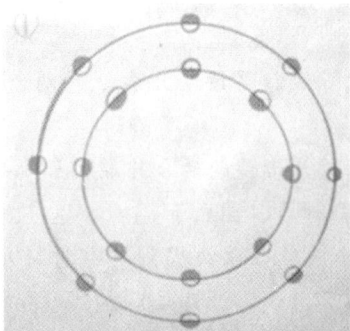

示意图 1

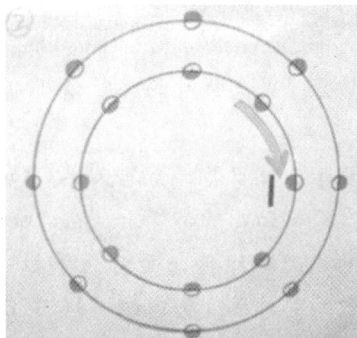

示意图 2

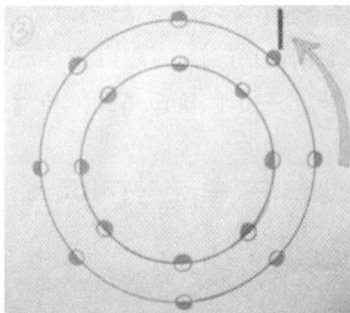

示意图 3

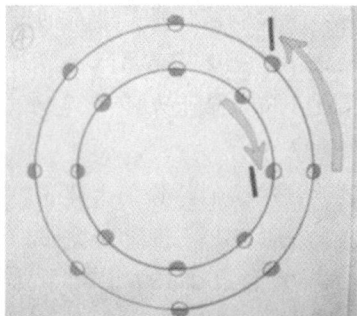

示意图 4

五、活动反思

（1）选材好，幼儿兴趣浓。轻松欢快的节奏、具有山西风格的音乐从听觉上带给幼儿快乐、激情，充分激发了幼儿参与活动的兴趣。游戏中的两两合作也增强了同伴间的合作意识，符合大班幼儿的年龄特点。

（2）环节清晰、层层递进。通过游戏情景一步一步引导幼儿尝试创编拾豆子、炒豆子、翻豆子的动作以及理解游戏规则。

（3）示意图运用得好。在活动中，示意图十分形象地描述了游戏规则，大

班幼儿能够根据示意图的提示，理解游戏规则，并通过四张示意图动作由简到难，不断挑战。

（4）队形不够整齐。在游戏环节中，需要保持内外两个圈站好，但每次幼儿变换游戏位置后，队形保持不好，另外有的幼儿对左右分辨得不太清楚，因此游戏时队形较乱。

——2015.12《学前教育研究》杂志社优秀活动案例征文比赛一等奖

（3）开展比赛活动，提升音乐技能

教师们通过日常教学研讨、学期赛课比赛、园外移位教学等多形式的锻炼和培训，对音乐的感受能力提升，对音乐的领悟能力增强，对音乐的表现形式也更丰富，因此，在沙区、重庆市、总后勤部等单位组织的各类比赛中获得了较好的成绩。2014 年，周丹、杨琴琴代表幼儿园参加沙坪坝区"音乐和舞蹈"教育教学技能比赛，分获"音乐游戏"和"舞蹈创编"一等奖。2015 年 9 月，幼儿园推选出陈玲参加三医大协作区比赛，获第二名，并代表幼儿园参加总后比赛，获得三等奖。

教师在音乐教学活动研讨中，从全体参与—小组商讨—独自承担，逐渐学会了主动积极、分工协作、独立思考，而活动的组织者也从中学会了协调管理、过程监控、质量把握。

二、分岗位组

根据岗位不同，分成教师组与保育组。

教师组即全园教师就一日教学活动中所遇到的问题与疑惑等展开有针对性的研讨；保育组即保育老师对一日生活中的日常护理、配班工作、清洁卫生、物品管理等工作中的问题进行研讨、调整、改进。她们在各自的管理团队里能有效利用资源开展各类活动，完善专业技能，提升专业知识，在促进自身成长的同时促进团队整体发展。

（一）教师教研组

为了让教研组活动富有知识性、趣味性、参与性、实用性、可操作性等，经教师们一致同意，我园试行了"班级轮值主持"的同课异构研究模式，即以班级为单位轮流当"主持人"，承担一次教研活动。教研内容在开学初由全体教师共同商定，开始时主要以"红歌、童谣、绕口令、工间操、生活小常识"等为主，各班自行选择喜欢的一个内容。这种特殊的形式使得每一个教师都有机会参与到教研活动中去，而后慢慢过渡到主持整个具有一定研讨价值的教研活动，老师们在准备、计划、组织、主持等环节中得到了极大的锻炼。从此，教研活动不再是教研组长和业务园长、骨干教师唱主角，而是充分调动了每一位教师参与的积极性，发挥了她们的主动性，提高了组织、协调能力，增强了教研活动的实效性。

在多年开展的教师教研组活动中，教师们学会了研究的方法，积累了研究的经验，并逐渐让研讨活动更能体现教师在日常教育教学活动中的需求性、实效性，并能在问题中寻找有价值的亮点进行深入研讨。教研组长的学期计划更详细，可操作性更强，每一次的具体实施计划都有体现，有过程中的研讨反思、调整策略，以及现场的照片、录像、会议记录等资料，学会了及时收集保存、归类整理，多次接待重庆市、沙坪坝区、新桥片区等公开现场研讨活动。

1. 根据幼儿的发展选择教研内容

幼儿园本着以幼儿为主体，遵循幼儿身心发展特点和保教活动规律，提供适合的教育，以保障幼儿身心快乐、全面健康地成长。因此，我们根据孩子的发展选择教研内容，开展如班级常规管理、活动区设计、观察评价幼儿等活动研究。

2. 根据教师的发展选择教研内容

以教师的需求为目的制订一系列的教研内容，如化妆礼仪、阅读分享、看课评课、家园沟通、电脑 PPT 培训、辩论赛等活动。特别是沙区教师成长小课题的开展让老师们的需求也不断地提升，为此开展了如何进行观察记录、如何撰写结题报告、如何进行课题答辩等培训，让老师们在课题研究中能更加得心应手。

3. 根据幼儿园的发展选择教研内容

每年将会有 2 次以上的全园性主题赛课活动，让老师们在丰富多彩的展示活动中进行练兵，并从中发现人才、选拔人才。此外，还根据幼儿园每年的重大活动开展相关的研讨活动，如迎新、"六一"、户外环境创设、市区级赛课活动等。

（二）保育教研组

为更好地加强幼儿的日常保育工作，幼儿园在开展保育教研提高保育员素质的同时，还通过察看现场、分析问题、提出策略、实施操作等环节，让保育员自己寻找问题、分析问题、解决问题，并对实施方案再次评价、不断调整。

1. 重整班级内务，美化班级环境

班级物品的摆放和管理，一直以来困扰着教师和保育员，如拖把扫帚随意摆放，教学用具随处可见、杂乱无章。为了让班级环境更加干净、整洁，周园长亲自带领全体保育员参观每个班级的教室、卧室、储藏室、厕所等，就各班的现象提出研讨的重点"如何有序摆放班级物品"。保育组经过反复讨论，决定将厕所拖把、扫帚悬挂在墙上，对储藏柜的物品进行分类、分柜摆放等，并贴上相应的标签，让人一目了然。通过察看现场、分析问题、提出策略、实施操作等环节，让保育员自己寻找问题、分析问题、解决问题，并对实施方案再次评价、不断调整，最终统一标准，分班实施，不仅规范了班级的内务管理，同时也给幼儿提供了一个干净、整洁、安全的活动环境。

2. 关注幼儿成长，规范常规习惯

在班级管理中，保育教师认真填写幼儿健康成长档案，关注每个幼儿的成长，并积极配合教师接待幼儿晨检，了解幼儿的睡眠、情绪与排便等健康情况，并参与组织和指导幼儿的晨间活动锻炼，科学合理地指导幼儿喝水、如厕、睡眠等。为了更形象地展示一日生活的常规要求，保育员还把生活中的各个环节创编成儿歌，如洗手歌、喝水歌、穿衣歌等，以图片的形式将正确的行为和顺序展示在各个区角。此外，婴儿班教师还每天记录幼儿的大便、饮水次数，并公示给家长。幼儿园的全体老师随时注意幼儿的每一个生活细节，观察、分析幼儿的每一个行为，在一日生活常规中始终坚持科学的健康理念，这不仅规范了幼儿的一日生活常规习惯，也规范了教师的指导要求，为幼儿创设了健康、愉快、自信的学习、生活环境。

为了从小培养良好的清洁卫生习惯，让他们在愉快、趣味的活动中主动养成勤洗手的习惯，幼儿园每学期举办一次洗手比赛活动。由各班保育员和行政人员当评委，各班随机抽选6名幼儿参与比赛。在比赛过程中，幼儿基本上都能按洗手的顺序和要求进行。这不仅让幼儿学会了正确、规范的洗手方法和顺序，也督促了教师按要求进行指导。幼儿园下一步将让家长也参与到这样的活动中，树立"清洁卫生、从我做起"的卫生意识，为重庆市创建卫生城市做出一点小小的努力。

3. 深入课题研究，增强保教配合

幼儿园的教育教学必须实施保教配合的原则，因此，教师主要负责组织活动，保育员负责场地的安全设置和材料摆设。保育员在每次活动前提醒幼儿喝水、大小便，检查着装情况，准备活动所需物品（矿泉水、擦汗的毛巾、防止走失的标志牌、夏天防止中暑和蚊虫叮咬的药品等），通过检查及时调整和消除不利于幼儿参加各项体能活动的因素。这样充分的准备满足了幼儿的运动需要，同时也解决了教师的安全顾虑问题。在幼儿每项游戏活动中，保育员都积极地参与其中，和幼儿一起布置场地，纠正幼儿的运动姿势等。

4. 开展生活研究，增强家园沟通

婴幼儿健康成长是父母衷心的祈盼，保证婴幼儿的身心健康，保育员肩负着神圣的职责，起着不可或缺的作用。因此，根据本班幼儿心理、生理发展的一般年龄特点，同时也为了帮助家长了解、掌握有关幼儿健康成长的知识，各班特地创办了"保育之窗"，并多次接待其他园所参观。本专栏旨在帮助家长创设有利于幼儿健康成长的环境，为幼儿提供必要的安全保障，达到家园共育的目的。每个班保育之窗的内容都非常丰富，根据班上孩子的年龄特点和季节变化设计不同的育儿经验和保育知识，包括温馨提示、育儿妙招、亲亲关注、安全话题、生活空间、小贴士、锻炼技巧、心理健康、每月食谱等。此专栏办得生动、活泼，充分展现出了教育改革时期新的教育观和保育观，为家长们提供了一个相互交流的平台，使家长在关注自己孩子的同时也了解其他孩子的发展情况，通过横向和纵向比较，快速而准确地找出自己孩子的优缺点，制订出更有针对性的教育方案，从而取得事半功倍的效果。

5. 研究内容实效，帮带效果明显

保育队伍中也有新教师的加入，为了让新保育员更快适应保育岗位，做好保教配合工作，保育员特别针对新教师进行技能性的培训和研讨。如请徐文静就如何清洁杯子、餐巾等进行现场操作解说，请袁小华就如何清洗、消毒玩教具等进行现场演示讲解。其他有经验的保育员在充分肯定她们工作的同时，提出了合理化的建议，这样既帮助年轻保育员强化了基本技能，也为她们更好地开展班级保育工作提供了帮助。

6. 接待现场观摩，彰显专业素质

2012 年 11 月 20 日，接待沙坪坝区保育员研讨现场"保育员与新教师的保教配合策略研讨"，7 名保育员和副班老师承担了现场观摩活动。活动结束后，由业务园长和保健医生与 7 名保育员一起主持了现场研讨活动，就保育员在一日生活各个环节中，如何找准自己的定位、如何与新教师配班、如何指导新教师组织各个环节等问题进行了逐一讨论，最后梳理出了清晰的思路和线索，让保育员进一步清楚了自己的工作职责，也明晰了自己在班级中的重要作用，从而更好地实现保教配合，共同促进幼儿的发展。

此外，2014 年 7 月，幼儿园推选出 3 名保育员组队参加总后协作区"保育知识竞赛"并荣获特等奖。

附：保育员现场观摩活动方案

保育员与"新教师"的保教配合策略

卢江涛　陈薇　周永

时间：2013 年 11 月 20 日

参与人员：本园全体保育员、保健医生、业务园长

沙区其他幼儿园保育员、保健医生等

主持人：卢江涛、陈薇

中心发言人：何利、杨正秀

研修形式：

1. 分班观摩半日活动中的保教配合环节 8：00—10：30

2. 现场集中研讨 10：30

研修目的：

目前的保教队伍中，年轻人占据主流，从保教现状来看，保育员与"新教师"的保教结合还存在一些问题，这里所说的"新教师"，既指刚入职的新人，又包含与保育教师之间从未搭档过的新组合。

从保教结合现状来看，保育员与"新教师"的保教结合还存在一些问题，刚入职的新教师，因为工作经验的缺乏，虽然清楚与保育员在职责上有分工，但在合作方面还存在认识上的偏差，比如在生活环节中认为只是保育员的事情，往往采取旁观的态度；或者在两个环节的衔接中分不清主次。其次，当保育员与从未搭档过的教师首次合作时，会受到性格差异、处事态度的影响，导致保育员与"新教师"产生不和谐。以上因素都严重地影响了班级活动正常有序的开展，从而直接降低了幼儿园的保教质量。

因此，为了研究并解决这个问题，我园保育组承担本次现场活动。每位教师带着问题走进班级，观摩保育员与"新教师"在半日生活各环节里都做了什么，具体是怎么做的；哪些做法是适宜有效的，哪些做法是不适宜的。希望通过研讨和配班，来提高班级的保教质量，将保教人员的工作和研究统一起来，使保育员在实践中获得专业成长。

活动准备：

1. 话筒等音响设备一套、黑板、粉笔
2. 保育员与新教师对幼儿一日生活各环节的前期沟通

研修过程

一、现场观摩

（一）走进班级，观摩保育员与"新教师"在各环节中的保教配合

一看：保育员在半日生活各环节里都做了什么？

二看：具体是怎么做的？

三看：哪些做法是适宜有效的，哪些做法是不适宜的，你认为应该怎么做？

（二）思考

1. 保育员在生活活动中应该担当什么角色？
2. 保育员在教学活动中应该发挥什么作用？
3. 保育员在各环节活动中的角色如何恰当转换？

二、研讨效果

通过深入班级观摩、现场提问，让来园观摩的教师大致了解了我园保育员的工作概况，也现场感受到了我园保育员在半日活动的每个环节中与教师的保教配合时机与策略。经过大家激烈的讨论和交流，大家最终得出了以下几个保育员与新教师的配合策略。

（一）保育员在生活活动中的主角意识

1. 良好环境的保障者

《幼儿园工作规程》明确规定，保育员的首要职责是负责本班房舍、设备、环境的清洁卫生工作，室内做到空气清新、物品摆放整齐，因此，保育员每天都要提前到岗，做好开窗通风等准备工作，为幼儿创设舒适、干净的生活环境。

2. 健康生活的管理者

有了好的生活环境，就能够健康地生活吗？不！还需要保育员在保健医生和主班教师指导下，严格执行幼儿园安全、卫生保健制度，认真做好餐具、玩具、用具的日常消毒工作。真正落实每周一大扫，每天一小扫。

3. 生长发育的保护者

幼儿的生长发育直接表现在一日三餐中。而如何组织好幼儿的进餐是我园保育组在教研活动中常常讨论的话题。除了常规的餐前介绍色、香、味各异的食品名称以吸引幼儿的兴趣、食欲外，还要关注特殊儿的生长发育。如有一次教研活动讨论"肥胖儿的生活护理"时，保育员经过激烈的讨论后一致认为：

在进餐环节，可以让"肥胖儿"先喝汤，再吃主食，同时控制肉类的摄入量，另外还给家长提供合理化的饮食建议，从而对幼儿的生长发育起到保护、监督作用。

（二）保育员在教学活动中的配角意识

1. 是"新教师"的助手

面对刚入职的"新教师"，在制订活动计划的时候，由于对幼儿年龄特点把握不够，就会存在实践与理论脱节的现象，保育员应提前了解当天的教学计划，准备教学用具。比如这次观摩活动前，魏老师（入职不足半年）设计的是音乐游戏"泡泡不见了"，而选择的是一首大班音乐《郊游》，我毫不犹豫地说："我认为这首音乐不适合婴班的幼儿，应更换音乐。"魏老师接受了我的建议，立即重新找了一首适合婴班的音乐。

2. 是"新教师"的帮手

在组织教学活动过程中，"新教师"可能会遇到一些棘手的问题。比如中二班，因为现场有许多老师在观摩，部分幼儿就会"人来疯"，导致"新教师"无法将活动进行下去。这时保育员主动站出来，并扮演活动中的角色，在保育员的影响下，孩子们纷纷参与到活动中来。保育员及时、机智地帮助"新教师"解决一些突发问题，班级的教学活动才能正常、有序地开展，教学质量才会得到保障。

3. 与"新教师"联手

幼儿的一日生活离不开保教人员的共同努力，如在场地中的站位处理上，保育员站位的适宜性无疑与保育员的观察操作效果以及幼儿的安全等状况息息相关。如上下楼梯时，前后都有老师时，保育员站在队伍的中间，并且面对幼儿侧着走，便于观察幼儿；又如在做早操时，老师站在队伍前领操，保育员站在队伍后观察并督促幼儿做操，并适时地介入保育护理；在分散运动中，保育员应站在弥补教师观察困难的地方、可能具有危险性的活动场地、幼儿相对密集的活动场地或根据幼儿个体差异，有目的地选择个别幼儿进行指导及保育护理，此时保育员的站位不是一成不变的，而应该根据活动情况及教师的站位情况随时进行调整，以起到整体调控作用。

（三）保育员在各环节活动中的角色转换

新教师在组织教学活动的过程中，可能会顾此失彼，作为保育员可以由活动开始的协助者转变为幼儿操作过程中的指导者，适时转换角色。在各活动环节中的角色转换时，既要分清主次，又要忙而不乱，帮助新教师在一日生活环节中有条不紊地开展活动。

在整个研讨活动中，观摩教师与我园保育员互动交流，气氛非常活跃，并不时爆发出一阵阵掌声。老师们在这种轻松、愉悦的研讨氛围中，通过主持人的提炼、梳理，对保育员对一日生活环节中的重要性有了新的认识，找到了保育员在生活活动、教学活动等各环节中的角色定位和角色转换，充分认识到了保教结合的重要性。同时，我园保育员、保健医生、业务园长分别阐明自己的观点，保健医生、业务园长对保育工作给予了高度的肯定和积极的支持，区进修学院的蒲渝老师对我们的活动也做了精彩的点评。我们相信，这次活动为来园观摩的保育教师起到了一个积极的抛砖引玉的作用，让每一位保育教师能充分认识到保教结合的重要性与必要性。我们希望通过研讨将保教人员的工作和研究统一起来，使保育员在实践中获得专业成长，从而发挥保育和教育的合力，真正达到目标合一、观念合一、研究合一、行动合一的理想境界。

——《进修与教研》2014.1 总第 71 期

三、分层次组

在成长阶梯上，分班长管理组与副班探究组。

班长组由教学经验比较丰富的班长们组成，他们对问题的研讨更为深刻，更具有研究意义；副班组由工作 5 年以内的青年教师们组成，主要就教育教学中的常见问题进行研讨，如教学方法的适切性、教学活动的设计等，解决的问题更趋于日常化。

（一）班长管理组

班长作为中层管理人员，不仅应具有教师最基本的专业素养，还应具有园长的宏观思想。在近几年的培养中，通过每两周一次的班长总结、交流会，她们对班级管理、教师合作、家园沟通、园所建设等的认识逐渐成熟起来。除了做好日常教育教学之外，幼儿园还帮助她们解决日常管理中的困惑，帮助她们理性认识班级和幼儿园管理中的矛盾，从而更为直接地获得班级常规管理、教育秩序管理、家园工作管理等方面的经验和方法，灵活巧妙地解决班级的一些矛盾和纠纷，学会如何协调关系、科学地管理，更好地服务于幼儿、服务于家长。

1. 主题式班级家长会

以往每学期都要召开一次全园家长会，周园长做一个主题讲座。从 2013 年开始，幼儿园改变了这种传统的家长学校模式，让每个班的班长针对本班幼儿特点和家长的实际需求，开展适合本班家长的班级式主题家长会，如婴儿班"新家长、新老师、新伙伴"、中班"大手牵小手，风雨一起走"、大班"责任意识重培养，成长路上有担当"等。因为选题范围小、针对性强、适宜性好，家长感觉更贴近班级和孩子的实际，可操作性强，收获特别大。

从此以后，她们对这种针对性更强、实效性更高的主题式班级家长会不再感到困难，而是能够在准确地分析班级幼儿的年龄特点基础之上，更加灵活地设计适宜的策略进行教学，在充分满足幼儿的需求之后，学会了如何将家长的力量运用到班级的教育和管理之中，从而更好地促进幼儿的发展，提升家长的教育能力，有效促进家园合作。

附：主题式班级家长会方案

孩子习惯养成，家长以身作则

陈玲

时间：2014.9.4

班级：中一班

尊敬的各位家长：

下午好！

感谢你们抽出宝贵时间来参加家长会，在这里，我代表班上的三位老师对你们的到来表示热烈的欢迎，感谢你们对我们工作的支持、理解和配合。

一、班级基本情况介绍

（一）老师情况介绍

本学期班上的老师有陈老师、徐老师和安老师。徐老师是一位新老师，她活泼、开朗，在音乐教育方面有专长。安老师是一位有经验的老保育员，她细心关爱每一个孩子，能及时发现幼儿在一日生活中出现的问题，并给予及时帮助，不辞辛劳地做好班级的清洁卫生工作。三位老师都有较强的责任心和爱心，对待工作认真负责、为人亲切，各有所长，相信在这个新的学期和新的班级里，通过我们的齐心协力、各施其长，一定会把我们的工作做得更好，让家长放心，让幼儿健康快乐地成长。

（二）幼儿基本情况

本班有 36 名幼儿，男孩 18 名，女孩 18 名，原中二班幼儿 11 名，小一班幼儿 25 名，幼儿的年龄在 4～5 岁。

入园时，大部分幼儿能很快融入新的集体，认识新的老师和新的同伴，有个别幼儿要适应得慢点，但也只表现在入园时对家长的不舍，家长离开后他们也能很快平复情绪，融入活动中。幼儿各有特点，我们抓住他们的闪光点，让他们更加自信、快乐、健康成长！如：个别幼儿动作发展良好，在体育活动中各种跑跳练习、平衡练习都很好；个别幼儿语言发展良好，能够完整地描述事件的前因后果，表述流畅、清晰；个别幼儿安静、细心，想象力丰富，在美工活动中能将自己的所想描绘在画纸上，对画面要求很完美；个别幼儿善良、有同情心，很会关心体贴同伴和老师，做出的事和说的话总让人心里暖暖的；个别幼儿很仗义，在班上就像一个打抱不平的勇士。

每个幼儿都有自己的闪光点，作为老师，还有家长，都要学着去发现孩子的优点，总看到他身上的不足，反而让不足逐渐扩大。

二、教育教学和幼儿生活

（一）教育教学

（1）教材使用南京师范大学出版的《幼儿活动整合课程》，该书分6个主题活动："最棒的我""妙妙鼻""伞花朵朵开""好忙的市场""给你一封信""我的数学"。其中，主题将在活动区和主题墙上展示。我们使用幼儿用书，主要目的是培养幼儿良好的学习习惯和操作习惯。虽然这些教学内容对于原中二班的小朋友是重复的，没法避免，但不同年龄阶段的孩子对内容的理解会有所不同。

（2）根据我班幼儿年龄特点、教学目标、季节特征等内容，创设了活动区，希望家长带小孩去玩后，要引导孩子整理好活动区。

（二）保育方面的要求

希望家长能和班级老师配合，让孩子在家的习惯和幼儿园的要求一致。

（1）独立进餐，不洒饭，不挑食，养成在餐后用毛巾擦嘴、漱口和收拾桌面的习惯。

（2）尝试着学习自己擦屁股。

（3）知道节约用水，开小水洗手，不玩水。

（4）热了出汗，会主动找老师用毛巾隔背；冷了，会请老师帮添衣物。

（5）口渴了，会主动要求喝水，或主动倒水喝。

三、家园配合

（1）请家长加入QQ群后修改群昵称，方便家长和老师多渠道沟通。

（2）家长在接送孩子时必须将接送卡交给老师，才能接送孩子；对于不是家长但经常接送孩子的持卡人，请家长提前告知老师，由老师确认持卡人的身份。

（3）在孩子的书包和隔背毛巾上写上幼儿名字。

（4）幼儿因生病或其他事不能来上幼儿园时，请家长主动打电话请假。

（5）家长早、晚接送孩子时，提醒幼儿主动跟老师问好、再见。不要过早或过晚接送孩子，以免造成孩子心理负担。

（6）平时需要家长配合完成的活动，我们会在黑板上和QQ群里公示，请家长多留意，抽时间和小孩一起完成。放学时对于有事要与家长单独交流的，我们也会将名字写在黑板上，以免漏掉，如出现流尿、意外受伤、情绪不好、有不舒服等情况要告知家长。

四、幼儿安全

（1）大门管理。本园家长上午7：30—8：30送幼儿入园，8：30以后不能进出，下午17：45接孩子。尽量准时接送孩子，保障幼儿的安全，不让孩子等待过久。

（2）不要携带异物。请家长在幼儿入园时，检查幼儿的口袋、书包里是否携带异物（如纽扣、玩具、牙签等细小物品）以及是否佩戴项链等饰品。

（3）对于幼儿与同伴的冲突，家长应采取正确的态度和处理方式。

（4）对于意外伤害，教师第一时间告诉家长。尽量避免意外伤害，如有意外，请家长理解。

（5）药品安全。对需要在幼儿园服药的幼儿，请家长将药品交给保健医生，保健医生做好喂药记录。

五、主题班会——中班幼儿良好行为习惯的培养

孩子上中班了，家长应将关注的重点从生活护理转向行为习惯的培养。

首先，应培养幼儿良好的品德习惯，如文明礼貌、友爱同伴、爱集体、守纪律、爱劳动、诚实勇敢。其次，应培养幼儿良好的生活卫生习惯，如良好的饮食饮水习惯、睡眠习惯、排便习惯、卫生习惯等。最后，还要培养幼儿良好的学习习惯，如喜欢学习，对学习活动有兴趣，能集中注意力专心地做某一项活动；有正确的读、写、坐和握笔的姿势；会按照一定要求去翻阅图书，能爱护图书文具，会整理用品，等等。

（一）生活习惯

1. 良好的睡眠习惯

睡眠是生理的正常需要，是休息的有效方式。睡眠充足，才能保证幼儿身体正常发育，使幼儿体力充沛、精神饱满地参加幼儿园活动和学习。重视幼儿的良好睡眠习惯，要从小对孩子进行睡觉习惯的培养教育。

（1）父母要多和老师交流，了解幼儿园的作息时间，尽量将孩子的入睡时间和幼儿园的作息时间协调起来。

（2）幼儿正确的睡觉姿势是向右侧身，微屈双腿，不蒙头睡觉，睡觉时不把手放在胸上，也不吮手指。家长要帮助幼儿养成良好的睡眠习惯。

（3）教师和家长要配合一致，让幼儿改掉睡觉时拿东西的习惯，这样有利于幼儿安静地入睡。

（4）睡觉时可放一些轻柔的音乐，这样可以安定幼儿的情绪，让幼儿尽快入睡。

（5）培养幼儿晚上睡前洗脚的习惯。

2. 科学的饮食习惯

关注幼儿营养平衡。讲究饮食清洁卫生，不吃有污染的食物。充分尊重孩子，愿吃多少就给她吃多少，不要怕孩子饿着，让吃饭变成愉快的生活情景。良好的饮食习惯对于人的身体健康关系重大，培养良好的饮食习惯要从小开始，家长要有正确的育儿观，掌握科学的育儿知识和方法。

（1）当孩子不吃饭的时候，父母要先请小儿科医生检查孩子身体有无异常，听取医生的意见，不要随意给孩子吃促进食欲的药物。

（2）在进食过程中，要让幼儿在固定的时间、固定的地点专心进食，培养幼儿自己动手使用筷子、汤匙，自己动嘴慢慢嚼的习惯，并用语言鼓励幼儿，引起幼儿进食的兴趣，使其全身心地参与进食。

（3）如何针对幼儿的身心特点制订科学的食谱，是一个值得我们关注的问题。为了让幼儿不挑食，除了告诉幼儿每种食物对身体的好处外，还要注意食物的色、香、味、形，让孩子看着就想吃，增进食欲。

（4）幼儿园、家庭可以开展自助餐活动。准备一些自助餐盘，每种食物不要烧得太多，让幼儿自己选择吃什么。或让孩子当大师傅，给爸爸妈妈分饭菜，亲子共进餐，其乐融融。

（5）进餐不宜：

①暴食暴饮。

②边吃边玩。

③强迫孩子吃饭。

④不良教养方式。

⑤上桌之前就问孩子要吃什么。

⑥以孩子为中心，不顾及他人。

⑦在餐桌上吵吵嚷嚷，指责这个、埋怨那个，有时甚至将气发泄在孩子头

上，使举桌不欢。

⑧孩子吃不下饭时，追着孩子一定要让他吃，其实是滥用父母的权力。

⑨只要是孩子喜欢的，就一味满足他，而不知节制。

（二）学习习惯

1. 听的习惯

孩子首先要学会保持听的方向性，能在短时间内看着说话者，包括讲课的老师、发言的伙伴。其次，要明白听到了什么，就是要带着思考去听。最后，及时提出听不明白，或自己要补充的，这表明听得很认真。

2. 说的习惯

孩子一开始得想清楚自己要说什么，可以在心里练一练；接着，要尽力把自己想表达的意思，慢慢地、吐词清晰地说出来；最后，可以学着运用别人说得好的话，再说说。

3. 看的习惯

看书讲故事、看图、看黑板，观察周围的人、动物、植物、天气等事物的变化。

4. 动手的习惯

尝试画画、运动、为自己和他人服务等活动。有的孩子很懒惰，什么都不想动手，所以动手能力就比其他小朋友差，家长一定要注意让孩子做一些力所能及的事情。

5. 劳动的习惯

孩子自我服务型劳动：比如穿鞋、穿衣服、洗手、洗脸、刷牙等。

力所能及的一些家务活：比如擦桌子、拿碗筷等。

锻炼和提高技能型的劳动：比如帮父母买点简单的东西，晾晒简单的小衣物，学习叠放衣物，整理图书、玩具、书包，修补图书，等等。

为他人服务助人型的劳动：比如帮父母端水、取拖鞋、捶背等。

爱惜劳动成果：不浪费食物，节约用水，爱惜所有的物品（包括桌椅板凳、装饰品、玩具、用具）。家长要让孩子知道这些东西都是来之不易的，是通过很多人的努力才有的。

（三）良好习惯养成的条件

家长该做些什么？

（1）父母要发挥好榜样作用。

（2）了解孩子。

（3）正确的行为规范要从小开始培养。

（4）与孩子一起制订家庭行为规范（立规矩）。

（5）坚持不懈，严格要求。

（6）教者要求一致（隔代教育）。

（7）培养孩子在幼儿园独立处理事情的能力。

（8）学会帮助和放手。

（9）请允许孩子犯错。

六、家长关注的问题

（一）问题

1. 孩子乱发脾气怎么办

孩子乱发脾气时，家长应立即指出他的错误，并对他冷淡下来，不理睬他，直到他静下来，再给他讲道理。当孩子有进步时，如面对同一件事，现在不再发脾气或脾气减轻了，要及时地表扬鼓励，久而久之，孩子正确的行为得到了巩固，错误的行为就会消除。不要让孩子感到乱发脾气有好处，更不要急急忙忙地向孩子妥协。要让他知道发脾气不会让大家喜欢，乱发脾气不会有收获。这样，孩子在乱发脾气达不到目的的过程中学会自我控制，慢慢就会改掉这个毛病了。

2. 孩子坐不住怎么办

安安静静地坐着或长时间专注做一件事，对于大多数的孩子来说是一件很困难的事。好动、坐不住的孩子很难专心听讲。孩子坐不住和"多动症"并不是一回事，一般来说，孩子坐不住不是一种病态，是特定年龄所表现的一种特定的行为特征。如：坐椅子上不停地左右摇晃、跪在椅子上，或一会站一会坐，喜欢打扰别人；在教室里不会轻轻地走，到处跑。

（二）建议

（1）在活动中培养兴趣。爱玩是孩子的天性，父母可以和孩子做有意思的游戏，如搭积木、玩橡皮泥、拼图、画画、讲故事情节长的故事等，让孩子在比较长的时间里专心做事情，可锻炼孩子的持久力、意志力。

（2）玩"木头人"游戏。当说到"不许说话不许动"时，要求双方停止活动，可以锻炼自我控制能力。

（3）奖励与惩罚。如果用各种办法都不行，尤其是孩子应该做自己的事情时，家长一定要严厉责令他立即安静做自己的事。如果孩子一贯很闹，突然能安静时，哪怕是几分钟，也要鼓励。

七、结束语

10个孩子，10种个性。我们班有36个活泼可爱的孩子，所以这就更需要我们在以后的日子里加强家园联系，这样孩子的每一天才能更快乐充实。每个孩子的健康成长是我们大家共同的心愿，有了你们的支持和理解，我们的工作才能正常进行，在此对你们的理解和支持表示感谢。有了你们的理解，才能沟通，只有在沟通中孩子才能得到更好的发展，教育孩子要靠我们大家！

我们平常的工作难免会存在许多不足之处，望各位家长能多多理解，也欢迎你们随时对我们的工作提出宝贵的意见和建议。家长朋友们，让我们携起手来，为孩子健康快乐地成长共同努力！再次衷心祝愿各位家长工作顺利，生活愉快！

2. 让班长组织各种大型活动

为了培养有一定组织、协调能力的骨干教师队伍，幼儿园让有一定管理经验的班长们来组织大型的活动，如"六一"和元旦活动等，让教师们自己设计活动的主题、形式、内容、组织等，大家出谋划策，分工合作，收到了较好的效果。

3. 班级联合办报

为了及时展示幼儿园开展的相关活动和取得的成绩，以班长为主要负责人，各班自拟主题，每个月联合承办一次宣传栏，让教师们在创办活动中，培养组织、协调等管理能力。期间举办了"早操、活动区、'六一'、现场观摩、班级家长会、教师户外拓展训练"等展示栏目。

4. 优秀班级评价

良好的班级管理，对幼儿的学习生活、交往发展等各方面都有着深远的影响。因此，幼儿园在注重教师自身成长的同时，也特别关注优秀班集体的建设。由保教干事根据各班级的保健卫生、日常教学、班级管理、环境创设、参与活动等方面制定了详细的评价指标和体系，每学期开展一次评比活动。这不但给每个教师提出了工作的方向和标准，也让教师们在自我发展中学会团队合作、群体帮带，实现共同进步。

5. 班长岗位竞聘

因人员的流动，每年都会面临挑选新班长的时刻。为了既能让年轻教师有机会担任班长，又能让新班长胜任班长的职责，幼儿园打破班长岗位终身制，每年拿出1~2个班长岗位进行竞岗选贤。这样既保证班长的相对稳定，又选拔出一些优秀的年轻教师充实班长队伍。班级管理实行班长责任制，由班长独立、自主、创造性地开展工作。经过三年多的职后培训和专业引领，有4名教师成长快速、成绩突出，晋升为班长。班长会两周一次问题研讨，一月一次工作总结，让年轻班长遇到问题有思考，不拘泥于老经验、老方法；遇到难题有向导，以孩子的终身发展为标准。年轻教师有盼头，年轻班长有劲头，幼儿园班长队伍平稳顺利交接。

（二）副班探究组

而副班探究组，则根据年轻教师的自身特点、成长需求，开展一些粗浅的教学实践研究，重点帮助她们尽快熟悉幼儿园的一日工作流程和工作要求。

1. 新教师入职培训

2013 年，因人员流动，岗位急缺，幼儿园在幼师毕业实习生中挑选了 5 位教师留职待用。为了让她们尽快熟悉幼儿园的工作，掌握一定的教育理念和教育技巧，除了在平常的教研培训工作中让她们参与之外，还开展了一系列的岗前培训，如师德师风教育、一日生活行为细则要求、规章制度、五大领域等方面的学习，还在暑假给她们提供教学观摩光盘、教学参考资料等，增强她们的自我学习能力。年底，推选出 2 名新教师担任了新桥街道举办的"迎新年文艺晚会"的主持人，受到大家的欢迎。

2. 推选副班教研组长

在多数都是入职一年的年轻教师团队中，推举入职 5 年以上有经验的教师为组长，采用同龄互动交流的方式，力图让年轻教师尽早适应入职初期，顺利进入职业奋斗期。并任命一名年轻教师为秘书，协助组长做好教研活动的准备工作和资料的收集整理工作。副班组教师结合自身的成长需求，采取一个年轻教师上课，一个有经验的教师的指导并做专题讲座的形式进行。这样既为年轻教师提供了实战演练的机会，也为有经验的教师的帮扶指导提供了锻炼的机会。教师们在相互观摩、学习中不断提升专业理论和实践经验。组长还特地制作了一本个性化的研究成长册。

附：副班教研组长体会

在研讨中共同成长

周丹

今年我有幸担任幼儿园副班教研组组长，对于年轻的我来说，这是一个新的挑战。尽快地掌握教研工作的方法与策略，尽可能地指导年轻教师获得个人发展，从而推进整个副班老师们的教育教学质量，是我的当务之急。

在上一学期中，我们副班教研会的五大领域培训搞得有声有色。在这学期初，我提议把幼儿一日生活中最常接触到的游戏领域提出来作为教研活动内容进行分别培训，这一提议得到了领导的大力支持。但是教研活动只有活动是不够的，还要有内涵，教研活动中的理念与内涵才是有效教研的根基。因此，我细细地咀嚼教研活动所要传达给教师的教育理念，反复琢磨教育行为背后的教育观念和教育方法，不断提高自己作为教研组长应具备的良好素养。

为了让教研活动的开展目的明确、具有成效，我在每次教研活动前静心思考、精心准备，对每一次活动的目标、准备与过程进行了较详细的安排和设计，计划包含了活动主题、活动目标、活动准备、活动过程以及活动后的效果讨论。除了做好研讨计划以外，我在教研活动前翻阅大量的资料，并进行整理与归纳，提取对教研活动的目标达成有用的部分，向教师们进行讲解与传达。

教研活动后，我收集整理所有的资料，并附上学习的文章内容、教师收集的信息资料、学习记录、教研效果反思等，使其成为完整的教研活动资料。这份资料既能反映这一学期我们副班教研活动过程与效果，又便于总结与分析，使之后的教研活动有更好的效果。在此我也感谢每一位副班老师对我工作的支持。这学期我们的副班活动已结束，每个副班老师在教研活动中都有所成长。愿我们在新的学期中也能更上一层楼。

3. 参与教学科研管理

为了进一步提升年轻教师的教学能力，让她们在观摩学习中熟悉班级工作的相关工作和内容，特地让她们每人负责管理一个栏目的修改工作，如班级计划、家长会计划、兴趣班计划、读书笔记、课题计划等。此外，还让她们收集、整理南师大教学资源，并将资源分配到各个班级，方便教师开展教学。这虽然是一个新的小小的尝试，但是年轻教师在这个过程中，通过阅读优秀的经验文章，丰富了自己的教学经验，并适时地提出了自己的意见和建议，逐渐成熟起来，并向骨干教师行列靠拢。

4. 开展交流分享活动

年轻教师在自我学习、自我观摩、自我评价、自我反思中不断积累经验，获得最粗浅、最直接的教学方法和技巧，而帮助这种直接经验能够深刻于内心的方法，就是让她们在每次研讨活动后撰写相应的教育教学反思，并且在下一次研讨活动前进行诵读交流，分享自己的心得体会和感悟。通过这样的方式，她们逐渐从最初的不知如何写、写得零乱、写得偏题，到现在能紧扣文章题目来写，语句通畅、观点准确，还能从反思中领悟新的方法和观念。她们的多篇文章陆续获奖并发表。

附：新教师教学案例反思

碰撞＋反思＝进步

曾淑红

在幼儿园青年教研组的帮带和引领下，我在活动设计和把握上有了显著提高。特别是在中班体育游戏"好玩的长凳"中，通过一课多研的研究形式，我获益良多。

一、活动设计要有情景性、游戏性

在活动开始，我组织孩子们进行了基本的动作训练，以学本领的方式引导孩子们开始玩长凳。因为整个活动缺少了一定的情境性和游戏性，所以，在活动后期，有部分孩子因等待时间过长，开始东跑跑西看看。林老师在评论时指出，应创设情境让孩子们在情境中游戏。

于是，在老师们的建议下，我重新调整了活动：老师扮演兔妈妈，幼儿扮演兔宝宝，一起学本领，过各种形式的桥去森林里寻宝。进入森林准备过桥时，兔妈妈就对宝宝们说"先过去的兔宝宝请一定要待在桥旁边的'草地'上，千万不要到处走动，不然会把大灰狼引过来的。"果然，孩子们勇敢地走过森林之桥后，都小心翼翼地坐在"草地"上，等待其他兔宝宝的到来。偶尔有一个兔宝宝想离开"草地"，旁边的兔宝宝就会小声地提醒他："嘘！小心，有大灰狼！"看到孩子们如此的投入，我终于懂得为什么活动要以游戏为载体，创造一定的情境了。

二、活动内容要由易到难，层层递进

我选择了不同高度的长凳，设计了不同形式的桥锻炼孩子的平衡能力，并采用独木桥→双木桥→分开的双木桥→一高一低的双木桥的顺序，让孩子们勇敢大胆地探索通过各种桥的办法。开始时孩子们兴致很高，但在活动后期有点心不在焉。基于出现的问题，林老师指出，桥出现的顺序有点问题，没有体现由易到难的层次感，没有挑战。于是，在第二次活动中，我就调整了桥的顺序，以双木桥→分开的双木桥→独木桥→一高一低的双木桥的顺序展开。由于桥的形式变化多样，挑战也是由易到难，游戏带给了孩子们很多惊喜，同时也紧紧地抓住了孩子们的心。

三、活动要注意严谨性

第一次活动的随意性较强，孩子们有钻长凳玩的，有绕着长凳跑的，有将长凳当作小船划的……孩子们在探索长凳的玩法时，个别孩子不太注意安全，如随意乱钻、相互碰撞……讨论时老师们指出，自由探索也是在一定的规则下进行，要注意严谨性。在第二次活动中，我以兔妈妈的身份讲解了自由玩长凳时的要求并示范了正确的向下跳的方法，这一次，孩子们显然比第一次更有序、更投入。

作为一个青年教师，我非常庆幸能在这次研修活动中献课，也非常感谢各位老师的耐心帮助和指导，让我不断尝试和更改，最终设计出了孩子喜欢并积极参与的游戏，让我在互相碰撞、不断反思和进步中慢慢成长。

四、分帮带组

《国家中长期教育改革和发展规划纲要（2010—2020年)》提出，要把提高质量作为教育改革发展的核心任务。而促进幼儿教师专业化发展，提高幼教师资队伍质量则直接影响着学前教育质量的提高。优秀的教师是幼儿教师队伍里的精英，是优质学前教育的缔造者，研究也表明，"优秀教师的生成过程与教师专业发展的过程存在着本质上的契合"[1]。因此，关注优秀教师的成长对幼儿教师专业化发展有着指向性的意义。

为进一步加强幼儿园保教队伍建设，规范教师、保育员的选拔、培训、使用、考核和管理，依据《总后幼儿园骨干教师管理规定》和《关于加强总后幼儿教师队伍建设的意见》，结合新桥医院幼儿园工作实际，特制定《第三军医大学幼儿园骨干教师、骨干保育员评选管理办法（试行)》，幼儿园每两年开展一次总后骨干教师和幼儿园骨干教师（保育员）评选活动。2013年年底，总后勤部幼教管理部门开展了骨干教师的评选活动，陈薇、沈光兰被评为总后骨干教师。2014年12月，首届幼儿园骨干教师、骨干保育员专家评鉴会正式举行，幼儿园8名教师、5名保育员参评。经过个人申报、材料审核、述职答辩、专家考核、结果公示等程序，评选出霍宇、陈婷婷2名教师和保育员何利为幼儿园首届骨干教师和骨干保育员。评选出的骨干教师一方面体现了自身价值所在，另一方面在帮带新教师成长的同时，推动了幼儿园的整体发展。

---

[1] 马毅飞. 澳大利亚政府优秀教师计划研究 [D]. 上海：华东师范大学，2010.

（一）骨干教师帮带

1. 总后勤部骨干教师帮带——多层次帮扶，带动教师快速成长

结合总后勤部骨干教师帮带指导要求，幼儿园开展了一对一的结对帮带活动，分别从骨干教师群、有经验教师群、新教师群三个不同层次的教师中各选一个进行帮带。陈薇负责的帮带小组由陈婷婷、周丹、徐亚玲组成，沈光兰负责的帮带小组由杨琴琴、唐乾坤、杨雨蕉组成。帮带组长要分析不同教师群体的成长心理需求，分层次、有目的地进行业务指导，坚持每半个月到班上听一次教学观摩，每一个月观看一次半日活动。在日常教学管理中，帮带组长要加强对这几位老师的教学关注，及时和她们谈心、交流，关注她们的教学特点，就活动中发现的问题提出自己的思考和建议，撰写活动反思，提高写作能力，积淀研究经验。通过两年多的不间断帮带，6 个人有了不同程度的进步和提升。

（1）制订帮带教师计划，共同进步。

作为帮带组长的陈薇和沈光兰，用骨干教师的标准严格要求自己，精心制订自我成长计划和帮带计划，有针对性地开展日常教学实践和研究，并带头进入班级开展示范性教学活动；在完成本职工作的基础上，引领全园教师开展课题研究，定期组织专题讲座；有针对性地指导个别教师开展沙区教师成长课题研究，在帮带教师群体成长的过程中促使自己不断完善、不断成长，努力在教师团队中体现领头羊作用。

附：2014 年总后勤部幼儿园骨干教师帮带计划

自我完善及帮带计划

沈光兰

2014 年年初，我被荣幸地评为总后二级骨干教师。我深知这是领导和同事对我的肯定，是一份很珍贵的荣誉，但更是一种压力与责任。我暗自下定决心，要充分发挥总后骨干教师的示范引领作用，促进幼儿园教师的专业成长，推动幼儿园教学科研工作的顺利开展。按照总后、协作区对总后二级骨干教师的工作要求，我制订了本计划。计划分为个人工作计划与帮带计划两部分。我将与帮带教师一起，通过一系列的活动不断完善自己，充实自己，积极提高自身的业务能力，特制订如下计划。

一、个人工作计划

（一）目标

（1）严格做到为人师表，遵守教师职业道德规范，做一名领导信任、幼儿喜爱、家长放心、同事认可的骨干教师。

（2）积极发挥业务主管作用，管理好婴小班日常业务工作，保证日常教学的顺利进行；全面负责幼儿园科学领域课题的实施，切实推动各班科学领域活动的顺利开展；通过进班听课、评课、专题交流等活动与老师互动交流，加强引领作用，提升自身的指导能力。

（二）措施

（1）工作中严于律己，以幼儿园教师行为规则为依据，时刻注意自己的言行举止，处处以骨干教师的标准要求自己。

（2）严格日常业务工作管理，认真批改老师的各种计划（包括备课本），定期检查环境创设，随时抽查班级教学实施情况。指导全园科学领域课题的顺利进行，指导、组织全园教研活动一次，负责联系专家科学讲座一次。指导老师参与全区教玩具比赛，争取获得好成绩。

（3）走进班级，走进教师，多听多评课。利用教科研时间，或随时与老师进行交流，教学课时量不少于30学时（包括半日活动、集中活动、帮带活动和其他观摩活动）。

（4）作为沙区幼儿园中心组成员，认真完成自己的任务，在专家的引领下，与老师们一起设计好美工区观察记录表。

（5）积极参加园内外各种学习，更新教育观念，提高专业认识。在学习中做好相关笔记，以供随时查阅。

（6）身体力行，积极争取承担园内公开活动以及协作区、沙区公开活动。

（7）多阅读幼教书籍，不断充电，完善自己，争取撰写出较高水平的文章，并发表或获奖。

二、帮带计划

根据总后二级骨干教师帮带工作的要求，我将与园内三名教师、协作区两名教师结成对子，指导被帮带教师围绕教学日标、教学内容、教学方法和教学效果等方面进行共同的探索，更快更好地在互帮互学的氛围中迅速成长。

（一）目标

（1）营造积极进取的良好氛围，统一思想，提高认识，开展扎实有效的活动。

（2）坚持专业成长广撒网的原则，选择三个不同层次的教师进行帮带，根据教师的特点和层次制订具体的帮带措施，促进教师在原来的基础上有所进步。

（3）带动老师进行及时讨论与反思，争取教育教学水平的最大进步。通过大量的听课、评课，提高教学实践能力。通过参加专业技能竞赛、文章评比等活动，提高专业技能和写作水平。

（二）措施

1. 杨琴琴

个人分析：工作时间七年，毕业于重庆市涪陵师范学院音乐学院音乐学本科，任班长五年，现担任教研组长。她工作认真、负责，能积极并高效完成班级各项任务，热爱幼儿园这个团队并愿意为让这个团队更加出色而积极努力。热心助人，积极开朗，喜欢学习，特长突出，在舞蹈、语言、交往能力等方面有较大优势。对班级管理工作有一定的经验，善于与家长沟通，促进家园配合。美中不足的是坚持性不够持久，性格较急躁，梳理教学教育经验能力有待加强。针对这些特点和问题，我将从以下几方面进行帮带。

具体措施：

（1）听课与评课，随时进班听课并指导，数量不少于3课时。

（2）经常与该教师总结教学，指导其写好教学反思和随笔，修改文章不少于一篇，并积极争取发表或获奖。

（3）指导组织一次园内教研活动，或者班级环境创设。

（4）指导上一次公开活动，或参加一次专业比赛。

2. 唐乾坤

个人分析：工作时间八年，毕业于重庆市师范大学学前教育专业，曾任班长两年。她性格开朗，工作很有激情，能积极完成班级各项任务。有自己的特长，在形体、语言、唱歌等方面有较大的优势。对班级管理工作有一定的经验，组织日常的教育教学较为得心应手。需要注意的是学习能力、自我反思能力欠佳，梳理教育教学经验的能力、文字表达能力还有待加强。针对这些特点和问题，我将从以下几方面进行帮带。

具体措施：

（1）听课与评课，随时进班听课并指导，数量不少于4课时。

（2）经常与该教师总结教学，指导其写好教学反思和随笔，修改文章不少于一篇。

（3）指导组织一次园内教研活动，或者班级环境创设。

（4）指导上一次公开活动。

（5）每次听讲座或参加其他学习后，均与其进行面对面交流、讨论。

3. 杨雨蕉

个人分析：2013 年参加工作，音乐专业本科生，毕业于成都师范学院早期教育学院幼儿教育专业，属于新入职教师。该教师有创新意识，喜欢唱歌、跳舞、朗诵，善于在各种场合表现自己的优势和特长。喜欢和幼儿玩在一起，深得幼儿的喜欢。

对于班级工作、教学工作，正处于学习、塑形的阶段，需要对其进行进一步的教学规范，使其更好地组织好幼儿园的日常工作，为今后走上专业化的道路打下坚实的基础。针对这些特点和问题，我将从以下几方面进行帮带。

具体措施：

（1）听课与评课，随时进班听课并指导，数量不少于 5 课时。

（2）经常与该教师总结教学，指导其写好教学反思和随笔，修改文章不少于一篇。

（3）指导上一次公开活动，或参加一次专业比赛。

4. 协作区帮带教师汪传芳、李佳芯

与被帮带教师进行不定期交流、互相看课，指导其开展日常教学、家长会、示范教学等工作。

附：2014 年总后勤部幼儿园骨干教师帮带总结

塑造完美，引领成长

陈薇

结合幼儿园"十二五"规划和"十二五"全军课题的目标和内容，在对全园教师进行了《幼儿教师专业标准》《3～6 岁儿童学习与发展指南》等相关培训后，教师们的思想、态度、行动都有了明显的改变，教师的专业化需求也有了提高。今年，结合总后勤部骨干教师帮带活动，我及时和教师们谈心、交流，关注她们的教学特点，分析不同教师群体的成长心理需求，分层次、有目的地进行业务指导，在教学、科研等方面都取得了一定的成绩。这一年，在帮带教师群体成长的过程中促使自己不断进步、成长，努力塑造完美的自己，并在教师团队中充分彰显领头羊作用，引领整个教师群体共同成长。

一、日常教育教学管理，严谨有效

（一）开展活动区评选，鼓励创新

在多年创设活动区的基础上，今年幼儿园特地围绕"科学、阅读"打造各富特色的班级活动区，根据区域设置的合理性、材料投放的适宜性、主题开展的延续性等开展了评优活动，并探讨"哪个年龄段的幼儿适合什么样的操作材料、如何制作科学区的材料"这一问题。老师们在参观和讲评中对优秀班级给予了肯定，同时也对比自己班级的活动区进行思考和分析，并做进一步的调整。教师们在这种看、比、学的过程中，学会了取长补短、不断创新。

（二）接待半日活动观摩，泰然自若

4月份，共有7位班长和保育员曾先后2次接待了重庆市"红黄蓝、新桥小学、物资局、华岩世家"等幼儿园的教师约50人次来园观摩半日活动。这不仅是一次常规式的教学观摩，也是一次展示教师风采的观摩。教师从容地接待和面对这种外来教师的参观和观摩，对她们在教育教学能力上既是一次挑战，也是对她们在大众面前自然表现的心理素质上的一次挑战。

（三）开展主题式班级家长会，针对性强

班长们有了去年开展主题式班级家长会的经验之后，今年她们对这种针对性更强、实效性更高的主题式班级家长会不再感到困难，能够在准确地分析班级幼儿的年龄特点基础之上，更加灵活地设计适宜的策略进行教学，在充分满足幼儿的需求之后，学会了如何将家长的力量运用到班级的教育和管理之中，从而更好地促进幼儿的发展，提升家长的教育能力，有效促进家园合作。

二、指导各个教研组开展实效性的研究

根据幼儿园划分的"全体教师教研组、有经验的班长管理组、年轻的副班探究组、保育员教研组"四个研究团队，我分别就各个团队的教师特点和成长的需求进行分析、指导，并重点指导年轻的副班探究组进行有计划、分步骤的研究，收到了较好的效果。

（一）教师教研组，研究目的性更强

杨琴琴作为才上任一年的教研组长，组织研讨的意识和大胆管理的经验还比较欠缺，使得研讨的内容没有联系日常教学的需要，教研活动随意性太大，流于形式，造成研讨时间隐形浪费，没有起到积极的促进作用。于是，我从制订计划、组织研讨活动、总结经验等环节分析她去年组织的活动，找出存在的问题，如"学期计划应更详细，可操作性要强；每一次的具体实施计划都应有体现；有现场的记录、过程中的研讨反思、调整策略等"。并提出善意的意见和建议，帮助她树立教研组长的信心，建立教研组长的威信。在我的帮助下，她逐渐明确了教研活动的目的和意义，主动发挥教研组长的带头示范作用，并切合教师在教育教学中遇到的实际问题进行研讨，寻找有价值的亮点进行深入研讨。教师们参与研讨活动的主动性增强了，研究内容也更有针对性和实效性。

（二）班长研讨组，管理能动性提高

作为班长两周一次总结会的主持人，我每一次都能认真倾听班长们总结的内容，并从她们的发言中快速分析各自班级管理中存在的问题，然后从总结的范畴、叙述的详略、语言的表达等方面提出合理化的建议，帮助她们掌握总结的技巧，树立管理的意识，使她们对班级管理、教师合作、家园沟通、园所建设等的认识逐渐成熟起来，既帮助她们解决日常管理中的困惑，也帮助她们理性认识班级和幼儿园管理中的矛盾，发挥班长的最大能动性，更好地管理好班级，从而更好地服务于幼儿，服务于家长。

（三）副班探究组，帮带式研讨有成效

在多数都是入职一年的年轻教师团队中，我推举了入职 8 年的骨干教师周丹为组长，力图采用同龄互动交流的方式让年轻教师尽早适应入职初期，顺利进入职业奋斗期。徐亚玲自愿担任秘书，协助组长做好教研活动的准备工作和资料的收集整理工作。在这一年的研究过程中，副班组教师结合自身的成长需求，决定根据各个游戏活动开展研究，采取一个年轻教师上课，一个骨干教师指导并做专题讲座的形式进行。这样既为年轻教师提供了实战演练的机会，也为骨干教师帮扶指导提供了锻炼的机会。教师们在相互观摩、学习中不断提升专业理论和实践经验。

（四）保育员教研组，研讨实效性增强

为更好地加强幼儿的日常保育工作，幼儿园在开展保育教研提高保育员素质的同时，不断新增设施设备，改善保教条件，为幼儿提供一个健康、安全的成长环境。

1. 重整班级内务，美化班级环境

班级物品的摆放和管理，一直以来困扰着教师和保育员，如拖把扫帚随意摆放，教学用具随处可见、杂乱无章。为了让班级环境更加干净、整洁，周园长和我带领全体保育员参观每个班级的教室、卧室、储藏室、厕所等，就各班的现象提出研讨的重点"如何有序摆放班级物品"。保育组经过反复讨论决定将厕所拖把、扫帚悬挂在墙上，储藏柜进行物品分类、分柜摆放等，并贴上相应的标签，让人一目了然。通过这种察看现场、分析问题、提出策略、实施操作等环节，让保育员自己寻找问题、分析问题、解决问题，并对实施方案再次评价、不断调整，最终统一标准，分班实施。通过重整内务，美化班级环境，不仅规范了班级的内务管理，同时也给了幼儿一个干净、整洁、安全的活动环境。

2. 研究内容实效，帮带效果明显

保育队伍中也有新教师的加入，为了让新保育员更快适应保育岗位，做好保教配合工作，保育员特别针对新教师进行技能性的培训和研讨。如请徐文静就如何清洁杯子、餐巾等进行现场操作解说，请袁小华就如何清洗、消毒玩教具等进行现场演示讲解。其他有经验的保育员在充分肯定她们工作的同时，提出了合理化的建议，这样既帮助年轻保育员强化了基本技能，也对她们更好地开展班级保育工作提供了帮助。

三、多样化培训和比赛，提高教师整体素质

（一）专题讲座

1. 专题讲座"如何撰写个人成长规划"

结合"十二五"课题研究的内容，为了指导教师们的专业成长更具有目的性和操作性，2014 年 1 月我开展了"如何撰写个人成长规划"专题讲座，就往年撰写的个人成长规划中存在的问题进行详细分析，提出策略，然后针对每一位教师新撰写的个人成长规划进行一对一的单独指导，帮助教师们分析自身的优缺点，剖析内心的成长需求，大胆制订专业成长规划，并指导教师根据个人规划拟定详细的计划逐步实施，使其更加富有个性化地成长。

2. 沙区园长论坛——十年磨一剑：浅谈新桥医院幼儿园教师专业成长之路

作为重庆市示范幼儿园，幼儿园在多年的努力中寻求发展，在不断的创新中收获成功，整个教师队伍素质大幅度提升，已经在重庆市小有名声。为了将幼儿园的发展历程和经验相互交流，2014 年 12 月我参加了沙区园长论坛"十年磨一剑——浅谈新桥医院幼儿园教师专业成长之路"，对于幼儿园教师队伍培养的方法和措施的分享受到与会专家和园长们的肯定。

3. 专题讲座"如何撰写文章"

在网络快速发展的今天，年轻教师喜欢在微博、QQ 群、微信中阅读，擅长网络快餐文化，喜欢简短、卖萌的网络语言，而不喜欢静下心来将已有的经验用书面文字的形式撰写出来。于是，2015 年 1 月我针对教师的需求设计了"写作调查问卷"，并做了"如何撰写文章"的专题讲座，以教师自己的经验文章作为案例进行解读、分析，从而让教师初步掌握文章的基本结构、文章体裁、文字修辞等。

（二）外出参观学习，开展模仿示范课

幼儿园每年都会选派部分教师外出观摩学习，为了进一步提升教师们的教育理念，增强教育教学能力，要求教师们在外出学习返园之后根据自己的理解做专题汇报，然后模仿其中一节观摩活动为全园教师献课并进行研讨。这样既直观地观摩了外地教师的新教学方法，又锻炼了本园献课教师的基本教学能力。今年上半年共有 8 位教师外出学习，其中，我到南京参加了总后组织的骨干教师培训班后，给老师们展示了大班科学活动"水的毛细现象"观摩课。2015 年 1 月又在协作片区开展了示范教学活动——大班美术欣赏活动"福"。

（三）指导教师参加"沙区教玩具制作比赛"

根据"沙区教玩具制作比赛"要求，教师们每人设计 1~2 项教玩具的制作主题和方案后一起讨论，筛选出有价值的和操作性强的方案实施，经过大家分析，选定了 3 位教师的方案来实施，以小组为单位自由组合。于是，我和乔雪梅、曾淑红为一组开展了"神奇的树"的制作，获三等奖。

（四）指导教师撰写文章获奖并发表

今年幼儿园多次组织教师撰写文章，参加"今日教育杯——读经典·润童心"比赛，共有 24 名教师获指导奖，有 7 名幼儿获一等奖、17 名幼儿获二等奖、24 名幼儿获三等奖；参加"全国第三届学前教育研究教育随笔"征文比赛，幼儿园获优秀组织奖，其中，2 篇获一等奖、7 篇获二等奖、6 篇获三等奖、4 篇获优秀奖。此外，还有多篇文章发表。

四、沙区"教师专业成长课题"顺利结题并获奖

7 个班长申报沙区"教师专业成长课题"并开展研究以来，对于研究的内容、方式、策略方面总是有些困惑甚至茫然，在每个月开展的课题交流会上总是轻描淡写、简短讲述，有的研究计划漫无目的，有的研究内容偏离重点，有的实施方法效果欠佳。面对这么多的阻力和困难，我与她们面对面地交流和指导，帮助她们制订详细的计划，按期完成研究内容。在今年准备课题结题期间，我开展了"如何整理研究管理手册、如何撰写结题报告"等专题讲座，帮助她们理清思路、搭建框架、整理资料。特别是撰写结题报告时，她们都感到困难很多，压力很大，于是我采用一对一的方式进行详细指导，从报告的结构、文字的描述、成果经验的提升等方面进行指导，并根据每个人的能力提出不同的要求，努力使结题报告更加规范，结题成效更加明显，每一个结题报告更富有个性。有的结题报告甚至修改了 5 次之多。功夫不负有心人，6 月 21日上午，7 个课题负责人在"沙区教师成长课题"结题会上沉着冷静、侃侃而谈，分别对课题研究采取的措施、开展的活动、收到的实效等做了详细的介绍，得到专家的认可，并顺利结题。10 月，参加"沙区教育科学规划中小学教师成长课题"评选，有 2 个课题荣获二等奖，2 个课题荣获三等奖，幼儿园荣获课题先进单位。经过一年的辛苦研究，终于体验了成功，她们脸上露出了

欣慰的笑容。

五、加强幼儿园对外宣传，维护幼儿园良好形象

在做好幼儿园日常工作和内部管理的同时，我还有义务对外宣传幼儿园开展的活动，树立幼儿园的良好形象。以往幼儿园内开展重大活动后撰写的新闻稿都只发布于《新桥医院院报》上，今年我增加了媒介报道，如联系重庆市《新家长报》来幼儿园为大中班的小朋友拍摄最美笑脸；预约重庆电视台"晴彩频道"来园摄制"小故事·大剧场"，并编辑成5分钟的短片播放；协助重庆电视台"少儿频道"举办"我要上春晚"，来园在大中班幼儿中海选部分幼儿参与活动。这些活动的开展，在为幼儿提供展示多彩才艺的平台的同时，也为幼儿园提供了对外宣传、展示风采的机会。

六、本人文章获奖、发表

1. 发表

《〈3~6岁儿童学习与发展指南〉实践操作手册》（编委）

《由备课本引发的思考》——《进修与教研》总第71期

《活动区与主题活动之融合策略——行动上的指南》——沙区贯彻实施《3~6岁儿童学习与发展指南》阶段成果（一）（编委）

《深化园本培训的新路径》——《教育策划与管理》2014年第5期

2. 获奖

（1）2014年6月重庆市第二届"今日教育杯"幼儿"读经典·润童心"比赛获教师指导奖一、二等奖；指导幼儿获一等奖1名、二等奖1名、三等奖3名；

2）2014年9月参与制作"神奇的树"获沙区幼儿园教玩具制作比赛三等奖；

3）2014年11月论文《幼儿园教师培训现状及对策》获第三届全国幼儿园优秀教育随笔征文一等奖。

七、个体帮带有特色

在日常教学管理中，我加强了对这几位老师的教学关注，坚持每半个月到班上听一次教学观摩，每一个月观看一次半日活动。我不提前通知，而是临时决定到班上进行现场观摩，目的是尽量观看她们的原生态课，了解她们在日常教学中的真实情况，课后先听她们自己反思，提出调整策略，然后我再就活动中发现的问题提出自己的思考和建议，最后，请她们撰写活动反思，帮助她们理清思路，积淀研究经验，提高写作能力。

（一）陈婷婷

1. 加强日常教学观摩，承担公开研讨课

平时注重班级教学工作以及科研课题的开展，能根据实际情况拟订计划并实施。5 月份，她主动承担了沙区美术活动区观察与记录公开研讨课"指纹创意画"，这也正是她主研的"沙区教师成长课题——大班幼儿自主绘画能力研究"的内容。该活动给幼儿提供了丰富的想象空间，让幼儿充分感受到了图案线条的美。2015 年 1 月 9 日又为重庆市早期阅读教育课题组提供了"你好，你好"现场研讨活动，受到好评。

2. 沙区教师成长课题首次立项并获二等奖

作为才上任的科研组长，她对科研课题的管理目的和要求还不太熟悉，因此，我从课题资料的收集、整理，到课题研究报告的撰写、结题报告 PPT 的制作等，手把手地教她，并对她提出了较高的要求。因为平时的科研工作开展得比较扎实，资料收集比较及时，结题现场把握较好，课题获得了评审组的高度赞扬，在 7 个课题结题效果中排名第一。她在参加"沙区教育科学规划中小学教师成长课题"评选中，荣获二等奖。

3. 担任"小故事·大剧场""六一"庆祝活动的主持人

今年"六一"节的庆祝主题是结合阅读开展相关的表演活动。教师们从拟定活动主题、选择经典故事、召开家长会、举办班级故事海选会等活动中，不断调整、逐步完善活动方案。经过大家的综合分析，决定让陈婷婷和陈玲主持本次活动。我从主持词的撰写、节目顺序的编排、主持技巧的把握、舞台现场的调控等对她们进行有针对性的指导，活动赢得了家长们的一致好评。

4. 成绩

（1）2014 年 3 月文章《童心、童趣、童画》获沙坪坝区"倾听孩子，共同成长"征文比赛二等奖。

（2）2014 年 4 月参加幼儿园活动区评比，获大中班组第二名。

（3）2014 年 5 月承担沙区"教师成长课题"公开研讨课"指纹创意画"。

（4）2014 年 5 月接待重庆市幼儿园半日活动观摩现场 2 次。

（5）2014 年 6 月在重庆市"今日教育杯——幼儿读经典·润童心"诗歌比赛中，指导多名小朋友分别获一等奖 1 名、二等奖 1 名、三等奖 4 名，并获指导教师奖一、二等奖。

（6）2014 年 6 月参加幼儿园教师演讲比赛，获二等奖。

（7）2014 年 11 月论文《大班班级管理初探》获第三届全国幼儿园优秀教育随笔征文一等奖。

（8）课题"大班幼儿自主绘画能力研究"于 2014 年 6 月结题，于 2014 年 12 月获沙区教育科学规划中小学教师成长课题二等奖，并发表在《进修与教研》2014 年第 2 期（总第 72 期）上。

（9）2014 年 12 月接待重庆市国培园训班半日活动观摩现场。

（10）2014 年 12 月被评为总后勤部高级教师。

（11）2014 年 12 月被评为幼儿园骨干教师。

（12）2014 年 12 月新桥医院文体先进个人。

（13）2015 年 1 月 9 日接待重庆市早期阅读教育课题组并提供现场活动"你好，你好"。

（二）骨干教师——周丹

1. 担任副班年轻教师组的组长

作为副班研究组的组长，她能主动分析研究小组人员的基本情况，并思考研究的方向和内容，听取大家的学习和研究需求，有针对性地开展一课一评析，并采取一一结对的形式进行试课、磨课、研课，让年轻教师从日常生活环节、基本教学过程、简单的教育机制等方面进行亲身体验和学习，在实践和交流中得到专业提升。

2. 协助组织电脑培训活动

她擅长电脑和网络操作，能发挥自身优势，协助业务园长积极组织全园教师参加培训，掌握 2007 版 Word、PPT 等 Office 技术，并帮助教师答疑解惑，使大家的电脑水平有了新的突破。

3. 担任节目主角和迎新活动的主持人

近年来，在幼儿园开展的各项活动中，她展示出了自己独有的表演特长，今年主动参与了全园"六一"活动大节目"妙呼回春"的表演，并担任主角，精彩的表情、动作和语言受到了全园家长和小朋友的喜欢。她于年底担任了新桥街道组织的"第九届社区运动会"主持人，并担任了幼儿园举办的"奔跑吧，宝贝"迎新活动的主持人，在活动中崭露出自己独特的艺术表演特色，受到家长和小朋友的喜欢。

4. 2014 年 9 月担任班长

通过不懈努力，她不但提高了自己的教学水平，还在副班研究小组中积淀了一定的组织和管理能力，于 7 月份竞聘为婴儿班班长，并自 2014 年 9 月起努力践行班长的职责和义务。

5. 成绩

（1）2014 年 1 月文章《会跳舞的小纸片》发表在《当代幼教》。

（2）2014年4月幼儿园活动区评比，获婴小班组第二名。

（3）2014年4月承担幼儿园音乐游戏研讨课——小班"我当小司机"。

（4）2014年5月 沙区"音乐和舞蹈"教育教学技能比赛获一等奖。

（5）2014年6月在重庆市"今日教育杯——幼儿读经典·润童心"诗歌比赛中指导小朋友获二等奖1名，并获"指导教师二等奖"。

（6）2014年9月参与制作《神奇大魔箱》，获沙区"幼儿园自制教玩具比赛"二等奖。

（7）2014年9月承担幼儿园科学活动研讨课——婴班"认识水宝宝"。

（8）2014年9月开展全园教研活动"科学知识讲座"。

（9）2014年11月文章《我想站第一》获第三届全国幼儿园优秀教育随笔征文三等奖。

（10）2014年12月接待重庆市国培园训班半日活动观摩现场。

（11）2014年6月参与课题"大带小活动提高幼儿交往能力的尝试"研究，已结题，于2014年12月获沙区教育科学规划中小学教师成长课题二等奖，并发表在《进修与教研》2014年第2期（总第72期）。

（12）2014年12月获得新桥医院后勤聘用人员嘉奖。

（三）青年教师：徐亚玲

1. 每个月上一节观摩课

作为刚入职的新教师，她认真备课写计划，每个月主动要求上一节观摩课，虚心听取意见，调整教学策略，使自己尽快熟悉各个生活和教学环节，并积极承担园内的研讨课，不断提高教学水平。

2. 担任副班研讨组秘书

她积极承担教学和研讨任务，主动担任副班组长的秘书，并协助组长做好教研活动的准备工作和资料的收集整理工作。在过程中她善于观察、学习、总结，能够及时提出较好的意见和建议，不断完善研究方法和形式，更好地促进年轻教师的专业成长。

3. 担任节目主角和迎新活动的主持人

在六一庆祝活动中，她和班长一起积极地策划、组织、主持本班孩子的"六一"活动节目的创编和排练，受到了好评。她于年底担任了幼儿园举办的"奔跑吧，宝贝"迎新活动的主持人，在活动中表现大胆、活泼，受到家长和小朋友的喜欢。

4. 演讲比赛获奖

根据总后协作区重庆片区举行的"教师师德师风"演讲比赛要求，幼儿园在园内进行了一次演讲比赛，她主动撰写参赛文稿，以新教师成长为视角进行声情并茂的演讲，获得了二等奖。

5. 成绩

（1）2014年1月文章《我的爱从蹲下来抱孩子开始》发表在《进修与教研》上。

（2）2014年4月参加幼儿园活动区评比，获婴小班组第一名。

（3）2014年6月幼儿园教师演讲比赛获二等奖。

（4）2014年6月参加重庆市"今日教育杯——幼儿读经典·润童心"诗歌比赛，指导多名小朋友获二等奖1名，并获"指导教师二等奖"。

（5）2014年11月文章《拥抱星星的太阳》获第三届全国幼儿园优秀教育随笔征文二等奖。

（6）2014年12月被评为新桥医院文体先进个人。

（2）被帮带教师努力进取，突破人生规划。

6位被帮带教师，除了在日常教育教学中能自觉地进行学习和研讨外，还主动和帮带组长进行交流、沟通，坚持每半个月请帮带组长到班上听一次教学观摩，每个月观看一次半日活动，等等。有时候，帮带组长也会临时决定到班上进行现场观摩，目的是尽量观看她们的原生态课，了解她们在日常教学中的真实情况，课后先听她们自己的说课反思，提出调整策略，然后再就活动中发现的问题提出自己的思考和建议，最后，请她们撰写活动反思，帮助她们理清思路，积淀研究经验，提高写作能力。在这样细致、周密的帮带计划和氛围中，她们的专业成长速度非常快。

①陈婷婷，晋升高级教师，突破预期规划。

陈婷婷是一位美术专业的本科毕业生，工作已有10年，曾任班长3年，现担任科研组长。她工作认真、负责，积极、主动，善于打造班级环境和丰富多彩的活动区，在呈现生活美的同时，能体现出儿童的艺术美，让幼儿在活动中自然地接受美的熏陶，此外，还能在保质保量完成工作的基础上，创造性地开展教学工作。但是，她性格较内向，不善于表达自己的需求，对经验的总结提升不全面，刚担任科研组长时，对职责认识不清，还不能很好地与业务管理者沟通、交流，不善于将教学与科研有机结合。针对这些特点和问题，骨干教师从多方面进行帮带、引领，注重平时的班级教学工作以及科研课题的开展，并根据实际情况拟订计划并实施。在帮带后，她多次承担公开现场课，担任"六一"活动主持人，主动完成教学任务，特别是在沙区教师成长课题的开展过程中，注重有计划、有目的地开展课题研究，对课题资料的收集、整理丰富全面，结题现场把握较好，获得了评审组的高度赞扬，在 7 个课题结题效果中排名第一。她参加"沙区教育科学规划中小学教师成长课题"评选，荣获二等奖。在这一系列活动中她快速成长，于 2014 年被评为高级教师，同时也被评为新桥医院幼儿园首届骨干教师。

②周丹，晋升班长，实现人生规划。

她是一位美术专业的本科毕业生，工作已有 8 年，活泼、热情，是个热心、助人为乐的人，能积极、主动地参与幼儿园各类活动。长期担任婴小班教育教学工作，有童心、童趣。擅长电脑操作和多媒体技术的运用，善于利用班级 QQ 群、微信等形式与家长及时交流。但是因性格随和，在工作中显得随意，缺乏严谨的态度和周详的计划，自我管理意识较弱。针对这些特点和问题，帮带教师督促她按计划实施，经常性地检查、提醒，坚持每半个月一节园内公开教学活动，每个月一次家长开放日活动等。在自己的不懈努力下，她积极参与幼儿园活动，担任运动会主持人，组织教师排练童话剧，在联欢活动中表演小品，协助业务园长组织电脑培训，等等，不但在各种活动中展示了自己的优势和特长，还提高了自己的教学水平和组织能力，特别是在担任副班研究小组中积淀了一定的组织、协调和管理能力，2014 年 7 月竞聘为婴儿班班长，实现了她的人生规划。

③杨雨蕉，多次获奖晋升副班骨干。

她于 2013 年参加工作，是一名音乐专业本科生，有创新意识，喜欢唱歌、跳舞、朗诵，善于在各种场合表现自己的优势和特长，但是还不能很好地组织幼儿园的日常教学工作。针对这些特点，帮带教师在指导她做好本职教学工作的同时，还为她提供更多的展示平台，如活动策划和组织、演讲比赛、家长开放日等活动。特别是在 2014 年 7 月参加协作区幼儿园教师"师德师风演讲"比赛获得一等奖，为她的专业成长增添了更多的自信和动力。同时，她撰写的教学反思和随笔参加比赛获奖，在年轻教师群体中她逐渐晋升为骨干，具有一定的带头作用和影响力。

附：2014 年总后勤部幼儿园第一届骨干教师被帮带对象成长感悟

在帮带中成长

杨雨蕉

时间过得很快，骨干教师帮带活动已经进行了一年。我作为一名入职刚一年多的新教师，很荣幸地成为沈老师帮带小组中的一员，有了这么一位经验十足又愿意与我们分享的老教师的帮助，我在这一年中收获颇多。

一、教育教学方面

（一）认真备课，注重活动的完整性、深入度、统一性

教育教学是作为教师最基础的一部分，同样也是最难的一部分，任何活动都要经过有计划的备课、开展、反思等步骤。作为一名年轻教师，我觉得只要态度认真，每一步基础做好就行了，在沈老师听了我的一次半日活动谈话后，我才发现教育教学远不是我想象的那么简单，一个小技巧都会非常受用：一天的活动最好是一个主题，这样幼儿参与活动的深入度相比之前会有很大的提高，主题教学的科学性也能更好地体现出来。

（二）公开活动——家长开放日

作为科学小组的成员，在家长开放日活动时我进行了一次科学活动的公开教学，活动进行得很顺利，幼儿对本次活动兴趣很浓。但是我却忽略了家长开放日的特点，全程按照平时活动的方式开展，没有家长的参与、配合，显然活动没能达到最佳效果。

（三）科学实验——让孩子们爱上科学

本学期我们开展了"爱国旗·爱科学"的国旗下的科学活动，孩子们对科学活动很感兴趣。在和沈老师组织的"送课到班"活动中，我的能力得到了提高，一个相同的科学活动，从婴班到大班，应该怎样设计环节，了解该年龄幼儿的特点后，怎样调整幼儿兴趣点，怎样让他们的能力得到提高。让我深刻地体会到：总结与反思是提升自己的捷径。

二、环境创设——与幼儿兴趣及生活中的事物相结合

在沈老师的帮助下，我开展了一个美术方面的"笋壳画"系列活动，从笋壳的收集，到观察笋壳的特点特性，再制作笋壳画、笋壳手工作品，最后展示在活动区中。在这个过程中，孩子们和我一起玩，我和孩子们一起成长：活动在幼儿感兴趣的范围内开展，会事半功倍，仔细观察周围的生活，会有意想不到的收获。

三、发挥特长，展现教师风采

2014年7月，总后勤部重庆协作片区幼儿园开展了教师"师德师风"演讲比赛，经过园内演讲筛选后，我很荣幸地代表幼儿园参加了这次比赛。在整个修改稿子、试讲的过程中，沈老师不断给予我指导：语句的抑扬顿挫、对教师职业的真情流露等。让我整个人矛塞顿开，最终获得了二等奖的好成绩。

这一年，我深刻地体会到沈老师的良苦用心，自己也在摸索总结中不断地

成长。这一年，是丰收的一年，是我人生道路具有里程碑意义的一年。在以后的工作中，我会继续努力，在骨干教师的帮带下快速成长。

2. 新桥医院幼儿园第一届骨干教师帮带

在总后勤部骨干教师的带头榜样和引领作用下，新桥医院幼儿园评选出的几位骨干教师同样肩负着帮带的责任和义务。2015年初，经过层层筛选，最终评选出了霍宇、陈婷婷为骨干教师。她们因此也要根据骨干教师的相应评定标准进行自我成长规划和帮带计划，在给自己拟订成长目标的同时，还要兼顾帮带年轻教师的成长。

附：2015年新桥医院幼儿园第一届骨干教师

自我完善及帮带计划

霍宇

2015年，我有幸被评为幼儿园骨干教师，而作为骨干教师的首要任务，就是帮带幼儿园老师成长。我的帮带对象一个是工作十年左右的小二班班长胡春艳老师，另一个是刚工作两年左右的中二班教师曾淑红。

胡老师对小、中、大各班级的教育教学和管理都比较熟悉，对幼儿园的日常各项工作及家长工作都比较得心应手，曾担任过幼儿园教研组长职务，也承担过一定的教学现场观摩、比赛和科研等工作，是一个相对成熟和有经验的年轻教师。而曾淑红老师还只在小班和中班当过老师，对各年龄段孩子和各班级的全面了解和把握还不够，对班级和幼儿园的日常教育教学活动过程虽有一定了解，但效果仍有待进步和提高，尤其是孩子的日常管理和家长工作等方面。

针对这两个老师的不同情况，我制订了不同的帮带计划：

在这两年中，为胡老师提供更多的各种对内对外活动的机会，特别是园内大型活动的承担和园外竞赛、交流与培训等活动的参加，并在过程中给予一定的任务和帮助，促进胡老师寻找问题、总结提升。具体措施是：承担幼儿园大型活动组织至少一次（比如全园阅读活动日活动）；承担教学比赛至少一次；承担课题组公开教学活动至少一次（幼儿文学启蒙活动）；承担科研至少一项并担任主研；承担园外交流活动至少一次；形成经验文章至少2篇以上，并帮助胡老师进行发表。

对于曾淑红老师，则关注她的日常教育教学活动的开展和完善，每周仔细检查并完善活动计划，每周至少听一次半日活动，并及时与她进行沟通交流；每月阅读她的教学日志并和她展开研讨，针对她的一些困惑给予适当的帮助（亲自示范或提供相应书籍等）。每学期在我的工作任务中，请她当小助手，给予一定的任务，在过程中协助她完成，帮助她找到成功的喜悦和自信。在两年中，至少帮助她参加一次教学活动比赛；参加一项科研；承担二次班级活动组织以及园内一次大型活动组织；展开家长交流活动至少一次，总结梳理质量较高的经验文章至少 1 篇；帮助她成为自信成熟的年轻教师。

在帮带过程中，坚持相互学习、共同提高的原则，努力听取两位老师的意见和想法，并积极展开与她们的互动和研讨，在实践中加强理论的提升，做到理论联系实际，互相取长补短，做到在思想上相互及时提醒，在行动上积极跟进！争取在两年的帮带过程中彼此愉快地了解学习、愉快地成长进步！

（二）骨干保育员帮带

幼儿园的发展靠教师群体的发展，关注教师发展的同时，也应关注保育员群体的发展。因此，在评选骨干教师的同时，幼儿园也从 7 名保育员中评选出 1 名骨干保育员何利，希望通过她的示范引领作用，带动保育员队伍的整体发展。

附：2015 年新桥医院幼儿园第一届骨干保育员

自我完善及帮带计划

何利

作为幼儿园第一届骨干保育员，不但自己的工作要做得更到位，而且还要发挥骨干的引领作用，带动年轻保育员成长，从而提升幼儿园保育队伍的整体素质和能力。由此我制订了以下的帮带计划。

一、自我完善计划与成果目标

（1）本职工作：坚持做好日常的卫生消毒、配班工作，加强消毒工作（如每月清洗玩具、杯子和毛巾等），做到无卫生死角，随时保持班级环境的干净、整洁，做好班级物品的管理工作。

（2）学习：坚持每月看一本或两本杂志（幼教专刊、儿童与健康、学前教育等），还要认真做好笔记，让自己不断获取新的知识、信息，将其灵活地运用到自己的实践工作中去，从而提高自己的理论、写作水平，并且争取在今年内有一到两篇文章发表或获奖。

（3）小课题：独立申报保育员研究课题，多与班上老师一起商讨，提出自己的见解，大家共同去找到最有效的方式方法，让小课题顺利地开展下去。

（4）反思：坚持一天、一周、一月小结，总结出自己做得好的方面和不好的方面，然后及时改正不足的方面，继续发挥自己好的方面，让自己工作干得更加出色，有新的气象。

（5）帮带：做到每月去被帮带者班上从卫生、消毒、内务整理、配班等方面进行观摩，在这过程中彼此之间相互学习、共同成长！

二、帮带计划

（一）魏巧佳

（1）进一步掌握保育员一日工作的程序，提高实施保育工作的能力。

（2）每月开展一次观摩现场。

（3）充分发挥美术的特长，指导幼儿参加绘画比赛。

（4）坚持每学期看一本或两本好书籍，并做读书笔记。

（二）袁小华

（1）能把保育员一日工作做得更细、更精。

（2）每月开展一次观摩现场。

（3）坚持写教育笔记，并把好文章推荐参赛，争取一年有一篇文章获奖。

（4）坚持每学期看一本或两本好书籍，并作读书笔记。

（三）同伴互助帮带

同伴互助帮带产生于美国，当时（在20世纪60年代前后）对教师培训工作日渐重视。20世纪70年代的研究表明，只有10%的教师将其在专业培训中习得的教学技能和策略用于教学实践，新知识的迁移率非常低。80年代以前，教育者认为，教师专业培训就是使教师在学者、专家的引领下学习新的教育理论，再返回学校实践。这一时期，有关教师如何掌握和应用新教学策略的研究很少，因此，当时的教师专业发展活动是失败的，教学效果的改善甚微，人们将之归结为教师学习动机和态度方面的原因。

20世纪80年代初，美国学者乔伊斯和肖尔斯首先提出了"同伴互助（peer coaching）"的概念，他们认为，改变早期教师培训模式的设计和组织方法可能有助于教师将培训内容迁移到教学实践之中，过去将教师培训低效的结果归咎于教师自身可能是错误的。他们假设，教师可能需要一些持续的帮助和反馈才能够在教室里应用新的教学策略和方法。他们在随后的研究中验证了这一假设，并证实了同伴互助的效果：教师可以与同事或同伴保持互相信任和依赖的关系，他们共同规划教学活动，互相提供反馈意见和分享经验，拥有"同伴互助者"的教师比那些独自工作的教师更容易运用新的教学策略和方法。人们在实践中也发现，相对于管理层和学生提供的教师评价而言，来自同伴的评价更有助于教师改善自我的教学行为。乔伊斯和肖尔斯建议学校应让教师组织和参与同伴互助小组，以使教师之间能够互相帮助、彼此支持和共同成长。

同伴互助是园本研修的基本形式，以团队的形式进行，建立在教师合作的基础之上，力求通过教师的合作互动以及同伴之间的相互影响，达到共同提高的目的。① 幼儿园在总后勤部骨干教师和新桥医院幼儿园骨干教师的模范带头作用充分突显之后，主张通过骨干教师，以同伴互助的形式，首先带动班级中的教师和保育员，在班级协同合作、精密团结的基础上，相互帮助、共同进步。

附：2015年新桥医院幼儿园第一届骨干教师

自我完善及帮带计划

陈婷婷

作为幼儿园首届骨干教师，我很荣幸。我想在这一年的时间里除了自身的提高外，也要帮带好两个班级成员，共同开展好本班的工作，努力让本班成为幼儿园的模范班级。

一、帮带目的

（1）明确目的，提出要求，制订方案，开展扎实有效的活动。

（2）统一思想，提高认识，利用课余时间研究专业知识，提高理论水平，以敬业刻苦为出发点，以严谨治学为工作态度，以坚持不懈为工作原则，争取教育教学工作的最大进步。

二、自身提高

（1）管理好班级，开展适合本班幼儿的一些教学研究活动。

（2）撰写文章获奖或发表。

（3）有公开现场活动展示。

（4）进修研究生学业，提升理论知识水平。

---

① 靳瑞敏. 利用园本研修促进教师专业发展的路径［J］. 学前教育研究，2015（5）.

三、帮带计划

（一）杨雨蕉

（1）每周听一次半日活动。

（2）指导其顺利开展家长开放日活动。

（3）指导其撰写经验文章获奖或发表。

（4）指导其完成班级的常规工作。

（5）发挥我的美术特长，帮助其指导幼儿绘画，参赛并获奖。

（二）杨正秀

（1）指导她管理好班级的保健卫生工作、家长工作等。

（2）帮助其收集整理写作素材，撰写经验文章。

（3）发挥我的美术特长，帮助其指导幼儿绘画，参赛并获奖。

总之，希望经过三人的共同努力，能够教学相长、共同进步！

丰富多样的教研形式和教研策略让教师在互动学习中主动感受和体验，树立积极的研究意识，在研讨交流中不断汲取专业知识，积累丰富的研究经验，在多样化的培训方式中灵活地将知识和经验运用于实践教学工作中，形成了良好的研究习惯，带动了不同学历、不同专业、不同工作年限的教师的发展。

第五章　多元化研修：
文化自觉的园本策略

教师专业发展关乎教育事业发展的快慢优劣，既是国家意志的体现，也是个体的专业诉求。而要达到一定的发展深度，就需要走向文化自觉。所谓文化自觉，就是对自身文化地位的深刻认识和理解。研修文化自觉，就是对研修文化本质的认识、理解、把握与担当。多元化研修是对研修文化的一种认识与实践。

第一节　教师研修多元化选择

教师研修是促进教师专业发展的重要途径，是教师进行再学习的过程，其本质仍是学习的过程。学习维度论将脑科学研究成果运用到关于学习的过程中，认为任何学习过程都发生在"态度与感受""获取与整合知识""扩展与精炼知识""有意义地运用知识""良好的思维习惯"五个维度的相互作用之中。其中，"获取与整合知识""扩展与精炼知识""有意义地运用知识"都是知识获取的方式，认知、情感与思维共同决定了学习的成效。可见，学习的过程需要多种方式共同运用，而非单一运用某种方式，还要关注学习者个人的态度与感受，注重其思维的形成。因而，教师培训的过程也应该遵循知识学习的规律，注重培训教师的态度与感受，注重采取多元化的研修方式对教师进行培训。

一、教师研修方式多元化趋势

结合学习维度论，我们认为在信息社会的背景下，教师培训具有以下需求：首先，以师为本的培训理念，尊重培训教师的主体地位。所谓"以师为

154

本"就是把教师作为培训活动的主体，激发教师专业发展的理性自觉，按照教师专业发展的综合需求与个性需求，引导教师养成自我反思、自我学习的能力，为教师专业化发展提供个性化服务。其次，增加实践性课程，强化理论与实践的融合。培训课程是实现培训目标的基础和手段，有效的培训课程是促进教师专业发展的必要条件。但在职教师与学生在学校的学习不同，他们的主要目的是解决现实工作中的问题。因而，既要将理论性知识运用于实践中，又要引导教师升华自身教学经验，在已有知识经验的背景下，实现理论与实践的互动。第三，依托互联网，创新教师培训模式。在"互联网＋"的背景下，网络教育已经成为教育发展的重要力量，基于网络的教师培训模式是现代教师继续教育的新型模式。网络学习不受时间、空间的限制，具有个性化、便捷性、虚拟性、互动性的特征，对于教师专业发展具有得天独厚的优势。第四，注重培训的开放性和互动性。教师培训的过程既是补充新知识、开阔视野的过程，也是引导教师解决现实中的种种问题、提升其教学智慧的过程。只有在开放的环境中，增强教师之间的互动性，才能有更多的经验和思想交流，更有利于教师的成长。

杨庆国说过，从某种意义上讲，培训的方式和过程与培训的内容和结果同样重要。[①] 我国传统的教师培训方式主要有三种类型，第一种是由专门的教育部门或机构组织开展，大面积地对在职教师进行职后培训，如国培、省培等；第二种是由高校或科研院所，尤其是师范类高校组织的，为了提高在职教师学历，通过脱产或函授的形式进行的培训，如免费师范生的硕士教育；第三种是由教师所在的学校开展的校本培训。[②] 无论是哪种培训类型，就培训方式来看，大多都是大班教学、集中培训、理论讲授，往往是"从书本到书本，从理论到理论"，这种单一的培训方式具有极大的限制性，已经无法适应现代教师专业发展的多种需求。构建多样化的培训方式已经成为教师继续教育、有效培训的必然要求。随着教师培训需求的多元化，教师培训方式也开始出现多样化转变。

从宏观政策上来看，国家倡导并支持教师培训方式多样化发展。《国家中长期教育改革和发展规划纲要（2010—2020年）》指出，要促进各级各类教育纵向衔接、横向沟通，采用多样化方式，满足个人多样化的学习和发展需求，

---

①　杨庆国. 论教师继续教育培训方式的多元化趋势 [J]. 中国职业技术教育，2006（30）：37—38.

②　彭亚青. 基于网络的教师培训策略的探索 [J]. 中小学教师培训，2007（4）：18—19.

搭建终身学习的"立交桥"。教育部、财政部联合启动的"中小学教师国家级培训计划"也明确要求：创新模式，务求实效。

在政策的指引下，各地纷纷开始尝试运用多种培训方式，如上海将信息技术引入教师培训中，扩展了教师培训的空间，采用分散培训的方式，为当地中小学教师建立了信息技术培训"超市"，在"超市"目录上，罗列了十几门与教师信息技术相关的培训课程，分为教师信息化素养、数字化教学课堂案例分析与应用、前沿新技术等诸多类型。[①] 某学校针对教师培训兴趣薄弱、积极性不强等问题，创设了一个类似"茶话会"的论坛，每一次由三位嘉宾主持，首先由他们引出"茶话会"的主题，其他参加培训的老师围绕桌子而坐，打破死板的上课形式，大家边喝茶，边针对主持嘉宾的问题或话题展开讨论，说出自己的观点和看法，主持人会适当点拨，并与教师们展开互动交流。[②] 这不但极大地提高了教师主动参与讨论、不断思考和交流的积极性，而且为教师们提供了一个激发灵感、开阔思路的环境，这不是简单的"头脑风暴"，但是却深藏着"头脑风暴"的精髓和内涵，让老师们在语言交锋、思维碰撞的过程中，得到智慧和情感的提升，从而促进自身专业的发展。

二、多元化研修方式分类及选择

著名传播学家安东尼·贝茨曾经说过，并不存在某种"超级媒体"，所有媒体都有其长处和短处，而且一种媒体的长处往往正好是另一种媒体的短处。正如媒体一样，在教师培训中并不存在一种"万能的培训方式"。每一种培训方式都有它的特征、适用范围、优势和劣势，比如"同课异构"这种培训方式能够为老师提供新的教学方式的思考，但也可能会让其形成思维定势，使得创新课堂受到限制。"头脑风暴"法能够让教师们激发灵感、开阔思维，又能激发教师参与的兴趣和积极性，但是并不有利于系统性知识的学习和接收。因而，培训方式的选择要考虑培训的内容、对象、模式、环境等多种因素，充分考虑到各种因素对培训实施的影响。

在选择恰当的培训方式之前，我们有必要对常见的培训方式做一个简单分类，以便于我们更高效地选择培训方式。按照培训主体的参与情况，将教师培训分为以下几类：

一是知识传授型培训。该方式通过直接讲授、演示等方式将知识传授给教

---

① http://sh.eastday.com/m/20160818/u1ai9647289.html.

② http://www.njjspx.com/njtrcms/cms/article.jsp?articleId=4028941741101de6014203d2316d01a4.

师，主要用于传授知识类培训，是传统培训中最常见的培训方式。常见的培训方式有：①讲授法，即教师按照准备好的教授内容，系统地向培训教师传授知识。讲授法并不都是灌输式的教学形式，教师也可使用启发诱导式，促进学习者的思考。讲授法能够系统、全面地传授知识，有利于大面积地培训人才，所耗费的人力和资金成本都较低。但这种方法主要是单向传授，不利于师生之间的互动交流，也很容易造成学习者的倦怠情绪，无法满足学员的个性化需求。②专题讲座法，也就是聚焦于某个话题，所有培训均针对这个话题开展专题式的培训，以便于帮助受培训教师了解这一专题领域的知识和前沿热点研究。专题培训集中于某一专题领域，培训对象易于加深理解，但由于知识相对集中，内容不是很全面，较缺乏系统性。

二是实践型培训。实践型培训是让学员在实际工作岗位或真实的工作环境中，亲身操作、体验，在实践的过程中掌握所需要的知识、技能和方法。这种方法对于新任教师来说极其重要，在他们即将走上工作岗位之前先进行实践训练，使他们能够对工作环境、需求有一个全面、直接的理解，在实践的过程中还能够快速得到老师的及时反馈和指导，对于他们快速地了解工位、参与工作有重要的价值。主要培训方式有：①工作轮换法，也就是让不同单位的教师换岗进行实训。轮换岗位能够让受训者积累丰富的工作经验，开阔视野，促进其积极反思和改善。但是由于轮换实践有限，对于真正了解其所面临的学生、教学环境、内容的全面性很难把握。②个别指导法，也被称为"学徒工制度"或"师傅带徒弟"，新任教师在老教师的指导下工作，能够快速进入工作岗位，得到老教师全面的指导。当然，老教师帮带方式和态度对新任教师的影响也很大。

三是参与型培训。这种培训方式注重教师的积极主动性，要求教师要切参与到培训过程中，体现其主体地位。采用的方法有：①头脑风暴法，即在一个明确的主题下，让参训教师们围绕这个主题进行自由讨论，他们可以分享自己的故事、案例，说出自己的见解，由嘉宾或主持人进行适当引导，使主题不会过于偏离分散。在这个过程中，教师的积极性能够被调动起来，在讨论过程中互相启迪思想、激发创造思维、产生情感共鸣，既能让教师主动参与其中，也能让他们在讨论中找到解决实际问题的方法或灵感。这种方式的缺点也是很明显的，如果嘉宾或主持人没有做好引导，很可能会使得讨论漫无边际，影响培训效果。②案例研究法，它将知识的传授与能力的训练融合到一起，是一种很受教师欢迎的方法。案例研究围绕一定的培训目的，选取实际工作中的典型个案，供学员们思考和处理，通过探讨，提高学员们解决问题的能力。然而，其中要求最高的是对典型案例的选择，对培训学员的老师和培训者们的要求都较高。

四是网络培训方式。随着科学技术的发展和知识经济时代的到来，基于网络的培训方式逐渐受到培训机构和老师们的青睐。通过网络组织教师培训具有很多得天独厚的优势，网络的开放性使得教师必须按时按点进行培训，在时间、空间上更具有选择性，能够解决教师的工作与自我学习、培训的矛盾；网络的便捷性、个性化能够让教师们选择更有针对性、更适合提升自己的培训内容，进而使培训更加有效；而网络的无限性为教师的交流和讨论提供了一个广阔的空间，教师们可以将自己的问题放在虚拟空间进行求助和探讨，或者共享自己的教学经验等，对于丰富教学经验、解决教学问题效果显著。现在很多地区已经将网络融入教师培训体系中，将其作为教师培训的重要方法，比如"虚拟培训""培训超市"等。

尽管没有"万能的培训方式"，但是却有"最适宜的培训方式"。因而，培训方式的选择并不是随意的，也有一定的方法步骤。

首先，进行培训需求分析，制订培训目标。培训需求分析是培训的一项基础工程，是提高培训质量的关键。需求，是指实际状态与理想状态之间的差距，而培训的目的就是减小甚至消除这种差距。要减小或者消除这种差距，首先要分析造成这种差距的原因和主要因素。应当明确培训对象是谁，他们为什么要接受培训，他们应该从此次培训中收获什么，在此基础上，制订合理的培训目标。培训目标是培训活动的目的和预期成果，可以分为总体目标和具体行动目标。

然后，依据培训目标和培训对象特征，选择适切的培训内容，并分析各个培训内容的具体特征，比如，是知识型，还是技能型。

第三，结合对象与内容，选择恰当的培训方式。只有明确了培训目标，选择并分析了培训内容，才能依据此选择最合适的方式，做到内容与方式的匹配，从而达到最佳效果。在选择培训方式时，应尽可能遵循以下原则：理论与实践相结合、集中与分散相结合、学习与交流相结合、规范与创新相结合、面授与网授相结合等。①

第四，综合运用多样化培训方式，精心设计培训方案。一次培训往往是一个系统的过程，内容也是丰富的、综合的，因而，要综合运用多样化的培训方

---

① 范光基. 论提高教师培训有效性的途径和方式［J］. 福建教育学院学报，2010，11（2）：55-58.

式，对培训方案进行系统设计。

第二节 基于内容的研修举隅

前面提到的异步分层培训方式，是指教师因工作岗位、专业特点、兴趣爱好等不同，采用了异步分层的方式将教师分为不同的群体进行职后培训，有益于她们在相同的岗位、相同的领域、相同的环境中互帮互助，共同成长。而本章节要讲的多元化研修，则是指对教师群体开展培训时所采用的培训方式和策略，有的是针对研讨内容的，有的是针对研讨形式的，有的是针对研讨方法的。不管哪一种研修策略，都适用于对任何一个教师群体开展培训。

幼儿园针对教师在教育教学方面的研究主要采取了主题式研修策略、同课异构式研修策略、集体共研策略等，针对教师研修的形式采取了导师制策略、头脑风暴策略、展示性学习等。

一、主题式研修

所谓主题式研修，是指围绕某一个内容或板块开展的具有共性特点的主题式研讨活动。内容可以是针对师德师风的，如《幼儿园教师专业标准》；可以是针对教育理念的，如《3~6岁儿童学习与发展指南》；可以是针对教育教学的，如《健康》《语言》等各大领域；还可以是针对教育教学技能的，如《上海明师科技网络教学观摩》等。这种研修，指向性强，目的明确，内容直接。

（一）《幼儿园教师专业标准》

要加强教师的职后培训，促进教师的专业成长，首先要从学习维度论之一的"态度与感受"着手，让老师从思想、态度、情感等方面接受职后培训。因此，教师必须全面理解国家颁布的《幼儿园教师专业标准》（简称《标准》），并用《标准》规范自己的教育行为，创建良好的师德师风氛围。从2012年3月份开始，幼儿园七个班的老师和保育员各选一个代表，分七个阶段做了形式各一的解读。通过学习，教师对幼教这个职业标准的理解更深了一步，对教师这个职业更多了一种责任感。这不仅让全园教师对《标准》有了更加详细、全面的理解，也给解读《标准》的老师提供了一次演练、展示的机会和平台。培训之后，教师纷纷撰写培训感悟，谈自己对《标准》的理解和认识，谈自己作为一个教师和《标准》之间的差距，谈自己该如何做一个优秀的幼儿园教师。

（二）重庆市幼儿教师"空中课堂"通识培训

2013年3—6月，根据重庆市教育委员会渝教师〔2013〕7号文件的通知精神，进一步加大幼儿教师全员培训工作，着力提升幼儿教师队伍整体素质，不断推进学前教育均衡发展，决定通过"空中课堂"形式，对全市幼儿教师开展通识培训。所学内容非常全面，囊括了幼儿教师的职业特点、职业道德规范、幼儿园一日生活中的保教结合、幼儿园一日活动的组织与实施、幼儿园环境的创设、各类游戏的设计与实施、玩具和图书的选择与制作等。幼儿园定于每周二、三中午对全园教师进行轮流培训。培训后，教师们纷纷撰写了学习心得，并在工作中进一步体会到了"学高为师，身正为范"这八个字对于幼儿教师的重要性，以自己崇高的情操和良好的思想道德风范去感染幼儿和教育幼儿，为幼儿树立良好的榜样，给予他们正面、积极的教育，使幼儿健康地成长。

附：

"幼儿园一日生活的组织与实施"培训感悟

陈婷婷

在经过很多天的通识培训后，自己以前一直困惑的一些问题得到了专家的指导，印象最深刻的就是关于"幼儿园一日生活的组织与实施"。这一次培训让我了解到，幼儿园的一日生活环节中除了集中活动、游戏活动，其他的过渡环节也很重要，同样需要有老师的组织与指导。例如，餐点环节、午睡环节、离园环节等。在培训后，我对班级的这些过渡环节做了一些改进。

一、午睡之前

以前我们通常在幼儿吃完午饭后，安排孩子放好椅子就去解便、漱口、进寝室睡觉。这个环节是孩子们最吵的时候，场面也很混乱，到了寝室以后，孩子们继续吵闹很久都安静不下来。培训后，我在这一环节有了新的举措，例如，组织幼儿看会儿书，或者带他们去幼儿园散步，然后再去解便漱口，这样进入寝室的时间没有那么长了，等他们脱衣服躺下的这段时间，我开始讲故事。在讲故事之前，我会提醒他们讲完故事以后就要全部躺下去。孩子们边听故事边迅速地脱衣服，寝室里再也没有以前的喧闹声了。

二、点心时间

中午起床以后，又是孩子们吵闹的高峰期。他们总是在大声的讲话中把点心吃完。培训后，在每天这个时间我会给他们播放一点轻音乐或者是美文朗诵录音。优雅的气氛让孩子们安静下来了，即使有些孩子还在说话，但是声音明显小了很多。这种类似于在咖啡馆的氛围，确实影响了孩子。有时他们拿到饼干后半天不吃，我也会组织一些数学小游戏，比如把一块饼干变成四小块，把饼干重叠起来，等等。在游戏中，孩子们愉快地把饼干吃掉。这样既有序地完成了这一环节，又让孩子们在玩中学到了相关的知识。

三、离园环节

每天晚餐后，孩子想着马上要回家了，都异常的兴奋。老师再怎么扯破了嗓子，孩子们也安静不下来，即使安静了，不到一分钟就会再次炸开锅。于是，有一天吃过晚饭，我问孩子们你们现在最想做什么，他们说想玩游戏。于是，我们玩了手指游戏、木头人的游戏、猜猜猜的游戏等。虽然教室里还是很热闹，但是不会觉得吵，也不会有谁到处乱跑。

培训后对一日生活过渡环节的新改进，让我明白在幼儿一日生活中每一个环节都需要教师的有效组织。这样，不仅能让幼儿养成好的习惯，还能避免一些安全事故的发生，给孩子营造一个健康、快乐的成长环境。

（三）上海明师科技网络教学观摩

除了本土的学习和培训之外，2013 年 9—12 月，幼儿园还通过网上申请，参与了上海名师名园组织的明师科技网络的"三益音乐"教学观摩学习。每个星期五中午，教师分批轮流观看 2 个小时。通过观看名师的优秀教学活动，聆听名师的优秀教育案例，让老师们树立"观摩名师—模仿名师—我做名师"的专业成长目标。结合幼儿园已经开展的奥尔夫音乐教育研究，教师们对这种游戏式的音乐教学体系更感兴趣，也更能从教学过程中强烈地感受到音乐的节奏、旋律等。幼儿在活动过程中非常兴奋和投入，教师在活动中也更加积极和专业。

（四）解读《3~6 岁儿童学习与发展指南》

继《幼儿园教师标准》学习热潮之后，2013 年，全国又掀起了学习《3~6 岁儿童学习与发展指南》的热潮。幼儿园根据文件要求和幼儿园的实际情况，决定按各领域进行分段培训，即由每个班承担一个领域，班长负责组织实施，幼儿园业务园长、两个保教干事组成领导小组协助各个班级教师讲解、示范。

有的班是班长带队查阅资料，现场解说；有的班是班长组织班级成员一起分析、解读，共同现场展示；有的则是把这种解读的机会给了年轻的教师，班长只在背后默默地指导、帮助。教师们解读的方式也非常灵活、生动，有的采用PPT形式，有的采用问题对话形式，有的采用案例分析式。大家在互动交流中相互学习，相互探讨。经过一学期的分期培训，教师们非常详细地分析了儿童在各个年龄阶段的学习和发展特点，结合实践案例深入剖析了儿童的内心世界，根据儿童的发展规律，及时调整自己的教育行为，从而真正解决了工作中的突出问题。教师们学习指南后撰写的文章在沙区"倾听孩子，共同成长"征文比赛中获一等奖2名、二等奖1名、三等奖1名。

除了组织教师集体培训外，幼儿园还定期向家长进行宣传，而宣传的形式也因班级特点各不相同，如在墙上张贴流动"小纸条"、建立班级QQ群讨论平台、利用橱窗每周一公示等。通过形式多样的宣传方式，让家长及时了解《3~6岁儿童学习与发展指南》的内容，正确看待幼儿在家的行为表现，并采用恰当的行为方式与幼儿互动回应。

附：

"好不好"与"像不像"

杨琴琴　沈光兰

自从教育部公布《3~6岁儿童学习与发展指南》（简称《指南》）以来，我园多次组织教职员工对其进行学习。这次，我们特别对艺术领域的教学建议进行了探讨，对如何评价幼儿的作品进行了激烈的讨论。我们发现，在美术教学中，老师们常常给幼儿提供范画，导致幼儿的作品千篇一律。我们不禁反思：这样的作品，幼儿的创造性到哪里去了？这样的活动，幼儿真的喜欢吗？认真分析后，我们发现导致这种现象的原因，正是我们对幼儿不当的评价。"好不好""像不像"这样的评价标准到底有什么问题呢？

一、不当评价之"好不好"

"三八"节到了，我带领全班孩子给自己的妈妈或奶奶做一份礼物。玲玲专心致志地做了一朵粉色的小花准备送给奶奶。下午离园时，当玲玲开心地把花送给奶奶时，奶奶只看了一眼便把花顺手丢在了窗台上，并小声嘀咕道："什么东西呀？太难看了！"从那以后的一段时间里，玲玲入园时总要哭一会儿，一到手工活动就再也不愿意动手……

这是我亲身经历的一个案例。平时，我们都把尊重幼儿挂在嘴边，可真正做起来却没那么容易。特别是年长的家长，总是以成人标准来评价幼儿的作品好不好看、漂不漂亮，殊不知用成人的标准去要求幼儿，对幼儿来说是多么苛刻。在玲玲自己看来全身心投入完成的、非常漂亮的小花，却得到奶奶一句"太难看了"的评价，真的是一种巨大的伤害。如果奶奶能够认识到，玲玲手部肌肉发育尚不完善，能如此有心地完成这样一件手工作品，其实已相当不易，转而对玲玲的行为进行由衷的赞美，那玲玲该有多高兴。而玲玲如能得到奶奶的肯定，必定会更加激发她再次创作的激情。

所以，让我们多站在幼儿的角度看待幼儿的作品，不要让"好不好"成为扼杀幼儿兴趣的罪魁祸首。

二、不当评价之"像不像"

几年前在美术活动中，作为新老师的我，常常是一张范画就搞定一次美术活动。比如，在画树的美术活动中，我在活动前就做好了"充分"的准备，先在一张足够大的画纸上画好了一棵完整的、漂亮的树，然后在教学时，先请幼儿观察"范画"，再请幼儿跟着我一起画："孩子们，我们今天画大树。跟我来，先画树干，再画树冠，最后画上树叶……"画完后，我请幼儿互相评价。幼儿在成人的一贯影响下，多以"像不像""漂不漂亮"等标准来评价同伴的作品。而我呢，则因为害怕园领导或家长说我班幼儿绘画水平差，从而让个别幼儿重新画，或不留痕迹地加几笔，以让所画的东西更"像"。

如此这般，我班幼儿的绘画水平却并没有得到多大的提升。因为有范画，因为幼儿要画得"像"，所以幼儿呈现出的品都差不多，家长也仿佛没有什么意见。现在想来，范画的出现，剥夺了幼儿用自己的感官去听、去看、去闻、去摸的权力，扼杀了他们创作的机会；一味用"像不像"来评价幼儿的作品，而不去倾听幼儿的感受，走进他们多彩的内心世界，则让幼儿参与创作产生了挫败感，降低了幼儿参与美术活动的热情。如果老师在面对幼儿的作品时，能蹲下身，仔细聆听幼儿对自己作品的"解读"，你会发现他的创意是那样的新奇，他的作品是那样的独一无二。

三、抛开"好不好"与"像不像"之后

《指南》明确指出："幼儿绘画时，不宜提供范画，特别不应要求幼儿完全按照范画来画。"

这学期我带的是小班，我开始尝试在绘画活动中不用范画进行教学。

吃过早餐，我跟孩子们在自然角聊天。自然角里摆满了幼儿从家里带来的各种水果。

"这个水果是谁带来的？"

"你们喜欢吃什么水果啊？"

"香蕉！""梨子！""苹果！""葡萄！"……孩子们七嘴八舌地答道。

我顺手拿出一支粉笔在地上画下了香蕉、梨，正当我准备继续画苹果的时候，一个孩子大声地说："杨老师，我会画苹果！"

"是吗？那你来画吧。"

松松接过粉笔认真地在地上画了起来。他画了一个大大的、不规则的圆圈，我接过粉笔在圆圈上添上了果柄，一个圆圆的苹果就出现了。我张开嘴巴对着苹果假装咬了一口，很享受地说："嗯，好甜啊！"这下小朋友们都来劲了："我还会画西瓜！""我会画葡萄"……我都一一让他们画了出来。

我发现，当我试着摒弃原来评价的标准，换个心态欣赏这些稚嫩的作品时，我发现，这些小家伙画出的水果原来是那么可爱！这是我以前所不能想象的。于是，在晨间活动后我拿出了纸和笔，决定进行一次主题绘画：我喜欢的水果。全班幼儿兴趣盎然，画得可真有意思：长满"麻子"的梨，五颜六色的西瓜，不知道像什么的香蕉，像冰糖葫芦似的葡萄……当幼儿拿着他们的作品一个个得意地走到我面前向我介绍时，我总是专注地倾听他们的想法，并佯装享受地吃下了一个又一个"奇形怪状"的水果。

经历了这次"画水果"后，我们班又多次尝试了自由创想画，均取得了较好的效果。幼儿在美术创作方面从以前的"我不会画"到"我要画"，变得更自然、更兴奋、更大胆了。《指南》指出："要为孩子营造安全的心理氛围，让幼儿敢于并乐于表达表现。"我想，有了《指南》的这句话，我对今后的美术活动充满信心。因为我明白，不管怎样，幼儿的热情是最重要的。所以，我的任务就是让幼儿大胆画、大胆说、大胆做。假如我们不再用"好不好""像不像"等成人的标准来评价幼儿的作品，那每一位幼儿都是我们心中的艺术家。

——2014.3沙坪坝区"倾听孩子，共同成长"征文比赛一等奖；《行动上的指南》——沙区贯彻实施《3~6岁儿童学习与发展指南》阶段成果（一）；2014.11第二届全国幼儿园优秀教育随笔征文优秀奖

二、同课异构

所谓"同课异构"，是指针对同一主题内容活动选择不同的形式、方法、手段进行不同的设计和处理，以体现不同的教学策略所产生的不同教学效果。它具有问题性、整体性、主体性、超越性等主要特点，目的是考察教师对幼儿

的了解、对教材的理解和对现场师幼互动适宜性的理解，激发大家对教育教学活动从多角度、全方位进行思考，"同中求异、异中求精"，比较不同的教学策略所产生的不同教学效果，并由此打开思路，体现个性，丰富内涵，使全体教师在互助中进行专业化学习，在交流中彰显个性化成长。

我们在研究中发现，《幼儿教育指导纲要（试行）》中五大领域的内容——环境、活动区创设、游戏活动、生活活动、家园共育都应该是幼儿园"课"的内容，或者说是幼儿园"课程"的内容。我们研究"课"，不单纯是对教育教学活动的研究，而是全方位、多角度围绕与幼儿发展有关的各项活动去研究。结合幼儿园的特点，开展了同课异构之"健康活动""活动区活动""竞赛活动""教研活动"等。这样既满足了孩子发展的需要、教师成长的需要，也满足了园本教研课题研究的需要。

在研究"构"课的多样性上做文章，以"一人多研"和"多人同研"为突破口进行研究，提出了"同中求异、异中求精"的观点。在研究中我们发现，"构"，更重要的是教师要真正成为活动的主人，主动地在活动过程中分享交流，自觉地在研究活动中获取经验、体会和感悟，使教研活动真正做到重过程、轻结果，教师的心态更轻松，参与研究的积极性更强，教研活动真正成为教师专业成长的大舞台，并使研"课"的形式更多样化，由"一人多研"和"多人同研"逐步过渡到"一人多园"和"多园同研"，增强片区联动，资源共享，共同发展。

（一）同课异构之"健康活动"，万里长征的第一步

1. "1+2+N"研究模式，初见研究成效

以幼儿园独立申报的总后勤部"十一五"课题——"3~6岁幼儿体质发展现状及其保教对策的研究"为结合点，采取1个领域、2个主题、N个参研教师的方式，进行原生态的活动设计、实施交流，对照学习各年龄段幼儿的年龄特点、目标、要求，再重新设计、实施活动，然后对比反思，深入研究教学研讨流程，让教师提问题、找差距、想办法、出成绩。帮助教师寻找课程规律，找准领域特点，掌握适宜的教学策略，形成了1+2+N研究模式，开始了最初的"同课异构"研究。

2. "大带小"活动，体验成长快乐

在1+2+N的基础上，又结合"区域体育活动"展开了探索活动。老师们尝试着以"1大带1小，2大带1小，多带1、多带多"等"混龄式的大带小"

形式开展活动，使幼儿在区域体育活动中的主动性、能动性、创造性等得到很好的发挥。幼儿园开发的"钻爬区""平衡区""跳跃区""多功能区"等，让教师在同样的区域，针对不同年龄的孩子，开展适时的有效的体能训练，增强了幼儿体质，体验了成长的快乐，同时，也使教师在大带小活动中积累了幼儿相互交往的教育策略和措施。

3."三浴"锻炼，提高抵御能力

为了让孩子充分感受到运动的快乐、健康的快乐，在开展以上活动的基础上，还每天坚持进行赤足走训练、空气浴锻炼等。在不同的季节里，针对不同年龄幼儿进行同样的三浴锻炼，在时间、强度、方法、措施上进行不同形式的三浴锻炼，加强了锻炼的密度，磨炼了老师和幼儿的意志，增强了适应不同气温环境的能力。

（二）同课异构之"活动区活动"，寓教育于游戏之中

环境是重要的教育资源，它不仅教育孩子，也教育着教师和家长，正是在"同课异构"之"活动区活动"的园本教研活动中，幼儿园使教师和家长的心贴得更近了。有了真正的互动，活动区已真正成为孩子生活游戏的天地。在"活动区活动"研究中，幼儿园充分挖掘教师、幼儿、家长、社区资源，打破以往活动区创设中存在的班级界限，根据各班级幼儿的年龄特点和发展水平等实际情况，采取幼儿自主设计、家长参与布置、班级轮流管理、不同年龄班幼儿交替玩耍等形式共同打造符合每个班级特色的个性化环境。在"宝宝乐园""我的家""爱心医院""喜羊羊照相馆""创意作坊"等活动区里，孩子们高兴地玩耍，其交往能力、协调能力等得到了充分的展示和提高。

在多年创设活动区的基础上，2015年幼儿园特地围绕"科学、阅读"打造各富特色的班级活动区，并根据区域设置的合理性、材料投放的适宜性、主题开展的延续性等开展了评优活动，并提出"哪个年龄段的幼儿适合什么样的操作材料、如何制作科学区的材料？"老师们在参观和讲评中对优秀班级给予了肯定，同时也对比自己班级的活动区进行思考和分析，并做进一步的调整。教师们在这种看、比、学的过程中，学会了相互学习、不断创新，在丰富活动区域的同时，促使教师成长。

附：现场研讨活动方案

教师在指导活动区活动中的问题与对策的研讨

陈薇　沈光兰　张欢

研修时间：2012 年 11 月 20 日

参与人员：沙坪坝区示范园、一级园教师代表

主持人：陈薇

嘉宾：魏惠萍、何玮

研修地点：新桥医院幼儿园

一、研修意图

为防止和纠正幼儿园教育小学化倾向，近年来沙区开展了一系列的活动区研讨活动。上学期，本区对幼儿园活动区内容的选择、材料的投放进行了研讨，本期将对如何组织和指导活动区活动进行深入研究，将当前新的教育改革的经验深入到教育活动包括活动区活动中。本次活动是沙区"创设活动区角，促进幼儿发展"系列教研活动之一，旨在找到教师指导活动区活动的问题和对策，重点解决怎么做，为接下来开展的沙区示范园、一级园活动区比赛奠定基础。

二、研修目标

（1）积极参与观摩与研讨，从参与式研修中体验集体研修的魅力。

（2）从观摩与研讨中，提升发现问题、分析问题、解决问题的能力：发现指导活动区活动存在的问题，分析出现问题的原因，提出相应的改进措施。

（3）在专家引领下提升指导活动区活动的能力，为下一步参加活动区比赛做准备。

三、研修准备

（1）前期收集、整理沙区幼儿教师在活动区指导中遇到的问题。

（2）多媒体。

（3）新桥医院幼儿园 2 名教师准备好活动区活动现场。

四、研修过程

（一）开场，主持人介绍到场嘉宾及本次活动基本情况

陈薇：欢迎大家来到新桥医院幼儿园，我代表幼儿园全体教职员工欢迎大家光临，恳请大家留下宝贵意见，让我们共同为提高幼儿园活动区质量努力。今天的活动将向大家呈现参与式研修的过程，由问题分析、现场观摩、分组研

讨、分组展示等环节构成。原生态的研修是一种冒险，但是只要大家积极参与，一定会有收获。并且，今天我们有幸请到了 2 位专家到场指导，她们是——区教委初教科何玮老师，还有沙区进修学院魏惠萍老师，大家欢迎！现在有请两位老师讲话。

何玮老师：自从去年年底"防止和纠正幼儿园教育小学化倾向"的文件出台以来，我们沙区从推进区域活动开展切入，从行政到教研，魏老师带领大家进行了专业的引领。相信本次教研活动一定能取得好的效果，老师们能得到真正的提升。

魏惠萍老师：近年来我们沙区开展了一系列的活动区研讨活动。在区示范园、一级园中开展活动区比赛，经过较长时间的酝酿、准备，此项活动得到区教委的重视和支持。本次活动得以顺利进行，还要感谢新桥医院幼儿园的辛勤付出。

分析：活动的初始，主持人介绍了本次活动的背景和意义，让参与的老师明白研修的必要性，了解研修的任务，提升参与的动力。

（二）问卷调查分析

1. 问卷调查结果

魏老师：上次活动结束时就向大家抛出了本次活动的主题——"教师在指导活动区活动中的问题与对策的研讨"。为了了解广大一线教师在活动区指导中的问题，我们在本学期初向大家进行了问卷调查。教师们在活动区指导中遇到的问题有：

（1）教师如何将指导的计划性、随机性、灵活性结合起来？

（2）活动中断或幼儿兴趣降低时，教师指导的方法和形式有哪些？

（3）在幼儿多教师少的情况下，教师该如何进行指导？面对幼儿个别行为该如何跟进？

（4）教师怎样对活动区活动进行有效评价？

（5）活动区分组较多，教师应怎样分组指导？

……

2. 聚焦问题

（1）入——替代。教师代替幼儿选择活动内容、活动伙伴，规定活动任务，等等。

（2）观——表面。缺乏深入细致的观察，只是走马观花地巡视，未能观察到幼儿已有经验和水平、活动情况等。

（3）导——盲目、强制或消极。介入时机盲目、强制操纵活动过程、消极放任，没指导。

（4）评——单向。以老师评价为主，缺乏多向互动。

分析：来源于一线，服务于一线，这样的研究活动才接地气，才能真正解决一线教师在指导活动区活动中遇到的问题。问卷调查结果的呈现不是罗列老师们交来的问题，而是对这些问题进行了分类、分析，帮助老师辨别出真问题和假问题。

（三）观摩活动区现场活动

1. 介绍观察记录表的使用方法

每人一张观察记录表，待会儿在观察中参考刚才梳理的 4 个方面的困惑，记录老师指导活动时好的地方、出现的问题、分析问题发生的原因、提出解决的对策。

2. 教师自选班级进行观摩、记录

一楼：大一班，胡春艳老师，"交通工具大集合"——幼儿自选活动区，围绕"交通工具大集合"这一主题进行活动，在结构区、益智区、美容美发店等区角进行创作活动。最后，各个活动区制作的作品由美容美发店的幼儿进行展示。

二楼：大二班，张欢老师，"洞洞王国"——活动前老师介绍了本次活动添加的新材料，然后幼儿自选活动区，围绕"洞洞王国"这一主题进行活动。

分析：幼儿在一定主题引领下进行活动，自由、自主的活动氛围，快乐的情绪感染了现场的老师。同时，老师们也不忘魏老师交给的"任务"，密切关注执教老师的一言一行。带着问题看活动，老师们体验了一次不一样的观摩。

（四）分组研讨，商量对策

在两个活动区现场观摩后，老师们返回大厅自愿分成 3 组，由陈薇副园长、沈光兰老师、张欢老师分别担任组长，大家在组长的带领下进行自由讨论，20 分钟以后以组为单位进行展示。

1. 陈薇组

老师 A：大二班老师把新添加的材料向幼儿介绍，引起幼儿兴趣，很好。要是能对上次活动区活动进行小结，就更好了。并且还可以让幼儿自己讲自己上次玩了什么，这次想要接着怎么玩，和谁一起玩。

老师 B：胡老师主要指导泥塑组，但更多的时间是在观察和记录。有一个孩子一直在拿着橡皮泥捏呀捏，说是在做车头，但很久都不知道如何下手。老师是否该介入？

2. 张欢组

老师C：胡老师有一个本子，记录孩子的表现，挺好。平时，我们常常一看到孩子不会，就会立刻上前"教"，但胡老师给了孩子尝试的权利。

老师D：我注意到张老师有观察的重点，她重点在角色区和美工区，其余的区较少关注，这在一定程度上解决了活动区太多、孩子太多，老师关注不过来的问题。

3. 沈光兰组

老师E：大一班一个新教师在关注个别孩子兴趣方面做得不够，因为经验缺乏，在对待孩子的兴趣消退时选择了漠视。另外，由于区角太大，老师往往关注不过来。

老师F：老师也有关注到，一个孩子说"不想玩这个活动区了"，老师就对他说："你可以换一个活动区。"

分析：在分组讨论中，老师们积极参与，真诚地与执教老师和同行讨论活动中出现的问题，分享值得肯定的地方。开诚布公的氛围让讨论变得轻松而透彻。当然，由于每组人数太多，也有个别老师只是当观众聆听。

（五）集中展示讨论结果

现在开始分组展示讨论的结果，不评判谁说得对或者错，只重点关注自己觉得可以借鉴的地方就行了。

第一组：

	教师关注幼儿兴趣	教师观察活动情况	教师的介入、指导	活动的评价
问题	幼儿兴趣较弱，坚持性不够，选择漠视	关注面窄	指导太直接	经验共享不够，幼儿兴趣不高
原因	材料不适宜；年轻教师经验缺乏；孩子的坚持性不够，专注力不久	全局意识不强	教师经验缺乏；介入指导欠技巧	组织方式、提问方式欠佳
对策	家园配合；师幼合作；生生配合；增加图示	增强全局意识	可用隐性指导，以同伴身份介入，角色扮演，间接指导	可结合照片、作品，以表扬为主

第二组：

	教师关注幼儿兴趣	教师观察活动情况	教师的介入、指导	活动的评价
问题	幼儿兴趣较弱	未充分利用观察记录本	关注面窄，只关注了一、二组；教师引导语很简单；指导形式很单一	仓促，只看了图片，形式单一
原因	活动次数多；忽略了对新材料的介绍	分身乏术；意识不够	教师紧张，怕犯错；过于放手	时间问题，自身重视不够
对策	增加材料的层次性、多用性；环境的改变；教师语言的激发	评价的时候可以运用记录本	增强教师的自信心；重点指导和全面指导相结合。	可用现场照相的形式；可以这样提问：合作时有没有出现什么问题？你觉得这个活动还可以添加什么材料？

第三组：

问题	原因	措施
（1）以何种角色进入好吃街区角？ （2）孩子对图书角不太感兴趣 （3）老师指导区角不可能面面俱到，平时怎么做？ （4）评价的时候没有围绕主题"洞洞王国"，太宽泛	（1）图书角的材料暂时没有新的 （2）活动区的设置上教师未预留位置，没有供幼儿根据兴趣更换、选择的条件	（1）多以观察者身份观察，或戴区牌以角色介入 （2）重点指导一、二个区。教师发现问题，把握时机介入，运用适当的方法，让活动更深入

陈薇：感谢大家今天开诚布公的讨论和展示。我们参加研讨的老师既学习了组织活动区的方法，又学习了组织一次高水平教研活动的方法。所以，特别感谢今天承担现场活动的老师，特别感谢魏老师、何老师两位专家的专业引领和耐心指导。

分析：分组展示是大家经验的梳理，是研讨的高潮部分。各组代表畅所欲言，从教师关注幼儿兴趣，教师观察活动情况，教师的介入、指导，活动的评价四个环节进行评析，每个环节都从问题、原因、措施三个方面进行了阐述。在展示中，老师们在看到问题的同时，也对两位老师值得肯定的地方做了梳理，给在场的老师一个正面的强化。

（六）研修总评

本次教研活动是幼儿园在魏老师指导下精心组织的一次专题研修活动，从查阅资料到收集、分析调查问卷，再到多次指导活动区现场，每一个环节都细细考量。但同时，这次教研活动又是原生态的，每个教师都是临时参与的，具有临时性、真实性的特点。从整个过程来看，此次研修活动有深度、有难度、有高度，每个老师在参与中思考、碰撞、总结，对如何组织活动区活动有了较全面的了解。

华东师范大学的李振涛教授说过，每个教师要做"三者"：鉴赏者——认真听别人的意见；批判者——不照单全收，对问题可以提出质疑；建筑者——有自己改进的意见。在今天的研修活动中，大多数老师做到了李教授说的这"三者"，在欣赏中吸取，在"批判"中审视，在献策中成长，预定的研修目标得到较好的实现。

"最少的干预，最多的观察，最大的耐心，最有效的点拨。"老师们如果能尽量地做到这"四最"，那活动区就不但能成为孩子们喜欢的活动区，而且能真正成为促进孩子发展的乐园。

附：活动区经验文章

将主题活动融入区域活动的尝试

陈薇

幼儿园主题活动是幼儿围绕着某一个主题进行观察、探索，教师适时、适度地予以支持和引导的一种有计划、有目的的系列活动。这种活动多是来源于教师选择的研究性课程，老师是主导者。而活动区活动是幼儿按照自己的意愿进行操作和探究的自主性活动。这种活动多是由幼儿自己选择，幼儿是主导者。

在课程改革的推动下，幼儿园教育活动由以往的集中式教育活动逐渐走向小组式的主题活动，再由这种小组式的主题活动延伸到自由选择的活动区活动。然而当活动区活动开展得风生水起时，老师们却又逐渐发现了主题活动和活动区之间的问题和矛盾，不知如何融合、调整和补充。因此，探索主题活动和活动区融合的方式和策略，有利于提升教学的有效性，促进幼儿发展。

一、活动区材料与主题活动相融合

在活动区活动中，教师的角色定位是材料的投放者、活动的观察者与支持者，活动区材料的投放直接影响到幼儿参与活动区的积极性和发展的可能性。因此，教师在主题活动的准备、实施、延伸等各个环节中，要始终围绕主题活动的目标、内容适时地投放一些探索性的材料进入活动区，并根据幼儿在活动区中表现出来的兴趣点和问题不断地调整、更新。

（一）主题活动准备——在活动区中投放探索性材料

在主题活动确定后，教师应根据主题活动目标及孩子的特点需要，试着在活动区中投放一些与主题活动相关的操作材料，让幼儿初步探索，获得与教育目标相关的一些经验，再合理设计主题活动，这样就有利于主题活动的顺利开展。

比如，在"多变的水"主题活动中，老师先在科学区投放了水和各种材料，如积木、铁钉、塑料玩具、糖、颜料等，幼儿在操作中发现有些东西沉下去了，有些东西浮在水面上，还有些东西却消失不见了，放入颜料后水就有了漂亮的颜色。在这个过程中，教师就仔细观察幼儿对物品操作的先后顺序和习惯，以及对沉浮、溶解的理解。了解了幼儿的初步经验后，再开展相关的主题活动就更有针对性。

（二）主题活动过程——在活动区中提供差异性材料

有了前期的探索性材料，幼儿在活动区中对主题活动材料的把握已经具备一定的经验，因此，在主题活动实施过程中可以结合主题活动的内容、目标及时跟进与调整活动区中的材料，并尽可能地提供富有层次性与多样性的活动材料，体现出孩子的主体地位与个体差异，在增强活动区对幼儿吸引力的同时，也增强活动区对幼儿的挑战性，促使不同层次的幼儿都能按照自己的思维方式、习惯爱好去选择自己喜欢的活动区材料。

例如，在"惊奇一线"的主题活动中，教师在生活区中提供了材质不同、大小粗细不一的各种各样的绳线，引导幼儿根据自己的兴趣和能力进行穿纽扣、系鞋带、缝十字绣、做衣服等活动。幼儿在操作活动中既能认识各种各样绳线的材质特征，又可以进一步促进小手肌肉的发展，从而逐渐提高日常生活能力。

（三）主题活动延伸——在活动区中增设发散性材料

教师预设的主题活动往往是根据课程的教育目标来组织的，在主题活动实施过程中，因幼儿的兴趣需求和个性存在差异，幼儿在主题活动中对教育目标的理解和达成有所不同，对活动区材料的操作兴趣也有所不同。因此，当主题活动实施结束后，还可围绕主题活动增加一些发散性的、迁移性的材料，激发幼儿开展进一步的探索性活动。

如，教师在开展了"中国服装"的主题活动后，在活动区投放一些有民族元素的材料，还可以在美工区提供各种民族服饰的纹样图片，幼儿可以利用不同形状的瓶子、纸盘等材料设计、制作新的作品；可以在建构区投放具有典型特征的传统建筑的图片供幼儿参考，引导幼儿将多元建筑元素融入在一起，激发幼儿的想象力和创造力，搭建出富有个性特征的建筑作品。在这样的自主选择活动中，自然地促进幼儿了解和喜爱民族文化。

二、活动区组织与主题活动相融合

在常规的活动区组织过程中，教师一般是让幼儿自由选择区域、自己玩，每一次的主题内容几乎一样，没有明确的活动区目标与要求。教师对幼儿的活动发展情况了解不深，无法对幼儿在活动中的问题进行及时解决和跟进，长此以往，幼儿玩得没意思，老师组织起来也会觉得没意思。怎样既让教师在活动区组织中有明确的目标要求，又让幼儿对活动区保持长久的兴趣？教师可以将主题活动的总体目标细化之后，根据各个不同的活动区提出相应的、有针对性的具体活动目标，让幼儿在各自区域的操作中逐渐完成。

（一）分散式组织

一个主题活动的目标内容会涉及多个领域的目标和要求，在某一个活动区中难以全部实施，这时可以将主题活动的总体目标细化之后，根据各个不同的活动区提出相应的、有针对性的具体活动目标，让幼儿通过分散式的活动逐步完成。

例：大班"神秘洞"主题活动，让幼儿通过观察了解食物、水果、人体等各种不同特征的洞，去探索自然界中各种神奇的洞。在活动区中可以采取分散式组织，将主题活动目标融入活动区中让幼儿观察与探索。在小超市活动区中投放各种各样的洞洞类食品，让幼儿认识了解洞洞的种类和特征；在语言活动区中投放洞洞图画书让幼儿了解在洞洞遮盖下的神奇故事；在科学区投放蚂蚁工坊，让幼儿观察生活在地底下的动物的神奇世界……在各个区域中提出明确的目标要求，既便于幼儿有目的地探索，也便于教师进行有针对性的指导。

（二）集中式组织

活动区活动的组织和规则的建立是幼儿学习和习惯养成的重要部分。教师可以根据主题活动的内容和目标改变和完善活动区的常规，帮助幼儿在活动中了解一些基础知识，并形成良好的习惯。

例：中班"我是环保小卫士"主题活动，教师就可以和幼儿一起讨论在活动区中如何整理玩具、节约材料、进行废纸再利用等，然后和幼儿一起对活动区的整理环节进行讨论，比如在美工区设立废品收集站废纸回收站和垃圾处理站等，帮助幼儿养成环保节约的好习惯。

三、活动区评价与主题活动相融合

教师对于每一次的活动区评价不能敷衍了事、草草收兵，而应该围绕主题活动目标，结合幼儿不同年龄特点以及在活动区中的表现进行综合性的评价。婴小班可采取自评和师评的方式进行，中大班可采取集体评和个别评的方式进行，让评价更有针对性和实效性。

例：大班"汽车总动员"主题活动目标是要求幼儿知道交通工具的功用，尝试用身体表现交通工具的造型和行进方式。根据这一目标，教师可以引导幼儿在活动区中和同伴一起设计出不同款式、不同功能的汽车，做好记录，并在活动结束后进行现场"车模"展示、现场介绍等。幼儿在评价时，能针对主题活动的目标非常准确、流畅地评价自己和他人，既能在活动区中达到主题活动的目标要求，又能在活动区评价中提升自己的观察、分辨能力。有了这样的记录和评价，幼儿参与活动区的积极性有所提高，持久性有所稳定，创造性有所增强。

活动区活动以幼儿为中心，是孩子们最喜欢的活动之一。它不是独立于主题活动之外的教学模式，而是主题活动的延伸，也是幼儿个性、兴趣、能力在同一个主题脉络下的延伸，是对幼儿生活经验的累积和扩充。活动区能够与主题活动相结合，活动区应该与主题活动相结合，活动区必须与主题活动相结合。只有把活动区与主题活动有机结合在一起，相互渗透、相互融合，才能充分发挥活动区的最大作用，才能让幼儿在主题活动中获得更多直接、有效的经验，才能让活动区活动真正成为促进幼儿全面发展的重要途径。

——2014.3沙坪坝区"倾听孩子，共同成长"征文比赛一等奖；《行动上的指南》——沙区贯彻实施《3～6岁儿童学习与发展指南》阶段成果（一）；《早期教育》2015.6

（三）同课异构之"教研活动"，静下心来搞研究

为了让教研组活动富有知识性、趣味性、参与性、实用性、可操作性等，经老师们一致同意，试行了"班级轮值主持"的同课异构研究模式，即以班级为单位轮流当"主持人"，承担一次教研活动。教研内容在开学初由全体教师共同商定，开始时主要以"童谣、绕口令、工间操、生活小常识"等为主，各班自行选择喜欢的一个内容。这种特殊的形式使得每一个教师都有机会参与到教研活动中去，而后慢慢过渡到主持具有一定研讨价值的教研活动，老师们在准备、计划、组织、主持等环节中得到了极大的锻炼。从此，教研活动不再是

教研组长和业务园长、骨干教师唱主角，而是充分调动了每一位教师参与的积极性，发挥了她们的主动性，提高了组织、协调能力，增强了教研活动的实效性。在教师们具备了一定的教研能力的基础上，我们又尝试进行三人一组的"班本研究"（包括两名教师和一名保育员），根据本班教育教学、一日管理、家长工作、幼儿能力发展等方面存在的问题进行有针对性的分析、研究，力争通过三位教师的共同努力，找出解决问题的办法，提出适宜的措施，促进班级幼儿整体发展。

通过近三年来的培训与研究，根据课题方案进行有序的研究，教师对同课异构的含义、目的、形式、价值和意义有了一定的认识，建立了"同课异构"教研机制，制订了切实可行的学习、培训计划，营造了"同课异构"的学习与研究氛围，充分调动了教师、保育员参与教研活动的积极性。教师们在各类型活动中主动参与、积极思考、周密组织，既使各个活动进行得有声有色，也使教师们的参与意识、研究能力等在一次次活动中得到了充分展示。

附：

班本教研中的主持策略

卢江涛

自从我园计划接待市里的班本教研现场活动的任务以来，园领导高度重视，全园七个班也都积极行动起来，从筹备到演练，我们总结出：班本教研，即以班级为活动单位，由班级保教人员共同参与，实施班级教研工作计划的具体活动形式，为实现班级教研工作目标共同活动的过程。以下是部分已经开展的班本教研活动的剪影：

场景一：中班甲

整个现场活动几乎是主持人唱独角戏，活动过程中请了现场观众参与活动，而班级另两名老师只是偶尔协助将资料出示在黑板上，活动中未参与讨论。

场景二：中班乙

班级三位教师准备充分，活动有条不紊。在主持人的调控下，班级两名成员积极配合。但整个活动显得平淡，无出彩的地方，也没有现场观众参与。

场景三：婴班丙

一名教师（以为是主持人）说了开场白，即抛出了话题，另一名教师在电脑旁点击照片，（不知什么原因，点击照片时间过长，出现冷场）。活动中使用电脑的老师承担了主要角色，结束语也由该教师承担。谁是主持人？观众迷惑……

三个场景集中反映了一个问题，那就是在教研活动中主持人的主持策略究竟有什么影响？我认为：教研活动中，主持人的主持质量会直接影响到教研活动的效果，特别是在我们的班本教研活动中。因为我们的班本活动一般只有三四人参加，要是主持人缺乏对活动的把握、调控的话，整个活动就会流于形式：要么一个人唱独角戏，要么变成一个聊天室，要么就冷冷清清，无果而散。所以，要提高班本教研的质量，关键在于提高主持人的主持水平。主持人具体怎么做，我觉得可以从以下几点入手：

一、寻找适宜主题

一次活动必须有活动的主题，好的话题能激发与会人员的兴趣，能使问题得到更深入的探讨和解决。活动主题的确立，对于班本教研能否取得实效非常关键，活动的主持人更应该在活动之前和班级成员一道探讨在班级保教过程中有哪些是当前必须解决的问题。比如，我园婴二班把"如何有效提高婴班幼儿午睡质量"作为这次班本教研的主题，之所以提出这个话题，是因为这些新入园的宝宝年龄小（两岁左右），生活自理能力欠缺（主要体现在大小便不能自理），每到午睡时候，多数幼儿入睡很困难，即使能很快入睡，睡眠时间也各有差异。因此，婴二班的老师把此当作了一个亟待解决的话题，当该话题一抛出来，立刻引起了大家的共鸣，大家参与活动的积极性也很快调动起来了。

另外，班本教研着眼点在班级中，主持人必须在活动之前非常熟悉本次研讨的主题是什么，以及问题出现的背景以及原因，还应大致了解与会人员对问题的了解程度。在此基础上，主持人还应该对问题的提出，以及对活动中会碰到什么样的变化做一些设想，也就是做一些预案，这样才不至于在活动的过程中出现尴尬的情况。

二、做好现场调控

主持人在班本教研活动中，要运用多种手段技巧，巧妙地调控活动现场，才能使活动得以有效开展。对于研讨的话题，要做到巧妙地抛出问题、迅速地接转话题、巧妙地激发思路、有力地调控流程。

抛，即抛出问题。主持人开门见山地阐明所要探讨和亟待解决的问题是什么，说明本次活动的目的何在。当然，在一次活动中，围绕着主题可能会有很多的问题要讨论，主持人就应当机立断地结束一个无关话题，迅速转入一个与本话题相关的讨论。

接，即接转话题。在讨论过程中，每个与会人员的发言不尽相同，其研讨的效果如何，最重要的是看教师的思维是否被激发，是否积极地思考问题，而不是看主持人为教师解决了多少疑惑，在研讨中教师如果一味地接受外来信息，而不加以思考和讨论的话，那这种研讨是无意义的。所以主持人在面对教师提出的困惑时，不是给予正确的解答，而是要能迅速地做出反应。如何接教师抛出来的问题，可以把教师的问题反抛回去："你认为呢？"或是抛给大家："大家觉得这问题该怎么解决？……你们平时是否遇到这样的问题？你是怎么解决的？"等等，让参研的老师一起思考，集思广益，共同解决问题，在讨论中互相激发灵感，互相帮助，共同提高。

调，即调控现场。主持人的最大作用就是要善于调控现场，使研讨活动能够顺利进行。主持人在每一场研讨中，是教研氛围的活跃者，是各种关系的协调者，是矛盾的调和者，更是专家与教师沟通的桥梁。因此，主持人首先是要协调好各种关系，巧妙地引发不同的声音，鼓励教师积极思考，提出不同的看法。由于保教人员的业务能力和经验有差异，孤身作战很难圆满完成一次仅三个人承担的教研活动，所以就要尽可能地发挥每个人的智慧，取长补短，互相配合。

三、适时"收网"

适时地"收网"是指主持人在研讨的现场中，根据讨论情况，适时地结束每一个话题，并自然地转入另一话题或结束研讨。这能充分地体现主持人的组织作用，主持人要根据研讨现场的情况收放自如，较好地调控研讨过程。

（1）当一个问题已讨论清楚，教师们都发表了自己的看法后，主持人应对这个问题给予简单的小结，然后及时自然地转入下一个问题。每次的小结都是一个承上启下的环节，要自然和谐，使整个研讨环环相扣、脉络清楚。主持人对每个讨论的问题都应该有清晰的看法，使研讨真正落到实处，同时也能牢牢抓住教师的注意力，使教师自始至终都积极地投入到研讨中，不至于跑题。

（2）当讨论出现泛散、跑题、开小会时，主持人必须及时把大家的注意力集中起来，把问题重新提出来，要求大家大声发言，保证所有人都能听到，避免开小会，也可以重述某教师的话，以起到强调和提醒注意的作用。

（3）最后的总结，进行整体的梳理。主持人应对整个研讨进行整体的梳理和简要的概括总结，对教师达成共识的一些观点进行提炼和提升，对意见不同的观点进行梳理，或作为下一次研讨内容布置，或作为老师下一阶段的研究话题。

总之，班本教研活动的主持人，应是具有亲和力、具有机智协调能力的人。在班本教研活动中，主持人应该多具备一点主持的基本常识，教研活动才能取得实效。

因此，要有效提高班本教研活动质量，主持人的主持策略有着不可低估的作用，愿我们的教研活动越来越精彩。

——《中国教育》杂志社举办的"新课程与创新论文大赛"一等奖

三、集体共研

所谓集体共研，是指幼儿园全体教师就某一个主题或某一个问题共同开展研究，分别找寻方法，再集中讨论、交流后形成一种共识的研修策略。这种策略适合教师群体处于一种年轻化阶段，而且在教育教学中的专业性引领还不强的时候，可以解决教师们相互之间的期望、等待和推诿等现象。因为对教师要实施专业化的培训，就必须要有专业化的专家或骨干进行指导和引领。当教师群体中还没有出现这样一个专家型教师的时候，就可以采取这种集体参与、共同研讨的策略，让每一个教师都能主动、自觉地进行自我研修，然后再将每一个人查找的资料或研修的结果相互交流、资源共享，最后形成一种大家都非常认可的方法、策略、观点、结论等，从而来达到共同研修的目的。在此过程中，还能较快地培养部分能动性较强、研究意识较强、自我学习能力较强的教师率先成长起来，使其在群体中自然而然地形成一种影响力和威望，从而优先成为群体中的骨干教师。

新桥医院幼儿园在年轻的副班组中开展教学研究就采用了这种集体共研的策略，让一部分教师在不自觉中突出了自己的优势，领悟了教学的真谛，形成了自己的风格，在年轻教师群体中慢慢具有了一定的地位和威望。

（一）在教学中集体共研

对于五大领域教育教学活动的研讨是幼儿园教师研修活动必须要开展的一个研修内容。而每一学期都要进行这样的研修活动，周而复始，大家都觉得在形式上没有什么新意，在内容上更是老生常谈。如何解决这种矛盾，激起教师的研究热情？

1. 定主题

2015年3月，经过教师们再三讨论，在研讨活动前，每个人就五大领域中的各个内容拟订2个以上的主题进行汇总，挑选出大家认为最多的几个主题开展研究。大家经过仔细思考，不约而同地倾向于对健康领域的户外活动、科学领域的科学实验进行研究。比如健康的户外活动，教师们都认为，现在的家长都把幼儿的安全看得很重要，但是《幼儿园一日生活行为细则》又要求每天都要保证 2 小时以上的户外活动，如何在保证幼儿运动发展与保障幼儿的安全之间找到一种较好的措施，教师们开始了漫长的研讨之旅。

2. 定内容

主题定好后，又如何选择大家都感兴趣的专题进行深入研究呢？教师们再次对两个领域的内容逐一分析，努力找出自己想要研究的具体内容进行汇总，最终形成了教研活动的研究内容。因为户外活动包括动作训练的体育活动、体育游戏、综合性的户外区域活动、户外自由活动等，最后大家一致认为体育游戏与动作训练的体育活动相互之间的关系和区别不太好把握，所以就选择对体育游戏开展研究。而对科学领域的科学实验，大家认为：一是幼儿园科学实验的氛围不浓厚，操作材料难以做到每人一份；二是教师对科学实验原理不太了解，存在对科学现象解释不清等问题。鉴于此，教师们一致认为，可以先开展一些常见的科学小实验，初步培养教师和幼儿对科学的兴趣和积极性，再进一步深入开展其他的科学探究活动。

3. 定措施

当主题和内容都订好之后，大家再次商讨各个活动的具体实施措施和办法，以及每次活动的主要负责人。对于体育游戏，确定以走、跑、跳为主开展体育游戏研究，因为各个年龄段都适用，采用同课异构的方式，注意突出年龄特点，此外，还可开展大带小互动体育游戏、亲子式体育游戏等，由每个班的副班教师主要负责。对于科学实验，教师们认为，可以先创设简单的科学活动区，将一些常见的实验器材投放到活动区，让幼儿先自己玩耍、探索，再由保教干事以"超级博士"的头衔每周巡回到各个班级开展一个小实验，还可以开展国旗下的科学实验、科学活动设计、科学实验竞赛等活动，由每个班的班长主要负责。

4. 共同实施

教研活动的具体内容、方法和措施都确定之后，最主要的是教师们如何实施。这就要充分调动主要负责人的研究热情，激发每一个教师的自我学习意识，提高她们的积极性和能动性，达到研修的目的。如，在科学实验中，"超级博士"定好主题后，先让班长查找相关资料，再进行汇总培训，当大家都对这个科学实验有了全面和全新的认识之后，再进班为幼儿开展科学小实验。这就改变了教师以往总想着等别人来教自己的现状，转为自己去主动学习和探究，然后相互交流、学习、共享，以此来加深对这个实验的认识和提高操作技能，从而更好地促使班长主动学习、主动探索、主动成长。

附：

"科学活动区创设"教研活动新闻简报

钱丽婵报道：

2015 年 4 月 16 日，教研组开展了题为"如何创设科学活动区"的研讨活动，主要目的是进一步丰富教师有关活动区创设的知识，其次是让幼儿自己能够在操作活动区材料中，激发主动探索的欲望，促进相互间的友好交流。活动以 PPT 展示相关知识为主，结合幼儿园科学活动区现状进行有针对性的分析，从而解决问题，使活动区得到有效调整。

本次研讨活动由中一班陈玲老师组织，活动一开始就请各位老师说一说在科学活动区创设时遇到了哪些问题，老师们纷纷提出了自己的困惑，如探索主题的选择、操作材料的投放、幼儿的操作指导等。陈老师通过展示 PPT，与大家一起带着问题来学习，共同探讨了幼儿园科学活动的类别及内容，探讨了每个年龄段的幼儿适合什么样的科学操作材料，等等。

最后老师们一致决定，下周全园举行科学活动区的评比活动，希望能将今天的教研所学灵活地运用于自己的实际教学中去，在丰富科学活动区的同时，更好地指导幼儿开展科学探索活动。

（二）在游戏中集体共研

幼儿园的活动主要是以游戏为主，而各类游戏的开展对于年轻教师来说，一向只被看作是教育教学活动的延伸，是幼儿自我娱乐的自由游戏，并没有系统的计划、组织和指导。教师的教育观念和专业性在游戏活动中还没有得到一定程度的提升。根据"十二五"规划的要求，幼儿园成立了游戏基地研究小组，先后开展了"结构游戏、角色游戏"的研究，同样采用解读《标准》的方法，由每个班负责一个类型的游戏。

1. 自我学习

为了让老师们更加全面地了解结构游戏、角色游戏的目的和指导意义，先让教师自己查找"结构游戏、角色游戏"的目标、内容、指导策略、方法途径等，并将这些资料整理汇总，按年龄段梳理出有价值的知识，供大家了解和学习。在大家的共同努力下，就结构游戏、角色游戏中存在的问题（意义、种类、材料、指导方法等）做了详细的分析，这就为教师们开展游戏研究做了较好的铺垫工作。

2. 现场观摩

为了将理论知识用于实践教学，在教学过程中更好地运用理论知识，2014年3月28日上午，幼儿园分别开展了大、中、小班的游戏现场观摩研讨活动，老师们就现场教学活动中出现的问题，一一进行了分析与研究，如：引导语的目的是什么？建构的技能和方法如何把握？材料的投放如何选择？如何评价？……通过对这些问题的探讨，老师们进一步明确了开展结构游戏的基本形式，掌握了结构游戏的教学环节。10月至12月期间，就"在活动区中如何指导角色游戏"共接待了沙坪坝区3次现场观摩，收到较好的反响。

3. 专题研讨

虽然教师们掌握了一些理论知识，经历了一段时间的实践教学，但是在开展游戏过程中还是出现了一些问题，于是，研究小组就"结构（角色）游戏的组织和指导"进行了专题研讨，从幼儿的年龄特点、班级的结构内容、主题的结构形式等逐一做了分析与探讨，让老师们的目的更明确、思路更清晰，游戏更活跃。

附：角色游戏实录分析

美味串烧店
周丹

适合年龄：中班

游戏生成：

在上学期的"超市"角色区活动中，幼儿在游戏时一直对于吃的商品很感兴趣。这学期开学正值春暖花开，很多家长带宝宝踏青烧烤，班上幼儿对烧烤的话题非常感兴趣。于是，我们对"超市"角色区活动内容进行了调整，改建成"美味串烧店"。

一、游戏目的

（1）加深幼儿对角色的理解，提高服务员、厨师和顾客的角色扮演水平。

（2）让幼儿会进行初步的合作，学习遵守游戏规则。

（3）让幼儿初步有为游戏寻找替代物、自制玩具的能力。

二、游戏准备

烧烤店活动区，烧烤串、角色服装等。

三、游戏玩法

（1）教师与幼儿一起讨论烧烤店里的角色分工。

（2）引导幼儿自主选择角色，并与同伴一同游戏。

（3）厨师负责制作食物，服务员负责接待顾客和收银，顾客点餐进餐。

四、观察记录

（1）活动区活动开始了，一群孩子冲进了角色区，萱萱选择了角色游戏——"美味串烧店"。她戴上厨师进区牌，穿上了围裙，戴上厨师帽，跟旁边一同扮演厨师的芸芸拉着手跳起舞来，并对芸芸说："我来负责烤吧，好不好？"芸芸说："那我来负责拿菜吧。"游戏中，服务员走过来对厨师们说："来一串烤鱼。"萱萱问："要几串？"服务员说："一串。"旁边的芸芸厨师拿了一串鱼直接递给了服务员，萱萱忙拿回来说："这个要烤一下才行，我来烤。"转身在烤架上烤起来，烤完后萱萱把鱼递给了服务员，服务员在接过鱼后不小心掉在了地上，萱萱说："我给你重新烤一个吧。"说完又在烤架上烤起来，然后将鱼放回到服务员手上的盘子里。

（2）顾客来了，服务员桐桐问顾客："你想吃什么？"顾客回答说："我想吃鸡腿。"桐桐转身去给顾客端来鸡腿。顾客吃完后问："多少钱？"桐桐说："一元钱。"另一个服务员妞妞在一旁说："鸡腿要两元钱！"弄得顾客拿着钱站在桌子边不知该听谁的。最后，妞妞拿起价目表，指着鸡腿那一栏对桐桐说："看吧，鸡腿是两元！"最后顾客付了两元离开了。

（3）这时，一个服务员来对厨师涵涵说有客人点了一串鸡翅。涵涵在菜架上找了找，没找到鸡翅，于是涵涵说："没有鸡翅了。"这时，又有另一个服务员在喊："要一个烤鱼，一串饺子。"涵涵便转身拿了鱼和饺子烤了烤递给后面来的服务员。当之前的服务员再次对涵涵说顾客点了鸡翅的时候，涵涵再次说道："没有了。"便转身走了。最后在老师的引导下，涵涵开始制作鸡翅串串。

（4）游戏快结束时，服务员把客人吃完的盘子端回来说："厨师，给你洗碗。"天天接过盘子左看右看，并问另一个厨师："在哪里洗盘子呀？"另一个小厨师看了看周围，指着角落说："在这里洗吧。"天天端着盘子来到角落，假装开始洗起盘子，很快洗好后把盘子放在了烧烤架旁边的篮子里。这时，桐桐走过来问天天："可以跟你交换角色吗？"天天说："不行。"桐桐在烧烤区站了一会后失望地转身走了。

五、游戏分析

（1）萱萱小朋友在游戏中的积极性很高，担任厨师工作很认真，对自己的工作职责也很明确，能与同伴协商，并且对食物的卫生意识很好。

（2）在游戏过程中，当顾客吃完鸡腿付款的时候，当服务员的桐桐说是一元钱，另一位服务员妞妞却说是两元钱，最后还是妞妞拿出价目表看了才确定是两元。这个情节反映了桐桐对菜品的价格不了解，也没有要看一下放在桌子上的烧烤价目表的意识，而是非常随意地报出一个价格，这说明孩子在游戏中的责任意识还不够，游戏随意性太强，影响了游戏的规则。

（3）涵涵扮演的厨师角色意识很明确，清楚知道自己的责任是什么。但游戏中解决问题的意识不强，当服务员点了鸡翅，涵涵没有找到时，并没有尝试去解决这一问题。

（4）天天能够在没有游戏设施的情况下为游戏情节寻找替代物，并借助想象完成游戏，但没有角色的轮流意识。

六、指导策略

（1）增加材料的多样性，促进幼儿动手能力。

在游戏中，当没有顾客来点菜时，厨师就没事可做，而当顾客来点一些菜品时菜篮里又没有。应调整穿串工作的材料，为幼儿提供成品、半成品、未加工品等多种形式、多种材质的可穿串材料。另外，还可灵活加入按规律穿串、按要求穿串等创造性穿串的玩法，增加幼儿穿串游戏的乐趣。根据幼儿在游戏中遇到的问题随时进行材料的调整，如在厨房中没有清洗盘子的地方，幼儿在本次活动中通过想象进行了清洗盘子的活动，建议老师可以增添相关设施。

（2）制订游戏规则，增强幼儿责任意识。

在下一次游戏开始环节，可以引导幼儿讨论制订该游戏的规则，比如让幼儿熟悉串烧店的各种菜品的价格，什么时候交换角色，等等，使游戏更加灵活有趣。

（3）再现游戏情境，培养幼儿自评能力。

在游戏过程中，教师可以利用摄像机或照相机把幼儿出现的不当的游戏情节和值得同伴们学习的游戏情节保存记录下来，并在活动评价环节让幼儿观看后发表评论。从中能让幼儿更清晰地看到并且意识到游戏中哪些行为是不正确的，以后应该怎样做。

（4）融入社会模仿学习，促进家园合作。

可以让家长利用双休日带领孩子去烧烤店，引导孩子观察服务员、厨师是怎样做的，并鼓励幼儿自己去购物，为下一次游戏做好准备。

七、总结思考

角色游戏对幼儿来说就是他们的生活，是幼儿最喜爱的活动。有很多的社会行为，如遵守游戏的规则、积极地帮助他人、相互交流合作、和同伴的和平共处等，幼儿都是在角色游戏中学会的，它能对幼儿的发展起到多方面的促进作用。角色游戏为幼儿提供了实践社会道德行为的机会。在游戏中，幼儿通过扮演的角色，反映着现实生活中人与人的交往关系，模仿社会生活中人们的行为准则和待人接物的态度，体验他们的情感。

——2016.10《幼儿园游戏自主操作指导丛书——角色游戏50例》

这种集体共研的教学研讨模式推动了教师自己去查找相关资料的主动性，学习了自己撰写游戏的研究方案，锻炼了承担组织讨论活动的能力。通过理论学习、现场观摩、案例指导的方式，教师们对游戏有了更深的认识和理解，在教学指导过程中也更能读懂孩子的需要，及时调整，灵活处理。逐渐地，教师们的学习意识增强了，教育思想和观点有改变了，自我研究的能力也提升了。

第三节　基于组织方式的研修举隅

本节的培训策略主要是针对教师的职后培训方式和途径，主要有导师制、头脑风暴、展示交流等。

一、导师制

所谓导师制，是指教师与幼教专家或优秀骨干教师之间建立一对一的指导关系进行引领、帮带，促使其尽快成长的一种策略，也就是我们平常所说的师徒帮带。对于新教师而言，师徒帮带是最快的成长途径。对于骨干教师而言，这是提升自己专业能力的最好途径。幼儿园在骨干教师的培养上，采取循序渐进的方法，先学、后引、再帮逐步进行。

（一）市级骨干教师，以学为主

前几年，幼儿园还没有重庆市级的骨干教师，因此，只能借助重庆市教育科学院的平台，参与全市的骨干教师培训小组，那时的导师是申毅、王纬虹等幼教专家。主要是想让幼儿园教师以重庆市优秀教师学习为主，希望在她们的示范引领下，优化自己，不断成长。先后派出了陈薇、霍宇、沈光兰、杨琴琴等教师参与重庆市的培训。这几位教师在这个培训平台中，能积极认真地学习，做好笔记，参与交流，快速领悟培训的内容，并将所学知识和经验及时地和幼儿园教师交流、分享。这为她们今后成长为总后勤部、重庆市、沙坪坝区、新桥医院幼儿园的骨干教师打下了坚实的基础。

（二）区级骨干教师，以引为主

2013年初，沈光兰作为区级骨干教师参与了沙坪坝区进修学院组建的中心组成员小组，负责新桥片区幼儿园的培训和研讨活动。每学期一个主题活动，2次以上的交流研讨活动，她在组织、培训、指导等活动中，充分发挥了骨干教师的积极作用、示范教学、亲临指导，并用严谨的态度、科学的方法引领着教师们专业成长。幼儿园也充分利用这个机会，让年轻教师承担现场研讨活动、负责小组讨论等，希望她们在这个互动研讨的平台上，能够得到更多的学习和锻炼，从而尽快地成长起来。她努力进取，勤于研究，成绩显著，于2013年被评为重庆市优秀教师。

（三）园级骨干教师，以帮为主

2013年年底，总后勤部开展了评选骨干教师的活动，幼儿园陈薇、沈光兰通过现场答辩、资料评审，以优异的成绩被选中。她们从幼儿园的不同教师群体中各选了一人作为帮扶对象，开展了为期两年的帮带教学指导，成绩突出，效果明显。很快，这一批年轻教师就成长起来了。2014年年底，新桥医院幼儿园也参照总后勤部的评选标准和办法，评选出幼儿园的骨干教师。在被帮带教师中，陈婷婷表现突出，成绩优异，被选中，此外，霍宇和何利也以优异的成绩入选骨干教师和骨干保育员的行列。她们的成绩，为幼儿园其他教师做好了表率，也让教师们看到了专业成长后的喜悦和专业认可的希望。

幼儿园运用导师制策略，加强了对各个层次教师的培养、引领、帮带，努力在提高全园教师专业素质和专业能力的同时，打造一批园级、区级、市级甚至国家级的骨干教师，从而提升幼儿园的整体师资水平和幼儿园的教育质量。

前面第四章，已经列举了多篇骨干教师帮带和被帮带教师的成功案例，本章就不再一一列举了。

二、头脑风暴

所谓头脑风暴，是指就某一个活动或主题提出自己不同的看法、观点、建议等，以达到最佳的解决状态。幼儿园教师在研讨活动过程中，运用最多的就是头脑风暴策略。当某一个活动或主题抛出来之后，教师就可以根据自己的经验、特点、能力等，提出相应的意见和建议，从而找到解决问题的最佳途径和办法。集众人之所长，显大家之风范，从而彰显出教师特有的气质。

（一）各类活动中的头脑风暴

幼儿园每年开展的各种活动非常多，每次活动都需要教师来策划、组织、主持等。如每周的升旗仪式，每年的"六一""迎新"活动，以及一些联欢活动、技能比赛、社区联谊活动等。为了既能让每次活动都有新意和亮点，也为了找出适合担任本次活动的教师，幼儿园每次活动都会采取头脑风暴的形式，讨论出适宜的活动方案，主持人则通过打擂台的方式，让每位教师展示不同的构想，再以轮流或值日的方式让老师承担、主持整个活动。教师们在相互竞争、集思广益的过程中以及一系列的亲身体验中，真正地学会了组织大型活动的基本程序，掌握了协调活动的基本方法，感受到了组织、协调活动的艰辛，同时，也体验了活动带来的快乐。

（二）现场研讨中的头脑风暴

幼儿园每年都会接待一些现场公开研讨活动，有了平常的经验和习惯，教师们在这类活动中都能主动参与，积极发言，提出自己的见解和建议。在先后开展的"幼儿文学同课异构""角色活动区""美术活动区观察与记录"等现场研讨活动中，教师们都能积极表现，大胆表达。

三、展示交流

不同层次的教师研究小组确定了不同形式的教研形式，体现出不同的研究水平，让职后培训变为主动研究。教师在不同的研究小组中找到了方向，树立了自信，研讨活动也从单一转向多元、从园内走向园外、从讲座变为互动。幼儿园不断地给教师们搭建不同的平台，提供丰富的教研形式，创造多样的机会，更大限度地调动教师参与教研活动的积极性、主动性、自觉性，让每一个教师都能在轻松、愉快的研讨氛围中，快速地提升自己的专业水平和研究能力。

（一）从单一转向多元

各研修小组根据群体发展现状和需求，设立了相应的研讨内容和形式，从主题研讨、观摩评价等单一的研讨形式，转向了好书分享、音乐热身游戏、教研活动反思分享等多元研讨形式，教师们在轻松、愉快的互动交流中相互学习、共同成长。

（二）从单向变为互动

教师组、副班组、保育员等各个教研组的研讨活动，已经慢慢地从知识性的单一讲座转变为实践操作性的交流互动，并始终以"老答新、老带新"的方式帮助年轻老师更快解答工作及教学中的难题，让有经验的教师也在帮带他人的过程中得到了锻炼，促使自己不断总结、提升，慢慢从经验型教师走向骨干型教师。

（三）从园内走向园外

以往的研讨活动都是在幼儿园内开展，年轻的教师们提出了将研讨活动延伸到户外进行，如开展拓展训练、抢答赛、郊游等，并将教研内容融入户外活动中，既保证了户外活动开展的有效性，又能让教师在户外的娱乐活动中增进情感交流，加深彼此的了解，也可激活教研活动的情境性，让研讨活动变得更加生动、有趣、多姿多彩。

第六章　成长科研：
从"外促"走向"内生"的园本策略

　　教师成长科研是在沙坪坝区教师进修学院科研中心的引领下开展的一项有助于促进教师专业提升、专业自觉、专业成长的具有重大现实意义的教育科学研究。它不仅能在教育教学中增强教师的专业能力，还能提升教师的专业精神，在教育理论上提升教师专业素养。新桥医院幼儿园的教师成长课题就是在这种区域教育科研背景下逐渐建立并完善起来的。

　　一个课题培养一支教师队伍，一个课题引领一段精彩人生。教师成长科研能够激活教师的创造热情，解决教师专业发展中外在的促进与内在的主动的矛盾。教师成长课题研究是一种源于实践、服务实践、在实践中研究的行动研究，是一种低起点、低要求、重心降低的草根研究，是一种易接受、易操作、容易见效的应用研究，是一种贴近教师、贴近生活、贴近工作实际的田野研究。

第一节　概念解读

一、对教师成长科研的理解[①]

　　从逻辑学角度看，概念是客观事物在人脑中的主观反映。对于客观事物，任何我们不知道、想知道、有意义的探究性问题，只有上升到概念层面，理清概念的内涵和特征，才有可能被主体认识和把握。教师成长科研的概念是什

---

　　① 余华云. 中小学教师成长科研指南［M］. 成都：四川大学出版社，2014.

么？通过三年多的探索实践，我们在理清科研、教育科研、教师成长等核心概念的基础上，尝试给出一个本土化定义。

（一）科研

科研是科学研究的简称。科，单独有分类、条理、项目之意。学，单独指知识、学问。科学一词源于古汉语，原意为"科举之学"。近代日本翻译英文science时，引用了中国古汉语的"科学"一词，意为各种不同类型的知识和学问，是对一定条件下物质变化规律的总结。可见，科学首先指对应于自然领域的知识，如自然科学；后经扩展、引用至社会、思维等领域，如社会科学、思维科学。凡称之为科学的东西，应该具有可重复验证、可证伪、自身没有矛盾等特点。按研究对象的不同，可分为自然科学、社会科学和思维科学，以及贯穿于三个领域的哲学和数学。简单地说，科学是如实反映客观事物固有规律的系统知识。研，与砚同义，有研磨、捣碎之意，引申为深入地探求。究，与九同音，有终点、穷尽之意，引申为追查、探求。所谓研究，就是指运用科学方法探求问题答案的活动。可见，科研是指运用科学的方法探求反映自然、社会、思维等客观规律的创造性认识和实践活动。

（二）教育科研

20世纪以前，西方主流教育理论认为教学是艺术。20世纪以来，在受美国实用主义哲学和行为主义心理学影响的教学效能核定之后，西方掀起了教育科学化运动。人们逐渐认识到教育也是科学，并开始关注教学的哲学、心理学、社会学等理论基础，以及如何用观察、实验等科学方法来研究教育现象和问题。教育科研是教育科学研究的简称，是指人们以教育科学理论和方法为武器，以教育领域中发生的现象和问题为对象，以探索现象和问题背后的教育规律为目的的创造性认识和实践活动。

教育科学研究具有如下几个特点：

一是目的性。探索更科学、更合理的教育规律和方法，促进学生主动、生动、活泼发展。

二是科学性。理论依据科学、研究方法科学、研究过程科学、研究结论科学。

三是问题性。研究的过程就是发现问题、提出问题、分析问题、解决问题的过程。

四是创新性。提出创造性猜想与假说，不受制于某种理论或方法，得出前人从未提出过的观点或方法。

五是实效性。研究与工作紧密结合，有效解决工作中的实际问题。

六是群众性。专业理论队伍、教育行政人员、广大校长和教师共同参与。

一般而言，教育科学研究分为理论、应用和开发研究。具体而言，根据研究的层次可分为宏观研究、中观研究、微观研究；根据研究的性质可分为定量研究、定性研究；根据研究的对象可分为专业研究、行动研究。教育科学研究常用方法有文献法、观察法、调查法、叙事研究法、个案研究法、比较法、实验法、行动研究法。教育科学研究的一般过程包括选择课题、查阅文献、制订研究方案、实施研究方案、收集和整理资料、分析资料、撰写报告。

（三）教师专业成长

从广义的角度说，教师专业成长与教师专业化的概念是相通的，均指教师专业结构不断完善的过程。但从狭义的角度说，它们之间还有一定的区别。前者更多是从社会学角度加以考虑的，主要强调教师群体的、外在的专业性提升；后者主要是从教育学维度加以界定的，主要指教师个体的、内在的专业化提高。教师专业成长可理解为教师个体的专业理念与师德、专业知识、专业能力不断成熟、不断提升、不断创新的过程。教师的专业成长具有发展的终身性、自主性、阶段性、连续性、丰富性等特点，包含专业理念与师德、专业知识、专业能力等内容。

（四）教师成长科研

学校发展的关键是什么？是教师。教师队伍的发展靠什么？靠学习。学习的切入点又在哪里？在科研。一个学校的教育科研发展水平，标志着一个学校的教育发展水平。正如苏霍姆林斯基所说："如果你想让教师的劳动能够给教师带来乐趣，使天天上课不至于变成一种单调乏味的义务，那你就要走到从事研究这条幸福的道路上来。"

教师为什么要研究？因为教师的尊严和幸福不在于任何人的同情、恩赐和赞美，而在于自身教育生涯中的创造。教师是创造孩子精神生命的人。教师是创造自我生命价值的人，是体验教师职业尊严和欢乐的人，是修炼教育智慧的人。

教师成长科研是指教师团队以教育教学实践中遇到的实际问题为课题，运用教育科学理论和方法，在较短时间内协同研究，研究结论能有效解决教育教学实际问题的教育实践和认识活动。

二、教师成长科研的价值分析

（一）教师成长科研的特征

一是真，研究问题客观，研究过程真实，研究结论可靠；

二是小，研究范围窄小，研究内容单一，研究方法简单；

三是活，自建队伍，自定课题，自选周期，自主活动；

四是简，贴近教师实际，简化繁琐程序，关注解决策略，坚持宽进严出；

五是实，研究过程扎实，研究结论对解决教育教学实际问题、促进自身成长和学生发展有实际效果。

（二）教师成长科研的价值取向

一是问题即课题。来自于教师教育教学现场的不知道、想知道、有意义的问题，都可成为课题。

二是行动即研究。围绕教育教学实际问题所进行的学习、计划、实施、反思等行动，都可作为课题研究活动。

三是成长即成果。不过分追求论著、论文、报告等课题性研究成果，重点关注课题研究过程中专业理念与师德、专业知识、专业能力的成长。

第二节　教师成长科研机制建设

依据《中小学教师成长科研指南》要求，幼儿园作为课题的主管单位，主要职责是设立管理机构，健全管理制度，提供研究经费，促进学习交流，组织研究活动，实施调控评价。因此，新桥医院幼儿园根据园所实际情况建立了以业务园长为主要负责人的课题管理小组，健全了课题管理制度，为教师提供一定的科研经费，搭建学习交流的平台，通过每周研究、定期小结、期终报告的形式引领教师开展好研究活动，并采用交流、赛课、展示等形式进行动态评价。

一、组织架构

幼儿园管理由园长牵头，委派业务园长、保教干事、课题组成员等三方联合行动，负责组织课题的培训、立项审核、答辩鉴定、成果推介和经费支持等工作。各司其责，各尽其能，实现对教师成长课题的全面管理，提升幼儿园教师科研课题管理质量。

（一）业务园长管理要规范

根据《中小学教师成长科研指南》的要求，幼儿园是教师成长科研课题的主要管理者，而业务园长负责科研课题的全面管理工作。要负责抓好课题论证、申报、开题、检查、结题、推广、保障等工作，实施动态服务、专业引领、同伴互助、师徒结队，帮扶研究、切磋交流等。及时向沙坪坝区教育科学规划办公室上传研究活动电子文档和研究成果，主动引导教师走上教育研究的道路，在教育教学的问题解决中实现共生共长。

（二）保教干事指导要到位

幼儿园两位保教干事分别负责中大班和婴小班组教师成长课题的工作，负责前期问题梳理讨论、选题阶段的教师讨论、开题阶段的集中开题、研究阶段的教学展示和教学改进的交流分享、主题研讨、案例剖析等。注重过程性的监督、指导、管理、评价等工作，及时向业务园长汇报各班课题的开展情况，在教师的教育科研实践过程中起到指导帮扶、及时引领的作用。

（三）课题组成员研究要扎实

教师成长课题组担任主研责任，课题组组长是课题管理的第一责任人，负责自主选题、课题申报、实践研究、中期报告、结题答辩等，并负责做好课题的全员、全程、全面管理工作，立足实际，注重过程，提升实效，规范管理，树立"自加压力，自定目标，自主研究，自我发展"的理念，负责设计课题方案，调控课题研究进程，按期完成研究任务。力争实现研究结论可推广、幼儿发展见成效和教师成长有证据。

二、操作策略

幼儿园教师成长科研遵从以教师为本的原则，最大限度地给教师提供申报的机会和平台，主要包括如下几个方面。

（一）降低申报条件

全园幼儿教师，只要工作 5 年以上或具备小学一级及其以上职称的，都可参加教师成长课题申报。

（二）精简研究人员

课题组以班级 3~4 人为单位，可以邀请业务管理部门的人参与研究。

（三）简化申报程序

删减标准规划课题申报书的有关项目，减低字数要求，围绕班级教育教学中的实际问题开展研究。

（四）缩短研究周期

将课题研究周期缩短为一年，未完成任务的可以申请延长一年，强调问题解决的短、平、快。

（五）加强过程管理

幼儿园严格计划、实施、检查、总结诸环节，各课题组成员主动协助课题负责人开展好课题研究，课题负责人及时向保教干事上报课题研究过程中的问题或困惑，保教干事适时指导，专业引领，并定期向业务园长上报各课题组开展的情况。

（六）注重教师培训

业务园长主要负责课题组教师的申报、调研、结题等培训工作，关注各课题组的开展情况，发现问题，及时调控。

（七）严格结题程序

参照《中小学教师成长科研指南》的要求构建教师成长课题评价指导标准，从规范性、科学性、创新性、成长性四个维度对本园拟结题的课题实施集体评审，给出等级初评意见，并将获得合格及其以上等级的课题报送至沙坪坝区教育科学规划办公室。

三、管理规范

"教师成长"课题是就教学实践中某个具体问题以专题研究的方式探索教育规律，这些问题与日常工作密切相关，深入到了学科工作领域内部，研究起来实实在在，有方向，有条件，以小见大，反映了"问题就是课题，反思就是研究"的教育科研理念。对"成长课题"严格有序的管理，使其作用最优化，能够使课题组教师在更高的水平层次上展开教学活动，即从强化日常教学中蕴含的科研成分着手，以科研的思路去重新审视教学过程，发现问题、思考问题，形成解决问题的策略，并通过教学实践使其得到验证与完善，从而使教学工作逐步向最优化方向发展，同时也使自身的素质得到提升与飞跃。它的开展是教师专业发展的绝佳选择，能促进教师主动发展，是改变教师生活的重要途径，是新课程改革与学校发展的现实需要。

（一）健全课题管理制度

为了更好地开展课题研究，进行深入、细致的研讨，幼儿园建立了相关的课题研究制度，为研究顺利开展提供了强有力的制度保障。

（二）组建课题培训队伍

为了充分发挥幼儿园骨干教师的主导作用，提升骨干教师的专业认同感，为她们提供展示自己水平和风采的平台，幼儿园以园长和业务园长带队，将具备一定经验的老教师、科研组长、教研组长等中坚力量组建成一支强大的专业培训队伍，以先进的幼教理念感染年轻教师的教育思想，以科学的研究方法带动年轻教师的专业成长，从而推动着幼儿园教育科研的健康发展。

（三）确立课题研讨时间

为了既能面对全体教师进行专业培训，又能让教师们集中时间讨论，达到共同专业成长的目的，幼儿园确定每周一次课题小组交流活动，每两周一次班长会小结，每半期一次课题组现场展示，每学期一次课题中期汇报和课题专题培训，最后是一年一次课题总结大会。

（四）加强课题人员管理

成长课题管理采用课题组长负责制，课题组长是这个团队的核心人物。他的管理主要应体现在以下方面：

1. 对课题组长自身的管理

作为课题组的灵魂，课题组长本身就必须具有较强的研究能力，才能担任组长一职。要加强自身业务进修，努力提高自身思想素质、教学业务素质和教育科研能力，发扬奉献精神和合作精神，争做教育教学改革的带头人、教育理论和实践结合的探索者。无论在专业领域还是在科研领域，都要能在课题组内起到专业引领的作用。

2. 对课题组成员的管理

能紧密团结课题组教师，并根据各个教师的性格特点和研究能力分配相对应的工作，做到人人有事做，事事有人做。特别要加强对本课题青年教师的指导培养，努力促使青年教师从实践型、经验型向科研型转化。

（五）注重课题过程管理

1. 对课题选题的管理

找到一个有意义的且适合课题组做的科研课题，这是整个科研工作的第一步，也是最重要的一步。这一步，对日后的科研工作具有战略性意义。它决定着科研工作的主攻方向、奋斗目标，决定着应采取的方法和途径。因此，选题必须有价值和一定的研究基础，问题必须具体明确，研究措施要有切实的可行性。

2. 对课题研究的管理

课题立项审批后，本课题组的教师就要坚持"立足现实，着眼发展，突出重点，全面推进"的课题研究的原则，了解科研运作的规律，从选题、申报、立项、开题、实施到结题，都要共同制订一系列的计划以及制度，规范课题组的运作过程。课题负责人首先应撰写好开题报告，做好开题工作；然后制订详细的阶段性研究计划，定期组织课题组学习，开展现场研讨和交流活动，经常反思、总结，做好课题研究记录和阶段总结，全面系统地做好资料收集与整理工作，撰写课题研究结题报告。按照课题组成员分工合作，完成各阶段工作。

附：

幼儿园教科研管理制度

为了更好地开展幼儿园教科研活动，规范、落实教科研制度，提高幼儿园整体教科研水平，促进教师专业化成长，特制定本制度。

一、幼儿园教研活动管理

（1）成立园本教研研究小组，确定各个教研组组长、副组长、参与人员等，明确各自的职责。

（2）教研活动主要由教研组长主持。根据幼儿园保教工作的实际情况，以及各个教研组提出的问题，有目的、有计划地开展教研活动。

（3）保证间周一次教研活动时间。围绕研究专题内容学习交流现代教育思想、理论，了解最新的教育信息，做好教研学习记录，积极开展教育实践研究活动，及时撰写教研活动心得体会和经验文章等。

（4）业务园长在各个教研组活动前必须熟悉、了解研究内容，和教研组长一起确定研究方法，做好充分准备，保证研究活动的目的性和实效性。

（5）各个教研组的教师、保育员要按时并认真参加研究活动，踊跃承担研究任务，针对教育实践中出现的问题理论联系实际，积极发表自己的见解和思想，勇于争论，敢于创新，共同寻找解决问题的方法和途径。

二、幼儿园科研课题管理

（1）鼓励每人独立申报课题。经区教育局和区教育科学规划领导小组批准立项的科研课题，幼儿园给予时间、人力、经费的全力支持。

（2）有5年以上教龄的教师可成为区级科研课题的项目负责人，有8年以上教龄的教师可成为市级科研课题的项目负责人。

（3）每学期有科研实施计划及总结；至少有一次课题组现场接待活动；有一篇及以上科研论文或经验文章在市级以上刊物发表或获奖。

三、幼儿园教科研档案的管理

（1）所有的教科研资料实行计算机管理，教研组长、课题负责人、业务园长等负责相关资料的收集和管理。

（2）教研组长、课题负责人定期向业务园长汇报教科研课题的进展情况，提供活动及课题的研究资料、阶段性教科研总结等，并由业务园长汇总后，筛选、保留有价值的教科研材料。

四、幼儿园教科研保障制度

坚持以幼儿发展、教师发展、幼儿园发展为本，使研究真正落实到幼儿身上。每学期期末进行一次评价，通过谈话、问卷等方式，做出实事求是的评价和总结，通过自我评价、领导评价、教师评价等，给予教师一定的物质奖励。

（一）经费保障

幼儿园积极支持园本教研活动的开展，每学期为每人提供100元的专项活动经费，保证教研活动有效开展。

课题申报成功将给予课题执笔者一次性奖励，区级课题200元、市级课题500元、总后级课题1000元、全军及全国课题2000元。参与别人的科研课题，由幼儿园统筹规划，经科研组讨论审核，园长认可后方可组织实施。此类课题无一次性奖励。

（二）学习培训制度

每个学期末针对本学期的研究课题举办一次专题讲座，组织大家进行经验交流和总结，提高教师、保育员们的理论水平、研究水平。主讲者可以是教研组长，也可以是业务园长或是有经验的教师、保育员等。

积极鼓励幼儿教师参加外出学习。每学期每位教师至少听1次市级以上专家的讲座。每年安排教研组长、科研组长、保教干事、业务园长等参加一次市外学习的机会，及时带回先进的教育理念。

第三节　园本操作述描

一、班本研究

所谓班本研究，是指各班根据教师或幼儿的兴趣特长开展的相关研究。班本研究的目的是培育班级特色，因而可根据本班教育教学、一日管理、家长工作、幼儿能力发展等方面存在的问题展开，如亲子式交谈策略、如何有效提高婴儿班幼儿睡眠质量、关注特殊儿童，接纳特殊儿童、如何在一日活动中渗透爱的教育等。每个班级的教师各自进行有针对性的分析、实践、论证、研究，让日常问题能够得到最快速、最便捷的解决，突显了班级教学的实效性。通过三位教师的共同努力，找出解决问题的办法，提出适宜的措施，促进班级幼儿整体发展。其中，"关注特殊儿童，接纳特殊儿童"的班本研究现场活动，还在"沙区园本教研总结会"中进行展示，参会老师们对这种以班级为单位开展的教学问题式研究非常感兴趣，并且对班本特色研究的形式和内容给予了充分的肯定和支持。"三人一组的班本研究"是前面说的"班级轮流主持"教研活动的进一步提升，也为以后的班长独立申报成长小课题打下了很好的基础。教师们科研的意识和习惯形成了，科研的方法和手段增多了，科研的热情和成果提升了。

附：班本研究活动方案

关注特殊儿童，接纳特殊儿童

霍宇

班级：大一班

主持人：霍宇

参加人员：幼教专家及其他幼教同行，幼儿园全体教师

一、活动目标

（1）师、幼、家长共同转变观念，接纳特殊儿童，重视特殊儿童的教育。

（2）针对特殊儿童的特殊性，探讨转变家长、幼儿观念，接纳特殊儿童的相应方法与措施。

（3）共同帮助特殊儿童走入集体，建立和谐的班级氛围，感受爱的教育。

二、活动准备

资料的收集、情境表演、幻灯展示、记号笔、白纸等。

三、活动过程

（一）情境再现，引出活动主题

1. 情境表演，展现特殊儿童的特殊情况

兴兴，一个正在医院小儿科脑瘫康复中心接受治疗的小朋友，不能和小朋友们友好相处，性格逆反，爱发脾气，常会做一些自己知道不对的事情来引起别人的注意，干扰正常秩序。

彦彦，也在小儿科脑瘫康复中心接受治疗，缺乏自信，遇到不会做的事会沮丧、急躁，常常一个人乱跑出去玩。

2. 谈感受

问：看了这两位特殊儿童，你们有什么感受呢？

（二）最初的教育现状：无奈、漠视、逃避（大一班老师介绍）

主持人：他们带来的这一系列问题和困扰让我们最初很不适应，很烦恼，承受了很大的压力。（举例说明最初的教育现状）

（三）观念的转变，关注接纳特殊孩子

本期班本研究的三位老师不约而同地提出了班上特殊孩子的问题，过程中有很多感触、感动，同时也很矛盾：理性上觉得应该接纳他们，感性上又觉得接纳以后困难很多。

讨论：我们应该接纳特殊孩子"随班就读"吗？

（四）探讨能让幼儿和家长接纳特殊儿童的方法和措施

（1）分组讨论：如何引导幼儿、家长真正接纳特殊儿童，让特殊儿童融入集体，得到更好的教育。

主持人：要帮助特殊儿童走入集体、融入集体，让他们感受爱的教育，我们首先要做的就是让正常儿童和他们的家长真正接纳特殊儿童，主动跟他们交朋友，给他们更多的帮助。具体我们应该怎样去做呢？（分为幼儿组和家长组）

主持人：在座的幼教专家和幼教同行们有什么好的方法和措施吗？希望收集到你们的宝贵建议。

（2）展示：分组讨论的结果。

主持人总结：谢谢在座的老师给我们提出了这么多的措施和方法，我们认为：关注特殊儿童，重视特殊儿童的教育，让这些孩子走进幼儿园，得到他们应有的平等的待遇，是我们作为幼教工作者应尽的义务和职责。

走进特殊儿童的心理，了解、关注他们，用心接纳、关爱他们，让他们的眼睛不再回避你的眼神，让他们也能自信地面对自己，让他们快乐、健康地成长。今天我们的活动到此结束了，我们对特殊儿童的关注还在继续，并将永远坚持下去…

二、教师成长课题研究

（一）对教师成长课题的理解

所谓教师成长小课题，是以班级为单位，由班长负责，保教配合，将工作、研究、学习统整起来，达到学以致用、以用促学、以用促研、以研养学的目的。小课题是以教师为主体，以保教活动中所发生的教育教学问题为研究对象，以幼儿园管理为主导的园本科研课题，既有"研"的性质，又是一种提升教师综合素养的研修方式，具有"小、新、实、快"的鲜明特征。所谓"小"，指的是研究对象的切口小，突出保教活动中真实的"小"问题；所谓"新"，指新颖，强调来自实践第一现场，具有鲜活的现场感；所谓"实"，指的是实实在在，不虚浮，不夸大；所谓"快"，指的是研究时间短，长则一年，短则一学期，所产生的成果对保教有切实的帮助。从功能上看，小课题研究可以较好地把工作、研究、学习统整起来，达到学以致用、以用促学、以用促研、以研养学的目的。而每一个小课题由1名课题负责人和2~3名教师组成，其成员几乎覆盖园内保教人员，构成一个具有内在动力系统的研修网络，起到了发动教师积极投身变革热潮的作用。通过这个新平台，以问题为聚焦点，以教研为基础，以活动为载体，以幼儿发展为落脚点，构成了一个具有内在动力系统的研修网络，拉动了教师的自主发展，让教师成为教科研活动的真正主人。

（二）第一次成功申报教师成长课题

在团队建设和研究锻炼有了很大成效的 2013 年，幼儿园成功申报了 7 个沙坪坝区教师成长课题（我园只有 7 个班），如提高大班幼儿自主绘画能力的研究、婴班幼儿饮水习惯的培养和管理研究、大带小活动提高小班幼儿交往能力的研究等。这是幼儿园第一次由各班班长独立申报的沙坪坝区教师成长课题。

1. 关注小问题，研究真问题

根据教师们开展的"小问题，大智慧"头脑风暴现场讨论会，教师们就本班幼儿的发展现状提出了一些现实性的问题，拟订了相应的课题，前后进行了 3 次互动讨论、实践验证、反复修改。

（1）面对面培训。

2013 年 5 月 14 日召开了"沙坪坝区教师成长课题"面对面培训会，参会的老师有歌乐山小学、矿山坡小学、山洞小学等申报课题的相关教师。会议由沙坪坝区教师进修学院罗咏梅老师、新桥医院幼儿园陈薇副园长主持，由树人幼儿园彭海英、歌乐山小学江莲莲教师分别对幼儿园课题组和小学课题组的教师进行了面对面的交流与指导。在面对面的交流指导中，两位指导教师对每个老师申报的课题名称、目的、内容、方法等进行了非常详细、具体的分析，并对课题研究的目的和价值提出了质疑，最后针对课题中存在的问题提出了具有建设性的意见和建议。在相互的交流、探讨中，老师们逐步明确了研究目的，理清了研究思路，使教师申报的课题名称更准确，研究目的更具体，研究内容更丰富，研究方法更适宜。

（2）课题开题会。

2013 年 7 月 2 日上午，幼儿园召开了"沙区教师成长课题"开题会。参会的专家有重庆师范大学教育科学学院瞿亚红、郑丽霞老师，以及新桥医院幼儿园的全体教师。会议由陈薇副园长主持，由周永园长宣读课题立项书。全园 7 个课题负责人分别对课题的名称、目的与内容、研究措施等做了详细的介绍，并对下学期如何开展相关研究工作做了初步的设想和安排。随后，两位专家分别从课题的名称、目的、研究适应性等多个方面，对 7 个课题进行了深入交流与指导，就课题研究的目的和适切性提出了相关的疑问，最后针对课题中存在的问题提出了相应的解决策略，使老师们豁然开朗。大家一致认为，这种专家入园进行面对面的交流和指导的方式，不仅有利于教师的直接理解和现场调整，而且也能对课题中存在的问题有针对性地进行解答，从而使教师更好地开展课题研究。

2. 关注研究过程，开展课题培训

为了充分发挥幼儿园骨干教师的主导作用，提升骨干教师的专业认同感，为她们提供展示自己水平和风采的平台，幼儿园以园长和业务园长带队，将具备一定经验的老教师、科研组长、教研组长等中坚力量组建成一支强大的专业课题管理小组，以先进的幼教理念引领着年轻教师的教育思想，以专业的教学技能带动着年轻教师的专业成长，从而推动着幼儿园整体发展。

（1）定期开展课题研讨。

首先，9月份开学初，各课题小组成员就课题的研究目的和研究内容展开了讨论，提出自己的见解，拟订详细的研究计划，制订切实可行的研究措施。其次，在每个月班长总结会上，课题小组成员也要对课题的开展情况做简短的介绍。最后，业务园长和课题管理小组的教师们，针对课题开展中的问题和困惑，帮助她们理清思路、摸准方向、制订方案，提出适宜的策略，让课题组结合班级实际教学情况深入开展研究。

（2）期末进行课题小结。

2014年1月份学期末，各班就课题的开展情况进行中期小结。课题负责人就课题研究的目的、课题制订的计划、课题开展的情况、课题研究的成效等采用PPT的形式向全园教师进行详细的汇报，并对课题开展过程中遇到的问题提出自己的思考，对课题的后期研究做初步的打算，为课题总结做充分的准备。

（3）开展课题专题培训。

毕竟教师们是第一次作为课题的第一负责人进行研究，多少还是有些紧张、忐忑、焦虑。业务园长作为幼儿园课题研究的主要管理者，在课题申报后就开始准备如何对教师进行相关的课题培训，并制订详细的培训时间和计划，有计划、有目的、有针对性地开展课题专题培训，如如何选题、如何填写申请表、如何组织开题会、如何拟订研究计划、如何撰写过程性的观察记录和经验文章、如何撰写课题结题报告、如何统筹编撰课题成果书等。这样细致、特别的课题专题培训，内容与教师研究的现实需求相同，时间与教师研究的步伐一致，犹如及时雨一般解决了教师们的心中困惑，及时安抚了教师们的不安心情，了解到教师们的研究现状，关注到课题研究的进展情况，为课题的顺利开展提供了强有力的理论支持和保障。

3. 举办课题总结会，提升课题研究成果

教师们在不知不觉中结束了一年的课题研究，回过头来看一看这一年的研究过程和成效，一年的研究终于印证了初期的预想，一年的困惑终于有了满意的解答，一年的辛苦终于有了丰厚的回报，教师们脸上露出了甜蜜的笑容。

（1）成功举行课题总结会。

2014年6月21日上午，幼儿园召开了沙区"教师成长课题"结题会。课题评审组由沙区教师进修学院罗咏梅老师、新桥医院幼儿园高级教师共5人组成。会议由陈薇副园长主持。评审组通过听课题汇报、查研究资料、现场答辩等方式进行评审。全园7个课题负责人分别汇报了课题研究的成效，各个课题的管理手册资料丰富、数据翔实、记录细致，有的课题组开展了社区交流活动，有的课题组接待过沙区现场活动，有的课题组还有经验文章获奖、发表。最后，评审组一致认为：7个课题研究都能针对幼儿园日常教育教学中的薄弱点进行研究，重视保教结合，善于整合多种资源，达到了预期研究目标，具有实效性，准予结题。

（2）参加评比获奖。

在假期，7个班的课题负责人就课题研究的资料进行最后的整理、梳理、归类，并根据沙坪坝区的结题要求进行统筹编撰成册，参加年底沙坪坝区举办的教育科学规划中小学"教师成长课题"优秀成果比赛活动，其中杨琴琴负责的"'大带小'活动提高小班幼儿交往能力的研究"、陈婷婷负责的"提高大班幼儿自主绘画能力的研究"2个课题获二等奖，胡春艳负责的"婴班幼儿动手能力培养策略研究"、陈玲负责的"中班幼儿分享行为培养的策略研究"2个课题荣获三等奖，新桥医院幼儿园荣获沙坪坝区教育科学规划中小学教师成长课题先进单位。课题组也多次接待市、区观摩研讨活动，有19篇文章获奖，22篇文章发表，还有50多篇儿童作品获奖、发表。

附：教师成长课题总结报告

沙研所2013（1）幼005

大带小活动提高小班幼儿交往能力的策略初探

杨琴琴　周丹　徐文静

［摘要］幼儿同伴交往能力是幼儿社会化的重要内容，是幼儿最重要的社会交往能力之一。《3～6岁儿童学习与发展指南》社会领域一开始就指出，"人际

交往和社会适应是幼儿社会学习的主要内容，也是其社会性发展的基本途径"。因此，提高小班幼儿的交往能力，是让幼儿社会化的第一步。我们制订了生活化、开放性、适宜性、发展性等原则，初步探索了"大带小、大小合作、大小互助"等大带小游戏活动的策略，通过这些策略的实施，努力使孩子们的交往能力在"大带小"活动中真正得到改善，让"大带小"活动充满活力。

[关键词] 大带小　小班幼儿　交往能力　交往策略

一、课题的提出

《3~6岁儿童学习与发展指南》社会领域一开始就指出，"人际交往和社会适应是幼儿社会学习的主要内容，也是其社会性发展的基本途径"。幼儿同伴交往能力是幼儿社会化的重要内容，是幼儿最重要的社会交往能力之一。因此，提高小班幼儿的交往能力，是让幼儿社会化的第一步。通过对小班幼儿交往能力的问卷调查，结果显示75％的幼儿在入园前都只局限于与家人之间的交往，只有8％的幼儿愿意与同伴分享，没有一个幼儿愿意与人合作。

人类学家梅尔文·科恩特指出，"幼儿有一种天生的与非同龄人交往的倾向"，而我们的教育实施却往往由于过分强调年龄差别而使幼儿的这种先天性倾向受到抑制，这有悖于儿童的天性。

小班幼儿年龄小，生活经验缺乏，他们想交朋友，却不知如何交往，希望与人友好相处，却不知道怎样才能友好相处，在与同伴进行交往活动时容易发生矛盾，且不懂得处理纠纷的方法。因此，指导小班幼儿愿意与人分享、合作，懂得谦让，会关心、照顾弱小，成为引导本班幼儿正确与同伴交往的重点。我们将通过多途径的"大带小"活动，让小班幼儿对大班幼儿的交往行为进行模仿、学习，进行交往技能的训练，提高幼儿交往能力。

二、课题的界定

交往能力：指妥善处理自己与外界关系的能力，包括与周围环境建立广泛联系和对外界信息的吸收、转化能力，以及正确理解上下左右关系的能力。交往能力主要包括分享、合作、遵守规则、帮助、团结。

大带小：本课题指由年龄较大的孩子带着年龄相对较小的孩子一起进行游戏、活动。

本课题力图在"大带小"的活动中，以游戏活动为实践平台，在具体游戏活动中通过对哥哥姐姐模仿、学习，到照顾弟弟妹妹的实践操作，让小班幼儿养成一定的规则意识，愿意与人交流，增强谦让、合作、分享的意识，最终达到提高小班幼儿的交往能力的目的。

三、课题研究的目标、内容

（一）课题研究目标

（1）幼儿在多元化的"大带小"活动中，懂得谦让、合作、分享，提高小班幼儿的交往能力。

（2）提高教师进行活动设计与实施的能力，提升在指导幼儿交往能力方面的专业知识、交往技能以及处理幼儿纠纷的能力。

（二）课题研究的内容

（1）组织多元化的"大带小"活动：结合主题的"大带小"游戏活动、一日生活"大带小"活动、社区"大带小"活动等。

（2）开展多形式的"大带小"活动："大带小""小促大""大小合作""大小互助"等。

（3）发挥同伴互助的团体效应，以优势带动弱势，促进老师专业化成长。

四、课题研究的方法

1. 个案研究法

通过对活动中某位幼儿的交往行为进行持续的跟踪、分析，并找到相应的指导方法加以指导，协助改善问题，以增进幼儿的交往能力。

2. 行动研究法

定期对"大带小"活动进行认真反思与分析，结合在活动中观察到的幼儿行为和交往能力发展水平，思考目标和内容的适宜性、引导幼儿的策略方法的有效性等，调整策略进入下一阶段的研究。

3. 经验总结法

通过对多元化"大带小"活动的探索，有计划地对课题实施过程中的情况进行分析、研究，收集开展主题活动下"大带小"活动方案设计，积累材料，总结在活动中的心得、体会、经验，不断提高课题研究水平。

五、课题研究过程

本课题研究历时一年，按照方案所设计的三个阶段进行。

1. 实验准备阶段（2013.5—2013.9）

（1）组建课题组，学习相关理论，如《3～6岁儿童行为与发展指南》等相关教育理论。

（2）采用文献研究法，收集各类有关"大带小"活动及幼儿交往能力的研究，撰写课题研究方案，确定研究小组成员并进行分工。

（3）通过观察、访谈、问卷等方式，了解本班幼儿交往能力的现状。

2. 实验实施阶段（2013.9—2014.5）

（1）行动研究案例分析阶段。每半月举行一次课题研究活动，立足幼儿活动进行实践研究。

（2）探索如何在"大带小"活动中对提高小班幼儿交往能力进行有效教育的手段与方法。

（3）积极开展社区"大带小"交往活动，针对幼儿活动情况设计社区"大带小"活动记录表并对其进行统计研究。

3. 实验总结阶段（2014.5—2014.6）

（1）整理成果资料，分析相关数据。

（2）汇编成果集（反思记录、活动设计、学习笔记、教育随笔等）。

（3）撰写课题报告，交流研究成果。

六、"大带小"活动的设计原则

（一）生活化原则

生活是幼儿所熟悉的，生活化的活动更易被幼儿接受与理解。因此，在"大带小"活动的设计上，我们始终贯彻一日生活即游戏，因为生活化的活动更容易被幼儿理解与接受。

（二）开放性原则

教育无处不在。"大带小"活动不仅仅是在幼儿园的一日生活中开展，也加强家园合作，搭建社区交往平台，积极开展社区"大带小"活动对促进幼儿交往能力的提升有着积极的作用。

（三）适宜性原则

在"大带小"活动中，有大班哥哥、姐姐的加入，也有小班弟弟、妹妹的参与。因此，在游戏活动的设计中既要适合小班幼儿的年龄特点，考虑其已有的生活经验及能力，使其在原有的基础上得到相应发展，也要照顾中大班孩子的活动需要，让中大班的孩子感觉到其中的乐趣。

（四）趣味性原则

兴趣即是动力。在活动的选择上要从幼儿的兴趣出发，只有幼儿喜欢的活动，才能让其真正地投入其中。如，小班幼儿最开心的事就是吃，因此，在"大带小"活动开始时，我们设计的游戏都以分享食物为主题，在分享的过程中，哥哥姐姐与弟弟妹妹相互自我介绍，让幼儿逐渐融入活动中。

（五）发展性原则

"大带小"活动的设计与指导应体现循序渐进性。小班幼儿的交往能力低下，往往是平行游戏，幼儿各玩各的，因此，在活动的设计中要先解决的是如何让幼儿融入集体游戏中。因此，我们的"大带小"活动形式是：从一对一搭档的形式转变为自由组合形式，从别人关心照顾自己转变为自己关心照顾别人，从指定结对转变为自由结伴。因此，让小班幼儿与哥哥姐姐的交往从简单的语言交流开始，指导小班幼儿能大胆地与别人进行沟通交流，对于大班的幼儿则指导他们如何照顾弟弟妹妹，待幼儿间都已经不再陌生时，再设计关于分享、合作的游戏活动，让幼儿在循序渐进的过程中潜移默化地学会与人交往的技能。

七、"大带小"活动的实施策略

游戏活动是幼儿喜欢并且愿意参与的活动，幼儿在活动中能够得到强烈的情感体验，我们以"大带小，小促大"进行游戏活动，让幼儿在相互学习、相互帮助中克服困难、学习本领，让他们产生一种成功、喜悦感，感到自己很能干并增强学习的自信心。游戏活动主要在主题游戏活动、生活游戏活动、社区游戏活动等多元化的游戏活动中以"大带小""大小合作""大小互助"等形式展开，注重幼儿交往技能的培养。

（一）在"5分钟交谈"中营造交往氛围

为了让每个幼儿都有说话的机会，在每次活动开始之前，我们采用5分钟自由交谈的形式开展活动。在轻松愉快的音乐声中，让一对一的哥哥姐姐们先进行简单的自我介绍，然后鼓励自己的弟弟妹妹也进行自我介绍。通过这种方式增加孩子们相互接触和熟悉的机会，同时也让孩子们的语言得到了锻炼。小班幼儿通过对哥哥姐姐们的礼貌用语进行感受、学习、模仿，并在社区活动中让家长指导幼儿对偶遇的长辈、同伴也坚持礼貌用语，对学习到的礼貌用语进行反复练习，这样用礼貌用语进行交流的习惯就会自然而然地养成。

（二）在观察模仿中学习交往用语

幼儿常常是通过观察和模仿来学习的，因此在"大带小"阅读活动中，我们利用文学作品的形象对幼儿进行礼貌待人的培养。如，绘本《好宝宝好习惯》，故事中的动物们因为有礼貌行为、语言，而获得别人的帮助，这个形象仿佛就是幼儿自己或身边的同伴，幼儿都会不自觉地对角色的行为进行模仿和学习。幼儿通过对故事角色的学习理解，在"大带小"的游戏活动中反复对礼貌用语进行练习，最终让使用礼貌用语成为一种习惯。因此，文学作品中适当的正面形象最有利于幼儿礼貌行为的培养。

（三）在分享活动中培养交往意识

在实际生活中，最受欢迎的孩子往往不是最漂亮的，也不是最能说会道的，而是拿着自己的玩具等能够想到和小朋友一起分享的孩子，也就是我们所说的表现得比较"大方"的孩子。我们进行了一系列的"大带小"分享活动，如，与哥哥姐姐在郊游活动中进行重庆特产、自制蛋糕、玩具等分享活动，在感受哥哥姐姐对自己的照顾、关爱的同时，也学会了如何与人进行分享。"大带小"分享活动成了常规活动，孩子们在与弟弟妹妹分享图书、水果沙拉等活动中，毫不犹豫地就把自己的东西拿出来与弟弟妹妹一起分享，随着一系列"大带小"分享活动的展开，孩子们更是把"分享"两个字挂在嘴上，常常提醒自己、提醒同伴要懂得分享。

（四）在互换角色中增进交往情感

小班幼儿刚入园，还不会关心同伴，看到同伴不小心摔倒不但不扶起来，反而还要讥笑他，这会给一些孩子造成一定的心理压力。我们有意识地引导孩子们和不同年龄的孩子交往，组织开展了"哥哥姐姐帮我穿衣裤、叠被子"的系列活动，由中班的哥哥、姐姐带小班的弟弟、妹妹，帮助他们穿衣服、解决困难等。中班的幼儿为了显示自己的能力，对小班的幼儿关怀备至、耐心十足，有的幼儿尽量克制自己的不良习惯，真正做到了"以大，带小，以小促大"，效果良好。在哥哥姐姐的影响下，渐渐地，小班幼儿也会学着哥哥姐姐的样子对同伴说，"我帮你穿鞋子吧""我帮你拿杯子吧"……在一日生活活动中相互关心、相互帮助。逐渐地，孩子们从被动的交往变成了主动的交往，在哥哥姐姐身上学到的交往技能不断得到模仿与练习，孩子们交往的范围也从与大的年龄班级跨向了比自己小的班级。

（五）在分工合作中提高交往技能

孩子们的合作，虽然表面上看来是合作的形式，但是在对孩子的询问中，我们却发现孩子们其实还是按自己的意愿、想法各做各的，并没有为同一个目标而相互协商或分工合作一起完成。我们给孩子们创造各种合作机会，以此来培养幼儿的合作意识。如，在"合作绘画"活动中，在作画之前，哥哥姐姐与弟弟妹妹一起商量，由哥哥姐姐来画树干和树枝，弟弟妹妹来拓印树皮和涂色，哥哥姐姐会主动向弟弟妹妹询问："你喜欢什么样的树？"弟弟妹妹也会很自然地表达自己的意愿："我喜欢三角形的树。"小班幼儿在遇到困难时，哥哥姐姐会很自然地对其施以援手，小班幼儿体验到与同伴交往的乐趣，感受到与人交往是快乐的，从而增强合作意识。

（六）在固定时间中搭建交往平台

为更有效地实施"大带小"活动，活动不仅要有多样性，还要有充分的活动时间，这是让小班幼儿充分感受、模仿，最终将所学到的交往技能运用到实际活动中的重要内化过程。因此，两周一次的固定的"大带小"活动时间与不定期的"大带小"晨间活动、活动区活动相结合，让幼儿有充足的时间去向哥哥姐姐的行为进行模仿学习，从而让交往技能在弟弟妹妹身上得到实践与运用。

（七）在家园共育中拓展交往范围

家庭是幼儿园的重要教育资源，"大带小"活动只有在幼儿园与家庭的共同配合下才能达到更好的效果，也只有在家庭和社区中延伸才更富有教育动力，更有利于幼儿身心健康和谐发展。为了更好地指导家长在社区开展"大带小"活动，我们利用家长会、家长讲座等形式，让家长加深对"大带小"活动的了解，使家长对混龄教育对独生子女的成长优势有更深的理解。为有效配合班级开展的"大带小"活动，我们还设计了"'大带小'社区活动记录表"，将记录表发放给家长，并且定期回收并分析成效。在班级活动时，评选出本月"交往之星""进步小天使"等，提高孩子们在社区里进行"大带小"活动的兴趣。孩子们在幼儿园结交的兄弟姐妹得到了家长的认可，节假日里家长相互邀请作客，结伴去社区、郊外开展一些有益的"大带小"活动，充分利用自然环境和社区的教育资源，扩展幼儿生活和学习的空间。如，开展社区"大带小"放风筝大赛、"大带小"外出做蛋糕活动，邀请家长参与到幼儿的游戏生活中，使家长深入细致地了解幼儿与同伴交往的情况，并协助家长在日常生活中正确引导幼儿在社区进行"大带小"活动，提高家长指导幼儿进行"大带小"活动的能力，使家长成为孩子社区活动的支持者与指导者。

人类学家梅尔文·科恩特指出，"幼儿有一种天生的与非同龄人交往的倾向"。小班幼儿在"大带小、小促大、大小合作、大小互助"等多种形式的大带小交往活动中，通过对哥哥姐姐模仿、学习，到照顾弟弟妹妹的实践操作，孩子们的交往能力在"大带小"活动中真正得到改善，令"大带小"活动充满了活力。

八、"大带小"活动成效

通过一年以来的研究，小班幼儿的交往能力都得到了提升，老师们对课题研究也有了新的认识，大家齐心协力、互帮互助，专业能力也都得到了提高，并取得了一定的成绩。

（一）促进幼儿交往技能提升

1. 敢于尝试与人交流

活动前，只有12%的幼儿愿意与陌生人打招呼、交谈，甚至与熟悉的人打招呼大多数幼儿也需要成人的提醒和鼓励；活动后，幼儿都愿意与陌生人交谈，其中58%的幼儿能够大胆地、自主地与陌生人交谈。

2. 处理纠纷，学会谦让

活动前，幼儿在遇到矛盾纠纷时，12.5％的幼儿能够自己处理，37％的幼儿用抢、哭闹等方式来发泄；活动后，35％的幼儿能用适宜的方法自主解决活动中的矛盾，62％的幼儿能在成人的帮助下想办法处理矛盾。

3. 分享

活动前，58％的幼儿在成人的提醒下偶尔会与人分享物品，42％的幼儿从来不愿意与人分享；活动后，76％的幼儿经常主动与同伴分享食物、玩具等，24％的幼儿在成人的鼓励下也能进行分享活动。

4. 合作

活动前，38％幼儿能与同伴一起玩；活动后，69％的幼儿能够自始至终地与同伴合作完成同一任务。

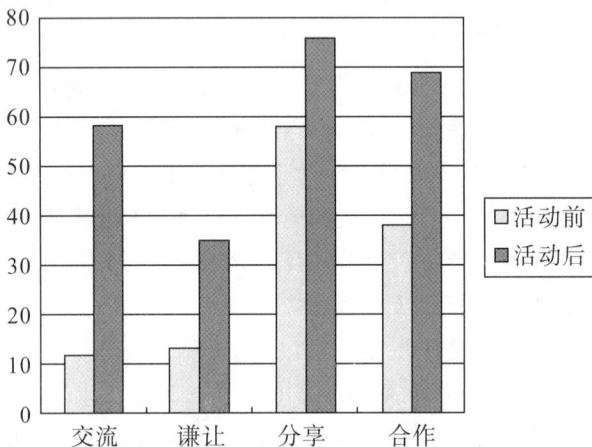

（二）“大带小”活动研究促进教师专业成长

1. 更新认识，转变观念

对于一线教师来说，科研课题一直以来是可望而不可即的。在传统观念上，研究是学者专家的事，教师只有使用研究成果的份而没有参与研究的权利。目前，不少专家也一再强调教师要自主开展课题研究以促进老师专业化成长，但事实上，科研工作并不是简单的公式化的活动。

课题研究真正实施起来仍是一项艰难的工程，或许教师付出了大量的时间和心血，但成效却不明显。因此，小课题的开展常常会被认为是“费力不讨好”。我们如同摸石头过河一般对小课题进行初次尝试，在领导的支持下，经过专家的各种讲座培训，在我们的小课题的推动下，大家都认识到了参加科研的重要性，也明白了小课题的可实施性。

2. 加强学习，充实自己

每一位教师要想进行课题研究，就要先学习相关的理论知识。在课题研究期间，三位老师大量阅读关于幼儿交往能力方面的理论知识，博采众长，不断提炼，在每一次的研讨活动中发表自己的看法，为课题实施提供一个更有力的保障。

每次研究活动都在中午，等小朋友入睡后，杨琴琴就组织课题组成员进行学习、研讨。我们或翻阅杂志、资料，或聚在一起上网查找方法，解决我们在制作 PPT、操作网页、WORD 文档时所遇到的难题。通过自主性学习，我们在 PPT 制作、下载文件资料等方面的能力有了显著的提高。

"三人行必有我师"，在研究过程中，我们还会请老师将她自己认为价值高的、最新的理论与课题组分享交流，在主持和分享中，老师们的语言表达能力和指导能力也有了提高。

3. 团队合作，共同成长

让交流成为一种习惯。三位老师在每月一次的课题理论学习与研究中，积极开展经验交流，反思课题研究方案的可行性，进行自我论证，进一步调整课题研究方案，确定后阶段的具体操作步骤、方法，努力探索提高幼儿交往能力的"大带小"活动方案。教师们大胆创新，在实施活动的过程中，把生成和预成有机地结合起来。通过不断的学习实践，教师们自身的科研意识有所增强，合作协同能力不断提高，发挥了教师的团体效应，以优势带动弱势，促进教师专业化成长。

4. 收获成功，成绩突出

在课题研究期间，杨琴琴与周丹各承担区级赛课活动一次，参加沙区"音乐游戏、舞蹈创编"比赛分别获得一等奖；课题研究期间，杨琴琴的论文《好不好与像不像》获区级指南征文比赛一等奖。形成"大带小"活动教案 11 余篇，案例分析 6 篇，教学随笔 5 篇，产生课题研究活动记录 12 次，课题研究学习笔记 12 次，问卷分析 2 次，社区"大带小"活动记录表 1 次，简报 13 次，交流活动 4 次，主题汇报 2 次。

九、问题思考

教师日常教学工作繁重，学习、进修等"充电"的时间太少。我们知道，没有足够的时间保证，没有一定的理论积淀，要研究、试验是困难的。教师对理论的提升方面还存在很大的困难，在研究过程中缺乏专家引领，很多时候老师都在闭门造车，在某种程度上抑制了活动的深入性。由于课题组人员配置是以班级为单位，有着很大的局限性，教师资源不能最大程度地得到开发与利用。

——沙区 2012—2013 年区级教师成长课题优秀成果评选活动二等奖；《进修与教研》2014.2 第 72 期；2015.4 第十一届全市基础教育课程改革征文二等奖

（三）第二次成功申报教师成长课题

有了 2013 年的课题研究经历和经验后，2015 年教师的再接再厉，又有 10 个课题成功申报，这在幼儿园科研发展史上是一个从教育教学研究到教育科学研究的转变，实现了教育教学质的飞跃。

1. 园内组织教师研讨课题申报方向

基于教师们已经有了一次成功申报沙区教师成长课题的经验，2015 年全园又组织各班班长及各部门负责人共 10 人参与沙区教师成长课题的申报准备工作。相对 2013 年来说，教师无论在课题的选题方面、研究目标的拟定方面、申报表的填写方面等都有了一定的经验和技巧，因此，有经验的科研课题人在完成自己的课题申报的同时，也能帮带其他第一次参与课题研究的教师。这不仅体现了教师的能力价值，同时，也为幼儿园营造了一种和谐、科学的研究氛围，打造了一个积极上进的研究团队。

2. 沙区召开面对面课题人培训会

受沙坪坝区教师进修学院的邀请，2015 年 4 月，由陈薇副园长对全区教师成长课题的申报工作做了全面的讲评，就课题的提出、研究的目标、课题界定等做了一对一的指导。作为幼儿园的科研负责人，她不仅彰显了自己的科研实力，同时也彰显了幼儿园的科研实力。

3. 召开沙区教师成长课题开题会

2015 年 6 月，10 个课题都成功立项。根据沙坪坝区进修学院的要求，7 月 7 日上午举行了成长课题开题会。10 个课题负责人就课题研究的问题、目标、内容和方法等做了详细的介绍和讲解，结合专家提出的意见和建议，让教师对课题研究的目的、形式、方法等有了更进一步的理解，以此帮助她们更好地运用到实际教学活动中去。

附：保育员成长课题方案

保育专栏在家园互动中的实践研究

何利　陈薇　安静

一、选题缘由

《幼儿园教育指导纲要（试行）》中提出："家庭是幼儿园重要的合作伙伴，应本着尊重、平等、合作的原则，争取家长的理解、支持和主动参与，并积极支持、帮助家长提高教育能力。"由此可见，做好家长工作能使幼儿园开展各种工作得到事半功倍的效果。

在多种家园合作共育的形式中，家园联系栏是运用得非常广泛的幼儿园家长工作方式，它是反映班级保教工作情况的一扇窗口，是反映老师班级管理情况的一面镜子，也是幼儿园管理中促进家园合作的有效载体。然而，目前幼儿园的家园联系栏主要是班级老师负责，展示的多是幼儿发展和教学方面的内容，而对于幼儿生长发育、生活习惯等方面涉及较少，此外，还存在一定的问题，主要表现在：保育员意识薄弱，没有主人翁意识，形式单一、内容空泛、实效性不强……因此，我们针对保育员对幼儿在生长发育、生活习惯等方面的关注和研究，拟在家园联系栏的基础上，开设保育专栏，一方面让家长更全面地了解幼儿的一日生活情况，另一方面也让保育员转变观念，保教结合，关注幼儿，充分展示自己的保育研究特点和方法，更好地促进家园互动。因此，提出了"保育专栏在家园互动中的实践研究"，保育员将采取文字、表格和网络等形式来设计自己班级的保育专栏，通过反复实践、改进，总结出适合自己班级的保育特色专栏。

二、课题界定

保育专栏：本课题架起了家园沟通的桥梁，是展示幼儿园保教工作的一个窗口，更是保育员与家长进行交流的一块活动空间，它能加强保育员与家长之间的联系，起到家园互动双赢的作用。

家园互动：从字面上理解就是家庭和幼儿园互相作用、互相影响，它是幼儿教育工作的一个组成部分。本课题具体指保育员与家长之间相互了解、交流，在教育幼儿方面达到配合默契、要求一致，使幼儿健康快乐地成长。

三、研究综述

华东师范大学硕士生刘小红在论文《上海市保育员与家园联系现状及对策研究》中说："保育员渴望得到幼儿园的重视，提高自己参与家园联系的质量；

保育员参与家园联系的频率不高，且为低层次的参与。"曾艳在《早期教育》2001 年《家园共育的桥梁——家园联系栏》中说："创设家园联系要注意四性：创造性、导向性、全面性和互动性。"牛鲜新在《定西时报》2009 年第 3 版《家园联系栏——家园互动的桥梁》中说："科学确定家园联系栏的内容、精心设计家园联系栏的形式、着力追求家园联系栏的效果。"

综上所述，关于家园联系的研究很多，基本上是以幼儿园教师及其在家园联系中的作用为主要研究对象，还出现了不少的理论成果；但以保育员为研究对象，特别是以保育员参与家园联系现状为研究对象的少之又少。因此，我们拟通过本课题研究，让保育员与家长进行家园互动，从而使双方增进了解，建立互相信任、互相支持的良好关系，真正做到家园教育的一致性和连贯性，促进幼儿健康成长。

四、研究目标与内容

（一）研究目标

（1）保育员能根据班级幼儿年龄特点和实际情况，设计出具有自己班级特色的保育专栏。

（2）开展多种形式的交流、展示活动促进保育员专业发展。

（3）转变家长教育理念，提升家长科学育儿的能力，提高家园共育的一致性和有效性。

（二）研究内容

（1）采取文字、表格、网络等方式设计出具有自己班级特色的保育专栏。

（2）通过保育专栏的宣传，提升家长科学育儿的能力，达到家园共育的一致性。

五、研究方法

文献研究法：通过对所搜集的文献进行细致的梳理和分析，探索本课题的理论指导思想、研究思路。

行动研究法：保育员在设计班级保育专栏中，提出适合自己班级保育专栏的方案，并不断改进，形成最终成果。

六、研究步骤

（一）准备阶段：2015.3—2015.8

（1）查找相关资料，进行相关的理论学习、培训。

（2）制订课题研究方案。

（二）实施阶段：2015.9—2016.4

（1）组织课题组成员进行课题相关知识的学习。

（2）在实施过程中，保育员设计出适合自己班级的保育专栏，并写出设计保育专栏的方案。

（3）每月进行相互观摩学习，给同伴提出可行性的意见和建议。

（4）各班保育员交流、分享自己在设计班级保育专栏中的经验和困惑，大家一起商讨、解决，并总结出经验。

（5）课题阶段总结。

（三）总结阶段：2016.5—2016.6

（1）结题阶段，整理收集相关资料。

（2）撰写结题报告和研究报告。

七、预期成果

（1）"保育专栏在家园互动中的实践研究"结题报告。

（2）个案研究。

（3）案例分析。

依托全军"十二五"园本课题"运用'学习维度论'构建教师职后培训有效模式的实践研究"，在专家的引领下，自2013年开题以来，幼儿园建立了教师成长课题科研制度，以园长统筹安排、业务园长组织研讨、课题负责人具体落实的形式开展研究。活动中我们定期进行主题教学活动展示，每月交流一次研究情况，中期举行阶段总结，相互学习、探讨和借鉴。通过这种互学共助的研究模式，在激发教师积极参与科研的同时，为她们搭建了相互交流的平台，铺垫了扎根于实际教育教学研究的坚实基础。教师们的研究意识得以加强，研究能力得以提高，研究水平也得以提升。

三、规范化课题研究

在两次成功申报沙坪坝区教师成长课题的基础上，教师们有了自己的科研思路，有了自己的科研方法，有了自己的科研经验，也有了自己的科研成果。教师们对科研课题的认识更深入，对科研课题的目的更明确，对科研课题的研究方法更全面，对科研课题的研究成果更关注。在这种科研浪潮的推动下，2015年，幼儿园从10个课题中选送了2个课题参加重庆市的课题申报，均获得了成功。

（一）重庆市教育学会第八届基础教育课题开题

2015年7月，幼儿园从10个沙区教师成长课题中选送了"幼儿园一日生活中幼儿文学素养培养的实践研究"参加重庆市教育学会第八届基础教育课题的申报，该课题成功立项，并于11月6日开题。幼儿园邀请了重庆市教科院王纬虹副院长，重庆市师范大学瞿亚红副院长，沙坪坝区进修学院余华云副院长、科研部何晓波部长及罗咏梅老师等专家参与了本次开题会。会后，杨洋科长高度重视幼儿园教育，亲自到幼儿园和教师们一起研讨课题研究的方向和内容，提出了一些建设性的意见和建议，并对课题组在开展过程中需要的经费给予了大力支持。

附：课题方案

幼儿一日活动中文学素养启蒙教育研究

霍宇

一、问题的提出

文学被称作人类的"精神家园"，对幼小儿童来说，文学是他们成长的"精神摇篮"，一旦有了文学的滋养，其精神世界便开始绽放出最绚丽的花朵。幼儿文学作品本身具备的教育、审美、娱乐等功能，对培养完整的、全面的、健康的幼儿起着十分重要和积极的作用。"幼儿一日活动中文学素养启蒙教育研究"即研究在幼儿一日活动各环节中，幼儿文学活动如何有机渗透，如何广泛有效地展开幼儿文学活动，幼儿文学在各领域教学活动中怎样整合，怎样家园密切配合，使幼儿园、家庭、社区形成合力，让幼儿文学的"真、善、美"成为幼儿成长足迹中最珍贵的财富，为幼儿一生的"阅读"及发展奠定美好的基础！

二、理论基础与依据

幼儿教育离不开文学。2001年《幼儿园教育指导纲要（试行）》第二部分教育内容与要求里明确提出："引导幼儿接触优秀的儿童文学作品，使之感受语言的丰富和优美，并通过多种活动帮助幼儿加深对作品的体验和理解。"

《3~6岁儿童学习与发展指南》提出教育建议：提供童谣、故事和诗歌等不同体裁的儿童文学作品，让幼儿自主选择和阅读；引导幼儿感受幼儿文学作品的美。如，有意识地引导幼儿欣赏或模仿文学作品的语言节奏和韵律；给幼儿读书时，通过表情、动作和抑扬顿挫的声音传达书中的情绪情感，让幼儿体会文学作品的感染力和表现力。建设书香社会，对全民阅读的理解：幼儿园应着力建设"书香"文化，阅读养成应从幼儿抓起，幼儿文学是最适合幼儿阅读的书籍。

李克强总理在 2014 年政府工作报告中指出，倡导全民阅读。李总理说："书籍和阅读可以说是人类文明传承的主要载体，把阅读作为一种生活方式，让全民阅读能成为一种氛围，无处不在。"同样，让最适合幼儿阅读的书籍——幼儿文学在幼儿的活动中能有一种氛围，无处不在。

三、核心概念界定

（1）幼儿一日活动：指幼儿园保育教育主要途径，是每日保教活动的总和，可以相对划分为生活、运动、游戏、学习等活动，是幼儿和保教人员共同经历的、家长参与的活动过程。具体讲就是幼儿园、家庭、社区的一切活动安排，以及在时间、空间上的合理分布。

（2）幼儿文学素养：文学素养是指一个人或组织在文学创作、交流、传播等行为及语言、思想上的水平。需要强调的是，文学素养作为一个名词，它不仅仅是指"文学素养"水平高雅或低劣。文学素养相对于"文化素养"更具有具体性，一般情况下是指在文学领域，如诗歌、小说、评论等方面的综合能力。提高文学素养是一个漫长的过程。简单点说，通过阅读人类历史上最优秀的文学作品是一条主要途径，但不是唯一。对社会有一定的了解，宽广的知识面，对历史、世界有一定的独立见解，良好的行为举止，都是文学素养的一部分。幼儿文学素养总结起来就是对幼儿文学作品的感受、兴趣、想象以及表达与再现。

（3）启蒙教育：启蒙即由无到有，由小到大，由量到质，教育就是指在幼儿一日活动中的渗透、整合、结合等。

（4）幼儿一日活动中文学素养启蒙教育：指利用优秀的幼儿文学作品，在特定教学情境中，培养幼儿良好的阅读习惯以及对文学的兴趣和热爱，从而为幼儿一生发展打下"精神的底子"，调出幼儿生命最初的绚丽色调的教育活动——"立德树人"。

四、同类课题的国内外研究现状述评

无论从儿童文学理论还是实践研究角度，国内与市内的研究基本都集中在高校层面，例如，北京师范大学在王富仁等主持下申请了文艺学与中小学语文教学研究的国家级重点社科项目，其中有一个子课题为"儿童文学与中小学语文教学"。在这个课题中，他们指出儿童文学应该成为中小学语文教学的重中之重，并从理论和实践上充分论证了儿童文学进入中小学语文教学的必要性和合理性；如，由重庆师范大学瞿亚红等主持的重庆市重点教改课题"高等师范院校儿童文学系列课程教学改革研究与实践"，也是与高校层面的儿童文学课程教学改革相关。以及广州大学儿童文学研究所所长班马借鉴皮亚杰的理论，提出了儿童的前艺术思维的观念。总之，以上的研究虽没直接涉及本课题，但他们在观念、知识结构等多方面也为本课题开拓了思路。

2005年至今，幼儿园文学启蒙教育课程在重庆市各大幼儿园进行了近10年的教学实践。在此期间，幼儿文学启蒙活动逐渐有别于幼儿园语言教育活动进入幼儿的集中教育活动和兴趣培养活动中。作为幼儿"精神食粮"的幼儿文学，在幼儿的一日活动中，集中教育活动远远不能满足幼儿对文学的渴望和需求，即幼儿文学"量"的供给不足。尽管幼儿园文学启蒙教育课程对重庆市的幼儿文学启蒙活动有一定引领和帮助，但由于幼儿园没有足够重视、家园没有密切配合，没有制度的体现和多种幼儿文学启蒙活动的定期开展，没有创设幼儿文学的环境氛围和形成园所、家庭甚至社区文化，因此，幼儿文学启蒙活动的开展还有许多不尽如"童"意：活动随意性大、应付性多、没有充分调动和激发幼儿兴趣，即幼儿文学启蒙活动"质"的体现急需提升。特别是家庭、社区以及一些区县和农村幼儿园，幼儿文学在幼儿一日活动中的应用几乎还处于一片空白。

五、本研究的创新及研究假设

研究关注幼儿一日活动，在实践、研讨、再实践、再研讨中，寻找探索开展丰富多彩的幼儿文学启蒙活动的途径策略、措施方法，为幼儿架起一个快乐健康的童年，让幼儿在文学世界的海洋里自由徜徉，想象遨游；用幼儿文学独特的审美和丰富的情感感染幼儿，唤起幼儿内心的审美、情感体验。

在研究过程中，幼儿园、家庭、社区密切配合，积极行动，并依靠幼儿文学专家团队专业提升以及重庆师范大学学前教育本科学生大力协助展开研究，以此打造"文学"校园、"文学"家园、"文学"社区，促进教师、家长和幼儿一起走进幼儿文学，阅读经典，全面提升幼儿、教师及家长的幼儿文学素养。

六、研究目标及内容

（一）研究目标

（1）为孩子终生阅读奠基，全面提升幼儿文学素养：包括充分感受、兴趣养成、积极想象以及良好的表达与再现。

（2）创建并营造"幼儿文学"育人环境，培养完整的、健康的、全面的人——立德树人。

（3）全面提升教师、家长的幼儿文学素养、活动设计与组织等能力。

（二）研究内容

1. 幼儿一日活动中文学素养启蒙教育实施策略研究（渗透研究）

重点探寻在幼儿一日活动中渗透、融入幼儿文学作品和活动的形式、路径、方法，满足幼儿一日活动中对幼儿文学作品和幼儿文学活动量的需求。

具体包括：每天的"听、念、讲、读"四部曲——晨间活动（听）、生活环节活动（念）、午睡活动（讲）及自由阅读活动（读）；每周的"国旗下的幼儿文学"升旗活动；"花丛、草地幼儿文学"散步活动；"甜点幼儿文学"餐后活动；每月"小故事、大剧场"活动以及每学期开展的"亲子朗诵、亲子表演、亲子创编"等系列亲子活动，以保证幼儿与幼儿文学能频繁亲密"接触"，从而为孩子播下幼儿文学的"精神种子"。

2. 幼儿一日活动中文学素养启蒙教育班本研究（整合研究）

围绕幼儿一日活动中文学素养启蒙教育研究，班级积极展开子课题研究，分别是：

小二班：儿歌在小班幼儿一日活动常规中的应用研究。

中二班：运用家园沟通平台创建"书香"班级文化的研究。

大二班："科学童话"在大班科学活动中的实践研究。

小三班：幼儿文学在小班美术活动中的实践研究。

3. 家园幼儿文学教育策略研究（结合研究）

探寻家园、社区密切配合的策略等。具体包括：社区每周末"故事姐姐讲故事"活动；每月幼儿园"漂书"活动；每季度家庭阅读指导展示活动，如亲子共读、为你的娃娃拿起笔等活动开展；每期幼儿文学家长学校专家讲座；班级、家园、社区幼儿文学沟通平台建设及环境建设，如"诗情画意"长廊、"书香"楼道、"童谣童画"主题墙等内容。

4. 多元化主题研修深化研究（提升研究）

加强园本教研、课题研讨，积极进行"一课三研""同课异构"等活动交流，展开互动研讨——以课例研究为载体，进行幼儿文学欣赏活动、幼儿文学助教活动、幼儿文学创编活动、幼儿文学绘画活动、幼儿文学阅读活动、幼儿文学融入整合活动等；献课送课，示范引领，特别针对帮扶园及区县、农村幼儿园，积极起到示范幼儿园的模范带头作用。

5. 幼儿一日活动中文学素养启蒙教育评价研究（品质研究）

建构自评、互评、家长评等评价体系，全面提升幼儿文学活动品质。

七、研究对象及范围

新桥医院幼儿园 276 名幼儿及教师、家长。

八、研究思路及方法

（一）主要研究思路

成立课题"行动研究小组",以中国社科院儿童文学研究员樊发稼先生、首都师大教授金波先生及重庆师范大学中文系儿童文学家彭斯远教授为顾问,由重庆师范大学教育科学学院副院长、西部儿童文学研究所所长瞿亚红教授担任专家团队指导,提升教师、家长的幼儿文学素养及朗诵、讲述等技能技巧培训。幼儿园上下一致,全面参与:园长、课题组长负责园所文化、环境打造,业务园长、课题组长、主研老师负责各活动计划制订、方案实施落实、实践研讨研究,课题组长、副组长协同幼儿园课题主研、参研人员、家长一起进行课题资料收集整理、信息发布、活动展示、成果整理等工作。

(二)研究方法

1. 行动研究法

在幼儿一日活动中,开展丰富多彩的文学活动,通过师幼和家长共同参与,在各个活动中探寻有效开展、渗透融合的形式、路径、策略措施及方法等,全面提升幼儿、教师、家长的文学素养。

2. 课例研究法

组织教师积极研课、献课、评课,将研究成果进行汇报展示交流,争取探究出更好的活动方式和方法。

3. 经验总结法

对活动中的途径措施、方式方法进行及时的梳理总结,提炼出有价值、可操作、易推广的幼儿文学园所、家庭、社区系列幼儿文学启蒙活动开展计划方案及园所文化打造策略。

九、研究计划及步骤

(一)准备阶段:(2015年3月—2015年7月)

(1)利用相关书籍、资料学习,通过专家讲座进行理论提升。

(2)《幼儿园文学启蒙教育课程》阅读研讨。

(二)实施阶段:(2015年9月—2017年6月)

(1)幼儿园、家庭、社区日常渗透及融合幼儿文学活动形式、路径、策略措施及方法研讨,全面展开幼儿文学活动。

(2)开展系列幼儿文学启蒙教育活动课例研讨、活动评价研究及班本研究研讨,全面提升幼儿文学活动质量。

(3)家园密切配合,完善交流沟通平台建设。

(三)总结阶段:(2017年7月—2017年12月)

(1)归纳整理,形成成果,召开结题会。

(2)总结反思,寻找问题。

（3）展示成果，应用推广。

十、预期成果

（1）课题中期报告、结题报告。

（2）幼儿园、家庭、社区以及班级在幼儿一日活动中的文学素养启蒙教育活动方案集。

（3）幼儿文学启蒙教育课例及反思集。

（4）教师、家长、幼儿创编儿歌、手指谣、故事及幼儿自制童话图画书。

（5）教师、家长研究论文、经验文章、体会、感悟集。

（6）幼儿文学活动环境、情境创设照片集。

（7）活动视频、录音。

（8）家园沟通平台建设、"书香"班级文化、园所文化建设打造方案资料及照片。

十一、课题组构成及分工

（一）负责人

霍　宇：全面负责课题研究的计划、总结、过程指导等工作。

（二）主研人员

周　永：课题相关制度建设、园所文化打造。

陈薇：多元化主题研修深化研究。

沈光兰：幼儿一日活动中文学素养启蒙教育评价研究。

陈婷婷、王小兰：幼儿文学在小班美术活动中的实践研究。

胡春艳：儿歌在小班幼儿一日活动常规中的应用研究。

陈　玲："科学童话"在大班科学活动中的应用研究。

陈　瑶：运用家园沟通平台，创建"阅读经典"班级文化的研究。

（三）参研人员

杨琴琴、张欢、周丹：负责课题问卷调查设计、分析。

钱丽婵、杨雨蕉：听说讲读四部曲。

曾淑红：故事姐姐活动。

徐亚玲：小故事、大剧场活动。

林菁、徐文静：阅读活动区、各相关活动照片资料。

杨惠芬、卢江涛：幼儿生活活动儿歌应用创编等。

（四）其他参研人员

安静、何利、杨正秀、乔雪梅、袁小华、胡燕茹。

（二）重庆市教育科学院规划办"十二五"课题

相继，2015年12月，保育组长卢江涛申报的"保育员专业素养的提升"也在重庆市教育科学院"十二五"规划课题中成功立项。这再次证明了幼儿园不仅体现了教师的能力价值，同时，也体现了保育员的专业水平，为幼儿园营造了一种和谐、科学的研究氛围，打造了一个积极上进的研究团队。

附：课题方案

提升保育员专业素质的实践研究

卢江涛

一、选题缘由

（一）保育工作的重要性

保育员是与幼儿园教师分工不同的学前教育工作者，保育员可以通过自觉学习、身体力行、主动内省等方式提升自己的职业道德与素养。《幼儿园工作规程》中指出："保育员要在教师指导下，管理幼儿生活，并配合本班教师组织教育活动。"这一方面是国家对保育员作为幼儿保育和教育专业性的认可，另一方面也暗含着保育员作为教育者的角色要求。幼儿园的任务是坚持保育与教育相结合的原则，对幼儿实施德、智、体、美诸方面的教育，促进其身心和谐发展。保育和教育在幼儿园具有同等重要的地位，它要求幼儿园各班级中两位教师和一位保育员，必须遵循科学的工作规范和操作要点开展工作，促进幼儿健康快乐、全面发展。如何对幼儿进行"科学保育"，如何保护婴幼儿身心健康的和谐发展，已经成为社会各界对儿童工作关注的焦点，同时也给幼儿园保育员传统的工作模式带来了巨大的冲击。本课题旨在通过提升保育员队伍素质的实践研究，优化幼儿园保育工作，促进婴幼儿身心健康发展。

国家劳动部门规定，保育员的职业守则共五条，即爱岗敬业，热爱幼儿；为人师表，遵纪守法；积极进取，开拓创新；尊重家长，热情服务；文明礼貌，团结协作。这20个字虽然看似简单，但实际内涵丰富。第一条指的是要忠诚于学前教育事业，勤恳敬业，甘为人梯，乐于奉献，对工作高度负责，认真完成本职工作，不断提高对幼儿生活的管理、护理、教育等能力。热爱儿童，对幼儿充满爱心，耐心教育，平等对待，使幼儿感受到集体的温暖，促进幼儿身心健康发展。只有做一个充满爱心的人，才能始终热爱自身岗位。第二条指的是要为人师表，遵纪守法。保育员要衣着整洁朴素，不戴首饰，不化浓妆，言谈举止文雅大方，同时必须以身作则，严于律己，自觉遵守国家的法律法规和幼儿园的各项规章制度，自觉维护幼儿园声誉。只有做一个表里如一的人，才能起到良好的示范作用。第三条指的是保育员要深入学习教育学、心理学、教育法等方面的知识，做到理论结合实践；要熟练掌握现代教育技术，能用直观形象的方法来展示保育的内容；要有创新的精神，不断探索，在教学中实现自我更新、自我完善。只有做一个开拓进取的人，才能不断促进工作提升。第四条指的是保育员既要加强与家长的交流，又要认真听取家长的意见，还要给予家长必要的科学育儿方面的指导，与家长建立诚挚平等的关系。只有做一个懂得尊重家长的人，才能建立起和谐的师幼关系。第五条指的是保育员要热爱幼儿园，以园为家；服从调配，相互协调，自觉参与幼儿园的有关活动；团结同志，谦虚谨慎，关爱幼儿，支持幼儿园的各项活动，积极配合教师。只有做一个善于团结协作的人，才能做好保育工作。

（二）保育队伍现状分析

1. 保育员年龄结构趋向老化

目前，幼儿园保育员年龄整体偏大，年龄在 40 岁以上的几乎占了一半，家庭主妇的比例相对较高。虽然年龄大的保育员经验比较丰富，但职业生涯接近尾声，对专业的追求相对来说就缺少了动力，而且她们不论是体力还是精力，都不如年轻人那般充满活力。

2. 新保育员缺乏岗前培训

受诸多因素影响，保育岗位人员频繁流动。新学期伊始，常有新保育员加入保育岗位。幼儿园往往来不及对她们进行系统的保育培训，有的只是给予相关的介绍和简单的工作说明就即刻要求她们上岗。岗前培训的缺失和不到位使得新保育员对保育工作认识不足，缺乏保育知识，保育技能差，保育工作质量自然受到了极大的影响。

3. 保育员事业心相对淡薄

如今，幼儿园中的部分保育员认为自己所做的工作不是自己理想的工作，甚至仅仅是把这份工作当作自己谋生的一种手段。她们的责任心和自我提高的意识相对薄弱，缺乏为幼教事业献身的精神，平时看书学习相对较少，工作缺乏激情，对自身的发展没有长远规划，安于现状。

4. 保育能力和素质有待提高

部分保育员缺乏幼儿卫生保健等方面的知识以及应急处理问题的能力，这种缺失将会导致幼儿的身心受到不必要的伤害。有的保育员认为自己的工作只是照顾幼儿的身体，因此有很多时候忽略了幼儿的心理保育。比如，在进餐环节，保育员为了尽快完成该环节的保育工作，给幼儿汤泡饭或不停催促幼儿进餐，这对幼儿的身心健康都是不利的。

基于以上的现状，我们展开了对本课题的研究。

二、课题界定

保育员：指幼儿园或托儿所里负责照管儿童生活的人员。保育员在幼儿的发展中扮演着照顾者、教育者等多种角色，对幼儿的身心健康、行为习惯以及个性、情感等各方面均产生着深刻的影响。

工作性质：在小学、托幼园所、社会福利机构及其他保育机构中，辅助教师负责婴幼儿保健、养育和协助教师对婴幼儿进行教育的人员。

专业素质：指从事社会职业活动所必备的专门知识、技能，主要包括良好的职业道德、扎实的理论基础、熟练的专业技能、全面的业务能力。

保育员的素质：保育员应具备的素质包括职业道德和基础知识。其中，职业道德包含职业道德基本知识和职业守则，职业守则即爱岗敬业，热爱幼儿；为人师表，遵纪守法；积极进取，开拓创新；尊重家长，热情服务；文明礼貌，团结协作。保育基础知识包含婴幼儿生理、心理教育的基本知识，常见病及常见传染病的基础知识，婴幼儿常见意外事故的初级处理办法，婴幼儿营养常识，相关法律、法规知识等。

我们想通过该课题的研究，转变保育员的保育观念，在保育工作中完善和规范保育员的工作细则，提高保育工作能力，从而提升保育员队伍的整体素质。

三、研究综述

庞丽娟（著名幼教专家、北京师范大学教授）在《新纲要与幼儿教师的专业素质》一文中指出：新纲要从六个方面对幼儿教师提出了更高的要求，只有养成"不断专业化学习的意识和能力"才能为幼儿一生的长远发展打下良好的基础。谭桂菊在《幼儿园保育员队伍专业化建设研究》中指出：保育员专业化是世界幼儿教育发展的必然趋势和潮流，教育现代化工程对幼儿教育的从业人员要求也越来越高，故保育员专业化也成为必然趋势。保育员专业化的目的是提升保育员的专业地位，使保育员职业像医生、律师等职业一样享有较高的社会声望、较高的社会地位和经济收入。当然，保育员专业化更是提高保育员队伍素质、提高保教质量、促进幼儿教育事业进一步发展的关键因素。保育员作为和幼儿接触最多的群体之一，对幼儿的健康成长和发展起着不可替代的作用，所以，作为幼儿早期教育的启蒙者，保育员队伍也应该走专业化发展之路。孙英敏在《提升保育员专业素质的有效途径研究》中指出：构建保育员培训体制、建立健全保育员的岗位职责和工作程序、不断拓宽保育员工作内涵、鼓励保育员提高自身修养、建立科学的保育员评价体制，是提升保育员专业素质和发展的有效途径。

综合上述观点，本课题想通过对保育队伍的专业素质的提高方法和途径的研究，提高保育队伍的保教水平和专业能力。本研究将从理论与实践操作两个方面着手，提高保育员的专业知识和技能，找出实际工作中存在的问题，分析问题的成因，找出解决问题的对策，提高保育员在幼儿园活动中的保教能力。

四、研究目标

（1）正确认识保育内涵，形成保育新理念。

（2）建立完善的园本培训体系，提高保育员业务素质。

（3）建立科学的评估体系，加强管理力度。

（4）初步构建保育员培训的园本课程，努力提升保育队伍的整体素质。

五、研究内容

（1）通过保育员在实际工作中的理论学习，不断提升保育理论水平，转变教育观念。

（2）探索保育员在生活活动中的工作流程，制订保育工作操作规范手册。

（3）探索保育员考核内容、方法、体系等。

（4）探索有效促进保育员在幼儿园各类活动中提高专业素质的策略。

六、研究方法

（1）调查法：针对各年龄段幼儿一日活动各环节中保育员在履行岗位职责时的工作现状，进行组内分析、研讨，发现问题，为课题的研究提供依据。

（2）行动研究法：对实际保教工作中存在的问题进行研究，提出适宜的调整策略，在不断的反复实践中总结提升。

（3）案例分析法：观察记录保育员的保育工作实践，进行深入分析，帮助其掌握正确的方法，提升角色意识，提高保育水平和能力。

（4）经验总结法：对实践中收集到的材料进行归纳、分析、提升、总结，从而提高保育员的专业素质和能力。

七、研究步骤

（一）准备阶段（2015.9—12）

（1）课题组成员认真学习《幼儿园教师标准》《重庆市幼儿园一日活动保教常规行为细则（试行）》《3～6岁儿童学习与发展指南》等教育理论，树立正确的教育观念，纠正不良的保教行为，共同促进幼儿全面发展。

（2）制订课题研究计划，确定研究小组成员及成员间的工合作。

（3）小组成员共同制计保教工作现状问卷调查。

（二）实施阶段（2016.2—2018.7）

（1）根据问卷调查进行分析，制订研究目标、内容。

（2）个案记录。

（3）探索有效促进保育员在幼儿园各类活动中提高专业素质的策略。

（三）总结阶段（2018.8—12）

汇总研究成果资料，整理分析材料，撰写课题论文和研究报告。

八、预期成果

（1）结题报告。

（2）保育员管理制度。

（3）保育工作操作手册。

（4）园本教材。

（5）经验文章。

在三年的课题研究过程中，有不少教师已经成长为骨干教师，不光是在教育思想、观念方面有了改变，在日常教学中也提升了教育教学技巧和方法，特别是在教育科研方面能独自承担课题开展相关研究，有多篇文章获奖并发表。教师们的科研之路已经从走出幼儿园到沙坪坝，再从走出沙坪坝到重庆市，这在幼儿园科研史上是一个新的突破，具有划时代的意义和价值！这也标志着教师们的科研素养和能力已经达到了前所未有的高度，上了科研教学的新台阶。

第七章 教育写作：
"解放教师"的园本策略

　　教师的专业成长，不仅要通过教育教学的实践研讨、多形式的演练、多平台的展示、多途径的培训，更要在这些活动中学会仔细观察、善于发现、勤于思考，并通过经常性的收集、整理、反思等，分门别类地归纳出有价值、有新意的方法和经验，并撰写成文，让自己的教育教学实践经验和教育科研成果以文字的方式呈现出来，广泛交流、宣传，供大家学习、借鉴，以达到相互学习、共同成长的目的。新桥医院幼儿园的教师不放过任何一个学习、培训、展示的机会，及时将这些体会、心得、感悟等以各种方式体现出来，并积极参加各种论文比赛等。在"十二五"课题研究的这5年里，幼儿园共有53篇文章获奖，33篇文章发表。正是在这个意义上，我们认为，教育写作是教师解放思想、锻炼思维能力、提升思维水平、增进职业自豪感的优选园本策略。

第一节　教育写作引领教师专业发展

一、教育写作的价值探讨

　　教育写作是提升教师专业发展、促进教师教学思维养成的重要途径，也是提升教师反思能力的重要方式。所谓教育写作，就是教师将教育教学活动中所经历的故事、遇到的问题、反思的过程、教学研究的结论等用文字进行记录和梳理，形成文章的过程，是教师通过文字向他人表达其教育观点、教学思考、教学问题的解决策略等的过程。①

　　关于教师是否应该写论文，其实存在很多不同的声音。有的人认为，教师的天职就是上课，教师应该把时间花在提高教学技能、管理好班级、管理好学生上，而不是写一些价值不大的文章。更有甚者认为，很多教师写文章、发表文章是为了评职称、评优、提高待遇等，具有很强的功利性，并没有什么实际的效用。最重要的是，很多的一线教师，当他们面临写作压力的时候，也有诸多抱怨，觉得自己教学工作已经十分忙碌了，根本没有时间和精力去写文章，况且写论文应该是理论研究者的工作，一线教师更重要的是教好学生，写不写文章并没有太大关系。而实际上，教育写作不但是促进教师专业发展的有效途径，更能够使教师通过教育写作确立专业信念、提升专业能力、培育专业情感、享受教育教学。②

（一）教育写作能帮助教师深刻认识和理解教学内容

　　我们都知道，学习的过程是"输入"与"输出"共同作用的结果，"输入"是通过阅读、学习、听课、考试、复习等各种学习方式，把新知识纳入到自己已有的认知结构的过程；"输出"则是通过写作、讲授知识等各种分享途径，把自己对知识的理解和感悟表达出来，传递给他人的过程。教师这个职业，对于高效地获取、吸收知识具有天然优势，因为教师的职业就是"讲授"。对于教师来说，备课、进行教学内容分析、教学对象分析、教学媒体选择等都是"输入"的过程，而讲课、写作则是"输出"的过程。上课与读书写作是教师专业化发展的两翼，上课是教师专业化发展的主要途径，而没有写作，教师就像鸟儿折了一只翅膀。讲完课之后，教师再结合自己在讲课中遇到的新问题进行分析、总结，能够帮助教师更深刻地认识和理解教学内容。

（二）教育写作是教师知识与技能内化的过程

　　教师专业能力的提升并非一蹴而就，而是在不断的实践中逐渐摸索和提升起来的。教师要对自己做的事情，进行认真分析和思考，不断总结，不断更新转变观念，把新知识、新方法运用到自己的工作中去，才能积累丰富的教学经验。教学经验是实践和思考的结晶，也是不断增强教学技能、提升教学质量的基础和前提。教育写作则帮助教师及时记录那些在教育教学中遇到的教学经

---

① 闫延河. 教育写作的三个关键词 [J]. 写作旬刊，2015（5）：82—84.
② 李润洲. 问题逻辑：把脉教师的教育写作 [J]. 中小学教师培训，2016（7）.

验，如果对于教学中遇到的问题，只是有一个模糊的感觉和想法，没有针对问题、整理思路写成文章，那么对于这个问题的认识可能仍是肤浅的。而写作则会促使作者去更深入地思考，总结不同的教学方法在教学中运用的优势、劣势和问题，进而帮助教师进行及时的改进和完善，将知识与教学技能内化为自己的专业发展能力。

（三）教育写作是促进教师反思，引领教师思维发展的过程

学习维度论指出，有效的学习能够帮助学习者形成优秀的思维习惯，使其具备批判、创新精神，并进一步规范其学习行为，形成良性的互动循环。而写作正是促进教师反思，引领教师思维发展的过程。正如温儒敏所说："写作训练，当然要着力于语言表达，但根本上又是一种思维能力的学习。""写作是反映社会生活的复杂的思维过程。写作的过程自始至终都离不开思维活动，思维统领着写作，写作就是思维的过程。"[①] 写作与思维之间具有密切的关联。通过对语言的锤炼、对内容的选择、对逻辑结构的思考，能够发展逻辑思维能力、分析和综合能力及创造性思维能力。

（四）教育写作能促进教育理论发展，是撰写科研论文的基石

从一定程度上来说，教育写作是教育科研的基础，能够为教育科研提供丰富的素材，能够提升教师发现问题、分析问题、解决问题的能力。学术论文的问题来源于实际，来源于现实中的问题，没有问题的论文则是夸夸其谈、无源之水。教师们每天都在进行着教育教学实践，会遇到各种各样的问题，也会发现很多解决问题的方法。写作题材十分广泛和真实，如对某一节课的教学设计、课上遇到的突发性问题、学生的现实需求、解决策略等都是在写作题材之列，都为教育写作提供了丰富的素材，也为教育研究提供了诸多丰满、真实的一手材料和鲜活案例。培根说："写作使人精确。"通过教育写作，能够帮助教师梳理案例、整理思路，使其思考更加有序、有逻辑，使经验逐渐概念化。

二、教育写作误区分析及思考

哲学理论认为，物质决定意识，意识反作用于物质。意识的能动作用有两个方面，一是意识能够反映客观事物，它表现在：意识不仅能够正确反映事物

---

① 覃可霖. 写作思维论 [J]. 西南民族大学学报：人文社会科学版，2003，24（6）：151-155.

的外部现象，而且能够正确反映事物的本质和规律；二是意识反作用于客观事物。意识对客观事物的反映可以是正确的，也可以是错误的。意识对客观事物的反作用也有两个方面，正确的意识促进事物的发展，错误的意识阻碍事物的发展。可见，正确的意识和观念，对于行为的导向和效率具有重要的价值。对教育写作来说也是一样，能够充分认识到教育写作的意义，对于提升教育写作具有积极的促进作用，反之则会产生不良影响。

就像我们前面说的，很多人对教育写作的认识存在误区。比如，有的人认为教师就应该将全部的心思放在提升教学质量上，写文章则是"不务正业，浪费时间"，是为了评职称、评优秀的功利性行为。对于教师来说，很多人认识不到教育写作的重要价值，他们不愿意花时间在教育写作上。无疑，这种错误的思维导向对教师教育写作产生了消极的抑制作用。

除了对教师写作存在认识方面的错误，教师在进行教育写作时也存在一些问题。比如，以记录故事为主，缺乏自己的思考。教育写作是通过阐述自己经历的事实来表达自己的观点、看法，或者阐述一个道理。很多教师在教育写作的过程中出现罗列故事的倾向，而对事件所蕴含的问题和道理提炼不够。尽管这样的描述中不乏精彩的案例和想法，但是因为缺乏画龙点睛的论证，让人觉得说服力不足，缺乏科学性，其实这本质上是缺乏问题意识的表现。此外，老生常谈、重复写作问题也较多。尽管一线教师每天都在进行教学实践，每天都会遇到各种问题，但是因为缺乏敏感的思考和发现，往往忽视很多现实的问题，反而对于已经发表的文章中的问题"情有独钟"，造成了陈旧问题、重复说明的问题。

教师写作既是对教师自身教育教学的记录、提炼与反思，也反映了教师能力不断提升、教师专业不断发展的轨迹。因此，教育写作的过程也是一个具有层级性、不断提升的过程。正如学习维度论所言，态度与感受会影响学习者的学习能力和效果。因此，应当让老师们明白写作对于其专业发展的重要性，鼓励并引导教师进行教育写作。如，在政策上支持一线教师积极地尝试写作，在教师培训中增加教师写作的相关课程体系，等等。"教师写作并没有什么秘籍可言，但是倘若教师能够接受相关的学习，沿着正确的方向不断学习和坚持，也能够为教育做出贡献，更会有效地促进自己的专业成长。"[1] 因而，在有了正确的认识和外部的支持之下，体系化的学习和专业化的训练也是提升教师教育写作必不可少的条件。

---

① 李润洲. 问题逻辑：把脉教师的教育写作［J］. 中小学教师培训，2016（7）.

第二节　教育写作类型概览

一、教育笔记

在中国，最早以"随笔"命名的是洪迈的《容斋随笔》，大约写于距今八百多年前。这之后，以"随笔"命名的书籍文章逐渐增多，如李介之的《天香阁随笔》、现代作家丰子恺的《缘缘堂随笔》等。而实际上，以"随笔"命名，其中的问题并不是真正的"随笔"的文体样式，所以说，"随笔"最早并不是被作为一种文体样式的。经过漫长的发展历程，"随笔"才逐渐演进成现如今的形式。① 按照王兆胜先生的说法，中国的现代散文融入了西方的不少特质，"随笔"结构舒放自由，体现出丰富的知识，具有一定的理性思辨色彩。②

教育笔记也叫教育随笔，是教师对教育过程的观察、经验、教训和反思等，或者是针对教育现象、教育实践中的问题发表自己的意见、看法的文章，主要包括教学日志、教学札记、备课笔记、听课记录等形式。③ 教育随笔不同于思维严谨、逻辑严密的学术论文，而是面向真实的教育原生态，以轻松洋溢、自由真挚的文笔书写教育教学中的感悟的过程，因而受到了一线教师的广泛欢迎。教育随笔也具有一些独特的特性，具体来说，首先，结构上短小精悍。教育随笔在结构设计上，不需要像学术论文一样经过缜密的构思，或者从理论到实践的长篇大论，而是根据自己对教学实践中的所见、所闻、所感写下自己最真实的感受。其次，内容选材广泛。教育随笔选材并没有过多限制，既可以针对教育中的疑难问题进行分析、探索，也可以描述自己教学过程中的一些经历、一点思考。第三，具有时效性。因为教育随笔记录的是点点滴滴的教育生活，倘若不及时记录下来可能会稍纵即逝，错过精彩的教育灵感。

撰写教育随笔是一线教师在日常教育教学实践活动中最常见的一种形式。因为教师每天在和幼儿接触的过程中，会发生无数件让人内心触动的事情，有的可能是某个幼儿的行为异常问题，有的可能是幼儿之间的矛盾、纠纷问题，

---

① 郭宏安. 从蒙田随笔看现代随笔 [J]. 中国图书评论，2008 (4)：16—24.

② 王兆胜. 论中国现代随笔散文的流变 [J]. 学术月刊，2001 (9)：67—73.

③ 赵侠. 尊重激励引导沟通——谈园长如何利用教育笔记与教师交流 [J]. 学前教育研究，2005 (6)：48—49.

有的可能是教师自己的教育行为问题，有的可能是教师的教育观念问题，还有的可能是家园互动问题，等等。教师每天与接受新鲜事物最快、活泼好动的幼儿打交道，必然会从中发现一些值得写的、必须要写的事件作为幼儿成长的一个印记。

撰写教育随笔也是教师专业成长最基础的一种形式，特别是对新教师的快速成长会起到特别大的促进作用。一直以来，新桥医院幼儿园的教师有个约定俗成的传统，就是随时随地坚持撰写教育笔记，每个月从中挑选出 1~2 篇自己认为写得比较好的上交给业务管理部门检查、审阅，如果业务部门认为有亮点和新意，便会将这些文章进行修改后推荐去参赛或发表。慢慢地，教师从撰写教育笔记中学会了如何写好一篇文章，从业务部门对文章的修改过程中，找到了写文章的方法，从文章获奖或发表中体验到了成功的喜悦。这对教师是一种莫大的鼓励和支持，这种收获会促使她们更加主动地观察、发现、思考、撰写，从而帮助她们在成果经验的收集、整理上积累更加丰富的经验。

二、观察记录

观察是有目的、有计划、比较持久的知觉，是人的感觉器官直接感知事物的过程，也是人的大脑积极思维的过程。[①] 观察法最早是人类学研究方法，后来，逐渐走进了心理学和教育学的领域。随着教育教学研究的进一步深入，观察法在教育研究中的应用越来越广泛和深入。一般而言，观察法分为两种：实验观察和参与式观察。实验观察，是指人为设定环境，通过控制变量观察实验的变化情况和结论。参与式观察，也被称为自然观察，是指研究对象在自然状态下，研究者进入自然状态的情景中进行观察的过程。在教育领域，观察记录就是通过观察教学活动过程、学生学习过程，将自己的所见所闻所想记录下来。

幼儿教育的独特性，使得观察记录成为研究评价幼儿学习与发展的有效途径。[②] 幼儿的健康成长和发展是幼儿教育的主要任务，只有促进每一个幼儿的个性发展才能为幼儿的进一步发展奠定坚实的基础，实现幼儿教育的价值。《幼儿园教育指导纲要（试行）》中指出："幼儿园教育应尊重幼儿的人格和权力，尊重幼儿身心发展的规律和学习特点，以游戏为基本活动，保教并重，关

---

① 陈帼眉. 学前心理学 [M]. 北京：人民教育出版社，1989：93.
② 王小兰. 观察记录：幼儿发展评价的一种途径 [J]. 教育测量与评价：理论版，2010（12）：20—22.

注个别差异，促进每一个幼儿富有个性地发展。"通过观察记录，能够将儿童在自然状态下的真实活动客观呈现出来，对于调整教育方式和策略具有重要价值。观察记录具有如下特征：

（1）观察记录是基于自然状态的。观察记录要在儿童自然状态下进行，在这样的情境下，教师能够发现儿童真实的问题和需求，帮助教师调整教学方式。

（2）教师的观察是有目的、有计划的。观察记录基于自然状态并不是说观察只能随机进行，观察要有目的、有计划是指要明确观察的目的性，对观察的地点、方法、时间进行规划和设计，对于有效的观察记录、实现目标必不可少。

（3）观察记录要客观、真实、全面。观察记录只有真实地反映出记录过程发生的情况，才能有助于教师反思和调整、改进策略，如果记录的过程只是断章取义、胡编乱造，不但不利于教师后期的进一步思考，还会给其他人造成误导，起到反作用。

三、教育叙事

《联合国教科文组织·世界教育报告》中有这样的文字："叙述和讲述代表一种思想，这种思想设计人类经验的性质，设计经验怎样被学习被表达，以及如何在科学——人文这两极之间选择一条中间道路。"[①] 20 世纪 80 年代以来，教育研究范式发生了转变，由朴实的研究教育规律转变为寻求情景化的教育意义，因为人们发现了教育的研究与自然研究存在极大的不同，教育的对象是有生命、有感觉的人，其目的在于以具体的个人经验为基础来理解和展示社会价值。[②] 此后，叙事研究才逐渐得到人们的青睐，并作为教育研究方法被人们运用起来。

教育叙事是叙述教育教学中的真实情景的过程，表达人们在教育生活实践中所获得的教育经验、知识、问题的方式和策略。[③] 教育叙事并不是为了叙事而叙事，而是通过对教育现象、问题的叙述引出研究的问题，并对问题进行分析、思考，提出自己的看法的过程，是一个将客观的过程、真实的体验、合理的论述有机结合起来的过程。教育叙事是具有主题的，是围绕主题展开的叙

---

① 联合国教科文组织. 世界教育报告 1998 [M]. 北京：中国对外翻译出版公司，1998：23.

② 王枬. 教育叙事研究的兴起、推广及争辩 [J]. 教育研究，2006（10）：13-17.

③ 丁钢. 教育叙事的理论探究 [J]. 高等教育研究，2008（1）：32-37.

述，在真实的叙述的基础上，融入作者的反思，正因为有了这种在叙述故事的基础上形成的自我体验与反思，才能比普通的学术论文更有血有肉，引起读者的共鸣。

四、经验文章

经验文章，指当面对某个阶段或某个领域的突出成绩时，对成功经验进行总结、分析、归纳，以此来树立榜样，推动工作更好地发展。一般来说，经验文章会针对某个特定的问题，在分析大量的材料和案例的基础上，探索解决问题的办法和途径。当人们遇到类似的问题，感到难度较大或期待指引、帮助的时候，经验文章就能够发挥其作用，能够为其提供最直接和有效的建议。

因为经验文章要为大家提供一定的帮助指导和解决问题的策略，因而在写法上要具有一定的逻辑性，以便于更好地帮助人们。首先，应当介绍核心问题或论点产生的背景，什么样的环境和条件造成了现在的问题；其次，对问题进行详尽的描述，问题的性质、特征，本质问题出在哪里，同时指出其作用和意义，未来发展前景的预测和展望；最后，将自己对问题的理解、分析、解决策略做系统的描述，以及对自己的解决策略中还存在哪些需要进一步完善的地方和可能引发的新问题进行说明，以便于引发人们的思考和做出进一步改进。

五、学习故事

学习故事由新西兰维卡托大学教授玛格丽特·卡于 2001 年提出，是指在日常环境中对儿童行为的一种结构性的叙述观察，通过连续记录儿童在真实活动或情境中的行为来展示儿童的学习，包括儿童所在的周围环境的背景信息，也包括儿童不断累积的照片或者是一些小插图，并采用质的和解释性的方法对儿童的学习进行整体和全面的评价，以呈现儿童学习的完整和连续的画面，保持学习的复杂性，促进儿童的学习。[①] 学习故事关注儿童的学习过程，发现儿童的兴趣和特长，能够反映儿童发展的持续过程。因而，学习故事是形成性的评价过程，而非总结性的，体现以儿童为中心的一种教育理念。

对学习故事的界定，不禁让我们想起观察记录，二者有很多相似之处，如都是以儿童为主体，都是通过叙述的方式记录儿童学习成长的过程，但它们有很多不同之处。首先，目的性不同。学习故事在开始并没有明确的目标，而是

---

① 王陈. 以"学习故事"为契机开拓幼儿园亲职教育新途径 [J]. 教育教学论坛，2016 (23).

以发现儿童的兴趣为主，激发儿童更积极地参与学习过程。观察记录则有明确的目的，以目的为指向，描述记录儿童活动的过程。其次，在记录的内容上，观察记录的范围更加广泛。虽然二者都是要记录儿童学习的画面，但观察记录以整体成长轨迹为本，学习故事则在其中捕捉重要镜头，发现儿童的兴趣和特长所在。第三，作用不同，学习故事是为了呈现儿童连续和完整的画面，其结果能够为教师、家长等参考，而观察记录则主要是为教师的教育研究服务的。

六、教育论文

教育论文是以教育科学理论为基础，对教育科研领域中的有关问题、现象进行系统分析、研究，得出观点或结论，或者阐述具体研究成果的具有逻辑性的理论性文章。桂建生认为，教育科研论文要想通过严密而科学的论证，准确地陈述科学研究成果，必须明确两个问题，一是论文要陈述什么核心观点；二是通过何种研究方法，哪种陈述形式更为合理、恰当。① 也就是说，教育科研论文要有核心的问题，聚焦于核心问题，选择恰当的研究方法，对研究的过程和结论进行严谨的论述，应当有足够的理论和实践依据，其本质上是发现问题、分析问题、解决问题的过程。教育论文具有"学术性、科学性、创造性、针对性、专业性"等特点。②

当前，教育论文并不是理论工作者和教授们的"专利"，所有的教育工作者，特别是一线教师都要求转变思想，参与到教育科研的研究和实践中来。这不仅能够推动教育理论与实践的研究，促进新的教学方法推广和探讨，而且也有助于教师自身理论素养和专业水平的提升。尽管目前已经有很多教师开始尝试将自己教学过程中的经验、思考和方法记录下来，但要真正地走进学术，写出优秀的教育论文仍需要不断地学习、训练和思考。

提升教育论文写作水平的过程是提高教师自身专业水平、深刻理解教育本质的过程。首先，要学会聚焦问题。研究问题是一篇学术论文的灵魂，是一切研究的出发点和归宿。但研究问题并不是模糊的、一系列的，而是聚焦于某一个可研究的点，是具体的问题。其次，提炼观点，有理有据。任何观点都要有一定的证据支持，才能使人信服。第三，组织架构要具有逻辑性。组织架构是一种系统的逻辑思维，它既是写作的必要条件，也能有效地提升教师的实践思

---

① 桂建生. 论教育科研论文的本质、特性及分类 ［J］. 当代教育论坛：学科教育研究，2007 (11)：20－24.

② 张建. 研究报告撰写指导 ［M］. 北京：教育科学出版社，2005.

考能力。第四，锤炼语言，规范写作。学术论文的语言不同于一般的随笔或记叙，不能过于随意，严谨和规范化是基本要求。①

第三节　教育写作案例分享

一、教育笔记

（一）教育随笔

1. 日常教育教学感悟

在日常教育教学过程中，教师撰写得最多的是教育随笔。教师可以从自己的角度撰写自己组织的教学活动、教育行为、教育观念、教育感受等，也可从幼儿的角度撰写幼儿的行为表现、童言稚语、同伴协作、交往纠纷等，还可以从家长的角度撰写家园矛盾、家园协作、家园共育等。每一天，都会有新的故事发生，每个人都有不同的故事。因此，只要教师善于观察、发现、思考，每天都会撰写出许多的教育随笔。

附：

"大个子"的内心独白
——中班语言活动"大树"的两次尝试

徐亚玲

我一直认为，幼儿语言活动是最能直接表达幼儿内心世界的，它有着独特的魅力，因此，我尝试让孩子用自己的语言描绘世界的色彩。在本学期的一次移位教学中，我选择了语言绘本活动"大树"。第一次活动在中一班进行，第二次活动在中二班进行。在这两次活动中，不管是孩子们给我的启示，还是老师们对我的指导，都让我对幼儿语言活动教学方法和技巧有了更进一步的理解。

---

① 陈世荣. 从教育随笔到教育论文撰写 [J]. 教育科学论坛，2014（4）：46—48.

绘本讲述了一个爱砍树的"大个子"的故事。当砍到森林里只剩下最后一棵树的时候，悄悄躲在大树后的他看到了这样的情景：大树下，小朋友们和小鸟在树下尽情地玩耍，享受着最后的快乐时光……紧接着是绘本的最后一页："大个子"又上山来了，不过这次他没有带砍伐工具，而是带来了很多树苗。那么，"大个子"这次为什么带着树苗来呢？他内心的想法是什么呢？这个问题的答案关系到孩子是否真正领略到绘本作者所要表达的意图。如何让孩子读懂故事中"大个子"的内心独白，我和孩子们经历了一波三折。

（1）第一次试讲：教师"匆忙"地问，导致孩子"肤浅"地答。

在第一次《大树》活动中，我一直简单地为故事进行铺垫，到最后我问孩子："为什么大个子不砍树了，要去种树呢？"

孩子们迅速回答："因为他要拿去卖钱！"

我当时对孩子们的回答大吃一惊："为什么要卖钱呢？"

我请平时最爱发言的乐乐回答，乐乐说："因为他把小树苗种下，等树长高、长大了，就可以砍下来去卖钱。"

小宝抢着告诉我："因为大个子很狡猾，他要砍树去赚钱！"

"对，对！他想赚很多很多的钱……"

第一次反思：

我很惊奇，孩子们七嘴八舌的回答离我预想的答案完全是天壤之别！而绘本想要表达的却是大个子的内心觉醒，驱使他主动栽种树苗，美化环境。于是，我拿出绘本，重新仔细阅读，看着一幅幅画面，我陷入了深深的沉思中，问题到底出在哪儿？

故事里有这样一个细节：大个子砍了许多树，当森林只剩下一棵树的时候，小朋友来到这里玩，和小鸟做游戏。这时，大个子悄悄地躲在大树后面看着孩子们玩。他心里到底在想什么呢？这应该就是整个故事的重点和转折点：大个子看着孩子玩耍时的愧疚之情才是他为什么要改种小树苗的关键之处。活动中我忽略了这个关键点，因而没有让孩子去描绘大个子躲在大树背后的内心想法。

如果我当时这样问："你假如是大个子，你偷偷看着孩子们和最后一棵大树做游戏时，你会怎么想？"

或许还可以这样问："孩子们和大树玩得这么开心，你想和他们一起玩吗？"

通过循序渐进的提问让孩子们体会大个子当时的心情，尤其是他对大树、小朋友、森林的愧疚之情，那可能接下来孩子们的答案就不是"大个子太狡猾，想种树卖钱"了。

（2）第二次试讲：关键提问，助孩子改变思考角度。

我汲取第一次活动的教训，理清了思路，在中二班进行第二次移位教学。当故事进行到重点时，我没有像上次那样急于把故事讲完，而是停下来问孩子："大个子为什么要悄悄地躲起来看？"我故意把"悄悄"和"躲"说得特别轻声。

有孩子抢着说："因为他破坏了小鸟的家，觉得不好意思！"

我听了回答后不由得心里一动。我又接着问："如果你是大个子，当时会怎样想？"

有一个男孩说："我很想去和小朋友玩，但是怕他们不理我，因为我砍了这么多树。"

我肯定了他的答案，便接着引导："原来是怕小朋友都不理他。那他心里的感觉是怎么样的呢？"

又有一个孩子用清脆的声音回答："很难过，很伤心，是大个子让小鸟没有了家。"

当听到"难过、伤心"这样的词语从孩子嘴里脱口而出时，我心里激动万分。

"对！他心里肯定很难受、不舒服，所以才躲在大树后面偷偷看！"我听见离我最近的一个孩子在和他的伙伴说。

于是，我鼓励全班的孩子把自己的想法告诉身边的伙伴。

"大个子，以前砍树是大坏蛋，现在只剩下一棵树，再砍就没有啦，他心里肯定很难过。"

"他看见森林变得光秃秃的，一点都不美，心里也很伤心。"

"听我说，他肯定把赚来的钱去买小树苗，等小树苗长成大树后，他就可以和小朋友一起玩啦！"

……

孩子们你一言，我一语，仿佛都变成故事里的大个子，"难过""伤心""不好意思"等词语在整个教室里来回"飘荡"。

最后，我提了和第一次活动中同样的问题："为什么大个子不砍树而是去种树呢？"这时，孩子们争先恐后地说：

"因为他想给小鸟一个家！"

"因为他想和小朋友一起玩！"

"因为他想让森林变美丽！"

大个子内心的独白，被孩子们质朴的话语诠释得尽善尽美！

第二次反思：

同样的故事，同样单纯的孩子，两次试讲为什么会有如此大的差别呢？

我们成年人在看这个故事时，往往一眼就能看出故事想要表达的意思："大个子"是因为愧疚之情才不去砍伐树木的。

而孩子们的世界是单纯的，是直白的。这就要求教师在活动过程中，不能站在成人的角度去思考问题，不能认为通过几个简单的提问就能让幼儿领悟到故事的灵魂。在第二次活动中，我通过精心设计，抓住故事的关键词——"悄悄""躲"，通过提问引导，积极调动孩子们的思维，让孩子们最终明白了"大个子不砍树而去种树"的根本原因。

要先读懂孩子心灵，才能读懂大个子的内心独白。我想，这也就是所谓的循循善诱吧。

——2015.5《保育与教育》主办的"幼儿教师教育叙事"征文比赛一等奖；《保育与教育》2015.10

2. 公开教学活动感悟

虽说在日常教育教学活动中，教师每天都可以撰写不同的教育随笔，但是，这些教育随笔可能只是片段的、简短的、突发的、粗浅的文章，还没有经过深入的思考、严密的推敲、专业的审视。而公开教学活动后的感悟就明显不一样了。它经过教师一次次反复修改、一遍遍试讲、一句句斟酌推敲，在现场还会有听课的教师多方面、多角度地积极评课，找出问题，提出建设性的意见和建议。最后，教师综合这些因素和意见之后，撰写出来的公开教学活动感悟就会明显不同于一般的日常教学活动感悟。这种感悟在很大程度上会加速教师的教育思想的转变、教育方法的改进，提升教师的教学能力，丰富教师的教学经验。因此，这种感悟不论从教育思想、教育观念、文章结构、字词句段等方面来说，都具有一定的新意和价值。

附：同课异构公开教学活动方案及反思

大班"诗"与"画"融合活动"星星和花"

曾淑红

一、活动目标

（1）认真倾听，感受诗歌的意境美、画面美，体会诗与画结合的奇妙。

（2）能绘制大小不一、形态各异的鲜花和星星，并大胆运用水粉涂色。

（3）合理布局，集体合作完成作品"星星和花"，体会集体作画的乐趣。

二、活动准备

（1）黄色卡纸和蓝色卡纸连在一起，制作地面、天空背景图一张；

（2）勾线笔、排笔、水粉颜料、毛巾各若干；

（3）石进《夜的钢琴曲》（五）。

三、活动过程

（一）直接导入诗歌，引导幼儿感受诗歌的意境美、画面美

师：今天曾老师给你们带来一首好听的诗歌，我们一起来听一听，诗歌里有什么。

（1）师配乐朗诵，感受花和星星的多。

提问：你听到了什么？（幼：星星、花）

花多吗？诗歌里是怎么说的？——满地的鲜花。你还能用别的词表达"多"吗？

星星多吗？诗歌里是怎么说的？——满天的星星。你还能用别的词表达"满天的星星"吗？

（2）师幼一起朗诵，感受诗歌的画面美。

师：这不仅是一首诗，还是一幅画。这会是一幅什么样的画呢？我们一边朗诵一边用心感受。

师：曾老师看到美丽的画了，你们呢？你们的画是什么样子的？（幼：看到了花、星星）

花是什么样子的？有什么颜色？星星呢？

师：你们脑海里的画面都很美，我好想看到你们的画，那接下来我们就把美丽的"诗"变成美丽的"画"吧。

（二）交代绘画要求，幼儿绘画，教师观察指导

（1）观察操作材料，了解绘画要求。

师：今天的画和平时的有点不一样，哪里不一样呢？请你们轻轻地起立，悄悄地站在身后的桌子旁，你们看到了什么？（纸）

师：这就是今天的画纸！可是只有一张纸，我们这么多小朋友怎么办呢？（引导小朋友发现一起合作完成一幅画）

师：画纸有黄色和蓝色两种颜色，你觉得星星的家是什么颜色？花呢？

师：再看一看旁边，我为你们准备了什么材料？（勾线笔、排笔、颜料）我们先把星星和花的图形画在纸上，然后再用颜料涂色。

师：接下来我们进行分组，每组10人。愿意画星星的小朋友请站到"星

星的家"旁边，愿意画花朵的小朋友请站到"花朵的家"旁边。

师：我们再看着画纸，一边朗诵诗歌一边想一想自己的画。

（2）幼儿绘画，教师观察指导（教师播放诗歌，以诗歌为背景，幼儿创作）。

教师重点引导幼儿集体作画，相互合作，合理布局，画出大小各异、形态多样的星星和花，同时注意颜料的使用。

（三）欣赏绘画作品，再次感受朗诵诗歌，感受"诗、画"结合的奇妙

师：（1）大家觉得我们的作品怎么样？跟"诗"里的"画"比一比。

（2）看到这幅美丽的画，你的心情怎么样？你会想起《星星和花》这首诗歌吗？我们看着这幅美丽的画，再来朗诵一下"星星和花"这首好听的诗歌吧！（总结："诗"就是"画"，"画"也是"诗"）

（3）还有很多的客人老师，请客人老师一边欣赏我们美丽的画，一边和我们一起朗诵这首诗歌吧！

（四）活动延伸，自然结束

师：我们带着我们的作品请幼儿园其他小朋友一边欣赏，一边听一听我们好听的诗歌吧！

四、教学反思

（1）以"诗"引"画"，绘画形式新颖，氛围浓厚，孩子创作积极性高。

《星星和花》这首诗歌是属于小班段的诗歌，对于大班的孩子来说相对简单。因此，在活动设计上将诗歌作为一个引子，导入活动，以"诗"引"画"，将活动的重点放在绘画上。这种诗画融合的活动形式，对孩子来说新颖有趣，它将"诗"与"画"相互融合。而传统的美术教学模式就是教师出示范例—讲解范例—幼儿模仿—教师讲评，对幼儿来说，枯燥的形式缺少审美的感知，很难激发幼儿的兴趣。诗画结合则可以充分调动幼儿学习的积极性和主动性，激发他们表现美、创造美的兴趣与能力。

（2）与客人老师积极互动，将活动推向高潮。

在活动中，孩子们通过邀请客人老师欣赏绘画作品，向客人老师讲述自己的创作，一起朗诵诗歌等，更进一步获得肯定与成功的喜悦，同时将活动推向高潮。

（3）活动中的不足之处。

①在引导孩子们感受诗歌的意境美时，引导不够深入。

在活动中，我通过提问"你看到的画是什么样子的"引导孩子们想象诗歌的画面，有的孩子说"我看到了满天的星星"，有的孩子说"我看到了好多的

鲜花"……但是对于花（星星）究竟是什么颜色、什么样子的，我并没有过多的引导，也就不能促使、引导孩子们有更多的想象。

②在绘画时，画纸的颜色具有一定的局限性。

在成人的世界里，天空就是蓝色的，大地就是绚烂的，所以在画纸的选择上我就以蓝色、黄色的拼接色作为背景，让孩子畅想绘画"星星和花"。但是，在孩子的眼中，天空、大地都有可能是五颜六色的，所以我过于全面、周到的考虑反而限制了孩子们的畅想。

——《当代幼教》2016.4

此外，让教师在观摩他人的现场活动之后撰写观后感，这无疑又是一个新的挑战。不管是幼儿园的园内观摩课，还是幼儿园接待的现场研讨课，都可以作为教师自我反思的案例和素材，甚至教师在观摩他人的现场活动之后，也可以撰写观后感，这也是一个很好的练笔机会。而且，教师在反思他人的现场活动之后，对于调整和提升自己的教育教学方法和策略，都会有非常直观而积极的引导作用。

附：观公开活动现场有感

《星星和花》之"诗"情"画"意

霍宇

每当朗诵金波的《星星和花》这首诗歌时，我的脑海中会不由自主地出现这样一幅美丽的图画：满天的星星，满地的鲜花，互相眨眼，争相比美……诗歌内容很好地将文学形象转化为绘画的语言表现，它是诗与画的融合，既能激发孩子们对于文学的想象力，又能培养他们绘画的才能。

幼儿园的老师们在对《星星和花》有了一定的理解之后，决定开展大、中、小班的同课异构活动，以不同的教学方式让不同年龄班的幼儿都能共同感受诗歌的美。

（1）听"诗"作"画"，念"诗"赏"画"，主次鲜明，相得益彰。在小、中班的活动中，诗是主体，画是辅助手段。充分感受作品优美的意境、浓郁的诗意、美妙的幻想……在此基础上辅以幼儿自主作"画"，表达对"诗"的理解，我相信：从心灵飞向画纸的鲜花、星星不会枯萎！

（2）"画"中品"诗"，赏"画"忆"诗"，相辅相成，融为一体。在大班的活动中，画是重点，诗是引导。在绘画创作中充分调动孩子们的听觉与视觉,将文学之美、声音之美、色彩之美尽情想象,完美呈现……

(3)同一首"诗",不一样的"画",同课异构,各显风采,教学相长。四个活动中,老师都运用了《星星和花》这首诗,根据小、中、大班幼儿年龄特点的不同,制订了不一样的活动目标、活动形式和绘画手段。无论是在"诗"中印"画",抑或是在"诗"中刮"画",还是在"诗"中水粉"画",除了领略执教老师的教学思考与教学策略外,还听到老师们发出这样的感叹:原来"诗"与"画"可以这样融合,"诗"与"画"能如此调动孩子活动热情,"诗"与"画"可以和幼儿这样玩,更促进老师们思考:在今后的文学活动中,我们还应、还有、还能有什么适宜的创新……

(4)"诗"中有"爱","画"中有"情",在大带小活动中,大手牵小手,其乐融融!中一班的哥哥姐姐牵手小三班的弟弟妹妹,活动中哥哥姐姐的榜样作用与自信引领弟弟妹妹懂得合作与遵守规则;弟弟妹妹的稚嫩、崇拜激发哥哥姐姐的责任与宽容……哥哥姐姐和弟弟妹妹在"诗"与"画"中体验到满满的"爱"与浓浓的"情"!我们则被触动在此瞬间,悄悄地擦拭着湿润的眼眶于"诗"与"画"间……

——《当代幼教》2016.4

3. 教育小故事

幼儿园的生活是丰富多彩的,幼儿之间的故事是瞬息万变的,教师应善于抓住幼儿在一日生活活动中的闪光片段或短暂行为表现,进行观察和分析,从中发现幼儿的行为发展特点,剖析幼儿的内心世界,归纳幼儿的成长规律,及时进行指导、调整,更好地帮助幼儿健康发展。

附:

金鱼的葬礼

安静 陈薇

新学期开学了,我带着班上的孩子们参观各个班新创设的环境,当参观到婴儿班的时候,孩子们被婴儿班自然角一口鱼缸里的金鱼给吸引住了,大家把鱼缸给团团围住,有的孩子还不时用手轻轻拍打鱼缸逗金鱼玩。这时,小男孩姚潇转过身对我说:"老师,我们班也养金鱼吧。"又有几个孩子也跟着附和。我想:孩子们的这个要求也不算太高,既然他们对金鱼感兴趣,就满足一下他们的愿望吧。周末，我就到金鱼市场买了六条金鱼装在一个小玻璃鱼缸里，周一早上，当我抱着鱼缸走进活动室，孩子们都兴奋地围了过来，头挤着头抢着观看金鱼，我担心孩子们会一不小心把鱼缸摔碎，赶紧组织孩子们回到各自的座位。有的孩子嘴里还念叨着："鱼缸太小了，我都还没有看到呢，要是鱼缸能大点就好了。"于是，孩子们提议到手工材料库房去找找有没有什么材料适合做大鱼缸的。我和孩子们在库房里东看看，西瞧瞧，有孩子忽然兴奋地叫我："老师，我找到了，我找到了。"只见他手里拿着一个大大的空纯净水桶，想想，这还真是好材料。我找来了工具将纯净水桶的上半部分削掉，做成了一个金鱼缸，装上了水将金鱼放进了鱼缸里，还在水里放置了一些贝壳、装饰荷花，这样的鱼缸缸口大，既便于孩子们观察又不容易摔碎，真是两全其美。

这个自制金鱼缸就搁放在自然角，孩子们很喜欢，每天都会抽时间去看看缸里的金鱼，有时还会顽皮地将手伸进鱼缸去摸金鱼。为了了解照顾金鱼的方法，孩子们回家请父母和他们一起查找了相关资料，有的孩子还从自己家里带来了鱼食。他们细心照料着金鱼，每隔一天给它适当地喂点食，每隔两天给它换一次水，为了防止晚上它被窜进幼儿园的野猫给吃掉，每天还记得在离开幼儿园之前将鱼缸搬进教室。

可事与愿违，在养金鱼的第十天早上，孩子们去给金鱼喂食时，发现有一条金鱼浮在水面上动也不动，用手摸了摸，金鱼的身体也是硬硬的，他们着急地跑过来告诉我："老师，有一条金鱼死了。"孩子们觉得很可惜，但又不知道怎么办，为了不影响其他金鱼的生活，我立刻将死掉的金鱼用瓢舀起来倒进了垃圾桶。

又过了几天，孩子们发现又有两条金鱼死掉了，这次我们都感到很难过，我们也努力查找金鱼死掉的原因，有的说金鱼是因为伴太少了，很无聊，所以死了；有的说金鱼是因为同伴去世了，难过死的；有的说，金鱼不讲卫生，吃了自己拉在水里的便便死了，可最后也不知道是什么原因导致金鱼死掉的。于是，我鼓励孩子们说："我们要更细致地照顾剩下的金鱼，可别让它们再出现什么意外了。"

想到鱼缸里只有三条金鱼孤零零的，孩子们请求我再买几条给剩下的那三条金鱼作伴，正当我计划着周末就去满足孩子们的这个愿望时，岂料星期五早上孩子们发现剩下的三条金鱼全部死掉了。一条又一条的金鱼死去，让我和孩子们都伤心、难过极了。面对这一条条鲜艳美丽却冰冷僵硬的金鱼，我不知如何是好，正当我要将金鱼舀起来随手扔进垃圾桶里时，突然，一个孩子站起来说："老师，我们给金鱼举行一个葬礼吧！"我愣了一下，孩子的话让我看到了孩子们的同情心，也让我为我前面的处理死金鱼的行为感到羞愧。

于是，我征求孩子们的意见："那你们想给金鱼举行一个什么样的葬礼呢？"孩子们争先恐后地说个不停，余苏薇小朋友说："挖一个坑，把金鱼埋在土里，土葬吧！我爷爷告诉我，我的太祖祖就是土葬的。"兰浩天小朋友说："用火烧了它，然后给它挖一个坑放在里面，火葬吧！"郑权恩小朋友说："把它放进河里，水葬吧！我去过云南，那边少数民族的人去世了就是用水葬。"

到底给金鱼举行一个怎样的葬礼呢？最后，经过大家举手表决，决定用土葬的方式来为我们班的金鱼举行一个葬礼。孩子们在幼儿园的"后花园"里找到了一块地方，这里有用于饲养动物的小房子，有一座小桥，有参天大树，还有一些野花野草。就在大树底下，孩子们商量着用小沙铲挖开了一块土，在大家怜惜关爱的眼神下，金鱼下葬了，孩子们用手捧着土轻轻地撒在了金鱼的身上，一边撒着土一边说着，一边说着一边哭着，伤心的眼泪表达了对金鱼无限的依恋。值日生余苏薇小朋友还捡来了一根树枝插在上面，说是给金鱼坟墓做的记号。最后，大家都默默地站在四周为金鱼祈祷了好一会儿才依依不舍地离开。

从一条条鲜活的金鱼带给孩子们无限的快乐，到一次次莫名地死去让孩子们感到焦急、难过，到最后神圣地为金鱼举行葬礼让孩子们感到伤心、落泪，在这一次次与金鱼的亲密接触中，孩子们学会了关心、照顾身边的事物，也对生命有了粗浅的认识。

——2015.4 第十一届全市基础教育课程改革征文三等奖

（二）观后感

教师除了在日常教育教学活动中撰写一些体会、感悟，提出自己的思考和观点外，还会在幼儿园开展的一系列培训、学习、交流、展示等活动中，萌发出一些即兴的感悟，或是解决了自己长期困扰的问题，或是解开自己心中的谜团，或是改变自己的思想观点，或是找到解决某件事情的方法和途径，等等。这类型的感悟比较真切、直接，不光有自己的思考，更多的是引用从观摩、学习、培训中得来的某些知识、观点、方法、措施等，然后再结合自己的想法，在工作实践中去验证某些方法和策略，以此来帮助自己不断完善、不断提升。

因此，对教师的专业培训显得尤其重要。幼儿园首先从学习维度论之一"态度与感受、获取与整合知识"着手，开展了《3～6岁儿童学习与发展指南》学习、重庆市幼儿教师通识培训、上海明师科技网音乐视频教学、国培和拓展训练等培训。在这些培训过程中，充分尊重教师的职业自尊和感受，满足教师的自我发展需求，让老师从思想、态度、情感等方面接受职后培训，并在不断充实自己专业知识的同时，结合自己的已有经验建构新的知识体系，进行系统地分析、整合知识，并将其运用到实践教学工作中去，提升自己的专业技能和水平。

1.《3~6 岁儿童学习与发展指南》学习感悟

2013 年，应国家和教育部的要求，全国掀起了学习《3~6 岁儿童学习与发展指南》的热潮，幼儿园也根据文件要求和园内实际，决定按领域进行分段培训，由每个班长承担一个领域，三个业务主管协助其讲解。在一年的分期培训中，教师们解读的方式灵活、生动，有的采用 PPT 形式，有的采用问题对话形式，有的采用案例分析式，等等。大家在互动交流中相互学习，相互探讨，分析并理解儿童在各个年龄阶段的学习和发展特点，剖析儿童的内心世界，掌握儿童的发展规律，调整儿童的现实行为，从而解决在实践工作中的突出问题。教师们学习指南后撰写的文章在沙区"倾听孩子，共同成长"征文比赛中获一等奖 2 名、二等奖 1 名、三等奖 1 名。

附：

和孩子一起爱上科学

陈玲

常有人将中国的教育与美国的教育做比较——中国的妈妈和美国的妈妈，中国的老师与美国的老师，他们之间有什么不同呢？谈得最多的是教育观的问题。如何与时俱进，做一名不会扼杀孩子天赋的老师或是家长，如何让孩子健康快乐地成长，我想《3~6 岁儿童学习与发展指南》（简称《指南》）给了我们很大的帮助。它提出 3~6 岁各年龄段儿童学习与发展目标和相应的教育建议，帮助我们了解 3~6 岁幼儿学习与发展的基本规律和特点，建立对幼儿发展的合理期望，实施科学的保育和教育，让幼儿度过快乐而有意义的童年。

《指南》中科学领域里讲到：幼儿的科学学习是在探究具体事物和解决实际问题中，尝试发现事物间的异同和联系的过程。这让我想起一个生活故事：一位美国妈妈总会在用餐前请宝贝帮忙摆放餐具，宝贝从厨房里给爸爸拿一套餐具摆好，然后又返回厨房给妈妈拿一套餐具摆好，最后再次返回厨房给自己拿一套餐具。家里有多少人用餐，他就要来回跑几趟，但宝贝很乐于做这样的事。可有时家里会来客人，人数有七八个人或更多，宝贝用同样的方法来回跑，发现这可真累。宝贝开始动脑筋了，他慢慢学会了先弄清楚有几个人，数好餐具，然后一起拿到餐桌摆放。如果你是这位妈妈，你会在最开始就教会宝贝怎么做更省事吗？你会让宝贝失去一次独自思考的机会吗？我想很多的妈妈都会回答说"会"。我们的老师也常常犯这样的错误，追求知识和技能的掌握，对幼儿进行灌输和强化训练，而忽略了孩子的思维特点，同时也剥夺了孩子在科学探究中发现的乐趣。

在学习《指南》之前，我总害怕开展科学活动：一是准备东西很麻烦，很多时间都花在准备材料和收拾材料上，相比之下小朋友操作的时间却较短；二是担心自己解释不清一些科学现象和原理，应付不了孩子们的各种提问；三是在传统的教学模式中感受不到孩子们的积极参与和快乐……学习了《指南》后，我开始反思自己，慢慢转变教育观念，在教育教学过程中有了新的思考。原来，科学活动并不像我想的那么复杂，生活中存在很多的"科学"，生活中很多常见的东西都可以用来做"科学实验"，如光、空气、镜子、树叶等。我相信自己一定能爱上科学，我决定陪孩子们一起去发现，一起去探索。

一天，天气很好，雨后的阳光从树缝里洒落下来，照在脸上暖暖的，这样的天气最适合外出了。我带着孩子们到户外散步，孩子们像一只只小鸟在树丛里欢快地跳跃着。一个小朋友捡起一片树叶兴奋地跑过来说："老师，你看树叶上有蜘蛛网。"我低头一看，叶子上聚集着一团白白的丝，是不是蜘蛛网，我也不敢肯定。其他小朋友听说有蜘蛛网，都聚过来看，开始你一句我一句地讨论起来。

"这不是蜘蛛网，蜘蛛那么大，这个网这么小。"

"我见过蜘蛛网，蜘蛛网不是这个样子的，蜘蛛网的空隙要大些。"

"这是不是小蜘蛛做的网呢？它还很小，还不会织网。"

"这是蜘蛛网的一部分，被雨给破坏了。"

小朋友们的想法真的很有趣。我在一旁认真听着他们的讨论，没有去打断他们。一阵讨论后，一部分小朋友认为这是蜘蛛网，另一部分小朋友认为不是。我提议大家四处找找，看看能不能发现其他的蜘蛛网。小朋友们兴致很高，一个个像侦探一样开始四处搜查，树枝上、树干上、石头缝里、草丛里，还有小朋友用枯树枝挖着树根附近的土。孩子们真是一个角落也不放过——可是，收获不大。正当大家都有点灰心的时候，一个坚信那是蜘蛛网的小朋友说："我们可以回去查一查，我爸爸的电脑上什么知识都有。"这个提议不错，大家都纷纷说自己家也有电脑，也可以找到。

下午放学，我就请小朋友回家和爸爸妈妈一起查一查：看看蜘蛛网是什么样的，还有哪些虫子会吐丝。

第二天，有几个小朋友很早就来幼儿园，兴奋地拿出他们找的图片，讲着他们发现的有趣的事，原来蝴蝶、蚕也会吐丝。等小朋友都来了后，我们一起分享了大家查找的资料，了解了很多关于蜘蛛网的有趣的事，大家都很开心。有了这些经验，我和孩子们一起在幼儿园的各个角落去找蜘蛛、观察蜘蛛网，就变得容易多了。每找到一处蜘蛛网，我们就会仔细找找蜘蛛在哪里，看它的网捕捉到了什么虫子……

这是我和孩子们一次愉悦的科学体验。在与大自然的亲密接触中，孩子们有了问题与思考，有了碰撞与交流，有了探索与发现……这次活动更加印证了《指南》中所倡导的，我们应注重引导幼儿通过直接感知、亲身体验和实际操作进行科学学习，尊重幼儿思维特点，和孩子们一起学习，一起成长。继"蜘蛛网"事件之后，我和孩子们一起有了更多的发现，如，碘与淀粉的奇妙情缘，小小鸡蛋的神奇力量，揭秘万花筒，等等。每一次的体验都让我与孩子们的距离拉近，我们一起徜徉在科学的世界里。我和孩子们一起慢慢走进科学，我真的爱上了科学！

——2014.3获沙坪坝区"倾听孩子，共同成长"征文比赛一等奖；《行动上的指南》沙区贯彻实施《3—6岁儿童学习与发展指南》阶段成果（一）；2014.11第二届全国幼儿园优秀教育随笔征文三等奖

2. "家园直通车"感悟

在开展了"家长讲座、幼儿成长档案、亲子陪读、家长开放日、家长助教、家长园地、家园QQ群、主题式家长会"之后，2014年12月，幼儿园尝试了"家长论坛"这一面对面家园沟通的方式，和重庆师范大学、《当代幼教》杂志社的专家、编辑一道开展"愉快沟通，心灵抚养"家园直通车活动。开场游戏的切入、家园问题案例的呈现、家长教师不同观点的讨论、专家领导站位高远的点评等，让家长和老师们明白了：在培养孩子的道路上，我们是朋友，是伙伴，共同肩负着培养国家未来的重任。家园论坛不仅彰显了教师、家长的幼教专业素养，拉近了相互间的关系，更增进了家园共育的教育意识。

活动后，不光有教师撰写现场讨论后的感悟，还有许多家长纷纷来稿交流自己的心得体会。幼儿园还特地为他们举办了一场别开生面的"家园共育"专栏，将他们的感悟和全园的家长一起共同分享。而《当代幼教》杂志也在2015年第2期专门为幼儿园开辟了一个专栏，刊登教师和家长的感悟。

附：教师的感悟

愉快沟通，心灵抚养

霍宇

我国著名幼儿教育家陈鹤琴先生说："幼儿教育是一件很复杂的事情，不是家庭一方面可以单独胜任的，也不是幼儿园一方面可以单独胜任的，必定要两方面共同合作方能得到充分的功效。"由此可见，家园沟通是幼儿园一项非常重要的课程，甚至是每天每位老师都要做的功课。

对于这么重要的工作，幼儿园、教师重视了吗？家长对家园沟通了解吗？教师与家长的沟通愉快吗？家长与老师的沟通有顾虑和压力吗……带着这一连串的问题，我有幸与《当代幼教》"家园直通车"栏目责任编辑李思线下交流，在交流中碰撞回应，在碰撞回应中寻求帮助，发出邀请。于是，"家园直通车"于 2014 年 12 月 7 日早上 9 点 30 分载着重庆师范大学教育科学学院的博士及副教授魏勇刚老师、瞿亚红老师和郑丽霞老师亲临新桥医院幼儿园，为我们的家园沟通答疑解惑，为我们的家园沟通架起美好的明天。

活动围绕"愉快沟通，心灵抚养"展开沙龙探讨。首先，呈现给大家的是幼儿园三个真实的典型的沟通案例。现场 49 名家长、24 名教师敞开心扉，纷纷表达各自的看法和诉说心里的想法，畅所欲言，讨论非常激烈。其次，是大家观看几组反映幼儿学习生活的图片和视频，在对比比较中，现场陷入沉寂和思考：我有这些教育行为吗？哪种教育方式更令你欣赏呢？大家在剖析心灵的反思中认识自己，达成共识。在讨论与心灵反思中，魏勇刚、瞿亚红、郑丽霞三位老师适时地向大家分析、点评和解读引领。

魏勇刚老师主要从儿童教育心理学的角度进行分析，提出了值得我们深思的一个话题：幼儿行为中的"真问题"还是"假问题"以及"运用同伴互助策略"纠正孩子的行为及习惯问题，并提出了我们在沟通中的"深层次"沟通。"深度"沟通，不仅仅要从"问题"的角度进行沟通，还要了解孩子"问题"背后的原因……

瞿亚红老师首先从幼儿文学的角度向大家提出了："我们是牵着蜗牛散步的人。"在与孩子的沟通中我们要懂得蹲下来，老师与家长不要急功近利。强调教师、家长在沟通中的语言真诚，让家长感受到一个"帮"字，一切没有什么不能解决。尤其指出在与孩子的沟通中要抛弃"教"字，要让孩子感受到你是他的朋友，并且鼓励的语言要具象，老说你很棒！究竟"棒"在哪儿，孩子并不知道……

孩子是有个性的，家长也各不相同，幼儿园的同伴冲突、家长冲突客观存在。郑丽霞老师着重表达了在这些冲突处理中老师的适时适当介入及QQ群的应用。她表明：教师不仅要了解、尊重孩子的差异，还要注重和推动孩子的全面发展。而同伴冲突作为很好的教育契机，教师、家长适时适当的介入，把冲突转变成有价值的课程，实现孩子的自我教育，减少伤害尤为重要。老师还应充分发挥QQ群的帮扶引领作用，积极主动地向家长宣传普及幼教理念、讲述感人的幼儿园的故事……

记得有位哲人说过："掌握了沟通，就掌握了世界。"家园共育的关键在于家园双方通过交流彼此的观点、感情，求得相互理解和支持，从而保持教育一致，形成合力，促进孩子的全面和谐发展。我们相信：通过今天的沙龙探讨，我们以后的家园沟通一定会更加积极主动，更加有方法技巧，更加坦诚……一定能做到如家长代表赵校长总结的：提前沟通，愉快沟通！也一定能体会和不辜负周永园长的三个饱含深情的"谢谢！"——谢谢重庆师范大学《当代幼教》的教授们！谢谢亲爱的家长们！谢谢辛勤的老师们！

我种下一颗种子，终于长出了果实，今天是个伟大日子，摘下星星送给你，拽下月亮送给你，让太阳每天为你升起，变成蜡烛燃烧自己只为照亮你……在欢快的"小苹果"音乐伴奏中，重庆师范大学教授、幼儿园老师和家长们欢快地跳起来……此刻，"愉快沟通，心灵抚养"的种子被大家播撒……

——《当代幼教》2015.2

附：家长的感悟

家园沟通现场活动中的启示

赵胤轩的爷爷

2014年12月7日上午，新桥医院幼儿园组织了一场别开生面的家园沟通活动，幼儿园全体老师、家长代表与重庆师范大学的幼儿教育专家们一起分析了本园的实际案例，探讨了幼儿教育的方方面面，使我深受教育和启发，概括起来有以下几点：

一是家园双方都要充分认识幼儿园阶段的正规性，科学的教育会影响孩子的一生。从教育角度讲，它有启蒙、引领、奠基和开创作用。"三岁看小，七岁看老"这句古训就充分说明了这一点，因此，幼儿园老师在此期间担任了重要角色，她们承担着重要的保教责任，并为此付出了巨大的爱心与艰辛，理应受到家长们的理解与信任，同时家庭教育与幼儿园的配合亦十分重要，只有家园密切配合，营造观念一致、环境类同的教育环境，才能收到良好效果，否则将会事倍功半、事与愿违。

二是进一步明白了幼儿阶段教育应该注重什么样的教育和什么样的方法，对幼儿进行常规习惯的培养比知识灌输更为重要。有了良好的习惯必然有较高的素质、知识和文化，我觉得应主要培养三大习惯，即生活习惯、卫生习惯、学习习惯。在习惯培养中还要注意逐步培养孩子的爱心与恒心，告之对与错、是与非、丑与美。在教育方式上既要注重激励、赞扬，也要培养孩子敢于担当、承受挫折的心态，逐步为培养既刚正、坚毅又和蔼、友善的人格品质打好基础。这些愿望既需要老师们不断改革教学方法、教育方式，寓乐于保，寓保于教，也需要家长们的配合与响应。

三是家园之间多一分理解和宽容，少一分责怪和抱怨非常重要。通过三个现实案例分析，其实家园都无大的过错，缺乏的恰恰是即时沟通，通过规范的途径，带着理解和宽容去解决问题。在这一点上家园都有努力的空间，这样既有利于家园和谐，更有利于孩子教育。

四是幼儿阶段安全问题极为重要。家园无论让孩子做什么，引领孩子做什么、玩什么都应把安全放在首要位置，特别在外出、室外活动、孩子们自由活动时都要用安全的观念去设计、去组织、去教育、去要求。

五是家长也增长了不少幼儿教育方面的知识。因为幼儿的心理活动、认知能力、理解力和接受力等方面的教育都有深奥的科学理论，要想提高家长对幼儿的培养教育效果，的确有必要学习一些基本教育知识。只有进入了儿童的童心世界，才能增强教育的可接受度和针对性。

家园沟通会的形式很好，希望能定期召开，也希望更多的家长参与。在此，谢谢幼儿园给我这个向专家学习、向老师们学习、向家长们学习的机会。

——《当代幼教》2015.2

（三）培训感悟

前面谈到的培训、学习是在幼儿园内组织的集体式的培训，多从思想、态度、工作方法等方面对教师进行基础性的培训。而这里要说的培训，是指在幼儿园之外的培训，它们以各种形式呈现，有国家教育部组织的脱产式国培，有总后勤部组织的代职代岗培训，有幼儿园组织的户外拓展训练，还有幼儿园每年委派出去的假期专题培训，等等。幼儿园拟通过这一系列的培训形式和内容，再次丰富教师的相关知识、提供操作演练的机会、搭建交流展示的平台、提升教师的综合素养能力，培养多才多艺的综合性人才，促使她们更快地成长。

1. 国培感悟

（1）脱产式国培。

结合国家教育部对学前教育师资队伍建设的要求，幼儿园先后派出了4名教师参加脱产三个月的国培学习。在重庆市各区县幼儿园骨干教师组成的新团队中，可以帮助教师建立新的同伴互助关系，吸收新的教育教学经验，寻求新的教育发展思路，拓宽视野，在新的团队中充分展示自己的特长和水平，获得另一种专业成长的成功感和幸福感。沈光兰在国培时体验了即兴研究、即兴创作的成功感，霍宇在国培时收获了优秀班干部的荣誉，杨琴琴和陈婷婷在国培时获得了教师和同伴的专业赞同。她们也有多篇文章在评比中获奖。

附：重庆市中等学校学前教育中心教研组及区县学前教育专兼职教研员培训

精彩教研，十全十美

沈光兰

抛下繁琐的家务，远离爱人与女儿，我在这个明媚的春天参与了一场特殊的专业洗礼。在教科院巴蜀实验学校，此次市培项目顺利进行。在这个临时组成的班组里，班主任实行了让学员自主管理的模式，让我们成为培训的主人。这次的培训为我们搭建了一个交流学习的平台，也搭建了一座友谊的桥梁，我们在这里获得了专业的理论知识，也结识了志同道合的朋友。在两周的培训时间里，班主任把我们的学习安排得井井有条，生活也考虑得非常周到。我享受着学生时代的生活，也像学生一样虚心聆听专家的讲座，获益匪浅。

一、百名同行齐聚首，互相促进友谊深

在本次培训中，我有幸与100名来自全市各区县的幼教同仁、职教中心教师一起相聚在“教巴实”，在这里我们一起学习，一起生活，一起交流。学习上，我们在讨论、交流中互相促进；生活上，我们相互嘘寒问暖。在培训的第一天上午，彼此陌生的学员，在周颉老师的“破冰”活动中，打开心中的戒备，通过分组的形式，大家组成了新的集体。短短的半个小时内，大家在小组长的带领下，起组名、练口号、唱组歌，大家的心便凝聚在一起，朝着共同的目标前进。因为周老师，我们各队的队员彼此有了更多的认识。我们形成了一支支活泼、向上、有合力的团队，在课余时间，各组成员经常碰头讨论，大家纷纷发表自己的见解，做到资源共享。在最后的展示交流环节，各组以组为单位表演了精心编排的节目，展示了小组强大的凝聚力。

二、专家引领拓视野，案例分析解困难

本次培训的班主任徐宇老师，可谓用心良苦，她根据我们的需要，为我们邀请了多位知名专家做专题讲座。专家教授深入浅出的讲座，不时引发学员们的讨论与追问，开阔了我们的眼界与思维方式，令我们受益匪浅，感触颇深。在学习中，徐老师经常组织全体学员以互助研讨的方式，围绕"你在日常教研活动中最常用的教研方式有哪些""哪些方式是最有效的"这些问题展开讨论。讨论分中职组、幼儿园组两个团队。在讨论中，学员们积极发言，各抒己见，大胆设想，碰撞出一道道美丽的火花。在分享交流环节，每组中心发言人代表小组进行交流发言，赢得了大家阵阵肯定的掌声。徐老师在全体学员讨论的基础上，深入浅出地讲解了创新教研的方式：基于问题的教研方式、基于课例的教研方式、基于"多向互动"的教研方式等。徐老师生动形象的讲解，引发了全体学员的思考，为我们今后的实践工作指明了方向。

（一）教研员的专业成长与发展

教研员的专业标准是我们各区县幼教教研员所急需的，康世刚博士从"我国教研制度的渊源""教研员的专业理解""教研员的专业发展理念""教研员的专业能力"等几个方面做了精辟深入、全面详实的讲解。他时而用诙谐、幽默的语言为大家讲解，时而又理论联系实际和我们一起做游戏，时而又用非常认真、严肃的话语引起大家的深刻反思。他讲到教研员必须以德为先，再是能力为重、师生为本、研究为本，最后必须终身学习，整个讲座深入浅出，既有理念，也有案例，既有愿景，也有期望，让在座的学员受益匪浅。

（二）幼儿园教研活动的设计与组织

重庆市渝中区教师进修学院中学高级教师钱珊老师以"幼儿园教研活动"为关键词，结合案例从校本教研活动的设计、组织策略、管理三个方面进行了深入浅出的讲解：从需求调查、目标预期、内容确定、过程准备、行为跟进与延伸五个方面来思考校本教研活动的设计，以唤醒策略、聚焦策略、回应策略、生成策略等方式组织教研活动，秉承"以师生发展为本，做参与者、服务者、引领者"的理念进行教研管理。钱老师的讲座不仅让我们对园本教研活动的设计与组织有了一个系统的认识，更为重要的是她借助校本教研活动值得关注的几个问题，引发我们深思，指出了园本教研发展之路的思考方向。

（三）"研生""研学"——让幼儿成为主动的学习者

全国知名专家沈心燕教授提出，幼儿积极主动的情绪状态，需要幼儿有兴趣、有需求，专注而投入，兴趣是最好的老师。老师的引导和鼓励让他们在学习中获得快乐。把价值引导和孩子的自由发展结合起来，体现了价值引导，同时又注重幼儿快乐的学习，不强迫幼儿去被动地接受，而是满足幼儿的需求，让幼儿主动快乐地学习知识。努力创造一个想说、敢说、喜欢说、有机会说并能得到积极的应答的环境，幼儿在交往中、在生活中交流和表达，不仅语言能力得到发展，其他各方面的能力也得到发展。为此，教师必须转变自己的角色地位，顺应课改的需求，把放飞心灵的空间和时间留给幼儿，营造宽松自由的氛围。沈教授在培训的最后给我们分享了一个很有意思的绘本《点》，让我们看到了欣赏孩子的重要性，令人回味无穷。

（四）快乐国学与教师素养

4月14日下午，西南大学李达武教授为我们呈现了一场高质量的讲座。她幽默活泼的教学风格，强烈地震撼了全场。她对国学的研究广泛而深刻，对古典诗词的热爱不亚于情人之恋。在讲述中，《关雎》《蒹葭》《兵车行》《蜀道难》《念奴娇》等一首首古诗词被她信手拈来。更难能可贵的是，她能把经典的国学与当今的社会百态联系起来，与我们的教育事业联系起来，让我们在开怀大笑的同时，又有醍醐灌顶的效果。可以想象，李达武教授一定是经常看书看报，经常上网浏览各地新闻，这样的教授，即使年岁已经老去，但是，心没老，魅力永在。

三、现场观摩名园，领略名园风采

4月15日，我们走进了渝北区人和长安小学幼儿园和巴蜀幼儿园。两个幼儿园的环境创设非常有特色，体现出幼儿园的园本文化以及教师的教育理念。令我们印象最深的是班级的环境创设处处体现幼儿的参与，处处渗透着童真、童趣。无论是大的墙壁、走廊、吊饰，还是每一个小角落如洗盥间，都有令人惊奇的发现。在现场语言活动"女孩好，男孩棒"中，老师引导幼儿进行了现场辩论，让到场的同行耳目一新。巴蜀幼儿园的现场教研活动更是让我们大开眼界，该园教师给我们示范了怎样进行幼儿园教研活动。

通过此次培训，我深深地感受到，专家之所以能成为专家，不是一朝一夕的事，他们那广博的知识积累和深厚的文化底蕴，是他们辛勤付出、不断积累的结果。"冰冻三尺，非一日之寒"，作为参加培训的学员，我暗自下决心，一定要沉下心来做研究，做一名勤于实践、勤于反思、勤于总结的幼教专业工作者。回到幼儿园后，我会把此次培训中学到的知识运用到今后的工作中去，让自己的专业水平更上一层楼。

四、观教研，学教研，"十全十美"演"教研"

我们被分为 10 个小组，我所在的小组叫"十全十美"，因为我们这组有 10 名"美女"。在短暂的 10 天培训中，我们 10 位姐妹认真学习，认真研讨，认真完成作业，认真准备节目，因为我们要做名副其实的"十全十美"小组。在最后的联欢会中，我们小组全体组员的智慧结晶——快板《学教研》，受到全班同学的一致好评。由于组长因公临时返校，因此交由我负责本组的节目。全体组员齐心协力，集体创作台词，在宾馆简陋的条件下完成了快板录音。因为急需快板，我和另外一名组员连夜赶回我的单位，几经周折完成了任务，做好了演出的物质保障。因为辛苦的付出、齐心的努力，我们赢得了老师和同学们的肯定，节目的独创性给大家留下了深刻的印象。

（2）代职培训。

2012 年 6 月，总后勤部为了提升幼儿园教师队伍的基本素质，组织了为期 1 个月的相互交叉代职式的培训。幼儿园通过赛课、演讲、工作能力、成果评比等形式组织全园教师参选，最后从年轻教师中选拔出胡春艳、罗遥两名教师参加西安第四军医大学校直幼儿园代职培训。

附：总后幼儿园教师交叉代职培训感悟

在总后交叉代职中成长
胡春艳

一个月的时间说长不长，说短也不短，回想起这一个月来的日子，我有太多太多的感慨。我将用五个词语来表达这一个月来我在四医大校直幼儿园学习和生活的心得体会。

一、温暖

温暖从到达的那一刻开始。从小到大，我第一次离开家这么远、这么久，有些兴奋，有些担忧。记得刚来的时候，缪园长、黄园长、魏园长、周主任以及保教干事张老师热情地接待我们，陪我们共进晚餐，之后又送我们到宿舍。领导们很周到，为我们准备好了生活用品，连水果、饭盅、拖鞋都想到了。第二天，我们一大早到了幼儿园，受到了门卫师傅的热情接待。在晨会中，我们向全园老师和孩子们介绍了自己，感受到了大家庭的温馨。尤其是周主任在升旗仪式中进行"父亲节"的节日教育时，饱含深情的讲话，充满温情的话语，让我们回想起自己父亲慈祥的面容、温暖的双手、坚实的臂膀，我的眼泪哗哗直流，心中感到无比的温暖。

二、充实

这一个月，是忙碌而充实的。为了我们能学到更多的知识，魏园长为我们安排了丰富的学习活动，从参观附近幼儿园环境、观摩优质教学活动、参加教科研讨论，到欣赏艺术团演出、分享幼儿园大活动的短片以及幼儿园案头工作等，精心计划、科学安排，让我们在有限的时间里学到了更多东西。在西安的一个月，我们没有时间去游览名胜古迹，而是每天往返于幼儿园与宿舍之间。在幼儿园，我们认真跟班学习，参加各种学习活动，把自己当成该园老师，和班上老师一起做好班上的工作。每天下班，我们也不忘在路上和同伴交流，让新的感受和想法共鸣碰撞。晚上在宿舍，我们打开电脑，认真、安静地写过程、写反思……在这里的每一天，我们都过得十分充实、有价值、有意义。

三、感动

在这段不长的时光里，四医大校直幼儿园带给了我许多特别的感受和感动。我感受到了孩子们的能干，他们有较强的学习能力和生活自理能力，不管是语言表达能力还是动手操作能力，都十分的出色。我感受到了孩子们的表现力，在一次次钢琴表演、合唱团表演和毕业典礼彩排中，他们大方、生动的表现力征服了所有的观众。

我更感受到了幼儿园老师对孩子的爱，每一位老师都将自己满腔的热忱投入到工作中，将自己的爱奉献给孩子，她们有一双会关注、会观察孩子的眼睛，用科学的理念去教育和引导孩子，以身作则来感染孩子，帮助他们养成好习惯。这正体现了她们"一切为了孩子，为了孩子的一切，为了一切的孩子"的服务宗旨。

我感受到幼儿园真正落实了《幼儿园教育指导纲要（试行）》和《3～6岁儿童学习与发展指南》中的精神，以平等、尊重、鼓励的方式教育孩子，为孩子营造宽松、自然、和谐的成长环境，对家长教育的引领和重视，对工作踏实、认真的态度，对教科研工作的执着和创新，对待工作和生活保持一颗年轻而热情的心……所有的这一切都让我受益匪浅，感动颇深。

四、感恩

回想代职学习的过程，我心中充满了感激。感谢总后领导的统筹安排，感谢四医大校直幼儿园的热情接待，感谢老师们对我的关心、指导和帮助，感谢孩子们带给我的幸福和快乐。还要特别感谢帮带的王婷老师，在这次展示活动中，她不惜花下班时间为我精心指导、出谋划策，让我重新把握活动目标和过程，让我思路更加清晰。感谢周主任，有时在日常交流中她的一席话，就能让我豁然开朗。还要感谢我们的网管老师，她时时刻刻都在抓拍我们的身影，为我们记录下学习的经过。

五、不舍

就要分别了，在四医大校直幼儿园我有许多的不舍。在短暂的一个月里，我们与大家建立了深厚的感情。我忘不了美丽的幼儿园，舍不得可亲可敬的园长们，舍不得聪明能干的老师们和天真可爱的孩子们，也舍不得相依相伴的室友。学习结束了，意味着我要离开了，好像离开父母怀抱的孩子，将独自去面对自己新的生活，心里有种酸酸的感觉。

最后，我将用一首深情的歌表达我此时此刻的心情。"水千条山万座我们曾走过，每一次相逢和笑脸都彼此铭刻，在阳光灿烂欢乐的日子里，我们手拉手啊，想说的太多……同样的感受给了我们同样的渴望，同样的欢乐给了我们同一首歌……"

在四医大校直幼儿园的学习，促进了我专业知识的增长和个人心智的成长。这段学习经历是我人生中一段十分深刻、难忘、美好的回忆。我将以更加专业的态度、更多的热情投入到工作中，让孩子们和我一起快乐、自信地成长。

（3）支教式国培。

重庆市教育学会协同教育部联合国儿童基金会举办"农村幼儿教师培训"，在重庆市各大示范性幼儿园选拔优秀的业务园长和骨干教师参加这次支教培训活动。新桥医院幼儿园陈薇副园长有幸被选中参加了这次培训活动，地点在重庆忠县，分别于2012年7月和2013年3月去了两次。陈薇作为幼儿园的副园长，严格要求、尽力展示，白天做好培训准备，晚上坚持撰写培训日记，在培训团队成员中能发挥出自身和幼儿园的优势，辐射带动，收到较好的反响。由于本次活动是针对农村幼儿园的教师，多是以基础性的教育教学为主题开展培训，这种培训特别适合新教师和未取得幼教专业的转岗教师。因此，回园后，陈薇就将幼儿园的年轻教师组织起来，将这些内容再次培训，以期让幼儿园新入职的教师们尽快掌握基本的教育教学知识和教育技巧，尽快成长起来。

附：活动感悟

忠县国培，感动你我

陈薇

一、下榻"三峡风酒店"（2012.7.19）

随着国家对幼儿教育的高度重视，在提高城镇教育质量的同时，也关注农村幼儿教育的发展，今年由教育部联合国儿童基金会和中国学前教育研究会协同组织举办的"农村幼儿教师培训"活动陆续在各地开始启动，培训团的教师由全国各地的幼教骨干组成，我作为一名业务园长，有幸参加了重庆市在忠县的国培队伍。本次培训班教师一共12人，分别来自重庆市区、万县、江津、开县等各地的业务园长和幼教骨干，由西南大学博士生导师刘云艳教授及其博士生赵景辉、重庆师范大学陈世联教授领头带队，一行15人于7月19日下午风尘仆仆地赶到忠县三峡风酒店。

由于此次培训的对象是农村幼儿教师，培训的目的是传授正确的幼儿教育理念，让教师熟悉幼儿园一日生活各环节，掌握基本的幼儿教育方法和技能，提倡教育教学游戏化、一日活动生活化，创设适宜的、具有儿童特点的活动环境。因此，培训团的教师们在听取了带队老师考察忠县的大致情况后，大家都怀揣着一种陌生的、遥远的、乡土味十足的心情准备此次培训的内容，一切以农村为题材，从师资、环境、幼儿、教育等方面都要符合农村幼儿园的特点，具有乡土特色。一路上，大家都在猜测忠县幼儿园的现状、幼儿的发展现状、教师的教育水平现状等，不停地猜测，让我们在心里对自己的讲稿内容不停地调整、预设、增减，各种各样的猜测、纷繁复杂的思绪在整个车厢里回落。透过车窗，看着满天的阴云，吹着凉凉的夏风，嗅着淡淡的花草气息，心中似乎悄悄地、慢慢地有了一丝淡淡的宁静。

随着领队一声高呼，"忠县到了"，大家都从朦胧的睡意中醒了过来，纷纷打量着这座将与我们共同生活7天的小县城。忠县依山傍水，房屋层层叠叠、错落有致，似乎比重庆山城更具有山城的韵味。车子从城中穿过，只见高楼林立，街道宽敞，具备了众多新兴乡镇城市的特点，隐约中还能看到忠县老城的影子。晚上，接待我们的忠县教委易主任一行5人介绍了忠县的历史、文化、特色等，并带我们参观了忠州中学和实验小学的培训现场，介绍了这次参培教师群体的组成情况：70%的教师是民办幼儿园的教师，20%的教师学历和专业相对来说较为高一些……当一切看在眼里、听在耳里时，我们整理了刚才在车上的杂乱猜测，重新理清了思绪，找准了方向，对忠县的历史、发展、教育、人文等有了一个初次的印象。

二、上午采风，下午备课（2012.7.20）

忠州历史悠久，文化底蕴丰富，俗称"江上明珠"的石宝寨是国家AAAA级旅游景区，是世界八大奇异建筑之一。天刚蒙蒙亮，我们一行人便在教委郭校长的带领下驱车前往。车子慢慢行进在蜿蜒崎岖的公路上，我们听着路边的蛙鸣蝉叫，吹着山间的幽幽凉风，淋浴着清晨的暖暖阳光，眼前一一闪过满山遍野的绿，仿佛置身于宁静清秀的森林中。

石宝寨位于长江北岸，距县城37公里，远远望去，只见孤峰拔起，四壁如削，形如玉印。据导游介绍，石宝寨始建于明万历年间，距今四百多年。寨楼依山而建，飞檐展翼，极为壮观。阁楼12层，通高56米。寨顶有古刹天子殿、鸭子洞、流米洞，临岩筑墙、殿宇巍峨、蔚为奇观。

参观完石宝寨后，大家参观了镇上的一所民办幼儿园，三楼一底，5个班，200多人，已有10年的经营历史。教室比较方正，有40平方米大小，因正值放假期间，整个教室空荡荡。我们看不到一样玩具，只看见墙上贴着几张1～100的数字、26个拼音字母，还有几幅动物图画，整个教室简单、朴素，让我们欣慰的是走廊上摆放的一盆盆绿意盎然的小植物，犹如一张张童真烂漫的孩子的脸……我们一边听着园长的细细讲述，一边细细观察着整个园舍的情况，这个具有代表性的民办幼儿园让我们在心中对忠县乡镇幼儿园的整体概况有了一个较为直观的认识。

随后，郭校长又带我们参观了享誉国内外的"橘海"之乡，只见山峦相连、层层叠叠，葱绿青涩的柑橘挂满了整个枝头，此时，我们才理解了那种"半城江水满城橘"的美妙意境。

为了做好充分的准备，中午回来稍稍休息后，大家就聚在了一起，开始忙碌起来，刘老师和陈老师立即组织大家讨论培训会的具体安排，每一个班级由专人负责，分工合作，全力保障本次培训活动能够取得圆满成功。

我们期待着。

三、无数的感动汇成河（2012.7.21）

（一）感动一：宝贝爸爸

上午8：30，实验小学六楼多功能厅坐满了参培教师，开幕式在易主任、刘老师、陈老师的组织下准时召开。首先，他们用简短的话语说明了本次培训会的目的、日程、安排等；接着，培训团的两位教师做了"专业成长"的现场演说，一位是开县汉丰幼儿园的黄小恢，她用富有诗意的语言娓娓而谈，讲述了自己成长路上的困惑、艰辛、坚持、收获，给大家做了一个专业幼教人的典范；另一位是巴蜀幼儿园的张洪，他是本次培训团队中唯一的男教师，他一出场，立即引起了大家一阵小小的骚动。听着他情绪激昂、意志坚定的讲述，经历着他遭到家人的反对、同学的嘲笑、朋友的不理解和自己内心挣扎的艰难过程，当一句“宝贝爸爸”大声疾呼，似千百万个孩子甜蜜的呼喊，在场的“宝贝妈妈们”心情激动，泪光闪闪，全场多次响起了雷鸣般的掌声。大家对于这样一个敢于抛开世俗的眼光，勇于走入幼儿园群体的年轻小伙子，给予了更多的肯定、钦佩和支持，以至于开幕式结束了，大家在寻找各自班级地点的路上，还在意犹未尽地谈论着这个不起眼的却让人喜爱的大男孩。是啊，如今，幼教事业在国家的高度重视下，在人们的观念改变中，已经慢慢地深入人心，得到了社会的承认和支持，愿社会上更多的“宝贝爸爸们”加入到幼儿教育的行列中来。

（二）感动二：汗如雨下

7月的忠县正值酷暑时节，虽然依山而建，傍水而居，素有“小山城”之称，但是火辣闷热的天气却比重庆大山城更浓烈、更难受些，天上的太阳泛着白光，直愣愣地照射在地面，无一丝丝哪怕是轻微的风，以至于参培老师们从六楼多功能厅陆续走向各自的参培地点时，已是满头大汗，衣衫尽湿。

本次培训一共分为四个班同时进行，1、2班在多功能厅，有空调，3、4班在小学教室，没有空调。我在4班，有40多个参培教师，今天我配班，负责管理本班的参培教师和其他协调事项。培训开始了，我一边巡视着老师们的听课情况、清点着人数，一边拿着照相机随意拍摄着。忽然，一组不起眼的却又十分特别的人物进入了我的镜头视线——三个孩子！只见他们静悄悄地坐在自己妈妈的身边，有的看书，有的画画，有的侧耳倾听，虽然教室天花板上有四个吊扇在呼呼地转动着，却怎么也挥不去孩子们脸上那一颗颗晶亮的汗珠。

视线随着相机的移动而移动，台上的石老师正讲着“幼儿园一日生活与班级管理”，她用生动、朴实的生活案例诠释着幼儿园一日生活各个环节的组织策略与管理技巧，用一问一答、相互讨论的形式让老师们参与活动，理解其中的教育理念，化解其中的教育困惑。因投入地讲解，她似乎忘却了天气的闷热，适应了没有空调的教室，任由汗水在额头、脸上、身上悄悄地滑落。

负责这次培训活动的忠县教委郭主任、丁主任一行人，也不顾天气炎热，不停地从六楼走到一楼，又从一楼走到六楼，反复地在四个班级之间来回奔波，嘘寒问暖。他们的热情、他们的尽责、他们的坚守，似乎更为这忠县的炽热天气添上一把旺盛的火，蒸得他们全身湿透，汗如雨下。

下午，联合国儿基会的马老师来校视察工作，她朴实、亲切，悄无声息地站在教室最后一排，微笑地看着、认真地听着、不停地记着。闷热的空气肆无忌惮地充盈着整个教室，汗水顺着她的额头、脸颊往下流，她完全不顾这些，沉浸在工作中。

陪同我们的刘老师和陈老师也和他们一样，默默地承受着闷热难耐的天气，聆听着各位老师的讲课，时不时地在本子上记录着，丝毫没有怨恨这恼人的鬼天气。

时间一分一秒地过去，我努力使自己静静地坐下来，想要用"心静自然凉"的心态来平息天气的炎热，不停地擦拭着额头的汗，不停地喝水补充水分，但是却怎么也挡不住奔涌而出的汗水。这时，我多么向往冰凉、舒适的空调房啊，可是，看着讲台上热情洋溢的授课老师、台下聚精会神的参培老师和那些耐着性子安静等候的孩子们，我的心不免激动起来。我被授课老师的敬业精神感动，被农村幼儿教师求学的热情以及配合默契的孩子们感动，也被忠县教委领导高度重视、热切关怀感动，更被联合国儿基会的爱心人士们感动。

（三）感动三：席地而坐

晚上8：00左右，老师们召开每天一次的例会，大家都找个位置坐了下来。谁知马老师却顺着墙角席地而坐，既没有拍打地上的灰尘，更没有找寻其他物品垫底再坐。这一突然举动让在场老师的惊叹定格了足足两三秒钟，大家才反应过来相继谦让，可她却执意要坐在地上，丝毫没有半点专家、领导的架子，让我们觉得她是那么的自然、朴实。

例会开始了，大家争先恐后地发表今天的培训感悟，把自己看到的、听到的、想到的都真实地表达了出来，有的为"宝贝爸爸"感动，有的羡慕授课老师的热情激昂，有的表扬课间游戏环节的老师机智灵活，有的提出了调整培训方案的建议……大家你一言我一语地畅谈着感想，手拉着手唱着歌练习着明天要培训的律动，早已忘却了时间的存在，这时不知是谁的手机忽然响起，大家才知道时间已过去了两个多小时。

由于大家的投入交流，马老师的执意坚持席地而坐，就这样，她竟在地上坐了足足两个多小时。当她起身站起来的那一瞬间，我见她微微晃了一下，又迅速站直跺跺脚，接着微笑着对我们说："大家辛苦了，早点休息！"

望着她渐渐远去的背影，我对她的敬佩之情油然而生。

四、最可爱的团队，最可爱的人（2012.7.22）

三峡风酒店坐落在半山腰上，因城市依山而建，所以我们每天早上、中午从三峡风酒店到忠州中学都需要沿着崎岖蜿蜒的600多步石梯来回奔波4次，虽然有的老师磨破了鞋子不得不换上新鞋，有的老师脚底打上了水泡贴块创可贴继续上路，有的老师因酷暑几乎晕倒仍然坚持步行，一路上，有些无奈、有些疲惫、有些喘息，但是老师们却仍旧谈笑风生、坚持前行。大家相互间主动帮扶着、照应着、问候着，就像一个共处多年的温暖、感人的大家庭一样，时时处处体现着友情、师情、亲情。

带队的刘老师和陈老师，总是严格遵守作息时间，提前准备、准时出发，每天和我们一起体验着爬坡上坎的艰辛和劳累，还不厌其烦地询问着大家的身体状况是否能坚持酷暑的煎熬，虽是我们的大哥哥、大姐姐，却胜似我们的好爸爸、好妈妈。

唯一的"宝贝爸爸"是大家的最爱，他随时都观察着大家肩上的大包小袋，总是主动抢过去扛在自己的肩上，并且开玩笑地说："在幼儿园，我就是你们坚强的后盾。"

参与这次培训的还有四位西南大学新闻系的同学们，他们每天扛着摄影机提前到达教室，做好充分的准备，及时跟踪，全程摄像，毫无怨言。

……

我们虽然是一个临时组合的团队，却拥有了永久性的关系。我们在一起讨论培训方案时，争执声不断；在一起爬坡上坎时，说笑声不断；在一起用餐休息时，欢歌声不断。

这个最可爱的团队中，永远都有最可爱的人。

五、再赴忠县，一切都没变，只有教育理念在改变（2013.3.28）

伴随着《3～6岁儿童学习与发展指南》颁布实施的幼教东风，我们这个由来自重庆四面八方的业务园长、骨干教师组成的讲师团再次齐聚一起，大家都怀揣着对指南的新认识和理解，对忠县幼儿教育现状和特点的回忆，一起奔赴忠县。那山依旧，只是春意更浓；那水依旧，只是绿波更澜；那人依旧，只是理念在变。

早上8：30，参培教师陆陆续续地走进了会场，一眼望去，400多人的报告厅座无虚席，县教委的陈主任亲临会场讲话，一方面肯定大家的积极参与和辛苦学习，另一方面也鼓励大家要谦虚好学和灵活运用，将先进的、正确的教育思想和理念融入教育教学工作中，为了忠县幼儿教育的良性发展，尽到一位教师的职责和本分。

在培训活动过程中，大家都聚精会神地听着、写着、想着，全身心的投入其中。大家都没有了第一次的拘束和羞涩，在耐心的听讲中，能主动举手要求到前台参与互动表演；在课间休息时，也能主动地和培训老师对话、交流；特别是在评价现场活动时，能根据活动中发现的问题进行分析、质疑和建议。

从农村幼儿教师的简短言语中，我们能感受到前期培训对她们教育思想的影响，对她们教育行为的改变。特别是操作性强的活动，如手指游戏、音乐游戏、律动等，教师和小朋友们都非常喜欢，经常将这些小游戏在一日活动中灵活运用和体现。由此看出，经过这两次培训，老师们逐渐弱化了小学式的教学模式和教学内容，强化了幼儿教育以游戏为主的教育理念，能够体会到《幼儿园教育指导纲要（试行)》《3～6 岁儿童学习与发展指南》精神对幼儿教育的要求，相信在今后的教学活动中老师们将不断践行这些理念和精神。

2. 假期外出培训感悟

幼儿园的工作岗位决定了教师工作时间的特殊性，在日常的教育教学中，教师没有太多的时间外出参加全天甚至几天的学习，因此，幼儿园在每年寒暑假都会选派优秀的教师到各个城市参加主题培训。一方面，是为了给教师紧张而忙碌的工作松绑、解压；另一方面，则是为了让教师走出幼儿园，放宽视野，学习新的教育理念和方法，从而不断优化自己的教育思想和教育行为。几年来，幼儿园分别派教师前往北京、上海、江苏、成都等地优秀的幼儿园参加学习。她们在外出培训后，都能及时地撰写培训感悟，以此来调整自己的教育思路、提升自己的专业技能。

附：2014 年参观浙江省安吉幼儿园

安吉特色，特色安吉
霍宇

春暖花开，阳光明媚，我的心情似清晨的鸟儿在蔚蓝的天空中歌唱、遨游。从一路的遐想、期盼，到眼前一亮的欣喜、激动和收获，安吉，已深深地打动了我。

一、新农村，新面貌，幼儿园成为最靓丽的风景

在安吉，这次我们参观了县机关幼儿园、梅溪镇晓墅幼儿园和双一村幼儿园，也通过县幼教教研员的讲座欣赏了 15 个乡镇，共 25 所农村幼儿园。我的感觉是：每一所幼儿园都是一幅美丽的图画，画中有美丽的山、清澈的水、童话王国一般的房屋和孩子们开心的笑……我难忘那为 11 名或 24 名孩子修建的童话世界，向往那孩子们的游戏天地，借用安吉幼教教研员的话：安吉的幼儿

园是一村一品、一村一韵、一村一景，已成为新农村最靓丽的风景！

二、安吉幼儿园特色，不仅仅是"竹子"

众所周知，安吉盛产竹子，但安吉幼儿园的特色，可不仅仅是"竹子"这么简单，它包含的是一种理念、一种创新。看！竹子做的梯子式样很多，高的、矮的，孩子们围着梯子玩得团团转，一会儿爬上，一会儿跳下，总是有惊无险。他们的创造在那里发芽，他们的合作在那里成长，他们的勇敢在那里绽放，他们的快乐在那里徜徉……那红彤彤的脸庞、那健康的体格、那灵活协调的动作，所有的一切，构成了孩子们童年的欢歌笑语！看孩子们收折取放一个个大大小小的梯子，从容自如，宛如一次结构拼搭活动，他们的智慧再次在这里呈现。

三、特色安吉在户外，户外游戏感叹多

安吉的孩子是快乐的，安吉的孩子是幸福的！因为他们能自由自在地在小树林里捉迷藏，他们能在墙壁上自由挥洒手中的色彩，他们能和最向往的沙、水亲密接触，他们能在大自然的怀抱中、在灿烂的阳光下、在泥土的芬芳中自主地游戏、玩耍……他们搭建的房屋、戏院、床、游乐场虽然简单，但多了几分童趣和创造力；他们在沙里赤脚光膀上阵，沟渠湖泊里流淌着他们快乐的音符；他们在水槽、水盆、水桶、瓶子里研究如何驯服顽皮的水，水在他们的指缝流淌，从他们的指尖流走，孩子们会惊呼："哇，神奇！太神奇了！"

在游戏中，老师选择了相信孩子，为孩子们创造、提供参与活动的条件和机会；在游戏中，孩子们多了活动的兴趣、专注和投入；在游戏中，孩子们多了自由的空间和广阔的天地，少了老师设置的规则和玩法。安吉自主游戏，让我充分感受到了大自然是送给孩子们最好的童年礼物！

3. 拓展训练感悟

幼儿园除了在教育教学上对教师开展长期的、有效的、多主题、多形式的学习和培训之外，还特地组织教师参加户外的拓展训练，目的是让教师们在户外拓展训练中，不仅让自己的体能得到锻炼，还让身心得到放松，更重要的是通过这种培训，锻炼教师的意志，增进教师间的感情，凝聚人心。

2013年10月26日，幼儿园全体教师参加了户外拓展培训，虽然5年前有过一次拓展培训的经历，但是教师们在这次培训中依然认真对待，积极配合。

二、观察记录

幼儿园的观察记录一般是针对幼儿在某个活动过程中的行为表现进行观察和记录。观察了解幼儿是幼儿教师必备的教育技能,也是幼儿教师需要履行的一项工作职责。因此,教师在日常教育教学活动中,就应积极地为幼儿创造各种条件、开展各种活动让幼儿积极参与,并在这些活动中有计划、有目的地观察幼儿的语言表达、行为表现、动作发展等现象,以此来分析幼儿的发展现状,找出问题的根源,提出适宜的改进措施,帮助幼儿健康成长。观察记录可以是幼儿个体的,也可以是针对幼儿群体的,可以在教育教学活动当中进行,也可以在各类游戏或活动区中进行。

(一) 幼儿个案记录

每个班都会有表现特别的幼儿,有的在语言方面有优势,有的在行为方面比较自由,有的在性格方面有矛盾,有的在能力方面表现突出。每一个幼儿都有自己的特点,每天都有自己独特的故事。因此,教师在对幼儿进行个案观察记录的时候,要充分了解幼儿的已有特点、性格、能力、行为表现等,再结合幼儿的年龄特点和现实情况进行对比分析,找出这些行为表现背后的真正原因,并及时与家长取得联系,共同商讨,再结合实际制订行之有效的改进措施,帮助幼儿健康地发展。

幼儿园的个案记录大多是教师自己根据班级情况随时记录,有跟幼儿在某一次活动中的互动式个案记录,也有在一段时间的观察记录之后提出改进措施的个案记录。教师将这些富有个性色彩的幼儿个案记录放在幼儿成长档案册里,这些记录将是幼儿成长阶梯里的重要宝贵资料和人生财富。

附:

我是懒羊羊

张欢

周意是一名四岁的小男孩,他平时活泼、爱笑,但从不主动与老师、小朋友说话,不主动与周围人交往,不会与同龄伙伴玩游戏,也不关心周围发生的事情。他生活自理能力和运动能力较差,遇到困难,不会主动寻求老师的帮助。老师们都挺着急,于是,我开始特别留意他,尽量多和他说话。在与他的交流中，我逐渐发现了一些问题，以下几则片段记录了我与他交流的情况：

片段一：

师：你叫什么名字？

幼：我叫懒羊羊。

师：爸爸叫什么名字？

幼：灰太狼。

师：妈妈叫什么名字？

幼：红太狼。

师：你们家住在哪里？

幼：狼堡。

分析：刚开始我还以为是孩子太喜欢动画片，把家人都看作动画片中的角色，但后来问他很多次他都这样回答，感觉他似乎"入戏太深"。

片段二：

一次体育活动后，大家纷纷排队回教室。在上楼时，我走在周意后面，他一边摆手一边说："你别来抓我啊。"我说："我没抓你呀！"他接着说："你会把我吃掉的。"说完就跑掉了。

分析：周意一直沉浸在"喜羊羊与灰太狼"的世界中，他把自己当作是一只羊，认为身边的任何人都有可能是"狼"。

片段三：

一次放学途中，我偶然与周意一家同车。从上车起，周意就一直说个没完，"张老师，明天我去抓只羊给你当晚餐。""张老师，明天我带你到游乐园去玩，那里有个狼堡，你可以住在里面。""张老师，我要带你到南极看企鹅。"……一路上他一直不停地念叨，而且不管我回不回应，就自顾自地说，而他说话时，眼神总是躲闪，不敢直视与他对话的人。

分析：在他熟悉的环境里，他的表达欲望是很强烈的，也有与人交往的意识。在其他环境中，他就将自己封闭起来，活在属于他的"童话世界"里。

经过一段时间的观察之后，我决定家访。在与周意的父母交流中，我得知他们都在经商，平时比较忙，家里专门请了阿姨照顾他，阿姨几乎包办了他生活上的一切事情。他爸爸说他在家里话挺多的，就是自言自语，但在幼儿园怎么就不说了呢？妈妈却觉得他可能是看动画片"中毒太深"，说他每天回去第一件事就是找到家里的 iPad 看《喜羊羊与灰太狼》，要不然就是打游戏，没找到就会又哭又闹。原来，症结在此，但我想不光是这个问题，父母的教育方式也有关系，一味地溺爱和"顺其自然"的观念只会阻碍孩子的正常发育，我们还是应该积极地进行有针对性的引导,让他脱离对动画片的依赖,将现实与想象区分开来。

针对周意的情况,我尝试从以下几个方面来提高他的社会性交往能力。

一、幼儿园教育

(一)系列教育活动

针对周意交往能力薄弱的情况,我特地在班级开展了"小手拉小手""你是我的好朋友"等教学活动及"同伴互助"的系列活动,逐步培养周意与同伴间互相帮助、谦让、合作、分享等交往意识。

(二)游戏活动

游戏活动是发展幼儿社会交往能力的重要途径。我选择、设计了有益于发展幼儿社会交往的游戏,把交往意识与交往能力的培养渗透到游戏中去,寓教于乐。

在一次玩球活动中,要求是两个小朋友玩一个球,可互相抛接或合作游戏,但游戏开始后看到周意一个人在旁边背着手走来走去,我走过去问他:"你和谁一起玩球啊?"他不说话,我叫来外向活泼的豆豆问:"你愿意和周意一起玩球吗?"豆豆回答:"愿意啊!"我鼓励周意自己和小朋友交流:"你也问问小朋友吧!"他犹豫了一会儿,终于模仿着说:"你愿意和我玩球吗?"豆豆开心地牵起周意的手玩去了。

(三)随机教育

生活中的交往是最真实、最自然的,抓住生活活动中的契机开展随机教育,能达到事半功倍的效果。

(四)个别教育

我与周意建立了比较亲近和信赖的关系,在园期间,我经常找机会与他聊天,牵他的小手,摸摸他的头,只要他取得一点进步我就会鼓励表扬他,增强他的自信心。在聊天过程中,我认真做好观察记录,及时与他的爸妈交流沟通,不断调整教育方案。

二、家庭教育

培养幼儿社会性交往能力不能光靠幼儿园教育,还需要家长的支持和配合。

(一)亲子交流

我要求周意父母坚持按时来园接送,建议他们每天抽一定的时间陪同周意做游戏,或让周意参与家务劳动,从而创造与家长的交谈机会。

（二）社会教育

我建议周意家长带他走出家门，为他创造更多与同龄人、陌生人交往的机会。如，在节日期间领孩子去广场、公园与同龄人自然交往，去超市、商场让孩子与导购员、收银员交流，等等，并把每次外出活动情况反馈给我。

三个月过去了，周意在老师和家长的帮助下，有了很大进步，依赖性不那么强了，能自己穿脱衣服了，能独立画画了，话也比以前多了一些，不再拒绝小朋友的友好邀请，虽然主动交往的意识还有待加强，但他正逐渐融入集体中。

我意识到，要提高幼儿的交往能力，既不是一朝一夕就能完成的，也不是光凭说教就可以达到目的的，而是需要教师做一个有心人，需要社会、家庭、幼儿园三方共同配合，为幼儿创设各种交往环境，并进行悉心指导，这样才能促使孩子健康、快乐地成长。

（二）活动区观察记录

沈光兰作为沙坪坝区中心组成员，参与了沙坪坝区"活动区观察记录"的课题研究，主要负责美工区观察记录表的设计和验证。她与老师们历经多次观察、记录、调整、实践，并邀请了沙坪坝区教师进修学院魏老师和欧阳老师来园指导。2014年5月，陈婷婷承担了"我的指纹画"现场研讨活动，经过大家的观察记录汇总，最终形成了较为完善的观察记录表。此外，她还于2014年11月承担了沙坪坝区现场讲座"美工活动区观察与记录"，得到了大家的充分肯定。

教师们在沈老师的亲自培训、现场指导、反复提点中，慢慢学会了如何观察幼儿，如何记录幼儿的表现，如何分析幼儿行为表现背后的原因。大家纷纷根据要求撰写观察记录，并加以分析评论，还将这种观察记录的方法和技巧，灵活地运用到其他活动区中去。至此，幼儿园各个活动区都成了教师们的观察场所，每个幼儿都可以成为教师的观察对象，每个幼儿行为故事背后都可以提炼出新的方法和解决措施，教师们提高了观察、分析、解决问题的能力。教师们撰写的多篇文章在2015年沙坪坝区"观察记录"评比活动中获奖。

附：角色区观察记录及策略

特殊的药品管理员

徐亚玲　陈薇

一、适合年级

中班。

二、游戏生成

开学初，由于"爱心医院"角色区里投放了大量的新药品盒，幼儿们感到异常兴奋，全都争着抢着去体验，尤其在结束时，幼儿们对摆放药品有着痴迷的"固执"，他们总喜欢把药品盒一个个摆放在屏风上的每一个小格子里。虽然看似整齐，但屏风刚好处于风口的位置，只要一起风，屏风上的药品盒就全都被吹得七零八落，有的甚至还被吹到了楼下。几次活动下来，崭新的药品盒变得破旧不已。因此，经过大家共同商量，决定在"爱心医院"里增设"药品管理员"这一角色，让幼儿们在情境的创设中，体验收拾整理药品盒的乐趣和维护"爱心医院"的自豪感。

三、游戏目的

（1）通过游戏中的情境创设，体会不同的角色意义。

（2）能与同伴合作完成游戏，感受合作的重要性。

（3）积极动脑，在与同伴的合作中能克服游戏中出现的困难。

四、游戏准备

增添各种药品盒、药瓶、药盘、听诊器、体温表、输液器、注射器等。

五、游戏玩法

（1）教师组织幼儿回忆上次游戏的情景，总结经验，知道爱心医院中每个角色的职责。幼儿根据自己喜欢的角色进行分工，并且佩戴好相应的道具。

（2）教师提出本次游戏的要求，重点引导幼儿关注药品盒的摆放以及拿药时病人要遵守的游戏规则。

六、观察记录

（一）药品盒引发意外风波

今天选择到"爱心医院"的幼儿有糖糖、语语、乐乐、牛牛、菡菡、霖霖和妞妞七位小朋友。他们有的扮演医生给病人看病，有的扮演护士给病人打针，有的还拿着喂药匙给"病人"喂药，玩得不亦乐乎。医生乐乐给病人妞妞开了三盒药，妞妞拿着手里的药单走向另一边正在给其他病人派药的糖糖。轮到妞妞拿药时，糖糖正伸手去拿屏风小格子里的药，突然，路过的霖霖不小心撞了妞妞一下，妞妞一个踉跄，"咣当"一声，屏风被撞倒了，小格子里的药品盒纷纷散落在走廊里。

（二）紧急会议，调整药盒

牛牛这次扮演的是"院长"，他说："咱们快把药盒捡起来吧。"身边的两个"小护士"语语、菡菡立马弯腰开始捡起来，刚捡了一半，牛牛又问道："如果以后每天都有小朋友不小心把屏风撞倒了怎么办呢？"乐乐说："那太麻烦了，每次都要去捡药品盒。"院长牛牛接着说："没错，屏风还有可能砸在小朋友的身上。"糖糖转了转小眼珠说道："这样吧，我们药品盒分类放，重一点的放在屏风的小格子里。""对！把轻一点的放在桌上的药盘里。"霖霖激动地说道。紧急会议结束后，在院长牛牛的带领下，大家把药品盒从地上捡起来并分类摆放。

（三）制定规则，增加角色

整理好药品盒后，乐乐说："我刚刚看到糖糖给病人拿药的时候，一个人太忙，没时间管理药品。"糖糖大声附和："好多病人都没有排队，全都挤在前面要我给他们拿药。"牛牛说："这可不行，我们要想个好办法！""要不咱们再找一个人管理药品吧，这样糖糖就不会忙不过来啦。"霖霖建议道。大家一致赞同霖霖的说法，于是，邀请森森加入他们的游戏当药品管理员。森森很负责地看管药品，再没有类似撞到屏风使药品散落一地的情况发生。

七、游戏分析

牛牛在本次游戏中起着至关重要的角色，由于他是院长，起着带头作用。首先，他发现屏风倒下会让药品盒损坏的问题，从而引起幼儿们的激烈讨论，接着，他带领大家一起合作把药品盒分类摆放；在第二次讨论中，牛牛也带领大家为解决派药员人手不够的问题而积极动脑，最后在幼儿的共同努力下合作创设了新的角色——药品管理员。乐乐是思维比较活跃的幼儿，他总能在第一时间发现问题，也总能在第一时间想出办法。当他指出糖糖一个人忙不过来的时候，并不是为了指责糖糖的速度慢，而是发现同伴所处的困难，并且想帮助糖糖解决困难。可见，乐乐是一个助人为乐并且有团队意识的幼儿。在本次游戏中，幼儿们是游戏的主体，当困难来临时，他们没有一味地去找老师帮忙，而是自己想着动脑筋解决问题，最后通过头脑风暴想出了非常棒的办法。

八、指导与策略

（1）投放材料有选择性。

学期初，由于大量新的药品盒的投入，幼儿们对爱心医院念念不忘，都想去拿新的药品盒玩，这就造成了大量的幼儿扮演了病人的角色，并且使拿药时拥挤无序。但药品盒不是越多越好，应该考虑与本次游戏的关联性，做到有针对性地投放，比如，这次准备一些纸盒子做的药盒，下一次再换一批玻璃做的药瓶；还可以这次准备一些感冒药，下一次换一批眼药水。对屏风上的药品进行筛选和精简，根据幼儿的游戏情况，为下一次的游戏开展做准备和替换。

（2）强化新增角色意识。

本次游戏新增设了角色——药品管理员，这是幼儿自己动脑发现问题、解决问题的产物，所以，老师应该积极支持幼儿们的想法，把这个角色在游戏中推广，给其他幼儿们解释为什么要设立这个角色，这个角色是怎么来的，扮演这个角色的幼儿该如何配合派药员一起给病人拿药，让幼儿在角色中去帮助他人，也让幼儿在游戏中体验被帮助的乐趣。

（3）鼓励幼儿关注幼儿。

在游戏活动中，教师是一个观察者，更是一个引导者。幼儿处于对未知世界充满好奇的阶段，他们对新事物更加敏感。当幼儿发现问题时，老师应该积极引导，刺激幼儿的思维，接住幼儿抛来的问题，再把这一问题反抛给其他幼儿，让他们自主解决游戏中的困难。教师应尊重幼儿自己的想法和意见，捕捉到幼儿在游戏中的亮点，给予他们鼓励和表扬，让幼儿们在今后的游戏中都能做游戏的主人！

九、总结

在本次游戏中幼儿们从摆放药品盒的屏风意外滑倒的事件中发现了问题，在以牛牛为"院长"的带头下，幼儿们展开了激烈的讨论，共同想出了把药品盒分类摆放的方法。随后，最爱动脑筋的乐乐发现了屏风被撞倒的根本原因，是"病人"太多，而负责拿药的"派药员"只有一人，有时"病人"没有按照规定排队拿药，自己私自去屏风上取药，所以才导致屏风倒落。针对这一问题，幼儿们又开始积极动脑，在你一言我一语中创设了新的角色。在整个游戏中，幼儿们的主人翁意识很强，从发现问题到解决问题都没有依赖老师，而老师作为一个旁观者，更多的应该是给予幼儿们充分的肯定和表扬。相信有了"药品管理员"这一角色，幼儿们在今后的游戏中将更能体会到游戏带来的快乐。

——2016.10《幼儿园游戏自主操作指导丛书——角色游戏50例》

附：观察记录文章

活动区中的观察策略

杨琴琴

在上学期的美工区活动中，我与沈老师一起观察、记录美工区孩子的活动情况，积累了多篇观察记录。这些记录，让一个个成长的故事跃然纸上，在记录孩子的同时，也促进了我的成长。通过一学期的观察记录，我开始静下心来走进孩子，我发现，只有从孩子的角度出发才能更公正、客观地了解孩子。我感受到自己的观察视角在逐渐地转变，观察的目的性也在不断明确。

一、从详细记录到有重点的记录，让事件更清楚明了

刚开始进行观察记录时，我不知道如何进行记录，害怕记漏了活动中的一点点细节，从而影响对孩子游戏情况的判断、分析。因此，我试图去寻找最"原汁原味"的、最客观的事实，从头到尾、一点不落下地呈现出来。一次活动下来，我就忙着不停地记录，没有时间与幼儿进行互动，更没有时间来思考是否应该介入、引导游戏，没有时间来思考孩子们游戏的需要。到最后写分析、改进措施时，也毫无头绪，只有文字的堆积，我甚至自己都看不清楚自己写的是什么内容。于是，我只能依赖沈老师的分析，从而找到下一次活动的重点。

通过多次观察记录的练习，我发现：其实，并不是每一次记录都要像录像机一样记录每一个细节，老师应通过自己的观察，记录下关键的、典型的、有价值的内容，或者围绕某个需要解决的问题进行记录，其他无关的因素可以省略不计。这样，我的记录表不再像以前那样密密麻麻、看不清楚了。

二、从单一的文字记录到用照片、视频记录，让活动更生动直观

观察记录能够让孩子的活动再现，为老师了解、分析孩子提供了有效依据。通过观察，我们看到孩子并不是无知和无能的，而是一群非常能干和富有创造力的小主人。可是活动后怎样才能对孩子的活动需求、发展水平进行客观、公正的评价呢？

刚开始我与沈老师只是进行单一的文字记录。在一次用金箔纸制作伞的活动的反思过程中，我们讨论到上一次枉哲瑞小朋友的作品时，我认为孩子在上次的作品中已经有了伞柄、伞面这些细节的制作，但在创造性方面还不够，而沈老师却认为在上一次活动中孩子还没有发现并制作伞柄这个细节。当我俩争执不休，决定去美工区对孩子当时的作品进行再展示、分析时，却发现经过一

周的时间，孩子的作品不见了，导致我们俩印象中的作品细节无法得到印证。为了解决这一问题，我俩商量着在以后的活动中，运用手机、相机记录孩子的活动，这样便于后期的分析、评价。

自从用照片的形式来记录活动以来，我们发现用照片的方式比文字记录快了很多，比如，我们不用再在活动中绞尽脑汁地想着描述作品的词语，而可以在活动后再来做详细记录。这样我们的记录时间就减少了，观察时间就增加了。有了照片作为我们评价的图片资料，我们在对孩子作品细节进行分析时就有了更直观、更科学的佐证资料，就不用担心会写漏了哪里。有了视频资料则更是可以让孩子的活动完整地、生动地重新再现，这样就更利于老师课后对孩子的活动进行反思、评价、分析，而不是仅仅主观地凭老师自己的记忆来完成。

三、从茫然观察到有针对性地观察，让分析更准确到位

最初进行观察记录时，我只是进行了事件的记录，活动后也找不到评价的方向、维度，因此，活动结束后，除了剩下一篇观察记录外，什么也没有了。在反思环节中，我常常由于不确定自己的观点、意见及引导孩子的方向是否正确而不敢表达自己的观点，在确立下一次活动区的重点和观察内容上一味地依赖别的老师的意见。在一次值午睡时，我又把上午的美工区观察记录拿出来与我的指导老师的观察记录进行仔细对比、阅读，发现我们在评价时应该从学习品质、创造与表现、感受与交流等几个维度对活动进行分析、评价。于是，在下一次的活动中，我心中带着这几个维度去引导孩子们的游戏，去记录孩子们的活动过程。

一次区级骨干教师活动区现场活动开始了，我负责组织现场活动。这个月，我们班级的活动主题是"恐龙世界"，孩子们将在这一次的活动中进行恐龙蛋的制作。孩子们一个个熟练地拿着报纸揉成团，再用纸胶带裹在外面，然后再为恐龙蛋涂上颜色。只见小朋友们都乐此不疲地做着一个又一个的恐龙蛋，并时不时向同伴、老师介绍："我做的是梁龙的恐龙蛋！"我赶紧追问："为什么是梁龙呢？"他理所当然地回答："梁龙是吃植物的，所以他的蛋当然是绿色了！"……通过这次活动观察，我发现管当当小朋友在活动的坚持性上发展得很好，也愿意与同伴分享自己的创作感想，但是在材料上的探索还不够，一个又一个地做了很多相似的恐龙蛋，却没有去探索更多的活动材料来表现自己的作品。看来，在下一次的活动中，我要从材料的探索方面对孩子们进行引导。在这次的反思活动中，面对如此多的专家、骨干教师们，我忐忑不安地尝试着根据心中的几个维度去分析，没想到得到了专家、老师们的一致

赞同。

四、从听取他人评价到自我独立评价，让方向更明确

刚开始时，在每次活动区结束后，我都不敢大胆地对孩子的活动进行分析，每次都想依赖着沈老师的分析帮助我确定下次活动开展的方向与重点。自从有了上一次的经历以后，我渐渐放下胆怯，积极地在美工活动区投入各种各样的材料对孩子的活动进行支持，多记录，多反思，在每次活动后，总是让沈老师先听取我的总结、评价，再对我的评价做出分析，从而认识到哪些地方做得好，哪些地方做得不到位，以及下次活动的重点指导内容是什么。

渐渐地，我发现，在幼儿的活动中，我们不但要关注他们在活动中的已有经验，还要观察他们目前对什么事物感兴趣，察觉他们的需要，及时以适当的方式应答，从而让孩子通过自身的操作去感知、反思、寻找问题的答案，以此来确立孩子们在下一次的美工活动区中的目标。

五、从让我忙到让孩子忙，让材料发挥更有效互动

在美工区域中，刚开始我投放了各种各样的工具材料、色彩鲜艳的图片及幼儿自己收集的废旧材料，在这个区域中，每隔一段时间，我们都会根据幼儿的实际水平、兴趣需要以及发展目标等为幼儿投放更新的、更多的活动材料。光是每次增加、更新材料这一项工作，都让我们忙上忙下，疲惫不堪，心里只能安慰地想着，这下孩子们一定喜欢了吧！

活动区活动开始了，只见幼儿自由地在区域里胡乱玩耍，一会儿拿拿瓶子，一会儿弄弄颜料，一会儿又去剪剪纸，到最后颜料洒一桌，废纸屑铺满地。我走过去向几位正在大手笔涂画的孩子问道："你在涂什么呢？"孩子却一脸茫然地不知所措起来。在我的再次追问下，孩子干脆放下手中的工具跑开了，好几次的活动就以这样的形式结束了。当我自以为材料的投放很丰富，幼儿却毫无目的地玩耍，慢慢地，孩子们逐渐失去信心，对活动也不再感兴趣。这样的材料投放方式无疑是以成人的想法来猜想幼儿在活动中的表现。

于是，与沈老师一商量，我决定这次只投入一种新的材料：锡箔纸。这种材料便于造型，也便于撕贴。果然，当只有一种材料时，孩子们专注多了，一直围着新的材料叽叽喳喳地讨论、探索着，还不断向同伴展示着自己制作的作品。中班幼儿对于新鲜事物非常感兴趣，喜欢颜色鲜艳的材料，喜欢动手动脑、有难度的活动。美工区的材料不仅颜色鲜艳有趣，而且大多是幼儿和家长、老师共同收集而来的，是幼儿熟悉的、常见的物品，幼儿在选择和操作的时候更加得心应手。通过一学期的活动，我明白了：对于活动区材料的投放，我们研究、考虑的重点不是"如何让活动区的材料更丰富"，而是怎样使投放

的材料更有助于幼儿的表达和创作。

幼儿园《纲要》中提出："尊重幼儿在发展水平、能力、经验、学习方式等方面的个体差异，因人施教，努力使每一个幼儿都能获得成功和满足。"其实，学习就是试误的过程。我不再害怕自己说错、做错，只要陪伴了孩子的成长，只要心怀对孩子的爱，错了又有什么关系？

——2016.4 第十二届全市基础教育课程改革征文大赛二等奖

（三）特殊儿童观察记录

在幼儿园，偶尔会有一两个幼儿不同于正常幼儿，他们的语言发育、行动发展、动手能力，甚至身体发育等，都有一些问题。这类幼儿更需要教师的仔细观察、细心呵护、耐心照顾，才能保证他们在幼儿园较为正常、快乐地生活。幼儿园依托新桥医院，联合小儿科协同开办"特殊儿的康复训练"活动，针对这类型的个别幼儿，教师不但在教育教学过程中要经常性地采用个别指导、手把手的指导，还要利用同伴帮扶的作用，让其他幼儿给予他们更多的关爱和帮助，让这类型幼儿能够感受到集体的温暖和快乐。

附：

一个语言障碍孩子的案例研究

卢江涛

［摘要］在长期和幼儿的接触中，不可避免地要遇见一些在语言交流方面或多或少存在一定障碍的孩子。父母和老师都对此感到棘手，有时不知道从何着手去帮助孩子克服这个语言障碍的难关。三岁是孩子语言发展的关键时期，如果孩子在这一时期没有得到及时帮助的话，在以后的语言发展上就会出现一定的问题。

［关键词］语言障碍　案例研究

真真，两岁多进入幼儿园，是一个模样可爱的男孩。入园后，通过观察发现他平常不爱说话，有大小便不会主动告诉老师，开学初常常将大小便拉在裤子里。经过一段时间训练后，有时他大小便也会叫老师了，然而老师却发现他分不清大小便，换洗裤子也就成了家常便饭。

于是，老师走进他，主动和他交流，他更多的却是用点头或摇头来表达意愿，偶尔想表达自己的意见，也是发音不准，说话含糊不清，例如，以"f"代替"h"，"电话"说成"电发"；"u"代替"en"，"温度"说成"乌度"；"你好"说成"你ao"……由于语言障碍，真真和小朋友没有正常的交流，经常都是独自一人生活在自己的空间里。有时为了表示喜欢某位小朋友，但又不能很好地表达，他就会用比较简单粗鲁的动作来表示，如常常出其不意地用双手紧紧勒住班里的一位小女孩，吓得这位小女孩哇哇大哭，别的孩子也避开他，不愿和他一块玩耍。

一、原因分析

发现这一现象后，老师及时找到真真的妈妈，详细了解后得知，造成真真目前这种状况的原因在于以下方面：

（一）家人认识误区

真真两岁之前一直不开口说话，家人认为：他是男孩子，男孩儿说话比女孩儿晚是正常的，长大以后自然会说。因此，出生后的他没有良好的语言环境。

（二）家庭教养不当

真真在断奶后，妈妈忙于上班，爸爸经商，父母和孩子之间的语言交流很少。另外，孩子的妈妈性格内向，平时话也不多，即使在孩子哺乳期，也是经常保持沉默。

（三）缺乏交往对象

断奶后的真真由爷爷奶奶代养，加上住在高层建筑，老人年事已高，平常很少带孩子下楼寻找玩伴，时间一长，孩子就习惯于生活在自己的空间里。

（四）沟通出现困难

入园前，真真没有得到正确的语言引导，入园后，因为不会说普通话只是会听，和同伴就无法交流沟通，而孩子内心又渴望玩伴，不会表达的他只好采取追赶、搂抱的方式寻找玩伴。

二、指导策略

（1）做家长工作，让家长从思想上明白3岁以前是孩子语言发展的关键期，别错过黄金时期。家长运用正确的语言和孩子交流将起到举足轻重的作用。

（2）教师在幼儿园需要加强对语言障碍孩子的引导，给予他们更多的关注，有意识地和孩子多交流，对孩子发音容易出错的词及时纠正，反复训练，巩固发音，以便加深印象。发现孩子的点滴进步及时表扬，同时利用适宜的奖惩方式，如大小便时主动告诉老师，一整天没有尿湿裤子，可以亲一亲、抱一抱孩子，或奖励小贴画，以此激励他运用语言正确表达意愿。

（3）提醒家长在家借助于媒体如电脑软件、普通话光盘，有意识地教孩子正确地说普通话，有意识地用语言来引导帮助孩子理解并参与发生在他周围的事情。例如，他可以说出大部分熟悉物件的名称，在他不能命名物件的名称时，就随意地问"这是什么？"可以通过告诉他没有理解的词汇来扩展他的词汇量。例如，他指着一辆汽车并且说"大汽车"，你可以回答他"是的，这是一辆大的汽车，看它的颜色真漂亮"。或者在孩子帮你选择花时，描述他所选择的每一种："这是美丽的黄色菊花，那是粉红色的桃花。"

（4）鼓励孩子多和小朋友玩，也动员班上的小朋友邀请他参加游戏活动，让语言发展丰富的孩子和他同桌，以此来带动有语言障碍的孩子，有意识地培养孩子在一定的环境中习得语言、树立信心。

（5）建议家长周一至周五每天利用两小时带孩子去专门的机构（医院康复中心）接受训练，以便刺激他的语言得到更好的发展。

三、个案结果

通过一年半的引导和训练，在幼儿园、家庭、医院的共同努力下，真真的语言能力有了明显的进步，不光喜欢表达，而且语义准确，虽然有些字的发音还不太清晰。但是，就他目前的情况来看，他最大的进步就是能运用语言主动和老师、小朋友交流，看见幼儿园其他老师会主动说"老师好"，在外面碰见认识的人也会主动打招呼。为此，家人和老师都感到特别欣慰，班级里的小伙伴也不再拒绝和排斥他了，慢慢地，大家都喜欢上了这个可爱的小男孩。

四、启示

在这个案例中，对于有语言障碍的孩子的成长，我觉得有以下几个方面的启示：

（1）为孩子创设一定的语言学习环境相当重要。语言学习，离不开语言环境，就好像鱼儿离不开水一样。不管是在家里，还是在园里，家长和老师都应该有意识地主动为孩子创设良好的语言环境。比如，借助多媒体、电视等媒介学习语言，有意识地引导孩子学习语言。

（2）老师和父母要主动亲近孩子、走进孩子，重视与孩子的情感交流。有语言障碍的孩子，对于周围的世界、生活的天地，在意识上应该是非常清楚的，只是不能用语言清楚地表达出来而已。所以，家长和老师应该主动介入孩子的天地里，真正了解孩子的内心世界，用自己的爱心去赢得孩子的信任，从而打开孩子的那片天地。

（3）对有语言障碍的孩子的点滴进步给予及时鼓励。语言学习既是有趣的，但也是枯燥的。每当孩子有了一定进步的时候，给予及时的鼓励和表扬，以此激发孩子学习语言的兴趣，从而为他打开学习语言的智慧之门。

——2015.4 第十一届全市基础教育课程改革征文三等奖

三、教育叙事

（一）幼儿教育叙事研究

如前面提到的幼儿个案记录一样，幼儿教育叙事其实也是在幼儿的一日生活活动中，教师对活动进行观察、记录，然后加以分析，得到某种结论，并愿意为之改变的一种叙事性研究。只是这种叙事研究更多的会加入教师对事件的主观判断、分析和教师自己的内心思想、矛盾、态度、动机、观点等，它显得更真实、可靠和有效。教育故事的叙事过程其实就是幼儿教师的自我反思、专业认同，从而达到内心世界改变的过程。它对故事的描写更生动、对事件的认识更深刻、对内心情感的冲击更强烈，因此，这类教育叙事研究更能真实、客观地反映出教师的教育思想、教育态度、教育行为。

附：

美食城的故事

袁小华

第一次游戏：

"今天，我们的美食城开张了，欢迎小朋友来玩游戏。"瞬间，孩子们像一阵风一样地冲进美食城。他们非常忙碌，有的在煮饺子，有的在烤面包，有的在喝饮料，有的在吃麻辣烫，不一会儿就传来了争执的声音，"是我的""我先拿的""我要这个"……有人还哭喊着跑过来说："老师，他抢我的玩具。""不是，是他抢我的玩具。"整个场景简直乱成一锅粥，操作台、烹饪区、餐桌、地面上满是勺子、吸管、盘子、饮料瓶等，所有的食物和操作工具都混杂在一起，美食城的原样早已不见。面对如此混乱的场景，我只好让美食城关门了，并让孩子们草草收拾整理。一回到教室我赶紧把刚拍下的场景放给孩子们看，他们一言不发地似乎已认识到了自己的错误行为。

反思：

真的是孩子们的错吗？他们做错了什么？如果在游戏前老师给他们交代好

规则，告知游戏玩法，了解餐厅所需人员有老板、厨师、服务员、收银员、顾客等，了解这些人物角色职责是什么，他们在餐厅该做些什么，他们还会这样盲目地游戏吗？孩子们的经验一半来自生活，一半来自老师的引导、对家庭成员的模仿。于是，我和孩子们一起商讨游戏流程：顾客点餐，服务员把菜单送给厨师，厨师再根据菜单做菜品，顾客走后，服务员收拾整理桌面，等等。帮助孩子了解餐厅有哪些人员，知道餐厅工作人员该做什么，然后，制订游戏规则：餐厅工作人员一次最多只能容纳 8 人，不能乱扔食物，服务员必须热情有礼貌，餐厅必须干净整洁。最后，请孩子们自由寻找同伴，自由结合做游戏，共同商讨游戏角色。

第二次游戏：

进入美食城，孩子们又忙碌了起来，"谁当厨师？""我来！""谁当服务员？""我来！"在游戏中，服务员接待，客人点菜，"小厨师"根据顾客的要求做出相应的菜品；"顾客"到收银台买票，凭票买到自己想吃的菜品；"服务员"把"厨师"煮好的菜端给"顾客"……他们在游戏中非常的积极主动，一切看起来很有序。但是新的问题又出现了，本来客人点的是番茄炒蛋，服务员端上来的却是抄手，顾客说："我要的不是这个。"服务员说："番茄炒蛋没有了。"我及时走过去说："番茄炒蛋可以用什么代替？"孩子想了想："那就用红色纸做番茄，黄色纸揉成团做蛋吧！""布布好聪明！"过了一会儿，顾客点了冰激凌，服务员却跑过来对我说："老师，冰激凌没有了，只有空纸杯。"面对孩子们"这也没有了，那也没有了"的抱怨，我很无奈，于是，只能勉强说："老师给你们几张彩色纸，你们自己做一个吧！"妞妞撅着小嘴默默地走了。这次的游戏就这样在材料的缺失状态下，在幼儿的失望情绪中结束了。

反思：

作为新教师，我还不能根据幼儿的需求添置活动区的材料，于是，我和孩子们一起商量该如何添置材料，如用竹签和泡沫纸制作麻辣串、用白纸撕面条、用泡沫纸做饺子、用皱纹纸做冰激凌、用泡沫纸做比萨和面包等，还和孩子们一起收集各种饮料瓶，用画画的方式制作饮料单、菜单，同时为孩子们准备半成品，等等。孩子们在准备材料的活动中自由自在地选用材料制成心中所想的东西，并及时地把它们补充到活动区中。在材料制作的过程中，孩子们不仅提高了动手能力，还增强了对活动区的兴趣和信心。

第三次游戏：

孩子们玩着自己亲手做的玩具，心里美滋滋的，有服务员在门口迎接顾客，笑着说："欢迎光临"，并赶紧拿菜单请客人点餐，客人走后及时擦桌子，还很有礼貌地说:"欢迎下次光临!"厨师们也有模有样地炒菜、做糕点。在饮料区这边还听到:"你要多加糖吗?"在顾客这边听到说:"我要麻辣串加葱哟。"这次的美食城活动,孩子们忙得不亦乐乎,而且井井有条。游戏结束后,孩子们收拾整理也很有序,也许餐厅有自己的劳动成果,所以孩子们在收拾整理时特别小心,还相互提醒不要弄坏了,下次我们还要玩,等等。

反思:

孩子们没有争抢、打闹等混乱的场面,美食城变得干净、整洁、和谐。美食城发生这么大的改变,这与孩子们积累生活经验、遵守游戏规则、听从老师的引导是密不可分的。通过我们一次又一次的改进、添置材料,孩子们也对餐厅角色游戏有了更深入的理解,体验到了美食城游戏的乐趣。

(二)教师案例研究

2012年9月份,在实施课题研究之前,我们对课题实施的目的和内容进行了解读,就课题研究的形式进行了初步探讨,并结合教师们对《标准》《指南》的全面理解和课题实施的目的及内容的认识,提出:"如何将《标准》中的理念用于实际工作中?"为此,我们采用"案例研究"的具体形式,让老师们分别撰写自己与自己、自己与同伴、自己与领导之间的案例,让教师注意观察、分析,写出自己对人、事、物的认识后,具体分析案例中存在的问题,进行思想和态度上的反思,并提出相应的调整策略和改进措施,以此来帮助老师们初步学会观察问题、分析问题和解决问题。通过案例撰写,可以在案例中深入剖析教师的内心,分析教育行为的适宜性,以此来不断端正自己的教育思想和工作态度。不仅教师写,领导也和大家一起写,并相互交流。有了领导的参与和指导,教师们不但从教育思想上能正确客观地认识自己的问题所在,在教育行为上也能及时调整和改进,而且在撰写文章方面也有了较大程度的提升,多篇文章获奖并发表。

附:自己与自己

做环保的有心人

安静

事件描述:

阳春三月,是春游踏青的好时节。为了让大家在紧张的工作之余能放松一下，三月底的一个周六，保育组和后勤组一起组织了一次郊外踏青赏花游。这次踏青赏花游的地点定在曾家虎峰山和莲花湖。上午十点多钟，我们到达了莲花湖景区，天气尚好，阳光明媚，到莲花湖景区游玩的人还真不少，有一家人出游的，有单位组织出游的，有同学相约出游的，还有好友结伴出游的，他们有的划船，有的照相，有的骑自行车。我们一行人围着湖边走，不经意间，发现前面有一大片迎春花，漂亮极了，大家掏出相机，你给我照一张，我给你照一张。湖中间有一尊大佛，顺着几级台阶往上走，刚见过一大片黄色的迎春花，映入眼帘的又是一片红色的桃花，花前一排凉亭，花后一湖清水，好似陶渊明的《桃花源记》。在这里，我们拍了一张集体照，照片上大家笑容满面。绕湖游览一圈，已是中午时分，一眼看过去，湖边有一块空地，有好多人在那里搞起了野炊，搭帐篷、烤烧烤，好一片热闹的景象。因为那里人太多，我们选择了湖边的另一块空地，铺上一次性桌布，摆出了我们自带的食物，也美滋滋地、有说有笑地吃了起来。

简单的午餐过后，我们收起了野餐后的垃圾，准备出发到虎峰山一游。经过之前人很多的那块空地时，不想看到的一幕出现在我们面前：这里的人仍旧很多，可一眼看过去，和周围的美景有些格格不入，地面上到处是垃圾，烧烤竹签、食品塑料袋、一次性碗筷等，有的还漂浮在湖面上。我真不明白，在这儿野餐的人难道不觉得是在垃圾堆里用餐吗？居然还吃得那么津津有味！为什么这些人不能更环保一些，把留下的垃圾随手带走呢？我们不由得发出感叹，再看看我们的手里，因为暂时没找到垃圾桶，我们一直都还提着垃圾袋呢。

这时，有两个女人上来和我搭讪，问我："你们也来这里玩呀！"像熟人打招呼一样，可我并不认识这两个人呀，一边纳闷呢，一边随口答应了她们一声就走在她们的前面去了。这时，听到其中一个女人对另一个女人说："她们是新桥医院幼儿园的老师。"我转过身好奇地问她们："你们怎么认识我们呀？"一个女人说，她前些年一直在新桥医院做临工，见过我们其中的一些人，所以还记得我们。从那两个女人交流的语气和看我们的眼神中，我们看到了赞许的目光。

乔雪梅老师打趣地说："看嘛，我们周园长平时教育我们在外面要注意形象，要是今天我们也像湖边烧烤的那些人一样乱丢垃圾，被别人认出好损幼儿园的形象，今天我们也可以算是为幼儿园增光了吧。"说完，大家继续有说有笑地往虎峰山方向走，希望能看到更美的景象。

个人评价：

环保在我心中，环保从我做起。作为幼儿园的工作人员，自身良好的素质不仅代表自己，还代表着幼儿园，我希望能和幼儿园的老师和小朋友们一起，做一个环保有心人。

附：自己与同伴

笑脸照片
周永

2012 年的春天，幼儿园决定征集孩子们的"笑脸照片"，布置成"笑脸墙"，一来展示孩子们在童年时光快乐成长的点点滴滴，二来体现新桥医院幼儿园"幸福童年像花儿一样"的办园理念。

2 月 23 日全园家长会后，这一决定立即得到家长们的响应。全园有 228 名孩子，到 4 月 17 日照片上墙之日止，共征集到 184 幅照片。幼儿园经过班长会的集体挑选、集体规划，在 4 月 17 日这天，将 94 张基本符合选拔标准的"笑脸照片"分 4 个板块，挂上了幼儿园的墙面。4 面"笑脸"墙，让幼儿园所有的老师和孩子都那么兴奋和高兴。这一天，正好是星期二，我上 7：30—15：00 的班，晚上放学家长来接孩子的时候，我不在。

4 月 18 日早上，幼儿园陈薇园长找到我问："今天早上有家长来提'照片'的事儿吗？"

我答："没有啊！"

她说："昨天晚上，家长接孩子时，满幼儿园找自己孩子的照片，找到的高兴得又说又笑，满意地走了；没找到的有的哭、有的吵，追着老师问自己孩子的照片为什么没上墙，很是生气；还有没拿照片的家长问：现在还可不可以拿照片来……那场面，乱成一团。"

我轻轻地说："没事儿，家长有一个接受的过程，我们老师多做一下工作，让家长和孩子明白：我们做事情不是每一件都能成功的。"

她没有说话，一会又想起什么，说："胡春艳班上想在自己班的走廊上将剩下的照片挂出来。"

我说："这可不行，那不成了到处都是照片，还有什么美感可言。多做做工作。"

陈薇走了，好像还有什么话没说完。我想我该做点什么，虽然马上就要出门办事，我还是回到办公室写了一封致家长的公开信。

亲爱的家长朋友：

你们好！

幼儿园孩子们的"笑脸照片"征集活动，在你们的大力支持下圆满落幕。这次征集活动共征集到照片 184 张，上墙照片 94 张，上墙率 51%。看着孩子们一张张可爱的笑脸，所有的老师、家长都被感动了。

有部分孩子的照片没能上墙，家长和孩子肯定很遗憾，但没有关系，下次活动我们会好好努力。也许是没来开家长会的家长不清楚要求，或许是没时间精心准备，还有的是孩子拍照时没发挥好……但都没关系，我们要告诉孩子们：只要生活充满欢笑，就会留住美好的瞬间。

再次感谢亲爱的家长！

新桥医院幼儿园

2012 年 4 月 18 日

写完后，我把公开信交给陈薇，请她在副班会上征求老师们的意见，再公示给家长，就出门办事去了。

下午，我回到幼儿园，公开信一字没变地已经张贴在幼儿园大门口和各班级门口。

胡春艳找到我说她们班上的照片有些比上墙的照片还好，我很坚持地说："选照片那天，我还将各班没选上的照片再看了一遍的，我怎么没看见有好的照片？昨天照片上墙时，我们都尽量让选出的照片上墙了。"

她说："选照片那天可能照片太多，当时就将没选上的照片抱回班级；昨天上墙后也没在意那些照片，家长说起，才想起去看，所以想在班级走廊选一个地方挂照片。"

我有些心软，但还是坚持不能挂墙上，只能摆在教室里，展示给本班孩子看。

晚上，陈婷婷老师送孩子遇见我时说的话，让我再也无法平静了。她说："周老师，我们班上有 21 张照片没选上，有的家长说：平时关系那么好，都不照顾一下？还有的说：我和她爱人还是一个科室的。我都不知道怎么办。"

我立刻跑上四楼，将那没选上的 21 张照片一张一张重新审视。这 21 张照片没选上的理由只有一个：像素太低，模糊不清，没法上墙。

我告诉陈婷婷，这 21 张照片确实不能用。

她说："是的，是我们没有经验，当初如果发现这一问题，就告诉家长重

283

做，就不会发生这种事情。现在家长在 QQ 群里情绪很大，我们也没有说什么。我想将班级走廊的主题墙腾出一块，将 21 张照片挂出去，看看家长怎么说。"

我说："好的，不着急，慢慢来。"

晚上，大一班一位家长找到我说照片没选上的事儿；中二班一位家长给副园长陈薇打电话，要求换照片；第二天，又一位大一班的家长找到保教干事霍宇说照片没选上的事儿；还有的家长直接把照片拿来，告诉老师带一颗钉子钉上，请老师将照片挂上……"笑脸照片"成了幼儿园最为热议的话题。

4 月 24 日上午，我召集行政人员开了一个紧急会，就"笑脸照片"引发的事件提出了再一次征集"笑脸照片"，以满足家长、孩子需要的想法，大家同意，我写了第二封致家长的公开信，并在 25 日的班长会上告知各位班长。陈婷婷特意要了公开信的电子版，她要做成小样，贴在自己班那没有选上的21 张照片上，让每位家长都看见。

亲爱的家长朋友：

你们好！

孩子们的"笑脸照片"一直得到家长的喜爱和关注，为了满足更多孩子和家长希望自己的"笑脸照片"上墙的愿望，幼儿园决定：再开辟墙面挂"笑脸照片"。具体要求如下：

（1）照片上交时间：2012 年 5 月 15 日前。

（2）照片相框要求：以购买 12 英寸相框为益。

（3）照片像素要求：一定要清晰明亮。

如有不清楚的地方，家长朋友可参照现有墙面上的照片，并征求班级老师的意见，将原有的照片取回重做。

感谢家长朋友一直以来对幼儿园工作的支持和理解。谢谢大家！

新桥医院幼儿园

2012 年 4 月 25 日

6 月 16 日，幼儿园第二次"笑脸照片"上墙，分三个板块，共 67 张照片。这次上墙后，再没有听到对照片的议论。

加上第一次上墙的 94 张照片，中途零星加的 11 张照片，幼儿园共计有172 张"笑脸照片"上墙。全园 228 名孩子，上墙率 75%。看着孩子们一张张可爱的笑脸，孩子开心了，老师、家长们也高兴了。

这次活动，幼儿园的老师们更能站在孩子和家长的角度思考问题和解决问题。特别是陈婷婷老师，班上21张照片由于质量问题没有选上，家长还说了那么多不好听的话，她不仅没怪家长，反而查找自己的不足，很是让我感动。

老师们进步得比我快，真是让我高兴！

附：自己与领导

一次展示会

胡春艳

近期，我班开展了"盖房子"的主题活动，孩子们简单地了解了房屋的构造，知道了怎样的居住环境才是更舒适、更方便的，欣赏了世界各国有特色、有价值的建筑物。面对许许多多外观、功能不同的房子，好奇的孩子也产生了无限的联想……他们问："房子是什么人建造的？""是用什么工具和材料造出来的？""如果没有房子，我们的生活会变成什么样？""如果我要搭建一个房子，会造一座什么样的房子呢？"……面对孩子们的疑问，我决定发动家长也参与到活动中来，请他们和孩子一起利用废旧材料设计建造自己的房子。家长们听到消息后，有些畏难情绪，也很困惑，有家长说："好伟大的工程啊！""难度有点大哦！"在周末，我始终担心着家长们会支持这次活动吗？或者只是随便应付地交来一些作品呢？

星期一，我怀着一颗忐忑不安的心来到了幼儿园，当我迎接第一名小朋友入园时，看到他手上端着自己盖的小屋的时候，我发自内心地感慨："哇，好漂亮啊！"接连几天，我陆陆续续地收到了许多孩子的作品，这些作品一个比一个精美，有的房子设计成了跃层，有的设计成城堡，有的还修建了一栋别墅，有的还有小桥流水、秋千、栅栏，有的还在房屋周围种满了绿树、鲜花，有的甚至摆放了行人和汽车，有的还给房屋取了非常温馨的名字……从作品的颜色搭配、外观设计、房屋构造、居住环境等，看得出家长和孩子十分重视这次活动，他们花了大量的心思和精力来完成任务，这次活动得到了家长们的大力支持。我将孩子们的作品摆放在结构活动区，希望孩子们能相互介绍、欣赏。周园长发现后，提议我们举办一个"我们盖的房子"的展览会。于是，5月25日的下午，在既要开房屋展示会又要开家长会的情况下，我利用中午休息的时间匆匆地准备着：打印作品名称，修复个别破损的作品，摆放展示台，等等，忙得不亦乐乎。这时，正巧路过的陈园长说："我来帮你吧！"我说：

"不用了。"陈园长似乎看出了我的客气，说："来，我们一起做，快一些！"于是，她立刻蹲下来熟练地张贴作品名称和对作品进行修复，并且还给我提出展示台摆放不合理需要调整的地方，在陈园长的帮助下，准备工作很快就绪了。下午，周园长看到我们的展示会现场后，也加入进来张罗着作品摆放的位置，维护着会场秩序，并提醒我要将这次活动拍照存档。在放学的时候，展示会迎来了许多的参观者，他们用欣赏、羡慕、赞赏的目光和赞美的语言表达了对建造者的认可、对活动的肯定，展示会开展得非常成功。

通过这次活动，我充分感受到幼儿园两位领导对大二班工作的关心和支持：她们平易近人，热心帮助，为我们的工作付出了许多时间和精力；她们考虑周全，及时指导，给我们的工作提出了宝贵意见和建议。两位园领导以自己的实际行动向我们展示了一种精神、诠释了一种理念，那就是"团结互助"的精神、"以园为家"的理念。我觉得，我们幼儿园这个集体好比一个大家庭，只要大家大力发扬这种"互爱互助、助人为乐"的精神，团结协作、共同努力，就一定能把幼儿园建设得更加美好。

四、经验文章

在学习维度论理论的指引下，教师们通过多维度的学习、多途径的培训、多形式的演练、多角度的观察记录与分析，已经学会了如何正确、客观地看待问题、分析问题和解决问题，建构自己的新观点、新方法和新措施，及时地将经验撰写出来，形成经验性文章。从日常教学的反思、个案记录、观察笔记等，慢慢养成了勤动脑、勤动手的习惯，在丰富教育教学经验的同时，也学着撰写一些规范性的经验性文章，一般体现在教师成长课题研究、日常教学活动、班级管理、新教师成长等相关性的经验文章中。

（一）教师成长课题经验文章

沙坪坝区教师成长课题的平台建立后，不仅使教师在教育教学方面有了新的改进和突破，更促使教师在研究过程中，不仅要善于观察记录，还要将研究过程中的闪光点、新的方法和措施等记录下来，并整理、分析、归纳，形成自己的教育教学经验。因此，教师们在课题研究的过程中撰写的经验文章是最多的。

附：教师的经验文章

大班幼儿记录式绘画初探

陈婷婷　陈薇

[摘要]　幼儿绘画活动是幼儿园活动的重要组成部分。纵观幼儿教育改革以来，绘画活动的教学形式从过去的单一示范、传授到今天的多元、自主，不断地有幼儿教育工作者在探索着如何在艺术教育中发挥幼儿的自主性，从而提高其想象力和创造力。记录式绘画正是一种很好地体现幼儿自主绘画的形式。

[关键词]　大班幼儿　记录式绘画

所谓幼儿记录式绘画是指幼儿利用绘画工具，将自己观察到的事物或经历的事情，在内心有了感受以后，用绘画的形式记录下来。作品反映幼儿绘画时的真实想法，没有成人介入。幼儿记录式绘画的价值在于能让幼儿关注周围的事物，关注自己，从而热爱大自然，热爱生活，热爱身边的人和事。大班幼儿常常会接触到很多的记录，例如，活动区的评价记录、科学实验的记录等，将记录和绘画结合的目的就是想尝试用这样的形式提高幼儿绘画的自主性。

大班幼儿从涂鸦开始到今天，已经积累了一定的绘画经验，能够独立完成一幅作品。通常，他们会自己按照喜好选择画一些作品，按性别划分，男孩喜欢画一些交通工具，例如飞机、汽车、坦克等，女孩喜欢画美丽的花草或漂亮的公主等。幼儿园大班绘画教学除了自由绘画外还会设定主题绘画，但是，这些教学形式并没有极大地体现幼儿的自主性。《指南》提出：要让幼儿表达自己对周围世界的认识和情绪态度。这也正是幼儿自主性的一种最大体现。

一、大班幼儿记录式绘画的途径

（一）利用社区资源开展记录式绘画

提高幼儿的自主绘画能力，首先要让幼儿有绘画的兴趣。因此，我们利用社区资源，带孩子们到大学生画室参观，同时也让他们了解什么是写生绘画。一到画室，孩子们兴奋极了，这个去摸摸画架，那个去摸摸摆放在画室中间的石膏静物。画室的学生们也将幼儿领到画板前，让他们体验了一次写生绘画。记录式绘画是在写生绘画的基础上进行的，回来以后，我发现孩子们的观察能力有所提高，作品中出现的细节更多了。例如，在画《我的家》的作品中，幼儿对自己小区的运动器械、花园都画得非常形象、生动。

(二)结合科学活动开展记录式绘画

幼儿园各大领域是相辅相成的关系,也有很多共通点。例如,《指南》指出:科学领域的学习核心就是利用自然和实际生活,引导幼儿主动观察、探索。大班的科学活动常常会让幼儿进行观察或实验记录,结合这一特点开展美术绘画活动,就是记录式绘画的一种方式。

案例一:种植大蒜的科学观察活动。教师组织幼儿每人种植一小盆大蒜,并每天对大蒜进行观察记录。幼儿人手一本记录本,从封面的设计到里面的内容都由幼儿自主完成。幼儿种好大蒜以后,利用入离园和餐前餐后的时间自主地进行大蒜的记录式绘画,教师没有统一地组织绘画活动,没有示范、传授。幼儿对自己所种植的大蒜,有着自己的感受和表达。因此,虽然所有的大蒜都会长出绿色的蒜苗,但是幼儿的作品却不尽相同。因为幼儿眼里看见的蒜苗各有不同,有的叶子大一些,有的叶子弯下来了,有的高一些,有的矮一些,也有些叶子由于缺水变成了黄色。

案例二:小蝌蚪的科学观察活动。教师在自然角投放了小蝌蚪,幼儿在记录画册上绘出了自己心中的小蝌蚪。有的记录小蝌蚪吃面包的画面,有的记录自己给小蝌蚪排队编号的画面,每只小蝌蚪头上都有一个数字,等等。在幼儿的作品中,我从小蝌蚪灵动的尾巴、从漂亮的鱼缸中看到了他们有着仔细观察的眼睛和充满童趣的内心。

(三)结合常规教育"评价墙"开展记录式绘画

应引导大班幼儿认识自己的优缺点,学会自我管理。学期初,我们在创设环境时,设计了一面评价墙,用来鼓励幼儿养成良好的习惯,提高自我管理能力。在墙面上,孩子们自己绘画了自画像。有的幼儿觉得自己吃饭很好,就画自己吃饭时的样子;有的幼儿觉得自己睡觉时很安静,就画了自己躺在床上的样子。这些自画像就是孩子们自己对自己的认识和评价,是幼儿内心真实的想法。

(四)结合主题活动开展记录式绘画

我们尝试与其他主题活动相结合开展记录式绘画,如"我的指纹""惊奇一线""小工具大妙用"和"拜访大树"等。在"我的指纹"主题绘画教学中,设计了"我的指纹"系列创新活动,让孩子们对自己平常不太关注却和自己息息相关的事物有了深刻的了解。我们在前两次活动中,了解了指纹纹路的特点和一些特殊用途,然后进行了指纹的观察和写生绘画。在后两次的活动中,我们到户外用树叶拼指纹,欣赏各类艺术家将指纹漂亮的纹路运用在艺术作品和建筑中。经过这一系列的活动,孩子们完成了属于自己的指纹艺术绘画作品,作品漂亮且富有创造力、想象力。现在，班上的孩子们在进行美术绘画活动时自信了很多，在他们眼里，画画就是快乐的，是对生活中美好事物的记录，是自己内心感受到美好事物后的一种表达。

二、幼儿记录绘画式作品体现写实非写生

写生绘画是指直接以实物或风景为对象进行描绘的作画方式，临摹也属于写生的范畴。从收集到的幼儿记录式绘画的作品来看，幼儿对自己观察到的事物有着不同的感受和内心的表达，和成人的写生作品有着很大区别。

（一）从幼儿记录绘画的方法上看

从幼儿记录绘画的方法上看，幼儿客观地将自己观察到的事物原样画下来，但同时他们加入了一些自己真实的主观感受。例如，在幼儿记录绘画大蒜的作品中，我们看到了在大蒜旁边的蛋糕。幼儿由大蒜的生长联想到自己的成长，当她每次观察到大蒜的变化后，都像自己过生日那样，给大蒜画一个生日蛋糕。生日蛋糕的层数也在一点一点发生着变化，大蒜苗长得越高，蛋糕层数也越高。

（二）从幼儿的社会经验上看

从幼儿的社会经验上看，幼儿的社会经验越丰富，他的绘画作品就越形象、生动。同时，记录式绘画也丰富了幼儿的社会经验。例如，在安全教育时，幼儿画了自己家里的路线图，作品中的街道、标志性建筑，让看的人一目了然，有的幼儿在作品中写下父母的电话号码。这些作品反映了幼儿平时的生活经验的积累和观察能力。

（三）从生活技能上看

从生活技能上看，幼儿在生活环节中运用了很多记录式绘画，这给自己积累生活经验也提供了方便。例如，在家长助教活动中，壮壮妈妈给幼儿示范了制作蛋糕的全过程，幼儿将这一过程记录绘画下来，并在手工活动中边看着自己的绘画作品，边一步步地尝试体验做蛋糕的过程。我们称这种不同于写生绘画的幼儿作品叫写实绘画，它是幼儿内心对事物感受的写实，对自己生活的写实。

三、记录式绘画展现幼儿其他领域的能力

（一）记录式绘画显现幼儿排序的能力

幼儿在记录绘画大蒜的成长过程中，出现了数字排序。有了数字的标记，幼儿可以按照顺序，一张一张地给我们讲述她种植大蒜的生长故事。

幼儿在观察蝌蚪的记录绘画里，在蝌蚪的头顶上写下数字来表示数量。这些数字的记录，让我们看到孩子自主学习能力的提高。这样的记录式绘画，也可以帮助幼儿学会观察生活中的事和物，这对他们将来在小学阶段收集作文素材也是很有帮助的。

（二）记录式绘画促进语言表达能力的提高

幼儿完成绘画后，总是急切地想表达自己的作品内容。刚开始，有些幼儿表达得并不是很清楚，因此，我们组织幼儿进行读画活动，把画读给同伴听，读给小班的弟弟妹妹听。幼儿说得多了自然就会说了，表达也越来越清楚了。在母亲节，我们进行的家长开放日活动中，爸爸妈妈们听着自己孩子对绘画作品的表达，欣喜地用文字记录在作品上。

记录式绘画不仅让幼儿能够画自己想画的，还能表达自己所想的，这样的绘画形式真实地记录了幼儿快乐童年的记忆。

——2015.4 第十一届全市基础教育课程改革征文一等奖

附：教师的课题调查报告

中班幼儿合作能力的现状与实施策略

徐亚玲　杨琴琴　陈薇

一、调查目的

由于家庭教育方式过于保护和溺爱，我们发现越来越多的孩子出现以自我为中心、不懂得关心他人、依赖性强、胆小、不合群等现象，越来越任性，导致合作能力降低，以至于影响以后的身心发展。针对这一现象，拟通过本次问卷调查深入了解孩子们的生活，以便能从多个角度提供良好的教育模式，尤其是在"大带小"活动中，让幼儿通过与不同年龄阶段幼儿的交往，摆脱"以自我为中心"的思想，体会兄弟姐妹之间的感情，提高幼儿的交往合作能力，形成尊重、友善、互助的意识。

二、调查对象

此次调查的对象为中一班幼儿家长，女孩 41%，男孩 59%。共发放问卷调查表 30 份，收回有效问卷 27 份，回收比率 90%。

三、调查分析

（一）幼儿合作情况

1. 同伴间的交往意愿

生活中，有 96% 的幼儿喜欢和其他小朋友一起玩游戏，其中，有 29% 的幼儿在游戏时，能对别人的行为提出合理并且适宜的建议，有 66% 的幼儿偶尔能提出建议，有3％的幼儿能听取其他同伴的意见。这说明，大部分孩子在玩耍时只顾自己的感受，各玩各的，在游戏中缺少与同伴的沟通。

2. 同伴间的冲突情况

遇到冲突时，有18％的幼儿能很好地控制自己的情绪并与同伴商量解决，有66％的幼儿有时能控制情绪并与同伴商量解决，14％的幼儿遇到冲突就放声大哭。这说明，中班年龄阶段的孩子已经有了一定的自我控制情绪的能力，从与同伴商量解决中看出也具有一定的交往能力。当遇到孩子不能解决的问题时，有29％的幼儿能去找同伴帮忙，有66％的幼儿一般找家长帮忙，有3％的幼儿逃避问题，从这一选项中不难看出，大多数幼儿对家长存在依赖性，认为只要家长帮忙，就能解决一切问题。这也与家庭教育的观念相关，大多数家庭存在包办过多、保护过强的问题。

3. 同伴间的合作情况

游戏时，有55％的幼儿能认真做好自己的角色（不管是主角或者配角），有40％的幼儿有时能，有3％的幼儿只想做自己喜欢的角色，孩子们在活动中的参与度很高。活动中，有22％的幼儿能成为游戏的组织者，有66％的幼儿偶尔能，有3％的幼儿只愿意听其他小朋友的指挥。这说明，大多数幼儿想成为游戏的主导者，但是只有少数幼儿能坚持成为游戏的组织者。在合作完成任务中，有59％的幼儿能与同伴协同完成，有40％的幼儿受到挫折就不能合作到底，这说明幼儿的坚持性还要提高。在幼儿园活动区活动时，教师们也发现了这个问题，一半的幼儿在遇到挫折时，就转移到另一个活动区，再遇到困难时，又转到其他活动区，这使得孩子们形成了一遇到困难就退缩的习惯。

4. 同伴间的关注情况

在活动中，有51％的幼儿很会关心其他小朋友，有33％的幼儿有时可以问问同伴的感受，有14％的幼儿只在乎自己的感受，这说明多数幼儿具有关心他人的品质。发生纠纷时，有33％的幼儿能明辨是非、替小朋友解围，有55％的幼儿偶尔能，但也是跟着"孩子王"做辅助角色，有11％的幼儿不能，这说明多数幼儿还没有具备明辨是非的能力。

（二）家长对幼儿合作的认识情况

有92％的家长因孩子有合作意识而去鼓励，这说明家长们希望自己的孩子在合作中得到锻炼，提升孩子与人交往的能力；有55％的家长重视孩子加入同伴的游戏并合作；有44％的家长随孩子愿意。这可以看出，家长重视孩子在游戏中的表现，并且有一部分家长尊重孩子的选择，不强迫孩子为了合作而去合作。在家中，有62％的家长有时给孩子创设良好的合作机会。有37％

的家长经常给孩子创设合作机会。这也充分说明，家长们对引导孩子合作的意识不够强烈，导致在家里给孩子合作的机会不多。

四、实施策略

（一）小组式合作增强同伴间的合作意愿

不管是在幼儿园还是在家里，孩子的健康成长都离不开同伴的陪伴与帮助。在幼儿园里，创造更多的合作空间和交流机会，力图让每一个孩子在活动中玩得淋漓尽致。以美工区为例，每两周开展一次以合作为主题的手工活动，让孩子们自由分组，以小组为单位完成1个或者2个手工制品，这就要求孩子们不仅要分工合作，还要在活动中积极配合，最后给自己的手工制品取一个漂亮的名字。不仅如此，还在孩子们最喜欢的爱心医院、科学探索等活动中，都投放了一些多人玩耍的新材料，尽可能地给孩子们创造更多合作交往的机会。

（二）管理员制度解决同伴间的冲突

有了这么多合作交往机会，孩子们肯定会因为谁玩什么玩具、谁先玩、谁后玩而发生矛盾，所以，应在每一个活动区设立管理员。管理员每周换一次，目的是在活动中调解同伴间的纷争、解决因游戏产生的矛盾，并且有权利让违反活动区规则的小朋友暂停游戏一次。长此以往，孩子们不仅提高了自我解决冲突的能力，还体验到为别人解决矛盾的乐趣。

（三）大带小活动有助同伴间的友爱关注

本班幼儿有一个突出的特点：在游戏中爱和哥哥姐姐合作交往，但遇见比自己小的弟弟妹妹，就变得爱理不理。针对这一情况，拟定一系列大带小活动，不仅让本班孩子体会到被帮助的快乐，还要把这种帮助别人、关心别人的主人翁意识转移到自己身上。比如，在绘画活动中，帮助弟弟妹妹发蜡笔，帮弟弟妹妹填充颜色；在秋游活动中，主动与弟弟妹妹分享零食；在生活环节中，帮弟弟妹妹整理衣服，等等。最终，让孩子们形成助人为乐的良好品质。

（四）以鼓励为主培养幼儿的意志品质

当孩子们有困难的时候，不要着急走到孩子身边为他解决一切困难，或者让他放弃直接游戏，这样，不仅会让孩子更加依赖父母，还会增加游戏带来的挫败感。教师应该积极鼓励、适当引导，让孩子自己动脑、动手去解决困难，在反复的失败与成功中增强自我挑战的勇气。

——《进修与教研》2016.1 第 77 期

（二）教师日常教育教学经验文章

教师在日常教育教学中大多数是以撰写教学反思为主，但一些骨干教师也开始慢慢地学着将这些日常点滴经验进行汇总整理，然后再撰写出比较好的教育类经验文章。

附：

大班班级管理初探

陈婷婷

大班幼儿精力旺盛，个性突出。我们往往认为是幼儿常规纪律不好，但其实是教师在组织、管理幼儿活动中存在一些问题。如何管理而不是限制幼儿，如何组织、制让规则，让幼儿从他律到自律，是我们班级教师需要思考和去尝试实践的。

一、自我管理是内需，争当管理员都有责任心

我们常常站在成人的角度去看待孩子、约束孩子，殊不知，这样做的结果让孩子非常反感，甚至会和我们对着干。我们生气，他们也不开心。怎样换种方式改变这一局面呢？当我试着用平等的心态去观察幼儿，参与他们的活动后，我了解到，孩子们经常会做一种游戏，扮演大人的角色，如娃娃家里当爸妈、小黑板前当老师、小医院里当医生。在玩这些游戏的时候，我发现孩子们个个都是很有责任心、爱心的小大人，并且扮演小孩的孩子也听话乖巧了许多，哪有在我们大人面前这样叛逆啊！

于是在这学期，我班尝试着换种方式让他们自己管理自己，除了照惯例有值日生轮值以外，还增加了四个管理员——书包管理员、卫生管理员、玩具管理员和寝室管理员。一开始，孩子们对管理员的认识不够，不知道管理员具体应该管些什么，自然没有一点责任意识。虽然挂着管理员的牌子，但是和其他的小朋友没有任何的不同。怎样才能让他们有责任意识呢？我引导他们展开了主题活动，题目是"管理员都做些什么"。利用家园互动，让家长们带领孩子到图书馆去了解图书管理员的工作，到大马路上去看那些戴着红袖章的交通管理员怎样做的。他们有了生活中的经验，了解真正社会中一些管理员的做法后回到班级，我们进行了激烈的交流讨论：

"图书馆的管理员要负责那么多书的整理、摆放。"

"还要借书给我们。"

"交通管理员好辛苦呀，天气那么热，还要站在那里吹口哨提醒行人注意安全。"

......

看着、听着孩子们七嘴八舌地说出自己去调查了解的结果，我知道孩子对管理员的工作和责任已经有了一定的了解，于是，我继续引导幼儿："那么，我们班上的管理员应该怎么做呢？"

"要负责，不怕苦！"林林抢先说。

"很好，那我们一个一个来说。"我想这离我期望的不远了。

孩子们说了好多，最后我们共同制定了管理员职责。书包管理员——负责保持书包柜整齐并提醒监督同伴取放书包；卫生管理员——提醒监督同伴有序地排队盥洗如厕，做到节约用水；玩具管理员——负责活动区的整洁，并监督同伴的玩具取放习惯；寝室管理员——收女孩子头饰和帮助需要帮助的同伴脱穿衣服，检查衣服、鞋子摆放是否整齐并提醒大家保持寝室安静，尽快入睡。

经过引导后，孩子们逐渐开始知道自己的职责是什么了。这时，我欣喜地看到了几组画面：书包管理员，在宣布那一刻，立马去检查书包的摆放是否整齐；玩具管理员会随时检查活动区的玩具是否整理好，并在活动的时候提醒同伴爱惜玩具，整理玩具；一到洗手时间，卫生管理员立马出现在厕所门口，在大家盥洗时，检查提醒同伴不玩水；寝室管理员，在午睡前提醒大家解便漱口，并在寝室忙碌地收着女孩子的发圈等小物品，帮助这个拉衣服拉链，帮助那个拉衣袖、脱衣服……

在尝试幼儿自我管理的实践中，我看到孩子们的责任意识增强了，也从担任管理员的过程中知道了如何遵守规则、遵守纪律。同伴之间的相互管理比教师的直接管理更有效。

二、"好孩子"评比墙让自我管理得到提升

大班幼儿的生活习惯、行为习惯已基本形成，但是大部分幼儿的自我管理和约束能力不强，常常会受到同伴的影响。为了让整个班集体有一个良好的氛围，提高幼儿的自我管理能力，让每一位幼儿都能养成良好的习惯，我们在创设班级环境时，设计了一面主题墙——"好孩子"评比墙。

每个星期，我们会开展主题班会——说你说我。在活动中，幼儿对自己这周的表现进行评价，也请其他的小朋友对他进行评价。孩子们的评价，五花八门，涉及方方面面，还挺全面。

生活环节：自己吃饭有进步，保持桌面干净，午睡很安静，自己叠被子，等等。

学习环节：积极举手回答老师的问题，自己的手工做得很好，画画很漂亮，不随便讲话，认真听老师讲。

　　游戏环节：认真听老师讲游戏规则并遵守规则，玩耍时注意安全，等等。

　　家里的表现：帮助爸爸妈妈做家务，照顾生病的奶奶，自己的事情自己做，照顾小弟弟，等等。

　　行为习惯：不和小朋友争抢玩具，爱护坐凳，收拾整理动作快。

　　文明礼貌：主动和老师问好，不随便吐口水，帮助别人。

　　教师也会引导幼儿，谁在哪些方面表现得好，我们大家就要一起向他学习，有不好的地方，在接下来的日子里尽快改正。每次评价后，在我们会将表现好的幼儿自画像往上面移动一点。每周一次这样的班会，到了月末的那一次，幼儿评价完以后发一个小礼物。

　　经过一段时间的实践，我们发现评价的范围广了、多了，如果只是把幼儿的自画像移上去一点，太单调了。于是，我们又在墙上增加了一个表格，每一点进步都可以得到一面小红旗。一个月以后，数数自己得了多少小红旗。自然得到的越多，越有成功喜悦感，并能得到属于自己的那份奖励，效果很不错。这样的评价方式不仅让孩子们朝着好的方向发展，在过程中还结合了数学领域的课程。

　　有了这样的主题墙设计，幼儿都比着、争着表现好。我常常看到他们在餐后环节议论自己的小红旗数量，和同伴比进步的地方。

　　三、睡前三个好故事，伴我美美入梦乡

　　午睡时间到了，大班的孩子们陆续进入寝室，脱衣服、整理衣裤。通常这个时间，很多孩子会在寝室讲话、嬉闹，直到老师关灯了，还有入睡困难的孩子在发出声音。于是，我们在这学期开始，每天值午睡的老师会选择两个较短的故事和一个较长的故事讲给孩子们听。每讲完一个故事的时候，老师会提醒一些没有安静下来的幼儿尽快躺好、安静睡下。在坚持睡前三个故事一段时间以后，我们发现，那些迟迟不进寝室的孩子，早早地就进寝室，躺在床上等待听故事，其他孩子进来脱衣服、盖被子的动作也加速了，常常在听完第三个故事的时候，有些孩子就睡了。

　　经过一段时间后，我们又发现虽然在午睡纪律上有改善，但是有些幼儿还是管不住自己，遇到自己不喜欢听的故事还是会悄悄说话。有次，有个孩子在我讲故事的时候没有认真听，我讲完故事后请他来讲一个，没想到他还讲得不错，大家听得很认真。虽然，我后来跟他说别人讲故事要认真听，就像自己在讲的时候也不希望别人讲话一样，但这也让我有了新的想法。

　　我们又做了一些调整。三个睡前故事分别由三个小朋友来讲，孩子们都争着要来讲故事。孩子们的故事同样精彩，大家躺在床上安静地听着故事，感觉效果比老师讲还好很多。同时，我们从家长那里了解到，孩子们在家里讲故事的积极性也提高了。从前都是爸爸妈妈给他们讲故事，现在，孩子们主动要求讲故事给他们听。睡前三个好故事，不仅解决了午睡环节的纪律问题，也让孩子们养成了良好的倾听习惯。以前，如果一个故事重复讲，孩子们会说听过了，不愿意再听第二次。现在听到好听的故事，他们会主动要求听第二遍、第三遍。故事由孩子讲出来，大家更愿意听。因为每天讲故事的人都不一样，声音不一样，新鲜感增加了，而且，大家可不希望自己讲故事的时候，别人也不听。睡前三个好故事，促进了幼儿语言的发展，幼儿从以前被动听家长和老师讲故事，到主动讲故事给同伴、爸爸妈妈听。

这真是一次很有收获的尝试！教师只要细心去观察，静心去思考，用心去实践，就一定能为孩子们创造一个宽松愉快而又安全的成长环境！

——2014.11 第三届全国幼儿园优秀教育随笔征文一等奖

（三）新教师成长经验文章

新教师的成长是缓慢的，特别是对于经验性文章的撰写更是难以把握，但是，她们的经历和感受却是最深刻的。因为她们刚刚从学校踏入幼儿园，由学习场所转变为了工作场所，她们由被动学习者变为主动教育者，由以自己为中心的自由者变为以儿童为中心的引导者，思想、态度、行为都发生了巨大的转变和改变，因此，在这样一种环境、地位、思想和行为都发生变化的阶段，她们对工作的感受是最深刻的，对关系的处理也是最矛盾的，对教育的理解也是最直接的。而大多数的新教师对经验文章的撰写，更多的是通过自己的教学实践来撰写一些在教学过程中的感悟和方法等，所以文章一般依附于教学活动之上。

附：新教师教育教学感悟

有趣的镜子画

徐文静

"徐老师，你快来看，昊昊在卫生间玩水呢！"乐乐对着我大声地叫着。我赶紧跑去卫生间，看见昊昊把热水器的热水龙头打开了，洗手池上方冒着热腾腾的烟雾。我大声地训斥昊昊："你怎么能自己打开热水龙头，万一烫着怎么办？"昊昊听见我的话，吓得把手藏到了身后。我立刻把热水器关了，仔细一看，竟发现镜子上面画了一个笑脸娃娃。我顿时明白了，原来昊昊是利用镜子遇热起雾的原理在镜子上面画画呢。我拉着昊昊的手，问道："昊昊，这是不是你画的娃娃？"昊昊害怕地点点头，"没事！老师不批评你，告诉老师，你为什么要开热水啊？"昊昊看见我的态度这么随和，舒了一口气说："因为放热水的时候，镜子上面就可以画了。"我听了以后感觉到孩子们对镜子上面起雾画画非常感兴趣，那为什么我不利用这次机会给孩子们画一次有趣的镜子画呢？

我让孩子们围到我的身边，说："孩子们，老师发现你们都喜欢悄悄地开热水，然后在镜子上面画画，可是你们知道为什么要开热水镜子上才会起雾吗？"孩子们摇摇头。"那冷水会不会让镜子上面起雾呢？""会。"轩轩说着。"不会，不会起雾。"乐乐也抢着回答，孩子们七嘴八舌地争论着。我神秘地说道："那我们一起来做个实验吧。"孩子们兴致勃勃地跟着我走到镜子面前。我打开冷水龙头，等了一会，镜子上面没有出现雾。接着，我又打开热水龙头，"老师，你看你看，镜子上面有雾了！"孩子们开心地对着我说道。"放热水时和冷水时有什么不同呢？"我继续引导。乐乐抢答道："放热水时，水管有在冒烟。""乐乐太棒了！观察得很仔细。"我耐心地说："孩子们，放热水时，水分子宝宝觉得太热了，就会使劲地往上跑，跑着跑着，很多水分子宝宝在空中相遇了，然后它们抱在了一起变成了水蒸气宝宝。水蒸气宝宝突然碰到冰凉的镜子，觉得好冷好冷，最后，在镜子上面变成了小水珠，很多很多小水珠浮在镜子上面就变成雾啦！"孩子们都听得很认真，"老师，原来水宝宝这么神奇啊。"我也高兴地说道："哈哈，等你们长大了就知道更多更多神奇又有趣的事情了，那现在我们一起在镜子上面画画吧"！

《指南》指出："每个幼儿心里都有一颗美的种子。幼儿艺术领域学习的关键在于充分创造条件和机会。在大自然和社会文化生活中萌发幼儿对美的感受和体验，丰富其想象力和创造力，引导幼儿学会用心灵去感受和发现美，用自己的方式去表现和创造美。"如果当我发现昊昊在镜子上画画时，只是严厉地批评而不去了解孩子内心真实的想法，那么就不会有这么一次有趣的镜子画的体验。这次活动对我来说是一笔宝贵的精神财富。

——2015.4 获第十一届全市基础教育课程改革征文三等奖

附：新教师入职初期体会

成长与收获

杨雨蕉

时光飞逝，转眼间我踏上幼儿教师这个工作岗位已三月有余了。这不仅仅是心理状态的转变，更是由学生到教师这个角色的转变。

从最初的实习老师到新入职教师，我接触到了这个世界上最纯真的孩子，也体验了孩子们生活的精彩。体验是最神奇的事情，从战战兢兢、有点好奇又有点"危险"，到后来和孩子们渐渐亲近，又感受到领导们亲切的关怀、同事一起共事的融洽，我感到十分地荣幸，荣幸能与孩子们为伴，荣幸能融入这样的集体中。

入职以后，我得到了多方面的培训与锻炼，受益匪浅。

一、走进童心世界，学会关爱孩子

刚进幼儿园时，我不知道自己应该如何当老师，更不知道如何当好一个幼儿喜爱的教师。园长看出了我的迷茫，就对我说："只要你把自己当作孩子，就学会了如何爱孩子。"我通过细心观察，耐心和孩子们交谈，发现孩子们喜欢的老师是关注他们、耐心倾听他们话语的人。渐渐地，我明白了园长那句话的深刻内涵。因为孩子们拥有自己的童话世界，他们也愿意和你分享他们的生活故事，并且希望得到反馈与关注。慢慢地，我适应了幼儿园教师的生活，像孩子般变得活泼开朗起来，在一日生活中学会了如何与孩子相处，认识、了解每一个孩子的特点，想他们之所想，乐他们之所乐。每当看到那些可爱的孩子们，我总是忍不住去抱抱，当看到他们有一丁点儿进步时，就会对他们点点头，及时地给予他们肯定。渐渐地，孩子们在我眼中变得越来越可爱，我在孩子们的眼中也变得越来越"孩子"。

二、开展专题研究，提高专业技能

一名优秀的幼儿教师，除了要爱孩子之外，还要拥有良好的教育教学技巧。园长为了让我们尽快成长起来，特别安排"新教师专题研讨"，每两周开展一次活动。我们首先从五大领域出发，配合《纲要》和《指南》精神，进行知识梳理，并通过听课—评课—反思，慢慢熟悉并掌握基本的教学特点和技能技巧。从最基本的教态、肢体动作、眼神，到活动环节的设计、有效的提问，再到现场的把控、随机应变等进行研讨，让我们把理论知识与实际活动结合在一起，为我们以后形成一套有自己独特风格的课堂教学打下了坚实的基础。

三、接待公开现场，让我快速成长

作为新人，接待公开活动现场是一项非常具有挑战性的任务，但它又能让我快速成长。从教案的选择—备课—三次试讲—公开课的展示、交流，领导和有经验的教师不断地给我提出了许多宝贵的意见。特别是现场交流那天，听到专家、骨干老师的点评后，我的活动又再一次得到升华。我感到特别欣慰，通过这个平台，我进一步更新了教学观念，同时从学习中反思自己教学方法的不足之处，汲取各位名师的教学精华，从而掌握更加科学的教学方法。特别是有老师提到"选择灵活多样的教学方式"，这点让我记忆尤为深刻。很多没有经验的教师大多以讲解为主，缺乏实物操作演示，也缺乏生动有趣的游戏，甚至还一直强调"小手放在大腿上"的常规，这样不仅束缚了幼儿的手，同时也束缚了幼儿的发散思维和想象力。我想，在今后的教学活动设计中，我会注意这一点，让活动真正与幼儿的游戏、日常生活相互融合、渗透，真正体现游戏是幼儿园的主要活动方式。

四、承担主持任务，绽放青春魅力

一年一度的元旦庆祝活动即将开展，今年的主题是亲子运动会，每年的大型活动，幼儿园都会选择年轻的教师担任主持人。经过园长和班长们的分析、推荐，我很荣幸地承担了这次活动的主持任务。听到这个消息后，我有些害怕，有些胆怯，而园长和老师们都给我加油、打气，说"尽情地释放你的青春，绽放你的魅力吧"。在这么多人的帮助下，我虚心听取她们的意见，主动向她们请教活动方案的策划、主持语的撰写、现场主持的训练等，反复练习、修改，终于比较圆满地完成了这次活动。

一次次的锻炼，一次次的磨砺，让我慢慢长大。虽然只有短短的半年时间，却让我收获了无数的感动和勇气。在幼儿园领导和教师支持、帮助下，通过自己的坚持和努力，我在不断地成长。我相信，终有一天，自己会蜕变成一个成熟的骨干教师。

（四）学习故事

学习故事是 2015 年才开始的一种新兴的写作形式。教师们通过上网查找资料、集体学习、案例分析等形式，在全园展开了新的一轮写作培训活动。教师们通过学习，很快就理解了学习故事的基本思想、框架结构、写作特点等，并发现了学习故事的特点，其实与之前撰写的观察笔记、个案记录、教育叙事、案例研究等体裁形式有一些相通之处。因此，在撰写这类型文章时，她们就感觉容易得多，不但观察的速度有所提高，分析的能力也有所增强，撰写文章的质量也有所提升。

附：学习故事

小蚂蚁进洞

杨琴琴　陈薇

一、活动背景

随着南师大幼儿园整合课程主题活动"虫虫，虫虫飞"的深入开展，孩子们对昆虫的秘密产生了浓厚的兴趣，了解了蚂蚁的基本外形特征和生活习性、蚂蚁王国里的分工以及蚂蚁的种类等基本知识。基于前期对蚂蚁的初步认识，因此设计了本次活动——观察蚂蚁。活动前，还请爸爸妈妈配合，利用放学时间与孩子们一起寻找蚂蚁洞穴。本次活动邀请了弟弟妹妹一起参加，让哥哥姐姐向他们介绍自己所了解的蚂蚁知识，让孩子们在轻松、愉悦的环境中共同探索、发现蚂蚁的秘密，同时提升孩子们的合作能力，让孩子们愿意接近大自然，发现大自然的有趣之处。

二、发生了什么

（一）蚂蚁长什么样

今天的任务是在小花园里探寻蚂蚁的秘密。到了目的地后，孩子们三三两两地与小班的弟弟妹妹自由结伴，开始了今天探寻蚂蚁的秘密之旅。

只见杨腾翔对小班的妹妹小骞问道："你知道蚂蚁是什么样子吗？"

小骞想了想，大声说："是黑黑的！"

杨腾翔点点头，说："对了，而且它们的身体是三个圆圈组成的！"

"而且，它们的脚都长在中间的那个圆圈上，就像这样。"刘彦成大声地说着，一边用手在空中比划起来。

"果果，你知不知道蚂蚁有哪几种吗？"思思弯下腰也向自己的小妹妹问道。果果看着思思，摇了摇头。

"蚂蚁家族分为四个种类：兵蚁、工蚁、雄蚁和蚁后！"小强说道。

"兵蚁是负责赶走敌人。工蚁是最辛苦的，要做很多事：要找食物、照顾宝宝、修房子……雄蚁是跟蚁后生宝宝的，跟别的蚂蚁不一样，有翅膀！蚁后也是生宝宝的，还要负责安排蚂蚁一家的任务！"杨腾翔滔滔不绝地向一边的弟弟妹妹介绍了起来。

"哇时刻"：宝贝们，原来，蚂蚁的活动已经深深地刻入你们的脑海！原来，你们对蚂蚁的了解已经超出了我的预期！原来，你们对着弟弟妹妹展示你所学过的知识时，是那么的自信又自豪！

（二）蚂蚁搬食物

哥哥姐姐们从自己的书包里掏出饼干，低头寻找起来。杨腾翔一边拉着小骞妹妹，一边对大家说："昨天，我和妈妈在一棵树下发现了个蚂蚁洞。现在，我们一起去找它吧！"

几个小家伙跟着杨腾翔来到了一棵树下，把饼干屑洒在地上。不一会儿，小骞开心地大叫起来："快看快看，来了一只蚂蚁！"

"嘘！小声点！别把它吓跑了！"杨腾翔赶紧说道。

小骞赶紧把嘴巴捂起来，眼睛一动不动地看着蚂蚁。只见，小蚂蚁碰了碰饼干块，围着转了几圈，便又跑回洞里去了。

"咦，哥哥，它怎么走了？"果果妹妹问。

"可能是发现我们在看它，不好意思了！"小强说。

"对！它一定是偷懒去了！"言言弟弟也点头表示赞同。

"是它觉得饼干太大了，搬不动吧！"朵朵妹妹说道。

"对，它可能是找别的蚂蚁帮忙去了！"思思说。

"对啊！老师说过蚂蚁是最会合作的昆虫！我们再等等。"杨腾翔肯定地说。

过了几分钟，还是不见蚂蚁的身影，小朋友们开始着急了。思思担心地说："饼干是不是太大了？"

"那就把饼干再弄小一点？"小骞妹妹说着，就伸手准备去拿饼干。

"来了，来了，别动！"离蚂蚁洞最近的小强大声叫着。只见，一队蚂蚁从洞口钻了出来，第一只蚂蚁不时地停下来，用触须碰碰别的蚂蚁。

"看，它们在用触须'说话'了！"思思说。

"对啊，它肯定是告诉其他蚂蚁饼干在哪里！"杨腾翔也兴奋地看着几位弟弟妹妹说道。

蚂蚁们围着饼干碰了碰，又转了转，一只蚂蚁又转身离开了……

"怎么又走了？"朵朵妹妹皱着眉头道。

几个小朋友一齐看过去。"没有，没有，它举着一点白白的东西，那是在搬食物呢！"杨腾翔高兴地说道。

"真的！这几只也开始搬了！"思思兴奋地大叫起来。

"不对，是用嘴巴咬住搬回去的！不是用手举起来！"小强瞪大眼睛，一眨不眨地看着蚂蚁说。

"老师说蚂蚁是举起食物搬回去的!"杨腾翔不服气地说。

"那我再仔细看看吧!"小强不太确定地说着。

听了小强的话,另几个小朋友也趴在地上努力观察着。"是用嘴巴咬的!"小骞妹妹大声说。

"我也看见了!就像这样!"言言弟弟一边说,一边龇着牙,头朝天抬起,学起蚂蚁的样子来。看见言言的样子,大家也各自学起了那只蚂蚁的样子。

过了一会儿,言言趴在地上惊奇地叫着:"饼干在动了!"闻言,大家都趴在地上继续观察。

"下面有好多蚂蚁一起咬着抬起来的!"思思也跳起来叫着。

小强若有所思地说:"哦,可能是刚才的饼干还是有点大,所以它们把它咬碎了搬了一点回去,现在饼干变小了,就可以一起搬动了!"。

"是啊!它们一起合作,就可以把一大块饼干搬回家了!"杨腾翔也说道。

"蚂蚁好聪明啊!"小骞一边拍手跳着一边大声说道。旁边的小朋友也一起叫道:"蚂蚁好棒!""蚂蚁好厉害!"

"老师也说过,自己一个人不能完成的事,我们也可以请别人帮助我们一起完成!"小强说道。

"对,就像蚂蚁一样!"

"哇时刻":我很开心,你们能够把自己的发现与同伴分享!我很欣慰,你们不但能结合所学知识自己思考问题,还能虚心地接受同伴甚至是弟弟妹妹的建议!我很惊喜,你们能够通过实践观察来对自己已知的知识进行质疑!我很惊讶,你们还会把蚂蚁的合作经验迁移到平常的游戏生活中来解决问题!

(三)蚂蚁快进洞

看着蚂蚁们很快把饼干搬回洞里去了,大家商量着接下来要吸引蚂蚁进到瓶子里来,让大家更近距离的观察。哥哥姐姐拿出自备的瓶子、饼干、放大镜等东西,就开始分头寻找起来了。

很快,小骞妹妹就发现了一只蚂蚁,于是大叫道:"这里有一只蚂蚁!"杨腾翔赶紧拿出一个面包,掰下一块就往蚂蚁的面前一放,蚂蚁吓得掉头跑了。杨腾翔又把面包捡起来,对着正在奔跑的蚂蚁面前放过去,蚂蚁又转身朝另一个方向跑开……反复几次后,思思看看杨腾翔说:"它是不是被吓倒了?"

言言弟弟说:"可能它以为是天上掉下来一块石头,怕砸到它吧!"

"太大了!会压死蚂蚁的!弄小一点吧!"小骞对哥哥说道。杨腾翔点点头,用手把面包碾成更小的碎块对着蚂蚁放了下去,过了一会儿,面包屑就洒满一地,蚂蚁东躲西藏,跑得更快了……

"哥哥,你要轻轻地放下去!"朵朵提醒道。

杨腾翔又拿起饼干,对着蚂蚁轻轻地放了下去,一不小心,蚂蚁被杨腾翔的手指碰到吓得转身就跑了……

小强想了想,说:"妈妈告诉我,蚂蚁最喜欢甜甜的东西,我们用糖水试试吧!"说完,他从书包里拿出一个小瓶子,在旁边捡了几根树枝,几人便开始用树枝在地上涂起了糖水来,涂完以后,又在糖水里洒了一些面包屑。

过了一会儿,几只蚂蚁过来了,走进了大家布置的"糖水阵"里,碰碰这里的面包屑,又咬咬那里的饼干块,大家拿着瓶子这里放一下,那里放一下,蚂蚁就是不往瓶子里走。大家垂头丧气地玩着自己手里的工具,都不知道怎么办了。

小强想了想,说:"蚂蚁不进到瓶子里,我们就不能观察真正的蚂蚁了,我们一起抓一只放到瓶子里去吧!"

于是,几个小家伙就开始了抓蚂蚁行动。说起来容易做起来难,谁也不敢动手把蚂蚁抓起来放到瓶子里。

"大家都不敢抓,那怎么办?"思思苦着脸道。

"要不,我用树叶把它赶进瓶子里吧!"杨腾翔说着就在地上捡了一片树叶。

小强拿着瓶子放在一只蚂蚁的面前,蚂蚁转了个身向另一个方向爬去。只见,杨腾翔赶紧拿起树叶像扫地一样准备把蚂蚁扫进瓶子,蚂蚁却从树叶下面飞快地爬走了。思思见状,也捡起一片树叶加入了"战斗",与杨腾翔一起左追右堵……终于,蚂蚁进入了瓶子。

大家拿出放大镜对着瓶子兴奋地看着,不时发出阵阵惊呼:

"蚂蚁的身体真的是三个圆圈组成的!"

"也不是很圆,有些椭圆!"

"屁股还有些尖!"

"那它是什么蚂蚁呢?"

"肯定是工蚁!只有工蚁才出来找食物呢!"

"但是它的肚子为什么这么大?"

……

"哇时刻":孩子们,你们真是太棒了!没有用固有的思维模式来探索蚂蚁进洞的方法。我欣慰地看到你们不会墨守成规,懂得改变思维模式、改变方式坚持完成任务,达到最终目的!

三、学习了什么

合作已经成了本班孩子习惯的一种学习方式，这次活动，采取了自由分组的方式，孩子们表现得非常积极投入。孩子们在今天的活动中，不但能大胆、自信地向弟弟妹妹传递自己已知的知识，同时也体验到作为哥哥姐姐的自豪感。弟弟妹妹也不断地从哥哥姐姐那里获取新的知识和学习经验。

在观察蚂蚁的过程中，孩子们能大方地把自己的工具、秘密地点分享给同伴，还不时地、毫无保留地帮助弟弟妹妹解答一些问题。在发现蚂蚁搬运食物的动作跟老师所述不一样时，能通过仔细观察来确认事实的真相，而不是盲目地相信老师说的话，同时，带动了其他孩子共同仔细观察的热情。孩子们还懂得将观察蚂蚁合作的经验，变成解决问题的方法迁移到生活中：自己一个人不能完成的事，可以寻求别人的帮助！

在最后的蚂蚁进洞环节中，孩子们动用了已学的方法和知识，却还是没能让蚂蚁进到瓶子里。当大家都垂头丧气时，小强转换了用物品吸引蚂蚁的思维模式，建议大家用"赶"的方法再试试……在大家的齐心协力下蚂蚁终于进入了瓶子，最终达到了目的。我很高兴地看到，孩子们在一次次的不懈努力下，不断"突破"困难，完成任务！我相信在以后的学习生活中，他们依然能用这样的精神及态度来面对并解决生活中遇到的问题。

四、还可以做什么

蚂蚁的活动还在继续，孩子们探索蚂蚁的兴趣也持续高涨，我会继续帮助孩子们丰富有关蚂蚁的知识，在自然角里增设蚂蚁工坊，让孩子观察蚂蚁家族里的分工，观察不同蚂蚁的基本体型对比，了解蚂蚁洞穴的构造，让孩子们进一步加深对蚂蚁的了解；帮助孩子们了解蚂蚁是靠闻味道来辨认路，下次可用不一样的味道帮助蚂蚁找到"家"的方向；增加一些学习蚂蚁动作、姿势的游戏活动，如体育游戏"蚂蚁搬豆"，让孩子们进一步体会合作的意义及重要性。在探索活动里，我还需要根据孩子们的兴趣及针对他们所遇到的困难，给予适宜的材料及经验的支持，引导孩子们进行更多有趣的、有意义的探索，让他们体验到更多成长的快乐。

附：学习故事

小圆环大创想

徐文静

引言：

《3~6岁儿童学习与发展指南》中提出，要珍视游戏和生活的独特价值。游戏的目的不仅仅在于让幼儿"玩"，还要引发、支持、促进幼儿的学习活动。从某种意义上说，幼儿的能力是在游戏中获得的。

一、看见了什么

重庆的冬天比较潮湿阴冷，只要看见太阳露出了笑脸，我就会组织孩子们去操场自由玩耍，享受久违的日光浴。

你瞧！孩子们兴奋地在操场上选择自己喜欢的玩具。不一会儿，我看见小艾和乐乐选择了一个圆形的塑料玩具，在操场上把它像滚轮胎一样滚动着。塑料圆环停止滚动了，他俩一起钻到了圆环的里面。

"这是我们的游泳池，我们来游泳吧。"乐乐对着小艾说道。

"好啊。"小艾也用双手假装划起了水来。

"游泳池有点矮，我们再去搬一个过来吧。"小艾提议道。

乐乐和小艾一拍即合，又去滚来了一个大圆环。他俩将圆环搭在了第一个圆环的上面，其他孩子看见了，也学着他们的模样搬来了第三个圆环。孩子们看见三个圆环搭在一起，开心不已，其中一个孩子已经开始跃跃欲试了，想翻进圆环里。

"你不可以进去，再等一等。"小艾拉着浩源的胳膊。

"是的，还有一个圆环没有搭上去呢。"始发者乐乐也连忙回应道。

听了小艾和乐乐的话，大家赶紧搬来了最后一个大圆环，因为三个圆环重叠在一起就有点高度了，想继续将第四个圆环也搭上去有点困难，每一次抬起最后一个圆环向上搭的时候，底下的三个圆环总是会倾斜，孩子们尝试了几次都失败了。这时，我看见小艾和涵涵还有孜孜三个人双手支撑住原来的三个圆环，乐乐及其他的三个孩子一起搬动第四个圆环。终于，四个大圆环重叠到了一起，像一个高高的宝塔一般雄伟。这几个孩子紧紧地围住圆柱体，兴奋地想往上爬。我看见乐乐第一个爬上高塔，进入了圆环的里面，接着第二个，第三个，第四个……小小的空间被挤满了。小家伙们个子小，脑袋都被最高的圆环遮挡住看不见了。我怕孩子们拥挤受伤，赶紧走近了几步。

"乐乐，我们还是把这个搬下来吧。"小艾有点失望地对乐乐说。

"好吧，这个游泳池太高了，我们还是要矮的游泳池吧。"乐乐说着就开始搬最上面的圆环。

一瞬间，宝塔倒了，四个彩色的圆环分别滚到地上。小家伙们迫不及待地都往圆环里钻。

"哇！好舒服啊。"乐乐舒服地躺在一个圆环里。

"乐乐，你在干什么呢？"我好奇地问道。

"徐老师，我们在泡温泉呢。"乐乐神秘地对我说着。

"哇！真的很像泡温泉的池子啊。我也可以泡温泉么？"我立刻被乐乐带进了游戏的情境中。

"当然可以，徐老师快来，泡温泉好舒服的。"乐乐对我微笑着说。

我也就真的和乐乐一起坐在这个舒服的温泉池里，乐乐还给我搓搓手臂。其他孩子们看见了我们的举动，也兴趣盎然地都想来体验一下舒服的温泉。

"挤不下了，挤不下了。"小艾有点生气地对其他想进入温泉池的孩子说道。

"哦，那我们来商量一下，一个池子里可以泡几个人呢？"看见问题出现了，我赶紧引导他们解决。

"三个人有点挤，那就两个人吧。"小艾仔细看了看每个池子的人员情况。

"好，那我们的每一个温泉池，最多只可以泡两个小朋友。其他小朋友需要排队，你们看可以吗？"我对着孩子们说道。

"可以。"孩子们欢呼起来，迅速找到有空位的温泉池享受了起来……

二、学到了什么

看着孩子们脸上的笑容，我在心里默默地给他们点了赞。我不禁感悟到，今天孩子们不就在游戏中学会了很多么，他们在圆环中展开了一系列的想象，由最初的游泳池激发了他们的想象力，于是开始搭建更高的游泳池，经过同伴间的协商合作，一起建成了最高的游泳池。可是，通过实践发现这样高高的圆环并不适合游泳，最后大家一起推倒圆环，形成了一个一个的温泉池。让我印象最深的就是，最后一个圆环搭建比较费力，他们尝试了几次都失败了，最后孩子们竟然可以分工合作，一部分人扶着下面的圆环，一部分人搭建最上面的圆环，一起分享成功带来的喜悦。

三、能做些什么

在整个游戏过程中，我都在一旁默默地观察，孩子们从发现问题到解决问题，都充分体现了他们的成长。我也在思考，为什么孩子们喜欢自由活动，因为自由活动可以让他们发挥更多的想象力与创造力及人际关系的交往能力。作为一名教育工作者，我们不仅要时时刻刻关注孩子，更需要把自己当作一名孩子，站在他们的角度思考问题，努力成为他们游戏中的伙伴而不只是一个让他们敬畏的师长。我想，在以后的日子里，我会增加更多的平台，让他们自由想象，展翅翱翔。

六、教育论文

在撰写文章的过程中，教师们普遍认为论文的难度是最大的，但是，在经历了教师成长课题的研究后，他们学会了以研究的眼光看待问题，以研究的态度对待教学，以研究的方式开展实践，以研究的思维总结经验。在这种研究的氛围中，教师们逐渐认识了科研，理解了科研式的论文其实是来自于教师的实践教学研究，只要在日常教育教学中注重以科研的态度审视教学中的问题，就能找到撰写论文的好点子和好素材。因此，幼儿园教师的论文多是在开展课题研究的基础上总结出来的。但是，目前撰写的论文更多的是实践性的经验总结，还缺乏理论性的支持，这将是教师们下一步要学习和改进的地方。

附：

中班幼儿分享行为培养的策略研究

陈　玲　曾淑红　乔雪梅

[摘要] 中班幼儿的分享意识开始建立，分享行为正在逐渐形成，因此，幼儿园及家庭应充分为幼儿创造分享机会，培养分享意识，强化分享行为，以满足幼儿社会性发展的需求。本课题从分享环境的营造、分享内容的丰富性、分享形式的多样化、分享范围的扩大化等几个方面进行研究，将分享行为的培养融入一日生活及主题活动中，让幼儿从被动地分享转变成主动地分享，最终快乐地分享。

[关键词] 中班幼儿　分享行为　培养策略

学龄前的幼儿是缺乏分享行为的，中班年龄段的幼儿表现尤为鲜明、突出，独占行为是一种十分普遍的现象。这个年龄段的幼儿认知、情感和社会性都处于蓬勃发展的时期，在一定程度上懂得了分享的道理，体验了与人分享的愉悦情绪，出现了分享的意向。随着社会的进步、科技的发展，在生活的各个领域中，越来越需要人们具备与他人合作与分享的品质。善于与他人合作分享是时代的要求，是幼儿日后生存和发展所必需的品质。《3~6岁儿童学习与发展指南》社会领域中，也明确要求中班幼儿对大家都喜欢的东西能轮流、分享。分享行为能很好地帮助幼儿与同伴友好相处，对中班幼儿社会性发展起到很大的促进作用。我们抓住这个契机，创造分享的机会，提高幼儿的分享意识，强化幼儿的分享行为，进行分享练习，以满足幼儿社会性发展的需求。

一、现状分析

我园中班幼儿年龄在4岁左右，因自身年龄的因素和家庭教养的因素，大部分幼儿表现出以自我为中心、独占、不懂分享的现象，他们在考虑问题时总是从自己的感觉、观点出发，而不知道别人观点的存在及不同，更不能自觉地从别人的立场或角度上考虑问题，这使他们只知道维护自己的利益和快乐，而不能想到或理解别人的心情。有个别幼儿开始出现分享的意向，会选择性地和自己的好朋友分享物品和共享同一件物品，例如，幼儿喜欢在幼儿园过集体生日，与同伴分享蛋糕；幼儿带来家中的小贴画给自己的好朋友。但他们缺乏分享的技能技巧，很快又会发生争执。针对这种情况，我们制订出较详细的计划，通过实践，找出我园中班幼儿分享行为培养的有效策略。

二、课题界定

分享，即与别人共同享用，不为个体所独自占有。懂得分享、乐于分享，这是一个人人格构成中十分重要的组成部分，它对个体良好行为规范的养成、价值标准的选取都起着积极的引导和指向作用。

幼儿分享行为，是指把自己喜欢的物品、美好的情感体验及需要与他人联系在一起，克服以自我为中心，学会把自己的物品、快乐分享给别人，与他人共享属于自己的东西。

三、理论依据

意大利著名教育家蒙特梭利博士曾指出：我们无法将"忍耐"的美德教给三岁的幼儿，但是靠幼儿本身在现实环境中体会却是可能的。实践证明，我们只有通过适当的方法引导幼儿，让幼儿在主观上产生分享的内在动机与愿望，使幼儿的分享行为更加稳定、有序，才能让幼儿最终自觉产生分享行为。

四、中班幼儿分享行为培养的有效策略

（一）创设分享墙，营造分享环境

1. 创设分享墙

在走廊上布置分享墙，请幼儿带一些自己喜欢的物品，如照片、图片、书等，挂在墙上，幼儿可自由取放，自由选择分享。在分享墙上，幼儿还可分享自己旅行的快乐，分享童言童趣，分享"漂书"读后感，等等。教师布置橱窗，与家长一同分享育儿经验等。

2. 营造分享环境

在一日生活及游戏活动中，创造更多幼儿与同伴交流、分享的机会，培养幼儿分享观念，如活动区中幼儿结伴玩耍、两两配合搭高楼、点心时间与同伴共享一盘点心、中秋节月饼分享会等。

（二）分享内容丰富化

分享内容可以是物质的，如蛋糕、糖果、玩具、图书、手工作品、图片等；也可以是非物质的，如购物经验、爸爸妈妈信里包含的爱和期望、游戏的快乐、胜利的成果、旅行的快乐、和家人一起的幸福等。

1. 美食分享周

乔老师很会做吃的，于是，小朋友带来青菜、香蕉、面粉、蘑菇等各类原材料，大家一起认识、制作、品尝美食，从中体验美食分享的快乐。例如，在品尝蘑菇的活动中，老师将小朋友带来的蘑菇摆放在桌上，举行蘑菇展览会，大家一起观察认识蘑菇，分组清洗，学习制作，最后一同品尝蘑菇，在欢乐的气氛中，体验分享的快乐。

2. 主题式分享活动

结合主题活动"好忙的市场"，请家长带幼儿去菜市场亲历选购蔬菜的过程，并用照片和文字记录下来，幼儿来园后，与同伴一起分享自己逛市场的经验和成就感。结合主题活动"给你一封信"，请家长抽时间为小朋友写一封信，邮寄到幼儿园，老师请收到信的幼儿拆开信，并朗读给全班小朋友听。来信里都是家长对小朋友满满的爱和期望，通过这样的活动，小朋友和同伴一起分享父母的爱和期望，体会更多的分享。结合主题活动"你的家，我的家"，幼儿与同伴分享自己的家人，分享家的样子，分享与家人一起的幸福。结合主题活动"蔬菜派"，请幼儿带来各种蔬菜，与同伴一起认识，一起品尝。

3. 集体生日会

每月举办一次集体生日会，老师和小朋友用彩条和气球为过生日的小朋友布置教室，摆放生日蛋糕和糖果，大家一起唱生日歌，一起合影，一起吃生日蛋糕，在愉快的氛围里，一同分享小朋友过生日时的快乐。

4. 周四分享日

将每周四定为班级分享日，请幼儿在这天自由带自己喜欢的玩具、图书等来幼儿园与大家分享。小朋友都很喜欢这天，平常有点入园情绪的幼儿也会高兴地带玩具来幼儿园，并与老师愉快地打招呼。

通过这些活动的开展，小朋友有了分享的意识，会主动带好吃的、玩具、小贴画来与大家分享，喜欢上了每周四的分享日。较内向的幼儿通过分享玩具，与更多的幼儿成为朋友，有了更多的交流，收获了信心。幼儿有了一定的分享技能，但还有个别幼儿不能独立与同伴分享，需求助于老师。

（三）分享形式多样化

根据课题的进展，针对幼儿分享行为的培养，开展多样化分享形式，如单一对象分享、小组分享、固定分享和自由分享等，在集中教育活动、游戏活动、一日生活环节中融入分享活动。

1. 单一对象分享

活动开展初期，幼儿的分享意识较薄弱，教师可组织幼儿进行单一对象分享，如，幼儿与好朋友一起分享自己带来的玩具和图书；老师将幼儿两两分成一组，开展游戏，游戏中两名幼儿共用一样器械，共享一篮玩具，等等，让幼儿在单一式的分享活动中萌发分享意识，掌握一些分享技能。

2. 小组合作分享

当幼儿已经掌握了一些分享技能后，教师可开展一些小组分享活动，将幼儿分享的范围扩大，进一步培养幼儿的分享行为。如，在结构游戏中，让幼儿分组共同搭建完成作品，并与其他组的幼儿进行分享；在体育游戏中，让小组幼儿分享游戏的诀窍和胜利的喜悦。

3. 固定分享

固定时间、地点、内容的分享，让分享活动更有目的性和针对性。如，固定每周四为分享日，老师和幼儿一起在周三商量分享的内容，幼儿根据内容带来分享的物品，老师安排晨间活动和餐后活动时间进行分享。在集中教育活动时间，采用欣赏故事、儿歌、情境表演、观看图片、视频等形式进行分享教育。如，通过阅读绘本《贪婪的小蜜蜂》，了解贪婪、不懂分享的小蜜蜂不会得到同伴的喜欢，知道分享的重要性。

4. 自由分享

营造宽松、愉悦的分享氛围，开展自由分享活动，让幼儿的分享从被动分享转变成主动分享。如，在活动区活动中，让幼儿自由选择活动区活动，根据需要与同伴自由分享；分享墙上自由取放物品进行分享。

（四）分享范围扩大化

从好朋友间的分享到同伴间的分享，再扩大到幼儿园、家庭、社区中的分享，让幼儿的人际交往圈不断扩大，与人交往的能力得到锻炼，以促进幼儿社会性的发展。

1. 班级——幼儿园

引导小朋友将带来的玩具、图书和其他班的小朋友一起分享，将手工作品作为礼物，送给其他班的小朋友，同时倡导全园小朋友一起来分享。收到礼物的幼儿很开心，我们班的小朋友也体会到"赠人玫瑰，手留余香"的快乐。

2. 幼儿园——家庭

开展"漂书"，将每个家庭与幼儿园联系起来。孩子们带来自己喜爱的图书，老师做登记，并给每本书做好漂流标签，方便家长和孩子查阅。在书的扉页，贴上自制的"图书借阅登记表"，记录漂流的次数，小朋友也可将自己的读书感想记录下来，分享给大家。在活动区的一角打造一个阅读吧，展示漂流的书，家长和小朋友都很喜欢来借阅，小朋友也乐意将自己的书带来与同伴分享。图书借回家后，家长和小朋友一起进行亲子阅读，分享图书的同时分享感受和快乐。如，皮皮小朋友发现自己的书没被借阅，很着急，放学的时候就守着自己的书向小朋友介绍，当自己的书终于被借阅后很高兴，可以看出皮皮已经从被动地分享转变成主动地分享。

3. 家庭——社区

发挥家园互动的作用，召开主题班会，向家长介绍班级小课题的开展，交流孩子们在分享活动中的进步，并倡导家长一起来分享。通过家庭，将分享活动扩展到社区，如，幼儿将自己新学会的手工制作教给小区小朋友，幼儿将自己的玩具、图书与小区小朋友分享，幼儿邀请伙伴到家中玩，等等。

总之，分享行为的培养对于幼儿社会性发展具有重要意义，在中班这个特殊的年龄阶段显得尤为关键，我们应该抓住这个契机，利用有效的策略，营造分享的环境，将分享行为的培养融入到一日生活及主题活动中，让幼儿从被动地分享转变成主动地分享，最终快乐地分享，从而促进幼儿社会性发展。

——沙区 2012—2013 年区级教师成长课题优秀成果评选活动三等奖；2015.4 第十一届全市基础教育课程改革征文二等奖

附：

教师成长管理的思考

周永

当今社会是一个越来越重视管理的社会，无论哪个企业、单位、团体、组织，都把管理作为第一生产力进行挖掘和开发，向其要质量、要效益。幼儿园的质量管理、课程管理等也填满了管理者的每个工作日，却很少顾及教师成长管理。自从开展创建学习型、研究型、创新型组织、团队和示范幼儿园建设以来，我们发现，教师作为儿童全面发展的支持者、合作者、引导者，其自身的发展是何等的重要。教师成长管理对教师的培养目标、关注内容、指导过程进行引导，反思不同的引导方法给教师带来的影响，对于激励教师工作的积极性和创造性，促进其可持续发展，提高整个团队的核心竞争力有着不可低估的作用。

一、精心选拔，让幼儿园拥有德才兼备的教师

人才培养，必须坚持"德育"先行。道德情操是立身做人的根本，这是通观古今的历史结论。我们只有坚持做人与做事相统一，道德与文章相统一，才能称得上德才兼备，才能获得更广阔的发展空间，才能跃上更高的发展平台，故而，我们幼儿园非常重视人才的选拔。

（一）高学历和高能力并重

现如今，幼儿教师这一职业越来越受到高校毕业生的青睐，无论是专科生，还是本科，无论是教育专业，还是非教育专业。这是一件好事，因为有更多的人的关注，就有更多选择的机会，也就有更多人才的加入。学历较高的学生，理解能力、转换能力、变通能力会相对较高，学习新东西快。能力较强的学生能够将知识转化为能力，更是教师应该具备的素质。所以，在进人上应选择高学历和高能力并重的毕业生。

（二）全面发展和专业特长兼顾

要培养全面发展的幼儿，就得有全面发展的教师。德、智、体、美、劳，科学、社会、语言、艺术、健康，样样都不能含糊，如果还能在一两个领域里有所专长、有所建树就更好。因为，现代社会需要一专多能的人才。

（三）吃苦耐劳、虚心好学最为重要

吃苦耐劳、虚心好学是一个优秀的、出色的人最起码的要求。做任何事情都力求做到最好，即使是打扫厕所，也要打扫得最干净。要有从最艰苦工作做起的准备和决心，因为幼儿的成长离不开吃、喝、拉、撒、睡，也离不开实践、摸索、探究。脏、臭、苦、累是肯定的，辛勤耕耘与无私付出是必然的，可见，作为一名优秀的幼儿园教师是多么的不易。选拔一位好的幼儿园教师更要费心，才能让以后的培养不会是徒劳。

二、目标激励，让教师看到美好未来

社会心理学家认为："社会群体成员总是期望在付出一定的努力、达到预期的成绩后，能够得到领导客观、公正的评价；当愿望实现时，就会从中得到

愉快的情绪体验，产生激励的功能。"故而，我们尝试着运用激励的手段，帮助教师保持昂扬的斗志，努力奋进，不断进取。

（一）爱像阳光一样，温暖每个心灵

每个人都需要得到关怀和爱抚，如果人在冷漠无情的环境中长大，他就会变成对善和美都无动于衷的人，也就是说，享受过爱的人，才懂得去爱。故而，要让孩子感到快乐和幸福，首先要让老师体会到快乐和幸福，这样才能让快乐和幸福在她们之间传递。学会尊重、信任、包容、谅解，突出教师成长管理的人文关怀，努力发掘人性的美，调动"人"的潜能，使人人都有幸福的感觉，让这幸福灿烂持久，像花儿一样美丽娇艳。

（二）爱像明灯一样，照亮每个心灵

针对每个人的特点、需要与追求及知识技术背景，结合幼儿园的发展要求，为每位教师设计发展规划，帮助她们认准目标，不断创新，实现自我价值。要让每位教师为他自己和自己的行为而自豪，并维护自己的荣誉和尊严。

（三）爱像雨露一样，滋润每个心田

放眼全局，建立人才方阵，让教师维持较高的工作满意度，保持稳定的工作态度。发展的关键在人才，人才的关键靠建设。要建立一套完整的人才培养机制，逐步确立人才梯队，分层培养锻炼，才能使幼儿园有可持续发展的原动力。

三、直面问题，让教师在挫折中成长

教师的成长是教师个体在知识、经验、能力和个性品质上不断适应教师角色的过程，也是在职业上变得更加成熟的过程。这个过程不是一次完成的，而是一个持续一生的发展过程。

心理学家、教育家斯蒂芬和沃尔夫在综合有关教学的理论研究和大量的教师教学实践活动的基础上，总结出教师专业能力发展的阶段性规律，提出了描述教师成长的生命周期理论：任何一个终身从事教育的教师都要经历实习教师—新教师—专业化教师—专家型教师—杰出教师—退休教师这样几个相互区别而又相互联系的发展阶段。怎样才能更好地完成每一个从量变到质变的成长过程？我们思考：

（1）通过反思——>更新的内省过程，从一个阶段向另一个阶段过渡，实现教师成长。随着幼儿园教育研究、开放活动的不断深入，教师们最头疼的就是：一个活动还没结束，另一个活动又开始了；一个问题还没有解决，新的问题又出现了，就算有三头六臂也无法应对。好像事实确实如此，其实仔细思考，是教师们对问题缺乏思考、缺乏整体意识，习惯于将问题分割开来，又急于解决眼前的问题。针对这一问题，我们用做一做、想一想、比一比、再做一做的办法，让教师扩大时间和空间的范围，把问题放在系统中去思考，克服短期行为，教师们在思考中有了进步。

（2）积极健康的人际环境是教师成长的必要条件。教师集体对个体教师的帮助，表现在教师集体能培养教师个体的"良心约束"能力。学着用别人的眼光看自己，理解什么是可以做的，什么是不可以做的，以及什么是必须做的，从而培养个体的自律能力和责任心。一个人能力的形成不是直线上升的，一个人思想的成熟更不是直线上升的。面对问题、失败，满含眼泪也要勇敢微笑，我们知道，成功者都是从失败中走来；面对压力、挑战，全身心地努力，我们知道，努力并不一定成功，但不努力一定不会成功；面对疲惫、倦怠，你扶扶我，我拉拉你，我们共同携手抚慰伤口；面对荣誉、成功，我们知道其中的痛苦与艰辛，我们会更加珍惜和努力，因为我们知道我们肩负的责任。

（3）积极向上的精神面貌和工作态度是教师成长的关键因素。每个人的舞台就是每个人的岗位，每个人的岗位就是每个人的战场，在自己的舞台、自己的战场上实战演练，是练就一身硬功夫的最好办法，也是培养人才、增长才干的重要途径。所以，我们要正确看待竞争、选拔、淘汰、调整，将这一过程作为锻造自我、超越自我的过程，真金不怕火炼，将自己练就成为集体不可缺少的一员。

四、搭建桥梁，让教师走向成功之路

苏联教育家瓦·亚·苏霍姆林斯基认为，集体不光是一个有组织从属关系、有领导与被领导关系的群体；集体是由在需要、兴趣、智力、思想、道德、社交、创造力、审美观等方面有共性又有个性的人们所组成的精神上的统一体。一所幼儿园就是一个集体，我们共同的需要就是幼儿园健康发展的原动力。

（1）集体成员的共同价值观是教师个体成长的首要条件和推动力，也是教师走向成功的坚实保障。就像急流与水滴，水滴只有在汹涌的急流中勇进，才能实现自我价值，逆流而行后果不难想象，所以，要培养好的教师，首先要培养教师集体共同的价值观。要处理好理论学习与实践活动之间的关系，使之处于相互促进的和谐之中；要引导教师走出小我，走向大我；走出自我的小圈子，直接以社会的要求、道德的标准教育和改造自我，这样既改造和丰富了客观世界，又改造和丰富了集体成员的主观世界。我们要提倡、引导、扶持能为孩子造福的兴趣和需要，从而发展到为社会公众造福的兴趣和需要。

（2）教师个体鲜明的个性是集体具有吸引力的重要条件。集体意味着其成员各有个性，缺乏其成员的鲜明个性就谈不上集体。一个好的集体应尽量创造条件，激发丰富多彩的精神生活，让每个个体都能在集体中充分发挥自己的主动性、独立性、创造性。要处理好各个表现领域的和谐关系，使每个人在其天赋所在的一切领域中，充分表现自己并且出类拔萃。要知道无任何才能的人是不存在的，管理者的责任是帮助每个人找到与自己的能力相宜的事情，使他在集体面前展示自己的才能。

（3）自我完善使集体完美成为可能。教师个体就是教师集体的一个细胞，每个细胞的质量如何，直接影响肌体的功能。要使每个人因某事取得成功而带来的自尊、自信、自豪感转移到其他事情上去，并取得同样的成功。这样，不仅能使教师个体得到成功、获得满足，而且还能带动集体的成功，将集体带向更高的平台。要了解自己、接纳自己，建立合理的期待，不要给自己提出不现实的目标；同样，要了解集体、接纳集体，建立共同的期待，以积极的心态来对待遇到的各种压力。

常言说得好：没有不好的孩子，只有不合格的父母；没有不好的学生，只有不够格的老师。所以，我们在这里也可以说：没有不好的教师，只有不到位的管理。人员管理的最高目标并不局限于解决问题，使得人员不至于成为管理者乃至整个集体的问题或者麻烦，而是如何调动员工的积极性、保持高效率和持续的竞争力，以及平和的心、和谐的氛围。

——2011年沙坪坝区"以园为本教研制度建设"项目工作研究成果一等奖

教师除了每天为幼儿准备好充足的教学玩具和丰富多彩的活动外，还应善于在日常教育教学活动过程中观察幼儿，学会用所学的幼教理论来分析幼儿的行为，从幼儿一日生活中的繁琐小事到教学活动的组织，从幼儿园的引导式教育到互动式的家庭教育，都可以作为教师撰写文章的素材，并将自己在这些活动当中的真实感受写出来，阐述自己的观点，形成有价值的文章，供大家学习、交流。教师要善于对幼儿园每天发生的事情，进行认真分析和仔细思考，不断总结经验，不断转变观念，这样，既关注到了幼儿的成长需求，又解答了家长的教育疑惑，还能提高自己的教育教学水平，提升自己的专业素养，提高自己的工作效率。

教育写作策略是学习维度论第五维度"思维习惯"的训练方式之一。当教师在思想、态度、情感上愿意参与教育科研，愿意将教育教学经验归纳总结提升为论文，愿意为专业成长努力进取时，他们的专业自觉性就显得尤其明显，进步也因此变得巨大。

后　　记

全书基本完成之后，我们如释重负。回想起这一段颇具艰辛的写作历程，我们对教师专业成长路径有了更多的感悟和体验：当教师的专业成长需求从外在的知识培训逐渐转化为技能展示的时候，就需要通过保教情境来完成知识、技能、情感的整合，帮助教师在专业成长过程中不断完善自己的教育思想，调整自己的教育方法，改进自己的教育行为，从而进一步养成良好的思维习惯。因此，教师可通过对自己的专业成长进行规划，找准专业成长的方向；在异步分层的学习和培训当中，能端正思想态度、正确看待自己；在多元化的策略研讨中，积极参与、主动研讨；在教师成长科研平台上，能观察问题、分析问题、解决问题；最后，将这些所学、所思、所想、所获，通过教育写作呈现出来，形成自己的风格，打造自己的特色，获得自己的专业肯定和同行的专业认可。

作为一项研究成果，它在很大程度上引领了幼儿园的发展和进步，集中体现在以下几个方面。

一、日常管理严谨有序，团队发展齐步向前

根据幼儿园编制体制的有关规定，结合自身实际，建立起一整套严格而科学的管理制度。增加管理人员在园、在岗时间，专人值班巡查；配置保教干事，加大对教育、教学、科研的管理力度；实行班长责任制，竞争上岗，独立、自主、创造性地开展班级管理工作。幼儿园还将教师群体分为多个层次探究组，他们在各自的管理团体里能有效利用资源开展各类活动，完善专业技能，提升专业知识，在促使自身成长的同时促使团队整体发展。

二、党团队伍日益强大，思想素质增强过硬

幼儿园针对青年多、团员多、党员少的两多一少现状，将党团活动结合起来，开展理想道德的学习、师德师风的演讲、岗位练兵的比赛和健康向上的集体游戏，吸引青年团员向党组织靠拢。

三、教师素质整体提升，人才建设初见成效

教师素质的整体提升是幼儿园持续发展的关键。在职后培训中，教师逐渐学会了正确认识自身的专业发展，分析专业成长中的优势和问题，抓住每一个利于自己专业发展的关键节点，获得成长的乐趣、职业的满足，从而体现自己的专业优势，实现自己的人生价值。

四、教学成果丰硕累累，科研能力逐渐增强

教师善于发现实践工作中存在的问题，并能结合班级的日常教学将问题上升为有价值的问题进行小课题研究，同时与班级其他人员一起开展同伴式的合作研究，并注重在实践教学过程中运用"反思＋实践"的研究方式来提升自己的理论素养，改善教学方法，增强科研能力。如今，幼儿园已形成了以严谨的科研态度开展教学、以创新的教学方式推动科研的氛围，充分保证了班班有课题，人人有成果。

五、观摩交流示范引领，园所发展勇争前列

幼儿园一直以良好的状态，走在重庆市幼儿教育的前列，充分利用《幼儿园教师职业标准》树立教师良好形象。参与农村幼儿教师培训、贫困地区支教等，扩大了幼儿园的影响力和知名度，最大限度地满足了每个幼儿和教师富有个性化的成长，将幼教人应有的职业规范和新桥医院幼儿园的光荣传统发扬光大。

光荣属于过去，未来的路还很漫长。

最后，让我们心怀感激的是，由于新桥医院政治部领导的关心、支持和鼓励，我们才有勇气将幼儿园的发展历程和点滴经验编写成册，供同行们交流、指正；四川西华师范大学教育信息技术中心张慧老师的加盟，为本书的理论建构增色不少。此外，重庆市教科院科研、幼教专家，重庆市沙坪坝区教师进修学院科研、幼教专家对本书的写作也给予了鼓励与支持。在此，一并致谢！